U0952648

PPP MODEL

PPP实战系列丛书

中国PPP专家论道

国家发展改革委PPP专家优秀论文集

国家发展改革委投资司　清华大学PPP研究中心◎主编

经济日报出版社

主编委员会

主　任

韩志峰　王天义

副主任

王守清　李开孟　杨永恒

成　员（按姓氏笔画排序）

王少华　王　翔　刘世坚　祁玉清　李　炜　李泽正
肖光睿　吴亚平　吴有红　陈宏能　林　华　曹　蓉
薛　涛

序一

2014年，国务院发布《关于创新重点领域投融资机制鼓励社会投资的指导意见》，首次在国务院文件中对政府和社会资本合作（PPP）模式进行了系统完整的规范。之后，国家发展改革委等相关部门陆续出台数十项规范有序推广PPP模式的政策文件，全国各地掀起了应用PPP模式的高潮，对促进民间投资、加强经济社会发展薄弱环节建设、提升公共产品供给质量和效率发挥了积极作用。目前，PPP模式已成为发挥投资对优化供给结构关键性作用的重要抓手。

为推动我国PPP事业健康有序发展，更好发挥专家学者在PPP理论研究、政策制定、实践指导等方面的重要作用，国家发展改革委于2016年11月正式成立PPP专家库，首批专家343人。为凝聚专家智慧、博采众家之长，同年12月，国家发展改革委面向PPP专家库开展了PPP主题征文活动。各位专家积极响应，踊跃投稿。国家发展改革委投资司委托清华大学PPP研究中心，邀请王天义、王守清、李开孟等13位专家，秉持客观中立的原则，对109篇投稿进行了认真评审。在此，谨向清华大学PPP研究中心和各位评审专家致以诚挚谢意。

为了给各方面开展PPP工作提供有益参考，我们专门将百余篇来稿中专家综合评分高、质量较优的论文，编辑出版。这些论文主题内容广泛，涉及民营企业参与PPP项目、PPP项目资产证券化、特许经营权争议处理等诸多PPP发展中的热点、难点问题，注重实用性和可操作性，对规范有序推进PPP工作具有较强的借鉴意义。

本次编辑出版的论文集中反映了业界对现阶段我国PPP模式发展状况的认识和看法。随着时间的推移，中国PPP模式发展的客观环境可能发生变化，各方对PPP模式的认识和理解也将不断深化，这些论文中的某些观点或许会体现出一定的局限性，但是，论文选集作为业界对特定时期中国PPP模式认识和看法的客观记录，其历史价值仍然值得期待。是为序。

韩志峰

国家发展改革委投资司副司长

序二

中国 PPP，请行稳致远

中国以BOT/TOT等模式起步的PPP实践始于20世纪90年代，与世界其他国家大致同步，但以PPP概念（即政府与社会资本合作）更加规范的实践则始于2014年，与世界其他国家晚了至少20多年。但迄今不到四年的时间，中国PPP的火爆程度远超国际社会预期，甚至我们自己都始料不及，现如今中国PPP项目数量、PPP研究成果、PPP咨询机构、PPP专家规模等，共同成就了全球PPP第一大国。本论文集汇集了我国部分PPP专家的研究成果，在一定程度上体现了中国专家的研究水平，可供大家研讨之用。当然，中国PPP问题之多，恐怕也位居世界前列。

中国PPP如何健康、可持续地向前推进和发展？我的建议是情怀和格局不能太小，需要基于世界看中国、基于本色谈特色、基于理论议实践、基于情理论法理。PPP是舶来品，虽要考虑中国国情，但溯源性与借鉴性的世界眼光定是不可或缺的。中国特色不能不谈，但只谈特色而忘记本色就有可能“特”不起来，特立独行可能会走向孤单。PPP需要法理更需要情理，把情理挺在前面，法理就有了基础和依靠。PPP重在应用和实操，但有理论指导的实践才是科学的实践，理论是灰色的也是绿色的。

PPP需要理论来指导、价值来体现、理念来支撑、法规来保障、规范来操作。PPP模式可以从经济学的公共产品理论、契约理论、合作剩余理论以及交易成本理论中找寻理论依据。PPP模式的价值既可以体现在项目层面的融资价值与效率价值，也可以体现在国家层面的重塑新型政企关系、提升和固化契约精神、助推国家治理体系和治理能力现代化等几个大的方面，而在国际层面，PPP在助推“一带一路”倡议和人类可持续发展两个方面具有不可替代的价值。PPP的成功需要政企双方乃至全社会共同信守诸多理念，包括长期稳定、风险分担、利益分享、合理回报、契约精神、物有所值、财政承受能力等。PPP的价值和理念需要相应的法规来保障和约束，实际应用中更需要一系列规范动作和操作。

中国PPP，任重而道不能太远，唯有理念先行、量力而行、简单易行，方能扎实推进，行稳致远。

王天义

清华大学PPP研究中心共同主任

中国光大国际有限公司总经理

中国光大水务有限公司董事长

序三

2017年2月，历时一个多月的国家发展改革委PPP专家征文活动落下帷幕。这是自国家发展改革委PPP专家库于2016年10月成立以来，第一次由国家发展改革委投资司联合清华大学PPP研究中心面向库内专家进行“文章内容不限、风格不限、篇幅不限”的征文，目的是为了更好地发挥专家的带头引领作用，引导专家将自己的PPP正确理念和丰富经验与众人分享，同时畅所欲言，充分阐述自己在从事PPP工作中遇到的问题与对策建议，相互交流，共同提高，促进我国PPP事业的健康发展。

征文活动得到了广大专家的积极响应，本人有幸作为论文评审组组长，拜读了来自85位专家的109篇稿件，感慨颇深，收益良多。PPP是一个横跨多种专业的综合性学科，专家也来自不同领域，有咨询、法律、工程技术、金融财会等企业界的，也有高校和政府的，视角不同，思路也会有异，也有不少专家跨界换角度写相关文章，如有写融资问题的律师、有写法律问题的工程师，而跨学科多角度碰撞出的思想火花也就越大，这是PPP对复合型人才需求的一种体现，也是从事PPP工作的乐趣之一。每一个从事PPP事业的人，都应具备复合型知识，应该从不同角度看待PPP，这样更容易实现PPP各方的“共赢”目标，使PPP可持续发展。

这次征文“内容不限”，才可以让专家选择自己最擅长的话题；“风格不限”，才可以让专家用自己喜欢的方式表达；“篇幅不限”，才可以让专家充分阐述自己的观点。我很高兴地看到，这次征文活动达到了这些目的。

由于篇幅的限制，不能将每一篇投稿文章都收编，因此，由PPP专家中的专家组成的论文评审组分别从理论与制度、投融资与财务、法律与合同、案例与实施四个方面，挑选优秀论文进行汇编，形成这本《中国PPP专家论道——国家发展改革委PPP专家优秀论文集》，不仅理论丰富，还有很多实务操作经验，特别是还有近年的不少真实案例分析。希望此书能够给读者以启迪，特别是能为PPP相关的政府官员、研究学者和实操人员提供理论指导和工作参考，也希望这样的征文活动可以继续搞下去，变成PPP专家的常规性活动。

王守清博士

清华大学建设管理系教授、博导

清华大学PPP研究中心首席专家

国家发展改革委PPP专家委员

全国高校PPP论坛学术委员会主任

2017年10月2日于清华大学公共管理学院

目录 CONTENTS

part 01

第一篇　理论与制度

激活民营企业“优良基因”，优化PPP项目投资结构

PPP的英文全称是Public-Private Partnership，通常译为“公共私营合作制”，指公共部门和私营部门（即企业）的合作。PPP模式在具有中国特色的实践运作中，第一个P主要就是政府，而在我国占主导地位的国有企业和政府资本都转移到了第二个P下面，与民营企业和资本一道，共同组成了“社会资本”。而国有企业与民营企业在现阶段PPP项目中无论从参与数量以及投资规模上都是成鲜明对比。

根据中国政府采购网和各省（直辖市）政府采购网上公布的PPP项目成交信息，2016年共成交了2.35万亿元PPP项目。其中，国有企业作为独立中标人或牵头中标人中标的项目总金额超过1.7万亿元，占比约74%。民营企业作为独立中标人和作为牵头中标人中标的PPP项目总金额为6223亿，占比约26%。民营企业牵头实施的PPP项目在2016年度斩获的PPP项目总规模不及国有企业的1/3。国有企业成为PPP项目的绝对主角，这与PPP模式其鼓励社会资本尤其是民间资本进入基础设施和社会公共事业领域的出发点是相背离的。因此要认清解决发展过程的阻碍因素，有针对性地出台解决办法，以激发民营资本“优良基因”所蕴含的能量和活力促进其积极参与PPP项目，优化PPP投资结构成为当务之急。

一、当前PPP领域的“三冷三热”现象所折射出“焦、郁、困”症状

1. 国有资本热，民营资本冷，病根是有些地方政府或PPP实施主体患有“国资流失焦虑症”。很多PPP项目设置巨额注册资本金限制条件进行招标，或直接要求谈判的社会资本是央企或国有企业，把大部分民企排除在外，这虽减少廉政风险，但也直接导致在PPP中出现“体内让渡，低效落实”的局面。

2. 建设施工热，运营管理冷，病因是民营资本患有“不确定性忧郁症”。因投资建设时效性强，见效快，而参与运营管理时间长、风险大，且在不少PPP案例中，由于政府领导的变动导致项目产生“质变”，使民营资本或企业对长期运营管理患上了“不确定性忧郁症”。

3. 银行资本热，自有资金冷，症结是大多数民营资本难以走出“融资困境”。融资渠道狭隘和融资成本高额让民营企业参与PPP项目时顾虑重重。一方面民营企业因总体规模较小，自身资金有限，在需要依靠自身信用向金融机构融通资金时，金融机构从风险控制考虑，相较于大型国企则更苛刻，这导致民营企业的资金量难以满足PPP项目大额的投资需求；另一方面，即使民营企业资质良好，有能力完成PPP项目所需的资金筹集，但是其所需的成本会高于国企的一般融资成本，民营资本的盈利空间较国企受到了更大的压缩，进一步增大了还款压力和PPP长期限下的运营压力。

二、充分激活和发挥民营企业内在的四大“优良基因”，深挖PPP项目价值

PPP模式之所以要引入私营企业，不仅仅是要增加一种资本的来源，更重要的是引入民营企业的管理经验和效率，进而提高公共产品和服务的

整体运作效率。

根据中国政府采购网和各省（直辖市）政府采购网上公布的 PPP 项目成交信息分析：民营资本在 10 亿元内的生态环保、养老、文化中，以及片区开发等领域，具有较强的竞争优势和发展潜力，这应是未来政府要扶持的重点和方向。如东方园林、碧水源、华夏幸福等在园林、环保、片区开发等领域拥有较强资本实力和行业细分优势的民企，已形成品牌优势，并已成功推进多个项目，具有了规模优势。从中标后的推进效率来看，由国有企业牵头或者国有企业单独中标的项目从中标日到成立 PPP 项目公司平均历时 81 天，民营企业中标的项目成立项目公司历时相对较短，平均为 60 天，一定程度上说明民营企业相较于国有企业在推进项目合同谈判和项目公司设立上更有效率。建议政府相关部门要更充分激发民营企业四大“优良基因”，以期发挥“鲶鱼效应”提升 PPP 项目价值和效率。

1. 充分发挥民营企业灵活的责权体制和组织架构所蕴含的组织力

与国有企业相比，民营企业一般产权单一、产权清晰，企业所有权和经营权高度统一，在投资决策、人才组织建设、市场选择等方面都比国企灵活、效率更高，因而我国民营企业在治理结构上比国有企业更具优势。

2. 充分发挥民营企业强烈的市场观念和服务意识所蕴含的创新力

民营企业由于竞争压力和企业发展诉求，通常对目标市场关注度高且导向明确，能主动发现和创造市场需求。相对于国有企业，民营企业对市场商机嗅觉更敏锐，服务意识更强，产品创新能力也更强。

3. 充分发挥民营企业拥有的人才技术和管理经验所蕴含的执行力

由于民营企业在薪酬待遇、发展空间、创业氛围等方面比较具有优势，容易吸引到较高素质的职业经营管理者和团队。经过近年市场转型升级的锤炼，在一些专业 PPP 领域也形成了一批极具个性的民营企业管理模式和投资运营经验，构建了由专利技术、运营管理效能和市场占有规模为核心的竞争优势。

4. 充分发挥民营企业敏锐的投资判断和危机意识所蕴含的风险防范力

由于民营企业的财产和企业家的个人财产紧密相关，所以民营企业对PPP项目的投资效益的分析和决策更深入细致，风险防范意识更强。更多地邀请民营企业参与PPP项目竞争，将更有助于政府认清市场需求和财政支付承受力，减少盲目投资和低效投资，以利防范投资开发系统风险。

三、政府要放心、放手、放行，鼓励和扶持民营企业加快投入PPP领域

（一）健全法律法规制度，建立让民营企业“放心”进入的PPP投资体系

1. 健全法律法规，依法行政让民营资本和民企放心。截至2016年底，国家发展改革委、财政部等部门出台了一系列PPP政策文件，明确PPP部门职责分工，规范PPP项目流程，完善PPP投资管理程序，建立PPP财政管理机制，基本形成了我国PPP的政策框架和体系。“有法可依”之后更重要的是“有法必依，执法必严，违法必究”，各级政府要重视信用建设，破除官本位思想，强化契约精神、坚持重信守诺，切实履行合同约定，让民营资本放心地参与PPP项目。要加快建立健全中立、权威性的PPP申诉、援助、裁定等机构和保障机制，在民营资本和企业的合法权益受到侵犯时，能实事求是地主持正义和公平，维护民营资本的权益。这样才能让民营资本和企业更有信心、有底气去积极投入PPP长期运营管理。

2. 建立免责机制，合理设计权责，让政府及其实施机构操作人员放心。一是PPP作为新生事物要允许出现问题，要通过建立健全风险承担机制，分清界定故意、过失与不可抗力因素进行区别对待，以消除政府及其实施机构PPP项目工作人员因怕背负“国有资产流失”而一边倒倾向国有企业的心理压力和顾虑；二是要合理设计权责和动态调节机制，在风险

分担和利益分配方面兼顾公平与效率基础上，订立合同要设定动态调节机制，预留调整和变更空间，以保证社会资本的收益率，避免在市场环境和项目变更时，由于政府及其实施机构人员因担心无依据而无法调整，最终影响项目的实际执行造成项目推进困难。

（二）政府回归本位，"放手"营造公平竞争市场环境，因地制宜，先行先试

1. 营造公平竞争的市场环境，放手促进民间资本参与。一是地方政府应贯彻落实国家民营投资有关政策，破除民营投资的隐性壁垒，进一步放宽市场准入；二是在 PPP 项目社会资本的选择过程中，政府应对国企和民营资本一视同仁，营造公平透明的竞争市场环境，保障 PPP 项目的顺利高效运行。

2. 放手鼓励改革创新，因地制宜进行政策倾斜扶持。一是吸引民营资本参与 PPP 投资，是一个不断进行理论创新、治理创新、制度创新、模式创新等的过程，应在坚持提高效率和降低风险的前提下，鼓励先行先试；二是加快财税机制配套改革，对于相对落后的中西部等地区，放手让地方政府可基于实际情况给予适当的政策倾斜和扶持，加大民营资本投资引导力度和政策优惠，以点燃和坚定民营资本到"老少边穷"区域投资的热情和决心。

（三）在资本市场上引渠"放行"帮助民营企业参与 PPP 项目

1. 创新合作方式。要在 PPP 项目中推动混合所有制，鼓励引导民企、国企、外企共同成立项目公司，共同推动项目建设、运营。可采取多种方式吸引民营资本：一是可鼓励引导同行业散、小、弱的民营资金通过行业协会等组织设立基金等方式集合起来，以股权投资等方式参与到 PPP 项目当中；二是可鼓励引导有一定实力的民营企业加强联营合作，通过组建联合体等方式共同参与 PPP 项目；三是通过奖励补贴民企和混合所有制企业

中标PPP项目，鼓励引导国有企业与民营企业联合参与PPP项目。

2. 拓渠引资降负。针对民营资本的融资难题，帮助民营资本拓宽融资渠道，完善融资市场：一是应引导和整合银行、证券、保险、信托、社保基金等投资金融资源，构建涵盖股权投资、信贷、担保、保险的多层次的PPP融资市场，引导各商业银行、股份制银行及PPP基金积极创新金融产品，优先为民企PPP项目进行金融服务；二是应加强对民营资本投资的政策支持，适度支持对民企增信，以鼓励民营资本加大融资能力、降低融资成本。

3. 健全退出机制。完善的退出机制是民营资本参加PPP项目的重要保障，政府可借鉴国外成熟的经验，大力推进PPP资产证券化，依托各类产权、股权交易市场，建立PPP交易所，为民营资本提供多元化、规范化、市场化的退出渠道。

四、创新思维，民营企业应该抓住机遇在PPP领域中求发展

国家发改委和财政部出台了200余项与PPP直接相关的政策，至少有37项明确提到鼓励民营企业参与，进一步激发了民营企业的参与热情，营造了良好的政策环境和氛围。因此民营企业不应该自怨自怜，而应扬长避短、发奋图强，增强PPP项目投资运营管理能力。根据笔者的PPP项目实操经验，可分享以下三个竞争策略和操作建议：

1. 一体化运营，全产业链服务。民营企业可围绕原有竞争力的主业，通过上下游产业链的延伸，构建设计、施工、运营一体化运营体系，并通过运用PPP融资拓展PPP发展空间。例如在环保PPP领域较有代表性的民营企业东方园林、碧水源，就从原有经营范围基础上新增产业链，成为民营企业在环保PPP领域的龙头企业，也是上市公司PPP概念股的指标股。

2. 加强与国有企业合作，优势互补释放混合所有制能量。民营企业一是可积极争取与经验丰富、具有强大经营实力、口碑良好的大型国有企业

合作，丰富 PPP 项目经验，形成国有民营优势互补，相得益彰；二是发挥国有金融企业的资金融通能力以及民营企业灵活变通的特长和优势，大胆创新，提升 PPP 项目的落地效率。

3. 在行业领域和区域拓展上，要善抓机遇，错位发展。民营企业一是要紧紧盯住原有自身熟悉的行业领域，注重专业化经营，集中资源、优势突破，避免无目的地盲目扩张；二是要从管理制度、技术创新、企业文化、人才队伍等方面修炼内功，全方位提升企业实力和行业竞争力；三是要关注市场热点和区域，与大型国企形成错位发展，探索总结中小城市 PPP 项目盈利模式，一个一个项目深耕落地，通过产品创新和产业链发展，形成对区域市场的占领。

参考文献

[1] 韩志峰. PPP 的四大特点和 ABS 的四大作用
[2] 章贵栋，梁雪. 民营企业参与 PPP 项目周年盘点

北京东方园林环境股份有限公司拓展中心总裁　张乐

PPP 政策背景下地方政府融资平台的转型发展

当前，地方政府融资平台仍在发挥地方政府项目的融资主渠道作用。因此，有必要分析其融资平台面临的问题的根源，并对症下药，探寻融资平台的前程和出路。

一、融资平台的定义

2010 年 6 月 10 日，国务院印发《关于加强地方政府融资平台公司管理有关问题的通知》（国发〔2010〕19 号），这是国务院层面针对融资平台的第一个专门性文件。国发 19 号文对融资平台定义为：地方政府融资平台公司指由地方政府及其部门和机构等通过财政拨款或注入土地、股权等资产设立，承担政府投资项目融资功能，并拥有独立法人资格的经济实体。

国发 19 号文给出的定义，明确指出判断某个机构是否融资平台的三条实质性标准：一是地方政府是最终出资方，也是实质控制人；二是平台的主要职能是承担地方政府投资项目的"融资"功能；三是平台是有独立法人资格的经济实体，具体包括政府部门、事业单位和国有企业，比如，各省往往由省交通厅、省公路局、省交通投资集团这三类机构，分工负责省内高等级公路的融资责任。

虽然银监会每个季度公布融资平台名单，但由于种种原因并不完备，只能作为参考，实质性判断标准应当是国发 19 号文给出的三条标准。

二、融资平台的分类

总体上，国内形形色色的融资平台可以分为以下四类：

一是综合性平台。如上海城投、天津城投、武汉城投等，她们是当地城市建设融资的最终兜底方，既履行建设财政的职能，还是所在行政区域内重大项目的融资主体、项目建设主体和公用事业的运营管理主体。发达城市的综合性平台在基础设施与公共服务领域已经积累综合优势，融资成本低、组织项目建设的效率高、运营管理能力强，是各类金融机构优先争取的合作伙伴。

二是专业性平台。如京投公司、上海申通地铁集团、北京排水集团、重庆水务等。她们是城市建设中某一个特定领域的融资、建设与运营主体。如 2003 年成立的京投公司，注册资本从 25 亿元增加到 909 亿元人民币。截至 2015 年底，累计完成投资达 3953 亿元，建成客流总量世界第一、总里程世界第二的超大型城市轨道交通网络；总资产 4045 亿元，净资产达到 1409 亿元，分列北京市属国企第二位和第一位。可以说，如果不启用京投公司模式，北京市的地铁建设想如此快速高效，完全没有可能。

三是园区性平台。如上海金桥集团、苏州高新区经济发展集团、西安高新控股等。她们承担经济开发区、高新区、出口加工区、保税区及自贸区等特定发展区域的基础设施融资、建设与运营，招商引资以及政府授权的公共服务职能。比如，西安高新控股有限公司作为高新区内基础设施建设及公用事业唯一建设及运营主体，获得了金融机构、社会资本的广泛认可，通过卓有成效的融资工作，高新控股有限公司满足了高新区率先发展、跨越发展的需求，为各项工作顺利开展提供了坚实的资金保障。

四是空壳型平台。2008 年全球金融危机后，各地成立了一些资产规模少、可运作资源少、治理结构不规范、综合能力弱、至今未公开发行债券的区县级平台。比如，一些县政府下属多个平台，除了安排干部外，几乎没有发挥实质性融资功能，普遍只利用过政策性银行贷款，主要融资方式是拖欠工程款和征地拆迁款，根本谈不上提升公共服务效率这些更为高级的目标。从数量上看，这类平台占比很高，但从占有的有效资产规模看，实际占比并不大。这类平台公司是欠发达地区金融意识落后、金融市场运作能力弱、地方政府能力差等因素的突出体现，如果不能做实做强，这类平台确实应该清理关门。

三、系统性风险隐患

地方融资平台主导的地方政府项目融资模式，经过2009–2012年的狂飙突进，暴露出以下可能形成系统性风险的严重问题：

第一，债务规模失控。地方政府为稳增长，启动大规模的新城区建设计划，亟须巨量资金。但是，地方财政收入无力支撑，地方政府自身举债缺乏权限和规范渠道，平台模式成为不得以也最便捷的地方政府融资渠道，迅速风行全国，很多乡镇一级的政府也建立各类融资平台。平台融资方式普遍缺乏有效监督，容易造成债务规模失控，存在潜在的偿债风险。由于绝大多数融资平台缺乏经营性现金流，存量债务偿还只能靠借新还旧，新建项目的融资任务每年增加，债务累加的复利还很高，如此造成债务余额指数式高速累加，依托地方政府信用隐性担保的平台融资模式危如累卵。

第二，融资成本高企。很多平台达不到通过银行贷款和公开发债等正规方式筹集资金的资信水平，特别是2012年至2015年上半年，金融监管政策收紧，地方政府融资平台通过非正规渠道融资的借款成本迅速提高，且期限较短。但是，地方自发自还债券利率基本与国债收益率持平。平台模式与地方债券模式都是依托政府信用，最终还款都是依靠财政收入，而融资利率之间的差异在6%以上，甚至高达15%以上，存在系统性的财政风险。

第三，项目实施效率低。地方政府的项目建设普遍采取按任务分割的组织方式，融资、投资、建设、运营由不同的政府下属机构负责。地方融资平台按照政府指令去找金融机构筹集资金，投资与建设一般由行业主管部门组建临时指挥部来负责，普遍存在缺乏同类项目实施经验的硬伤，设计与施工招投标普遍不规范。项目建成后不管质量如何，直接移交给某事业单位或国有企业负责运营，这些运营单位缺乏运营经验和专业人员，往往成为安排各方官员关系户的安乐窝。从这个流程看，重建设轻管理的问题很突出，土地与资金资源浪费的现象也非常严重，投资与运营效率很低。实际上，国内市政公用行业市场化运作已经有接近20年的发展，已经有一批能打通融资、投资、建设、运营的全流程工作的专业投资运营机构，但是在融资平台融资比较方便的背景下，专业投资运营机构获取项目又会遇到各种限制，难以异地拓展业务，存在明显的效率损失。

四、对融资平台的整顿

针对地方政府融资平台支撑的传统政府项目投融资模式所存在的系统性风险，以2014年6月30日中央政治局会议审议通过《深化财税体制改革总体方案》为起点，随后，2014年8月31日全国人大常委会通过《关于修改〈中华人民共和国预算法〉的决定》，2014年9月21日国务院印发《关于加强地方政府性债务管理的意见》（国发〔2014〕43号），2014年9月26日国务院印发《关于深化预算管理制度改革的决定》（国发〔2014〕45号），2014年11月16日国务院印发《关于创新重点领域投融资机制鼓励社会投资的指导意见》（国发〔2014〕60号），2015年5月22日，国务院办公厅转发财政部、发展改革委、人民银行联合发布的《关于在公共服务领域推广政府和社会资本合作模式的指导意见》(国办发〔2015〕42号)。近期，财政部主导进一步强化对地方政府融资行为的政策高压态势，2017年4月26日财政部、发改委、司法部、人民银行、银监会、证监会联合印发《关于进一步规范地方政府举债融资行为的通知》(财预〔2017〕50号)，全面组织开展地方政府融资担保清理整改工作，切实加强融资平台公司融资管理，规范政府与社会资本方的合作行为，进一步健全规范的地方政府举债融资机制。2017年6月1日，财政部印发《财政部关于坚决制止地方以政府购买服务名义违法违规融资的通知》(财预〔2017〕87号)，对政府购买服务行为做出规范，初步实现了对当前地方政府及其部门主要违法违规融资方式的政策全覆盖。

财政部、国家发改委及有关部委就地方政府债务问题、投融资体制改革、PPP等方面的工作，相继印发近200项部委规范性文件。除宁夏、西藏外的中国内地29个省、直辖市和自治区政府发布了推广PPP模式的实施意见或指导意见。

财政部的有关文件明确提出剥离地方政府融资平台的政府融资职能，融资平台与政府信用脱钩。政府项目的推进只有两个合法融资途径：一是省级政府在批准的限额内发行地方政府债券；二是通过PPP方式推进政府项目。

不过，从实际情况来看，每年不到5000亿规模的PPP实际落地投资额，相对于十万亿计的实际基础设施投资额，可以说是杯水车薪。可以合理地预计，当前乃至未来一段时间，地方政府债券和PPP这两种模式，尚无法取代地方政府融资平台的政府项目融资主渠道的地位，地方政府融资平台仍然是地方政府不得不倚重的主流融资模式。

五、融资平台的转型发展

融资平台问题是国内现有财政体制和投融资体制的产物，融资平台模式是地方政府在现有约束条件下的重要的实践创新。分析融资平台的转型升级前景，需要达成以下共识：

第一，融资平台承担城市化建设起步期的资金筹集职责。在城市化建设的起步期，诸多基础设施项目需要全面启动并超前建设，需要巨额的“第一桶金”才能打开城市建设的新局面。此时，土地价格较低，招商引资刚开始还没有产生稳定税收，社会资本怀疑发展前景难以大规模投入，唯有融资平台可以迎难而上。可以说，国内城市化发展取得重大成效的地方，平台在初期融资中都起到绝对主导的作用。那些一开始就靠廉价卖地的地方，难以持续推进城市化建设规划的高水平落实。

第二，诸多重大项目的边界条件不清晰，唯有平台才有能力组织实施。以上海新江湾城片区开发项目为例。上海城投凭借强大的融资能力和项目组织实施能力，借助城市规划调整等公共资源，给复旦大学提供免费用地体现了公共机构对区域发展的责任担当，用20–30年的运作周期，实现了良好的经济效益与社会效益，为盘活存量土地资源消化城市建设历史债务做出一个标杆性项目。如果2000年前后，上海市就通过分片土地拍卖，或者找一家社会资本来总体实施该项目，效果肯定要差很远。

第三，融资平台承担政府公共项目的融资责任，是代表政府推进公共项目的公共机构。国内市政公用行业普遍未建立起合适水平的收费机制，靠项目本身的收入现金流难以维持项目的正常运转，而是由融资平台兜底项目的历年累积的运营亏损和借新还旧累积的巨量债务，融资平台的债务是地方政府的债务。只有牢牢地依托政府信用和公共资源，融资平台才有生存基础。也只有利用好融资平台和土地财政两个轮子，在当前的财力约束和融资约束下，地方政府才能落实城市建设规划与目标。近年通过地方政府债务置换，实质性地降低了平台债务的利息成本，减轻了地方债务短期崩盘的风险。需要强调，地方政府存量债务的实质性解决，要靠20–30年甚至更长时期的地方政府财力的增长，靠居民收入提高后能承担更高水平的公用事业收费水平，靠盘活存量资产，才能逐步消化与解决。

第四，培育强平台是欠发达地区推进城镇化项目建设的当务之急。从发达地区的经验来看，欠发达地区培育强平台的意义有：一是成为地方政府在城市基础设施领域的人才积聚高地、经验积累载体和对接各方资源的枢纽；二是作为地方政府城镇化项目融资的蓄水池，以及以土地资源为主的各类公共资源的积聚、培育、转化和实现主体；三是担任PPP等市场化项目的政府方实施主体、项目现金流不足的风险缓释主体，以及代表地方政府进行监管的执行机构。

第五，发达地区的强平台应当走出去服务全国，成为PPP等市场化项目的社会资本和市政公用行业的并购整合主体。国内要大规模推进PPP项目，其中的一个制约因素，就是缺乏具有大规模低成本融资、组织重大项目建设、公用事业运营管理等方面综合能力的投资运营商群体，难以实现真正的有效的竞争态势。发达地区的融资平台在本地已经有几十年的经验积累，是国内少有的具有综合能力优势的潜在投资运营商。首创股份、北控水务、城投环境这类脱胎于融资平台的市场机构，作为先行者已经取得了较大的成功。如果有更多的地方政府融资平台走出所在城市，服务于更广阔的地域，将推动PPP模式的深入全面推进。不过，目前地方政府普遍担心本地平台走出去掉入陷阱，需要本地财政救助，严格限制本地平台走出去。如何破解僵局，需要PPP大环境的改善，可能还需要较长时间。

总之，做实做强地方政府融资平台，积极审慎推进PPP，用20–30年甚至更长的时间，才能真正实现地方政府项目投融资机制的转型升级。

清华大学PPP研究中心　特聘高级专家　罗桂连

信息不对称理论下
地方政府应用PPP模式的动机分析

信息不对称理论产生于20世纪70年代，因其较强的理论解释力，越来越被广泛运用于包括投融资在内的市场经济行为的深度分析，这一理论的要点在于：一是卖方总比买方掌握的信息要更加充分；二是掌握信息更加充分的一方总是处于优势地位；三是买卖双方都会努力地获取对方更多信息，四是信息不对称可能产生逆向选择问题；五是市场信号显示在一定程度上可以弥补信息不对称的不足。笔者在2015年作为政府方所聘请的PPP咨询机构人员参与了一起建筑垃圾资源化处理PPP项目，该项目实施机构为县城管局，政府出资机构为县城投公司，总投资3亿元，使用TOT+BOT方式，其中垃圾集中消纳场、收集运输体系、新建配套公路使用BOT方式新建，存量配套公路使用TOT方式置换。该项目一波三折，形成僵局，运用信息不对称理论剖析该项目，可以充分展现地方政府应用PPP模式的动机。

一、与中央政府推进供给侧结构性改革和五大发展理念的想法不同，县政府的动机主要在于化解政府债务风险

2014年，中央政府禁止BT，并将原BOT升级为内涵丰富的PPP模式，虽然有化解地方政府债务风险的考虑在内，但不可能止于这一考虑，

因为当前中央政府债务不存在风险，而地方政府债务风险总体可控。2014年以来，中央政府及各部门密集推出各类涉及PPP的政策性文件，并不断深化，特别是近期国家发改委联合各行业主管部门相继下发了一系列涉及PPP的政策性文件，充分说明中央政府有更深的考虑，笔者认为是在为推进供给侧结构性改革和五大发展理念寻找一个突破口。供给侧结构性改革的主要内容为“三去一降一补”，“补”即为“补短板”，众所周知，当前中国经济社会发展最大的短板在于公共服务产品的有效供给不足，而PPP主要适用于基础设施和公用事业领域，伙伴关系能够增加供给主体，利益共享能够扩大有效供给，风险共担能够限制供给过当。站在五大发展理念来看，PPP是一种新型投融资模式，符合创新发展的要求；是一种资源的合理配置，符合协调发展的要求；是一种环保设施的供给，符合绿色发展的要求；是一种混合所有制的实现，符合开放发展的要求；是一种政府方、社会资本方和人民群众的三方共赢，符合共享发展的要求。在经济新常态下，五大发展理念是方向，供给侧结构性改革是路径，中央政府在方向和路径方面占据信息优势，希望通过推广PPP模式为地方经济社会发展的方向和路径找到突破口，对于一直在突破口转圈、只是看着方向、不肯上路的地方政府痛心疾首。

始于1994年的分税制改革，使得集中了60%左右财力的中央政府承担了20%左右的开支，而集中了40%左右财力的地方政府承担了80%左右的开支，财权与事权的长期不匹配，又使得被剥夺了自行发债权的地方政府，被迫采取借道融资平台公司负债的方式推进基础设施和公用事业建设，大量只有“吃饭财政”实力的县级政府由此走上了一条“以土地换设施”的路子。当前房地产市场低迷，土地溢价下降，不少平台公司面临资金链断裂的风险。以前述启动建筑垃圾资源化处理PPP项目所在的县为例，该县在2014年债务甄别时，因为拿不准中央政府的真实意图，担心追责、不敢实报，留了20亿元左右的政府债务在县城投公司。当前被甄别为政府债务的部分已经置换，而留下的20亿元左右债务成为县财政的沉重负担和极大隐忧，如果不借新还旧，资金链马上会断裂，如果借新还旧，必须得县政府违规担保，陷入极度后悔的两难境地。客观地说，地方政府不存在不认可中央政府指明的经济社会发展的方向和路径，但已经形成路径依赖的地方政府短时期内很难改变方向和路径，不得不进行逆向选择，方向和路径不得不隐形，突破口却极度显形。于是在大面上出现了PPP项目一哄而上的情况，在具体项目上出现了以化解存量债务为首要任务的情况。该项目3亿元总投资中包括一条1.1亿元的并不直接与项目相关的存量市政道路，县政府要求在不提高项目收益率、不上浮施工利润的前提下，将这条道路打包进入项目，用TOT方式进行债务置换，并作为采购社会资本方的不可谈判条款。建筑垃圾资源化处理项目比较新颖、前景广阔，很符合五大发展理念的方向，也符合供给侧结构性改革的路径，但县政府债务置换的比例比较大，转换的条件比较苛刻，被各方一致看好的新建部分被存量部分所拖累，导致该项目在第一次采购社会资本方时，因投标人不足3家而流标。

二、与投资方“在商言商”的想法不同，县政府的动机主要在于“在商言政”

PPP模式一方面鼓励民间资本投资，另一方面允许潜在的投资方在前期介入项目，并在政府采购公告发布前与施工方等主体组成联合体，以“两招合一招”的方式投标包括工程在内的项目。投资方与施工方等主体按照各自专业特长和资源禀赋各司其职、各取所需、风险共担、利益共享。该项目潜在投资方之一为本省某民营环保公司，拟组成联合体的施工方为本省某民营建筑公司。环保公司经过市场调研，认为建筑垃圾资源化处理虽然当前只能实现微利，但新颖性较强，希望在该省启动首个此类项目，最终在全省各县复制，再加上建筑公司承诺给予环保公司部分施工利润补助，所以尽管县政府要求县城管局将收益率控制在6%以内，大体与环保公司的资金成本持平，但是环保公司还是愿意响应。而建筑公司虽然对于该项目1.1亿元的存量部分感到压头，但该项目仍然还有0.9亿元的新建公路和1亿元的新建建筑垃圾资源化处理部分，尽管新建部分的施工利润还要拿出一部分补助环保公司，但总比没有业务强，至少可以在短期内养活队伍、维持运转。所以，站在“在商言商”的角度，虽然从表面上看不管是投资方，还是施工方在该项目中均无利可图，但是实质上都有现实或长远的经济盘算和市场考虑，都是经济人理性的决策。投资方和施工方虽然在前期介入阶段反复向县政府陈述上述想法，但县政府既不相信也不理解，一直将上述陈述作为对方的商业策略看待，甚至要求咨询机构花了大量的时间和精力计算2家民企施工利润内部补助的合适比例。

中国式PPP简称为“公私合作”，虽然中央政府的想法是鼓励民间资本作为“私”的一方参与，但是中国上升到体制机制的重大改革均离不开央企的牵引和带动，所以当前将央企也暂时作为“私”的一方看待。很多县政府认为央企与政府归根结底是一家人，项目成功了皆大欢喜，项目遇到困难了便于协调，项目失败了至少没有政治风险，所以不约而同地偏好于央企，对民企予以嘴上不说、但事实上存在的不公平待遇。随着实事上不公平待遇的增多，逆向选择效应出现，投资异常敏感的民企对PPP模式比较失望，并慢慢退出，投资相对迟钝的央企越来越多地进入PPP项目，并成为社会资本方的主力。在该项目中，县政府认为民企“非我族类，必有异心”，环保公司和建筑公司不计成本争取项目的商业举措，不仅没有让县政府理解和感动，反而让县政府更加担心和忧虑。县政府在第一次采购失败后，不管作为潜在社会资本方的2家民企如何催促，迟迟不进行第二次采购，而是积极主动联系央企，甚至愿意以提高项目收益率、上浮施工利润作为央企响应的对价。另外，该项目还有一个小插曲，县政府为了解决本县一家国有独资建筑公司业务不继、职工工资发放困难的问题，曾一度要求民营建筑公司退出，改由国有建筑公司加入联合体，具体负责项目的工程施工。可见在该项目中，县政府对于一个简单的“在商言商”行为进行了复杂的“在商言政”考虑，一系列“在商言政”行为使得处于信息劣势地位的2家民企十分困惑，多次做出误判，甚至反感，几度使双方的合作意向陷入僵局。

三、与咨询机构物有所值的想法不同，县政府的动机主要在于节省咨询成本

PPP全流程咨询集成工程、财务、金融、法律、管理等服务，综合性和专业性较强，所服务的项目体量大、时间长、责任重，所以，PPP全流程咨询在当前一个时期乃至于今后一个时期，对于相关专业人才储备不足的地方政府，特别是人才匮乏的县政府极其重要。PPP项目政府采购前需要经历一个物有所值评价，其实，PPP咨询机构的选择也存在一个物有所值评价问题，只是不需要形成评价报告。根据信息不对称理论，在选择后，作为卖方的咨询机构掌握的专业信息充分，处于优势地位。PPP咨询机构越有优势、发挥作用越大，越对政府方有利。而基于专业信息的优势与基于物有所值的咨询服务费是共生的，如果服务费合适，咨询机构将派出恰当的技术人员，以政府方为中心进行服务，如果服务费过低，咨询机构可能出于成本控制的考虑，会派出一般的技术人员或实习生进行服务。对于高端咨询服务业而言，价廉必然物廉，价美必然物美，物美价廉向来是一个伪命题，只有物有所值才是一个真话题。

当前大部分地方政府，特别是县政府将PPP全流程咨询服务等同于一般性服务，对本应为“亲兵”和“军师”的咨询机构不太信任，也不太尊重，通过建立本地PPP咨询机构库设置准入门槛，刻意压低服务费用。在此情况下，县政府可能觉得节约了前期工作成本，但不能覆盖成本的PPP咨询肯定是无法保证服务质量的，必然造成当地咨询服务业“劣币驱逐良币”的后果，只有服务质量低的咨询机构才能在当地生存下去，这为当地PPP项目的持续运营埋下巨大隐患。更有甚者，有少数县政府为节省咨询

成本，竟然用社会资本方推荐并承担服务费用的咨询机构。

四、结论与建议

综上所述，信息不对称理论对于分析地方政府应用PPP模式的动机具有一定的解释力，对于研究PPP项目的失败具有较大的应用价值。地方政府出于化解债务风险的动机将PPP仅作为替代性融资工具是一种暂时性无奈选择，出于“在商言政”的动机让PPP承载更多功能是一种公权力本能，而出于节省咨询成本的动机刻意压低PPP服务费是一种认识误区。

为解决地方政府应用PPP模式而产生的信息不对称问题，避免PPP项目失败，可以考虑以下三点：

一是加强信息平台的建设。解决信息不对称问题最重要的手段是促进信息的获取，推进市场信号显示，让优势的卖方尽可能公开更多信息，让劣势的买方尽可能获取更多信息。对于中央政府而言，当前最重要的是加强国家发改委和财政部两个PPP信息平台的建设，让信息更深更真；对于地方政府而言，当前最重要的是认真做好PPP项目的入库工作，通过入库让政府方先把项目想清楚，让投资人能获取进一步研究项目的基本信息，从而实现快速招商和精准招商。

二是加强合理契约的设计。信息不对称是PPP项目永远存在的问题，只能尽可能减少，而不可能完全消除。对于PPP项目参与各方而言，要深刻认识PPP虽表面上是一个建设和融资问题，实质上是一个运营和法律问题，所以要高度重视PPP合同体系的建构；要正视PPP合同的不完全性，所以要多在合同中设计弹性条款和动态条款，并将主要关注点从工程造价和工程质量转移到运营调价和绩效考核上来。

三是加强PPP项目的总策划。政府宏观调控是解决信息不对称问题，特别是逆向选择问题的有效途径。地方政府应结合供给侧结构性改革和五大发展理念的要求，结合本地“十三五”规划，提前做好本地PPP项目的整体策划以及配套支持体系的设计，尽量避免单个PPP项目的推进，尽量避免让PPP模式承载太多的政治功能，尽量避免让物有所值的咨询机构退出本地市场。

法学博士、湖南人和人律师事务所律师、中共常德市委党校教师　高科

如何实现 PPP 项目从重建设到重项目全生命周期的转变

从各省的 PPP 推介项目上看，新建 PPP 项目从数量或投资规模上占据了 80%-90%。但根据各省政府采购网站公布的 PPP 项目中标结果上看，施工企业或施工作为牵头方组成的联合体占据了绝对主导地位，新建 PPP 项目出现了明显的重建设轻运营的现象。本文将分析造成这种现象的原因、导致的问题，进而提出改进的建议。

笔者有着 11 年 PPP 的工作经验，曾在国内知名的 PPP 咨询机构、PPP 专业投资运营公司工作（外资）工作，现任平安证券股份有限公司产业基金基建投资团队执行副总经理，负责 PPP 项目的股权投资、债务融资及 ABS 等，对于 PPP 相关参与方有着较为深刻的理解。

一、新建 PPP 项目重建设轻运营产生的原因及导致的问题

（一）新建 PPP 项目社会资本选择过程中，设置的施工资质要求限制了其他社会资本方的参与，导致了施工企业占据了基础设施投资建设及 PPP 市场上的主导地位

目前在政府招标采购选择社会资本的环节中，由于一些地方政府对于社会资本的认识不到位，简单将社会资本等同于施工企业或施工企业牵头

的联合体，使得在新建 PPP 项目在社会资本选择过程中，相当多的 PPP 项目对于社会资本的资质条件设置了施工资质的硬性要求，且很多新建项目不允许联合体参与或要求社会资本牵头方要由施工企业担任，这极大限制了其他社会资本方参与新建 PPP 项目。

笔者认为施工资质要求对于新建 PPP 项目应是充分条件而非必要条件。

鉴于我国目前的工程建筑市场是个竞争比较充分的市场，后续项目施工方的选择完全可以由项目公司进行施工总承包（EPC）招标，选择有相应施工资质的施工企业进行建设。若新建项目由施工企业作为社会资本或社会资本方的牵头人，其在建设环节控制成本的动力有限，这不利于项目总投资的控制，从而增加政府财政的支付压力。

（二）施工企业缺乏 PPP 项目全生命周期管理运营的能力

PPP 项目对社会资本方的要求很高，除了施工能力外，社会资本方还需要具备前期的项目融资、后期的项目运营管理、风险控制等项目全生命周期的管理把控实力。而施工企业在这些方面都是有所欠缺的。施工企业普遍存在资金实力弱、负债率高的问题，自身融资能力有限，难以承担 PPP 项目长期限、大体量的资金需求，导致很多 PPP 项目因融资难而无法落地。此外，施工企业普遍缺乏运营管理能力，增加了 PPP 项目建设期过后运营阶段经营管理的不可控性。

（三）施工企业对于中标的新建 PPP 项目只投入很少的资本金，通过工程建设环节拿走了项目的大部分利润，影响了其余各方参与项目的积极性

由于施工企业普遍存在负债率高、挂靠较多的情况，其特性决定了施工企业对于 PPP 项目大多只限于参与项目的工程建设。而且由于 PPP 项目周期通常在 10 年以上、大型施工企业投资决策流程复杂等原因，除战略

性项目外，施工企业很难做到以自有资金投入项目公司的股权并占据项目公司的控股地位。大部分新建PPP项目，施工企业只投入资本金的10%-20%。

但由于施工企业作为选中的社会资本或社会资本的牵头方，其往往通过明股实债等方式寻找资金方组建项目公司，从而控制着项目公司，通过工程建设环节拿走项目大部分利润；并常在项目建设完成后一段时间内转移所持有的项目公司股权。由此导致资金方或运营方利润空间非常有限，从而降低了资金方或运营方参与此类项目的积极性。

（四）施工企业中标PPP项目后找金融机构融资，影响了PPP项目的落地速度；且施工企业选择项目标准与金融机构存在差异，部分项目不能落实资金

施工企业作为社会资本或社会资本的牵头方，通常在中标项目后需要组建项目公司，并向多家金融机构进行股权、债权的融资。而金融机构进行项目融资审批视项目规模往往需要1-2个月的时间，从而影响了项目落地的速度。

此外，施工企业常常只着眼于工程建设本身，对于项目选择标准与金融机构存在着一定差异。此外，对于长周期的PPP项目，施工企业对于利率变化风险普遍认识不足，导致了部分PPP项目施工企业中标后，因落实不了资金，使得项目难以推进。

（五）咨询机构对于蓬勃兴起的PPP市场准备不足，服务质量参差不齐

随着PPP市场这两年的兴起，涌现出了大量PPP项目。专业的咨询机构出现了人员不足的情况，从而大量扩招，很多新进员工培训不足，仓促上阵。与此同时，很多小咨询机构纷纷成立并参与到项目中，服务质量参差不齐。一些咨询机构往往生搬硬套以往其他项目的实施方案、招标文件等，也助长了新建 PPP 项目重建设轻运营的现象。

（六）重建设轻全周期管理运营将导致部分地方政府面临财政承受能力达到上限的问题

施工企业参与的新建 PPP 项目以政府付费或可行性缺口补助类项目为主，项目策划阶段注重建设，而对于项目回报机制、后续运营管理相对忽视，过多消耗了财政资源。根据财政部发布的《政府和社会资本合作项目财政承受能力论证指引》规定，每一年度所有 PPP 项目从预算中安排的支出责任不可超过一般公共预算支出的 10%。进入 2017 年，随着我国基础设施和公共事业项目建设需求的进一步释放，重建设轻全周期管理运营将导致部分地方政府面临财政承受能力达到上限的问题。

据统计，2016 年已经落地的 PPP 项目投资体量达到 2.6 万亿元。很多地级市 PPP 项目的支付比例已接近 10% 的红线，对后续新增 PPP 项目的发展存在制约。

因此，政府需要优化资源配置，将财政资源配置在最能产生效益的项目上，精选项目、细化实施，提升财政资金的使用效率。另一方面，需要多元化项目收益结构，尝试更多收益补偿模式，在满足社会资本投资回报需求的前提下，降低政府财政承担的压力。

二、PPP 项目从重建设到重项目全生命周期的转变建议

（一）加强对地方政府的宣传引导，社会资本选择过程中，施工资质要求并非必要条件，鼓励专业投资运营机构、金融机构作为社会资本直接参与

笔者建议发改部门通过培训、制定操作指引等方式，加强对地方政府的宣传、引导，强调施工资质要求对于新建 PPP 项目并非必要条件，允

许其他社会资本方以联合体方式参与PPP项目甚至允许专业投资运营机构、金融机构等可以独立作为社会资本或社会资本的牵头方，与施工企业同等参与竞争。在社会资本选择环节可规定，若非施工企业的社会资本中标后，需承诺后续项目公司应按照国家有关规定进行新建PPP项目的施工总承包招标，选择的建设方应具备政府方要求的资质，从而控制工程建设风险。

鼓励专业投资运营机构、金融机构作为社会资本直接参与PPP项目，可以发挥专业投资运营机构、金融机构对于项目全生命周期的管理优势，特别是在施工总承包环节引入二次竞争，有利于在建设环节控制成本，从而降低工程总投资、减轻地方政府财政的支付压力。

（二）加强专业投资运营机构、金融机构在PPP项目发挥更大作用，有利于提高PPP项目的落地速度和强化运营期的管理

从项目全生命周期的整体管控要求出发，PPP项目在社会资本选择阶段应引入资金实力雄厚、资源整合力强且有项目运营管理能力的大型金融集团，或是专业投资运营机构作为项目投资主体。

笔者认为对于PPP项目，资金为王。专业投资运营机构、金融机构作为社会资本直接参与PPP项目，能够提供PPP项目所需的长期限资金。PPP项目所需的更多是股权资金，即项目公司的资本金。债权资金相对股权资金而言更容易落实。保险、证券、基金等金融机构可以通过资管计划、发行基金产品等筹集PPP项目所需的股权资金。此外，大型综合性金融集团可以连同项目股权资金、债权融资一并落实，从而提高了项目资金的审批时效，加快PPP项目的落地速度。

虽然金融机构对于建设、运营经验有限，但其资源整合力强，能够在市场上选择有经验、有实力的建设方、运营方，并可以委托第三方从安全、质量、进度、成本等方面进行把控，从而实现项目全生命周期的管控。

因此，建议政府应加强与大型金融集团或专业投资运营机构等能够提供长期限股权类的机构进行前期沟通和合作，提高 PPP 项目的成功率。

（三）加强咨询机构服务的管理，引导专业咨询机构针对不同 PPP 项目从策划阶段精雕细琢，提高 PPP 项目的质量，增强项目运营期的盈利能力

专业的咨询机构对于 PPP 项目成功起着至关重要的作用。针对目前 PPP 市场的现状，建议发改部门出台相应的咨询机构推荐名录，并定期就其服务的项目进行跟踪、评价，供地方政府选择 PPP 项目咨询顾问参考。

由于每个 PPP 项目都有各自的特性且每个项目都是 10–30 年的合作，应引导咨询机构就每个 PPP 项目精雕细琢，选择出最适合项目的社会资本方、制定出风险分配合理的 PPP 协议，重视项目的回报机制及运营期间的绩效管理，实现政府方和社会资本方实现双赢并能够经住时间的考验。

此外，专业咨询机构还应充分听取专业投资运营机构、金融机构的建议，挖掘项目运营期间的盈利潜力。以香港地铁为例，其“轨道 + 物业”的模式使得香港地铁提供了最高效的公共服务同时，也给政府方带来很好的收益。截至 2013 年年底，香港政府通过向港铁转让土地所获得的收益为 979 亿港元；政府通过公开招股，受让部分原先所持有的部分股份获利 105 亿港元；政府手中所拥有的港铁 77% 股票市值约为 1248 亿港元；政府作为股东所获得的现金股息累计为 187 亿港元（2013 年中期股息）。除去政府在初期的注资 322 亿港元，政府自港铁所获得的财务收益累计达到 2197 亿港元，且仍在不断增长中。

笔者建议公益性项目或准公益性项目组合关联性较好的经营性项目。理想的 PPP 项目应该在前期由政府方通过财政资金增强社会资本方投资信心，但后续项目本身应该逐渐减少对于财政补贴的依赖，甚至于自身有较好的收益，使得政府方的投入能够获得较好的回报，从而进入良性循环。

上述仅为笔者针对 PPP 市场出现的重建设的问题提出的一些浅见。诚挚希望各地方政府就PPP项目能够通过从重建设到重项目全生命周期的转变，在专业投资运营机构、金融机构、施工企业及专业咨询机构的共同协助下，使得未来PPP市场更加规范、更加成熟，地方政府就PPP项目的资源配置更加优化。通过精选项目、细化实施，提升财政资金的使用效率；通过多元化项目收益结构，更多收益补偿模式，在满足社会资本投资回报需求的前提下，减轻地方政府财政承担的压力，使得PPP市场能够实现可持续发展。

平安证券股份有限公司　杨洋

PPP 如何做，才能更有情怀？

——兼谈设计在 PPP 项目中的作用

回顾历史，PPP 自诞生之日起，就不是以融资工具的身份出现的，这可能与我国大部分 PPP 从业者的认识有所差距。虽然 PPP 有融资功能，但是翻开资料，英国在 20 世纪 90 年代初率先推出 PPP/PFI 模式的初衷，是因为当时英国政府确立了一种执政理念，就是认为如果制度和措施得当，市场企业能够比政府提供更加优质和高效的公共服务，包括提供融资、设计和修建基础设施等，但前提是必须证明市场企业（英国人认为私营部门）有能力做得比政府（公共部门）好。在此基础上，政府通过项目开发机制来确定项目，选择市场企业。由于企业有能力提供表外融资，政府当然也乐见其成。因此，PPP 不是融资工具，顶多是管理融资、提供优质公共服务的工具。而当 PPP 模式应用到广大发展中国家，融资的功能就会受到格外的重视。在我国，PPP 被认为是降低地方政府债务和代替政府融资平台模式的有效途径，所以 PPP 与融资有着天然的联系，这已经是全社会的共识。融资问题毫无疑问已经成了当今中国式 PPP 的头等问题。

然而，回归本原，PPP 的根本目的不是解决融资，而是提供优质高效的公共服务。如何优质、如何高效、由谁来提供，这都是 PPP 的重大问题，归根到底，公共服务不能由资本方提供，而是最终由项目的设计者、建设者和运营者来提供，就是由专业的技术力量来承担。除了具备专业的技术能力以外，还需要针对每个项目的特殊情况，花费特别的功夫和时间来解决项目的难题，甚至要提出创造性的解决方案。并且，这个解决方案还要经得起时间的考验。惟其如此，PPP 项目才能最终成为精品。所以，一个 PPP 项目要做得好，融资、法律等问题只是辅助，关键是企业的技术、管理和创新能力，更重要的是离不开企业兢兢业业，精益求精，甚至是还需要企业具备为公众立心的专业情怀。

那么，PPP 项目如何做才能更显情怀，下面就用英国 PPP/PFI 项目的一些做法和理念，并结合一个具体案例说明之。

一、通过项目流程和操作导则等措施强调设计及方案的重要性

首先，什么是 PPP 项目的情怀？在笔者看来，就是泛指项目的实施者能否发挥自身的专业才能，并将公众的利益放在首位，同时兼顾自身的利益。用专业术语来描述，就是能否做到物超所值，而不仅仅是物有所值。当然，要使项目做到物超所值的方法很多，包括前期的建设和后期的运营。限于篇幅，本文仅讨论项目的设计和方案，这是项目做到物超所值和体现企业专业情怀的源头。

（一）英国 PPP/PFI 项目的操作流程

如前所述，英国实施 PPP/PFI 模式的目的是发挥社会资本或市场企业的专业能力，所以在 PPP/PFI 项目的操作流程安排中特别强调这一点。在政府业主方完成项目前期评审，并建立服务绩效指标要求、经过一个较短的资格预审程序以后，接下来就让入围的社会资本自报实施方案，其中最重要的是技术与设计方案，而不是业主方自行完成设计、选择技术路线，最后抛给社会资本进行按图操作。这样的流程，就会充分体现社会资本和企业的核心竞争力，让社会资本有充足的施展空间，发挥自己的特色和情怀。在技术与方案被选入围以后，还需要经过较长时间的竞争性对话（Competitive Dialogue）阶段。这个阶段中，业主方与各位潜在的中标者要

经过反复的数轮对话，甚至直接讨论及进一步优化方案，而不是我国目前所采用的两部曲的高度简化的竞争性磋商的方式，甚至是在竞争性对话开始前，业主方还要与潜在的中标者共同商定一个大家均认可的对话规则。在一些更加复杂的项目中，在项目初步方案审核阶段，政府遇到拿不准的情况，还要邀请潜在的投标者来讨论研究。充分考虑和发挥社会资本和市场企业的专业能力，让企业说话，真正做到让专业的人做专业的事，是英国 PPP/PFI 模式所一贯追求的原则，并且这样的做法在世界其他国家的 PPP 实践中加以采纳。笔者在 2015 年 4 月在阿布扎比参加全球水务峰会的时候参观过海水淡化的试验项目，政府欲按照 PPP 模式实施，但是对技术路线没有把握，就首先安排一个场地，花很少的费用请威立雅和苏伊士等潜在投标者提出技术方案，并按照各自的方案做试验。前后要花费两年的时间，最终让数据说话。

（二）英国 PPP/PFI 项目技术设计导则

英国在 2000 年前后，推出了一批英国 PPP/PFI 项目导则（PPP Technote），总共涉及 7 个专题，其中一个专题是关于如何提高 PPP/PFI 项目的设计质量。《设计导则》中认为，PPP 项目中，优秀的设计绝对不是可有可无的，这是 PPP 项目成败的关键，必须要从一开始在思想上加以重视。《设计导则》提出了 PPP 项目的设计原则，主要包括：

注重使用功能，甚至还要能够促进项目使用者的工作效率。

降低全寿命成本，设计不仅要考虑建设，还要考虑运营成本以及更新改造的成本，使其历经一二十年，技术不落后。

提升服务质量，要使技术和设计采用的设施能够提供更好的公共服务，使使用者和最终客户均满意。

特殊建筑需求，要求建筑设计本身的独特风格，甚至要求建筑设计经过几十年也不过时。

注重社会与环境效益，包括降低温室气体和碳排放等环境影响。

二、卓越的设计在PPP/PFI项目中的作用：以Skye Bridge为例

以下，就以英国一个早期的PFI案例，Skye Bridge为例探讨如何挖掘社会资本和专业企业的设计能力，以及优秀的设计在提高PPP项目的经济效益、社会效益和环境效益的作用。

（一）项目概况

Skye岛是英国苏格兰西北部一个著名的旅游胜地。Skye Bridge为公路桥，横跨Alsh湖，是连接Skye岛和苏格兰大陆的一个重要的交通基础设施。该设施是一个收费单跨混凝土拱桥，主跨400米，被英国国家审计署（NAO）认为是一个比较成功的PFI项目，总造价1460万英镑（仅限于民间投资的主桥部分，不包括政府对引桥的支出600万英镑）。政府业主为苏格兰政府发展部，项目公司Skye Bridge Ltd.负责对大桥进行投资、管理并收费。整个项目从1986年就开始规划，1992年6月29日开工，1995年10月16日实现通车的同时特许经营期开始。项目的交易结构如下：

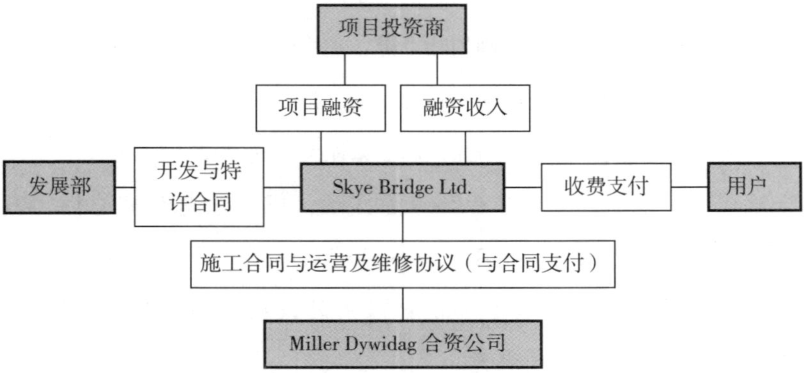

苏格兰发展部于1991年12月向Skye Bridge Ltd.授予了开发合同和特许合同。Skye Bridge Ltd.是一家私营公司，由苏格兰发展部的招标中标单位组成的联合体构成，联合体包括英国Miller土木工程有限公司和德国

Dyckerhoff Widmann 有限公司组成的 Miller–Dywidag 的合资公司以及美国银行国际财务公司。

在开发合同中 Skye Bridge Ltd. 对大桥项目进行融资，据此可以获得资产和日后的收入，但大桥本身的资产在特许期内归国家所有；另外 Skye Bridge Ltd. 必须按照苏格兰发展部的技术要求完成 Skye Bridge 及其引桥道路的设计与施工。Skye Bridge Ltd. 与 Miller–Dywidag 签订施工合同，Miller–Dywidag 与其分包商签订施工与设计合同。Skye Bridge Ltd. 承担了任何由其提出的设计变更的费用（征得政府同意），苏格兰发展部承担由立法改变的变更和政府提出的变更费用。

在特许合同中，苏格兰发展部授权 Skye Bridge Ltd. 对 Skye Bridge 拥有最多 27 年的特许经营期，如果 2364 万英镑的收入（净现值）目标提前达到，特许经营期随即终止。在特许经营期内，Skye Bridge Ltd. 可以对过桥交通进行收费，并对大桥进行维护。苏格兰发展部有权查看 Skye Bridge Ltd. 财务记录并加以审计。

（二）项目实施中的 PFI 机制

Skye Bridge 的项目规划实施的时代还处于英国 PFI 的初期，英国政府还没有比较完整的 PFI 实施纲要和合同指导文件。但是项目的实施过程，在主要环节仍体现了成功 PFI 项目的基本原则。

1. 项目采购阶段

A. 项目目标

项目一开始，苏格兰发展部就有明确的目标，除了建造一个收费的越湖设施来解决交通问题这一主要目标以外，还有比较具体的次要目标：

◆ 设计目标 – 桥型设计除了达到国际标准以外，必须与周边环境和谐。

◆ 成本目标 – 在考虑政府资助和通胀情况下，过桥收费水平不能超过原来轮渡的收费水平。

◆ 资金效能价值（VfM）目标－通过竞标方式来获得大桥设计、建设、融资和运营服务，以寻求公共资金的物有所值（VfM）的最大化。

B. 项目筹划

该项目经过长期的筹划。从20世纪60年代开始就开始对潜在的道路项目通过成本－收益分析的方式进行评估。1986年至1988年苏格兰发展部委托苏格兰高地地区委员会对Skye Bridge进行可行性研究，包括成本－收益分析，项目的收益明显大于成本。1989年7月成立苏格兰发展部内部项目管理团队。

发展部在筹划过程中发现此项目如果利用民间融资（Private Finance），可以较快地启动项目的实施。普华永道也向NAO建议，Skye Bridge的设计和施工具备良好的民间融资项目的特征，尤其在于私营部门能够承担起大部分的设计、施工和相应的委托风险。发展部也认为选择民间融资可以提供较好的VfM，因为这样能够为私营部门提供较大的桥梁设计创新空间，并且私营部门还能够在施工与运营之间取得成本的平衡，以获得整个项目的生命周期最优成本规划。

发展部在筹划过程中充分利用外脑，聘用外部顾问力量。他们聘用的顾问包括一个工程与管理顾问、两个财务顾问，一个环境顾问。这些顾问公司的聘用都比较仓促而没有通过正规的招标程序来选择，但是这些顾问公司的总费用却低于传统项目（50%左右）。

C. 项目采购

项目采购有两个基本目标：①桥型设计必须与周边生态相和谐，②过桥收费水平不能超过原来轮渡价格。苏格兰发展部认为，只有通过竞争才能获得VfM。虽然，Skye Bridge并没有完全符合前文所说的PFI标准模式，导致在风险管理等诸方面有所缺陷，但是Skye Bridge在项目采购方面的运作是成功的，因为苏格兰发展部是紧紧围绕这两个目标对投资商进行选择的。

苏格兰发展部一开始就认为竞争招标是唯一选择投资商和工程承包商

的方法。而发展部也认为与传统项目相比，PFI 项目的招标会大幅度提高业主和投标者的成本，所以发展部最终决定请入选名单上的三至四家公司提交完整的投标书。1989 年 10 月发展部登载广告表示进行设计、建造、融资和运营一体化（DBFO）招商，结果有 53 个组织正式登记表示对项目有兴趣，包括 14 家承包商和一批国际著名的工程顾问公司和项目融资公司和顾问公司。最后六家联合体提交了初步的框架计划书，并提出了 10 个概念性的设计方案。发展部评估了这六个框架计划方案并确定三家优选方案有充分竞争优势进入下一步的投标程序。发展部最后选择了三家公司进行全价格完整的投标竞争，即 Miller_Dywidag，Morrison 建设和 Trafalgar House/British Linen 银行合资公司。非常有意思的是，发展部为了提高招标工作的效率，与投标商达到互动，在招标之前事先向三家公司咨询了整个投标工作所需要的时间（三家公司一致认为，最少需要六个月）。1990 年 12 月，发展部邀请三家公司对招标文件的草案发表意见，经过一系列讨论，最终完全有助于投标书的编制。发展部将这种竞争压力一直保持到最后，以使其设计和成本目标的达成。

1）设计目标的达成

Skye Bridge 的设计是一个巨大的挑战，苏格兰发展部不仅对此有强烈的美学要求，大桥的设计和建造还必须要闯过技术和环境的难关。在经过初步阶段由苏格兰高地区域理事会完成的可行性研究中解决选线问题以后，发展部主要是靠竞争来解决桥梁设计的选型问题。在 1989 年的招标中，发展部也事先对桥梁的造价和构造形式不设限制，给投资商以充分的创新空间，最后有六家投资机构提出了设计方案，其中包括 Miller Dywidag 公司提出的连续箱梁预应力混凝土桥和其他公司提出的单跨斜拉桥。在评选中标者的过程中，发展部还向苏格兰皇家艺术委员会、苏格兰乡村委员会和苏格兰国家信托基金会咨询桥梁的美学和环境影响问题，还征询了世界著名桥梁专家莱昂哈特的意见，最后各方一致认为 Miller Dywidag 提出的设计方案不但结构科学、线型优美，而且造价低廉，再结合收费方案评审以后，Miller Dywidag成为最终的中标者。Miller Dywidag也表示愿意根据政府要求对设计方案作进一步修改。

随后政府部门和公共机构如苏格兰自然遗产协会和苏格兰自然保护组织也对设计提出了修改建议。之后发展部由此举行了一次更大范围的公开意见征询。Miller Dywidag也根据发展部的意见进行设计变更，而发展部也愿意支付设计变更的费用，设计变更的总价高达380万英镑。最后公众征询的结果是绝大多数公众喜欢Miller Dywidag的方案。

2）成本目标的达成

苏格兰发展部的成本目标是Skye Bridge开始收费以后，收费的水平和期限与旁边的轮渡服务相比不能使过往顾客在经济上有损失。通过竞标，由Miller Dywidag构成的Skye Bridge Ltd.首次提出的单次通过的票价居然低于原先的轮渡价格，并且一次性多买还可以较多打折（46%），当然，票价还是要随着通胀率的变化进行调整的。作为支付机制的一部分，特许合同规定最长经营期限为27年，在特许期限结束之前，最大的收费收入被限定于2360万英镑。但合同也规定，如果提前达到这个收入水平，则特许经营合同必须提前终止（即终止收费）。事实上，由于原来的交通流量预测过于保守（1990年水平45万辆一年），但通车以后很快就远超这一数字。所以，实际经营期限可能不足20年。而第一年的交通流量就达到61万辆，超过预计35%，随后的流量还要高，一个重要原因是司机受了桥梁优美线型效果的吸引，这样投资商再也没有可能提高收费价格了。

（三）总结

Skye Bridge是英国PPP/PFI的早期项目。在该项目中除了有基本的PPP框架（即VfM机制，风险和绩效管理机制）以外，该项目最大的成功在于项目的前期规划和采购，成功的规划、技术和设计方案可以更好地将公共产品和商业模式相结合，使得政府很好地利用自身的资源，用非常少的成本推进了项目的实施。卓越的设计也可以使经济、社会和环境效益目标同步完成。虽然本项目在后期由于种种原因被苏格兰政府提前收回，但丝毫不影响这是一个比较成功的项目。本项目也成功诠释了卓越的设计对PPP项目的重要作用，这也体现了社会资本的专业情怀。

上海城投集团有限公司资深研究员　王强

财政承受能力10%红线约束的几点思考

一、财政承受能力10%红线设置背景、内容和对基层政府推进PPP项目实施的约束

在当前地方债压力较大的背景下，为了避免一些地方政府不顾实际财力，盲目上马项目或借PPP名义行表外融资之实，形成政府隐形债务，加大财政风险，2015年4月，财政部印发了《政府和社会资本合作项目财政承受能力论证指引》(以下简称《指引》)，文件中明确：通过论证且经同级人民政府审核同意的PPP项目，将被纳入PPP项目目录，各级财政部门应当在编制年度预算和中期财政规划时，将项目财政支出责任纳入预算统筹安排。其中，地方政府每一年度全部PPP项目需要从预算中安排的支出责任，占一般公共预算支出比例应当不超过10%。这意味着财政部对PPP项目预算支出划出红线。

目前，通过使用者付费覆盖成本并给投资者以合理回报的PPP项目所占比例不高，更多的是“政府付费”或者“可行性缺口补助”的PPP项目，需要财政部门测算财政支出是否合理可行，确保政府切实履行合同义务，规范PPP项目财政支出管理，有效防范和控制财政风险，实现PPP可持续发展。

《指引》中明确，开展财政承受能力评估包括两个方面内容，即一方面开展财政支出能力评估，根据PPP项目预算支出责任(政府股权投资、

运营补贴、风险承担、配套投入），评估 PPP 项目实施对当前及今后年度财政支出的影响。另一方面开展行业和领域均衡性评估，根据 PPP 模式适用的行业和领域范围，以及经济社会发展需要和公众对公共服务的需求，平衡不同行业和领域 PPP 项目，防止某一行业和领域 PPP 项目过于集中。

按照 2014 年全国一般公共预算支出规模 15.1 万亿元测算，财政承受能力 10% 的规模意味着财政支出责任最高可达 1.51 万亿元，总体财政承受能力规模并不小，但在事权和支出责任并不十分匹配的当下，基层政府一般公共预算收入不多，较为依赖中央和上级政府转移支付，而事权多，需要进行的基础设施和公共事业建设的项目多，10% 的财政承受能力红线，让财力偏弱、事权偏多的基层政府可发挥的空间有限。如我省某县级财政一般公共财政支出约为 7 亿，用于 PPP 的财政支出约 7000 万，对投资大的 PPP 项目可能连一个项目都不够支出。有的地级市或县区财政虽然一般公共财政支出可达到三四十亿，由于需要安排的 PPP 项目较多，也面临已经接近或超过 10% 财政承受能力红线的窘境。笔者认为，10% 的红线虽从国家层面是出于防控财政风险的考虑，然而越到基层，10% 的红线束缚越大，很多基层政府财力只够基本开支，纷纷寻求化解财政承受能力红线约束，推动更多 PPP 项目实施的办法。

二、化解财政承受能力 10% 红线约束的几点思考

一般情况下，基层财政收入主要来源于四个方面：一是地方收入，即税收收入；政府各种收费、政府性基金等收入；国有企业依法纳税后剩余利润按照一定比例上缴地方政府的收入。二是上级补助，即中央、省级政府补助给地方政府的收入，包括税收返还收入、一般性转移支付和专项转移支付。三是地方政府债券转贷，即省级政府依法依规通过自主发行或中央代理发行政府债券，再通过政府间转贷给基层政府的方式筹集的收入。四是其他来源，包括上年结余资金、调入预算稳定调节基金等。

在目前财政收入进入中低速增长新常态、土地出让收入难以持续高速增长、地方政府举债不得再借用投融资平台等背景下，试图通过增加地方收入、土地出让收入和大规模政府举债化解财政承受能力红线约束是不大可行的，但是立足财政收入来源渠道，我们只能从政策层面、技术层面来思考，如何从财政资金、项目自营收入、政府债券、融资方式及融资成本以及必要时处置政府资产等方面，来化解财政承受能力红线约束的问题。

（一）增强财政资金保证，化解财政承受能力红线约束

1. 政策层面

（1）《指引》第二十五条规定："每一年度全部PPP项目需要从预算中安排的支出责任，占一般公共预算支出比例应当不超过10%。省级财政部门可根据本地实际情况，因地制宜确定具体比例，并报财政部备案，同时对外公布。"笔者认为，10%的财政承受能力红线并不是完全"一刀切"适用于每级政府，对于财力雄厚、经济增长潜力较大，且从金融机构贷款容易的地级市或区县政府，可根据本地实际情况做出测算和承诺，向省级财政部门申请调高红线比例，并报财政部备案，同时对外公布。

（2）《关于在公共服务领域深入推进政府和社会资本合作工作的通知》（财金〔2016〕90号）文件"八、切实有效履行财政管理职能。……对于政府性基金预算，可在符合政策方向和相关规定的前提下，统筹用于支持PPP项目。……"解读这一文件规定，意味着财政承受能力红线的分子、分母不仅包括一般性公共预算支出，还可以将政府性基金预算支出考虑纳入，无疑给提高财政承受能力红线比例留下了空间。

2. 技术层面

（1）综合考虑财政承受能力限制，设计合理的合作期限和政府付费支付方式。

对于目前财力紧张、但未来预期经济增长的地区，可以考虑适当延长合作期限，设计前期付费少，后期付费多的支付方式，做好众多PPP项目

付费期限和比例的交错搭配，平滑年度财政支出压力。

（2）对一些投资大的项目，考虑拆分或分期实施，减轻财政承受能力压力。

一部分征地拆迁和市政配套设施建设，可以考虑通过发行地方政府专项债券等筹资方式来实施，不纳入 PPP 合作范围，减少 PPP 项目投资额。另外，项目建设时间上，可考虑分期建设，如先做有收益的部分，再做无收益的部分，分步骤实施。

（3）投融资结构设计方面，减少政府付费支出责任。

地方政府可根据争取上级补助资金（中央或上级政府的拨款或担保）或融到低成本建设资金的多少，合理设计股权出资比例，减少 PPP 项目政府支出责任。

3. 相关建议

（1）建议能否以州市级为平台，集中州市及县区财力，统筹安排区域内 PPP 项目，避免有的县区财政承受能力不够，有的县区财政承受能力“富余”不用。

（2）从国家层面设置财政承受能力红线主要是为了保障政府切实履行合同义务，有效防范和控制财政风险。但是，有限的财政资金额度限制了基层政府财政资金对社会资本的拉动。目前，有专家认为，中国 PPP 历史数据还不足以支撑 PPP 最优规模的数学模型模拟计算。国外经验显示，英国 PPP 预算在 21 世纪初期占到公共投资额的 1/3，一般在 15%–20%。为此，建议能否考虑将 PPP 的财政承受能力红线扩展至 15%–20%，各级政府在此范围内，选择可以承受的财政承受能力比例。

（二）增加项目自营收入，化解财政承受能力红线约束

有专家指出，设置 10% 的比例主要是抑制 PPP 项目投资冲动，可以让地方政府淘汰一些低效项目，选择紧缺性的 PPP 项目。笔者认为，地方政府能够承担的财政支出责任和为数众多的基础设施和公共服务建设投资

需求是不成比例的，只有优选项目，挖掘项目的经营资源、创新PPP项目盈利模式，才能使政府尽量避免PPP项目引起的支出责任超出红线范围，实现财政资金使用效率的最大化。

财政部《关于推广运用政府和社会资本合作模式有关问题的通知》（财金〔2014〕76号）中明确：适宜采用政府和社会资本合作模式的项目，具有价格调整机制相对灵活、市场化程度相对较高、投资规模相对较大、需求长期稳定等特点。《国务院关于加强地方政府性债务管理的意见》中也明确，鼓励社会资本通过特许经营等方式，参与城市基础设施等有一定收益的公益性事业投资和运营，以此来缓解地方政府筹资压力。

在PPP项目安排上，首先，应该选取能够带来稳定收入来源、有稳定现金流的准公益性项目。如财金〔2014〕76号文提到的城市供水、供暖、供气、污水和垃圾处理、保障性安居工程、地下综合管廊、轨道交通、医疗和养老服务设施等领域的项目。其次，对自身没有收益来源公益性项目或收益来源不足的准经营性项目，则需要创新PPP项目盈利模式，增加项目自营收入，减轻政府支出负担，如地铁、隧道、环境治理等项目，可以将项目周边一定数量的土地、旅游、矿产等资源开发权出让给PPP项目公司，以捆绑方式提高项目的整体盈利能力，即采取资源补偿型（RCP）融资模式；医疗卫生项目可授权PPP项目公司提供可以产生预期收益的餐饮、物业、绿化等配套服务，通过延长价值链创建现金流，补偿主体项目运营和财务上的不可行；对于市政道路、环卫一体化等项目可以开发具有经营性的副产品（如广告、建筑产品冠名权等），增加项目收益；此外，做好前期设计，优化项目组合，将有现金流的经营性公共项目和现金流不足的非经营性公共项目捆绑，实现“以丰养歉”，提高项目整体收益，以及促进社会资本创新服务机制，降低项目建设或运营成本等方式，都可以起到增加项目自营收入、化解财政承受能力红线约束的作用，这需要项目实施机构和咨询单位不断创新PPP运作模式，挖掘项目经营资源。

（三）适度发行地方政府债券，弥补财政承受能力不足的思考

1. 地方政府适度举债的作用

2014年9月，国务院办公厅发布了首份全面规范地方政府性债务管理文件《国务院关于加强地方政府性债务管理的意见》（以下简称《意见》），文件明确，对地方债（包括或有债务）将进行甄别，把属于政府应当偿还的债务纳入预算管理。地方政府依赖的融资平台公司将被剥离政府融资职能，融资平台公司不得新增政府债务。今后地方政府融资主要通过发行政府债券和引进社会资本，地方政府发债将受到中央的规模控制和预算管理，且中央明确对地方政府负有偿还责任债务实行不救助原则。

笔者认为，尽管一些地方政府存在举债不规范、债务资金使用不合规、债务负担过重，财政风险较高等负面影响。但是，应该看到，大部分地方政府举债的目的是通过长期均衡投入转化为短期集中投入，通过有限的资本撬动更多的社会资本投入实体经济，扩大经济投入的乘数效应，提高政府提供公共服务的能力，是以时间换空间、集中力量办大事的具体体现。从实践证明，地方政府适度举债可以更多地引导社会资金的投入，更好地发挥社会闲置资金的使用效益，解决市场在资源配置过程中对公共产品供给失灵问题，及时发挥社会资源的整体效益。如截至2013年6月底，云南省政府负有偿还责任债务3823.92亿元，从债务资金投向看，有90.72%投向了交通运输、市政建设、土地收储、教科文卫、保障性住房、农林水利、生态环境等基础性、公益性项目，其中政府还贷二级公路项目债务就达1237.71亿元，占政府债务的32.37%。这些举债资金较好地保障了地方经济社会发展的需要，推动了民生改善和社会事业发展，形成了大量优质资产，且大多有经营收入作为偿债来源。

2. 将地方政府部分举债资金作为弥补财政承受能力红线的手段之一，需要做到公开透明、规范操作

（1）确立举债要求和原则：遵循“适度举借、讲求效益、加强管理、规避风险”的总体要求，坚持“债务规模与本级财政的承受、偿债能力和

经济发展的实际需要相适应”的原则。

（2）明确举债主体：《意见》明确赋予地方政府依法适度举债权限。经国务院批准，省、自治区、直辖市政府可以适度举借债务，市县级政府确需举借债务的由省、自治区、直辖市政府代为举借。

（3）规范举债形式：《意见》明确政府举债只能是两种形式，公益性项目的资金筹措以一般债券（类似一般市政债）完成，以预算收入作为还款来源。准公益项目的资金筹措以发行专项债券完成，以对应的政府性基金或专项收入偿还。

（4）关注举债规模和举债资金用途：地方政府举债在额度、用途等方面均有限制。如2014年全国地方政府只拥有4000亿元的发债额度。截至2016年8月云南省已累计发行地方政府债券1589亿元，占2016年年初财政部下达云南省地方债券发行额度的92.1%。这些举债资金只能用于公益性资本支出和适度归还存量债务，不得用于经常性支出，因此，能够用于支持PPP项目的举债资金需要做出合理测算和安排。

3. 地方政府举债需要注意事项

一是政府债务只能通过政府及其部门举借，不得通过企事业单位等举借。

二是金融机构等不得违法违规向地方政府提供融资，不得要求地方政府违法违规提供担保。

三是政府不承担投资者或（投资者与政府共同成立）特别目的公司的偿债责任。除法律另有规定外，各级政府及其部门不得为任何单位和个人的债务以任何方式提供担保，不得以虚假的政府与社会资本合作模式（PPP模式）和政府购买服务等方式进行变相融资。

四是政府要建立偿债准备金制度，保证年度偿债需要。

五是政府债务资金主要用于基础性、公益性项目建设等资本性支出，有相应的资产和收入作为偿债保障。

六是搭建地方政府性债务管理信息系统平台，强化事前控制、加强事中管理、做好事后处置工作，将债务纳入监控范围。

（四）创新符合 PPP 模式的融资方式，优化投融资环境，降低融资成本，化解财政承受能力红线约束

1. 政策文件解读

基础设施投资不足的问题将长期存在，完全靠政府自有资金和负债直接建设、运营公共服务，既不现实，也不具有可行性。加快转变政府职能，充分发挥市场的资源配置作用，进一步深化投融资体制改革，降低政府直接投融资压力，需要丰富融资手段和渠道，激发社会投资潜力，不断降低融资成本，减轻政府支出责任。

目前，PPP 项目融资的方式以金融机构贷款为主，通过银团融资、债券融资、信托融资、资产证券化等方式筹集资金的比例还比较低。2015 年 3 月份，发改委和国开行联合发布了《关于推进开发性金融支持政府和社会资本合作有关工作的通知》（发改投资〔2015〕445 号），要求引入外资、民企、央企、地方国企等各类主体，运用基金投资、银行贷款、发行债券等各类金融工具，为 PPP 项目提供资金保障。尤其要发挥开发性金融的作用，如优先保障 PPP 项目融资需求，贷款期限最长可达 30 年，利率可适当优惠等。文件的出台，为创新多样化的融资方式，优化投融资环境，有效降低融资成本，减轻政府支出责任提供了政策支持。

2. 主要融资方式分析

（1）金融机构贷款

多数 PPP 项目投资规模大、合作期限长、自身收益较少或没有收益，作为融资主体的项目公司由于资产规模小、现金流少，自身融资能力弱，金融机构大多需要其社会资本股东方提供担保或抵押。对项目现金流主要来自于政府补助或可行性缺口补贴的项目，金融机构往往还会提出需要政府提供担保或其他增信措施。根据文件规定，在 PPP 模式中，政府不再额外提供担保或增信，只要经过政府审批通过的 PPP 项目，财政支出责任纳

入预算，即表明政府承诺的可信度。从利率方面分析，央行五年以上贷款基准利率维持在4.9%的水平，国开行、农发行等政策性银行能够提供低于基准利率的优惠贷款，但附带筛选条件，商业银行资金成本则高于基准利率，具体利率水平综合考虑PPP项目是否纳入财政部或省级示范库、贷款主体实力和项目产生的现金流情况等因素，最终导致不同PPP项目融资成本差异较大。

（2）债券融资

PPP项目债券融资主要是发行项目收益类债券，包括由国家发改委主管的项目收益债券和由中国银行间市场交易商协会主管的项目收益票据。

项目收益债券是指以PPP项目的未来收益为支撑，债券的本息偿还资金完全或基本来源于项目建成后运营收益的债权。项目收益票据是指非金融企业在银行间债券市场发行的，募集资金用于PPP项目建设且以项目产生的经营性现金流为主要偿债来源的债务融资工具。《意见》中明确提出基于PPP模式下的投资者或特别目的公司可以通过银行贷款、企业债、项目收益债券、资产证券化等市场化方式举债并承担偿债责任。《基础设施和公用事业特许经营管理办法》中也明确提出鼓励特许经营项目公司通过发行项目收益债券、项目收益票据等来融资。

PPP项目发行收益类债券最大的特点是偿债主要来自于项目未来收益，而不是取决于项目公司的资信水平。适用于在建或拟建的市政、交通、公用事业、教育、医疗等与城镇化建设相关的、能产生持续稳定经营性现金流的项目，做到项目与现金流的“一一对应”。债券发行期限可涵盖项目建设、运营与收益整个生命周期，充分考虑与项目现金流回收进度的匹配，从而借助金融市场平滑项目建设支出与收入的周期错配，在很大程度上解决PPP模式下，项目公司融资能力不强所带来的问题，为PPP建设、运营提供大额度、低成本的资金。

2015年5月，国家发改委下发《项目收益债试点管理办法（试行）》（以下简称《办法》），2015年下半年第一只项目收益债——“14穗热电债”发行8亿元，发行期限为10年，从债券存续期第3年开始，逐年按比例偿还本金，用项目收益本身作为债券兑付保障，主要包括垃圾处理费收入、发电收入、金属回收收入和即征即退增值税等，无须地方政府财政兜底。根据目前询价情况，债券最终发行利率可能与银行贷款基准利率相当，但该债券发行周期为10年，而银行项目贷一般在5年左右，运营收入产生的时点和规模与债券还本付息的进度较为匹配。

根据《办法》，项目收益债使用的发行标准低于一般企业债，取消了一般企业债对成立年限、三年平均利润足够支付一年利息、债券余额不超过净资产40%等要求，使PPP项目公司发债成为可能。项目收益债收益率测算以可研报告为基础，并需要考虑当地、当时的经济客观发展情况，以及国内外同类型项目开展情况等，主要考察项目全部投资的税后内部收益率。项目收益债在项目运营期内的每个计息年度，可根据项目具体情况，灵活安排期限和兑付。募集资金中能偿还因建设募投项目所举借的银行贷款，不能用于偿还发行人为其他目的举借或在发行债券后举借的各类银行贷款。此外，发行债券最大的好处是融资成本低，一般情况下，评级AA以上的主体年化融资成本在5%-7%（公开发行）或7%-9%（私募发行）之间。随着利率下行，成本进一步降低，有些评级高、实力强的企业，融资成本甚至达到3%-4%。有专家指出，从中长期来看，通过项目收益债对接PPP，将成为PPP总体融资的重要组成部分。

（3）信托融资

目前信托公司参与PPP项目呈现多元化模式：一是直接参与PPP项目模式，信托公司单独或与其他社会资本组建联合体直接投资PPP项目，成为项目公司股东，直接参与PPP项目建设、运营，通过项目分红收回投资。这种模式下，要求信托公司具备较高的风险识别能力、建立风险分担机制和与政府、联合体各方谈判能力；二是成立产业基金模式，信托公司作为有限合伙人（LP）出资，政府或其他具有项目投资、施工、运营经验的企业担任普通合伙人（GP），共同设立有限合伙PPP投资基金，向PPP

项目公司投资，这种模式下要求信托公司具备较高的组合投资能力、资金获取能力和对PPP项目现金流测算、现金流与合作期、还款安排的匹配能力；三是资产证券化模式。PPP项目投向基础设施和公共服务项目，建成后有稳定的现金流或政府补贴，信托公司可以通过结构化设计满足不同风险偏好投资者需求，这种模式下，需要信托公司凭借其丰富的投资经验，针对PPP项目特点，提供符合市场需求的证券化产品。

2015年中信信托参与的“2016年唐山园艺博览会基础设施及配套建设”作为首个信托PPP项目落地，中信信托与其他公司共同组建唐山世园投资发展有限公司，对项目的融资投资、建设实施、运营维护管理和资产管理全过程负责。项目合作期限15年，中信信托投入约6.08亿元，占项目公司60%股权，预期社会资本投资回报率不超过8%，收益来源为项目运营收益和政府运营补贴。项目到期后政府将指定专门机构对社会资本股权原值回购。

由于PPP项目周期比较长，技术性风险较大，收益要看后期的经营情况，信托公司参与PPP项目存在一定疑虑。未来信托公司对国家重点推进或支持、有稳定现金流的项目将积极探索、尝试。

（4）基金投资

目前，PPP基金主要有三种模式：一是由中央财政或省级政府层面出资成立PPP引导基金，以此吸引金融机构资金，合作成立母基金，各地申报的项目，经过金融机构审核后，由地方财政做劣后级，母基金做优先级，地方政府承担主要风险，项目需要通过财政部或省政府审核；二是由金融机构联合地方企业发起成立有限合伙基金，一般由金融机构做LP优先级，企业或平台公司做LP的次级，金融机构指定的股权投资管理人做GP，整个融资结构以金融机构为主导；三是有建设运营能力的企业发起成立PPP产业投资基金，发起企业在与政府达成框架协议后，通过联合银行等金融机构成立有限合伙基金，对接项目PPP投资引导基金，通过出资与社会资本共同成立项目公司，将资金与管理经验，共同注入PPP项目，项目公司负责建设和运营，收入按照股权比例分成。

PPP 基金对 PPP 项目主要采取股权投资、债权投入（委托贷款方式）、融资担保三种运作方式。PPP 基金融资方式特点在于成本较银行贷款高，由于投资人要晚于普通债权人获得收益分配，为了弥补其所承担的风险，一般需承诺保证固定收益和做出退出安排。此外，PPP 基金由于资金来源渠道不同，资金成本差异较大，如资金来源于政策性银行的产业基金，成本很低，可低至 1.5%–3%；来源于商业银行的资金成本，有些可能高至 8% 或以上。总体上讲，PPP 基金可参与设立项目公司，提升社会资本融资的可获得性，PPP 基金用于项目的建设，可以实现多重撬动效用，有效放大财政资金的使用绩效。

3. 退出机制的考虑

PPP 项目退出机制也是项目参与方，尤其是社会资本、融资机构关注的焦点。要建立退出机制，一方面可以考虑由上市公司收购这些股权，另一方面是资产证券化，通过交易所等方式出让给社会大众。

资产证券化既可作为新建 PPP 项目融资方式，也可作为存量 PPP 项目一种可行和便于操作的再融资方式，只要有稳定现金流，可由证券公司等机构将其证券化，并在交易所上市交易。同时，资产证券化能够成为 PPP 项目参与方，尤其是社会资本方退出的载体，在社会资本方完成（投）融资使命，合作期结束前通过资产证券化手段合理退出。2016 年 12 月，国家发展改革委、中国证监会联合印发《关于推进传统基础设施领域政府和社会资本合作（PPP）项目资产证券化相关工作的通知》，标志着 PPP 项目资产证券化工作的正式启动，有助于打通"（投）融资 –（项目）落地 – 退出"的（投）融资链。近年来，资产证券化市场呈现出爆发式增长的态势。2016年全国发行资产证券化产品491单，总规模8894.66亿元，其中，企业资产证券化产品发行数量 376 单，发行规模 4830.56 亿元，同比增长 136.31%。专家预测，PPP 市场以及 PPP 项目资产证券化将继续处于市场扩容和升级阶段，PPP 项目资产证券化使得 PPP 在我国的发展迈向了新高度。

综上，PPP项目融资涉及政府财政实力和信用等级、社会资本实力和信用等级、项目入库级别（国家级、省级或其他）、PPP项目运作方式和收益模式、项目所属产业类别、增信措施、项目回报率等影响项目融资结构、方式、期限和成本的变量，PPP项目融资方式将会随着金融产品的创新而不断创新。

（五）处置政府资产，化解财政承受能力红线约束

目前，地方政府掌握着数额庞大的国有资产、公共资源等存量资产，在经济下行、债务刚性和建设资金需求较大的情况下，可以考虑适度处置部分存量资产，引入市场力量，交由社会资本去续建或运营，政府转变职能从直接建设、运营转变为购买服务，盘活资产存量，解决地方债务问题，化解财政承受能力红线，同时，对探索城镇化建设投融资机制创新也有着极其重要的意义。

《政府和社会资本合作项目财政管理暂行办法》第二十九条：……政府在PPP项目中通过存量国有资产或股权作价入股、现金出资入股或直接投资等方式形成的资产，应作为国有资产在政府综合财务报告中进行反映和管理。第三十条：存量PPP项目中涉及存量国有资产、股权转让的，应由项目实施机构会同行业主管部门和财政部门按照国有资产管理相关办法，依法进行资产评估，防止国有资产流失。此外，《政府和社会资本合作模式操作指南》第二章“项目识别”中也对存量资产有明确规定。

存量项目PPP的主要运作方式包括：一是对已经建成的存量项目，如公路和道路绿化养护、城市环卫保洁，可以通过委托运营（简称O&M）、管理合同（MC）、“转让—运营—移交”（TOT）等方式，移交社会资本运营维护；二是对在建、改建的存量项目可以引入“改建—运营—移交”（ROT）等运作模式交由社会资本续建、改建。三是对其他存量资产，如大型建筑桥梁、大型文化体育活动场所、城市生态环境、文物古迹和旅游

资源等公共设施，则可以与其他 PPP 项目捆绑，通过 PPP 模式集中配置这些公共资源，运用建筑产品冠名权、广告、停车场（点）、流动经营场（点）、旅游景点、出租出借资产等方式，深入挖掘、整合、改造、包装形成 PPP 项目，吸引社会资本，拓宽城镇化融资渠道，形成多元化、可持续的资金投入机制。从化解债务的角度出发，将具备条件的政府融资平台公司存量公共服务项目转型为 PPP 项目，引入社会资本参与改造和运营，可以把原来的政府性债务转换为非政府性债务，腾出资金用于重点民生项目建设。

在处置存量资产中，一是要注意权属变更的合规合法以及资产出售价值的公允，防止资产权属纠纷和国有资产被贱卖。二是注意完善法律环境，政府从财税、价格、土地、金融等方面加大支持力度，增强对社会资本的吸引力。

综上分析，国家设置 PPP 财政承受能力红线，既是防止地方政府不切实际、盲目上马 PPP 项目，过快增加政府债务，防范财政风险的利剑，同时，也是考验各级政府能否在红线范围内，科学合理、有序安排 PPP 项目，做好项目策划、招选、实施等工作的能力。各级政府应该从政策层面、技术层面对本地区拟实施和在实施的 PPP 项目进行统筹规划，同时，需要从制度设计、机制建设、投融资工具选取、招选合作伙伴方式等环节下功夫，相信随着国家层面 PPP 政策法规的逐步完善、地方政府 PPP 项目运作能力的提升，PPP 项目对地方投资环境持续改善和经济发展的推动、PPP 财政承受能力红线对地方 PPP 项目推进的约束作用将逐步减弱。

云南云岭工程造价咨询事务所有限公司、云南云岭天成会计师事务所有限公司、云南云岭招标咨询有限公司　董事长　杨宝昆

PPP 可持续的主要障碍及改革主张[①]

新一轮 PPP 已届三年，制度框架基本建立，示范项目发挥了示范效应并积累了丰富的经验，PPP 即将由试验期步入成熟期。在此拐点上，改革步入 PPP 深水区，必须解决主要问题，使 PPP 能够持续下去。

一、地方政府 PPP 合法运行及全方位监管

PPP 市场乱象的表象主要有：变相包装 PPP 项目进行融资；故意针对优质设置隐性门槛阻碍社会资本进入；重复建设 PPP 数据库资源（省市县三级）；违规提供担保；过度扩大 PPP 适用范围；PPP 缺乏有效的监管等。这里提出以下四个方面的建议：

（一）地方政府 PPP 行为乱象治理对策

其一，借 PPP 变相融资。一些地方政府在项目融资上，打着 PPP 旗号，采取政府兜底、政府回购、明股实债、固定回报等形式变相融资。其二，委托平台公司为 PPP 出资单位和事实上的实施机构。平台公司仍然停留在融资、建设的惯性思维上，较少关注公共产品供给质量和效率。其三，设置注册资本、高额保证金、融资能力等条件，限制采购环节的竞争，蓄意让国有企业特别是央企进入，阻止民营企业进入。其四，规避

---

① 国家社科基金重大项目“PPP（公私合作伙伴）中财政资金引导私人资本机制创新研究”（批准号：14ZDA029）阶段性研究成果。

PPP管理要求上项目。摒弃PPP流程，借道政府购买服务等方式变相上项目。隐藏现金流稳定的“好项目”，只拿出资金来源少、回报率低的项目。

（二）落实主体责任的建议

其一，政府主要领导作为第一责任人。全面履行牵头职责，层层落实任务。实行PPP项目终身问责制，将短期决策与长期责任相匹配。其二，发改、财政部门承担推进PPP改革的主体责任。明确责任划分，有序推进项目落地。

（三）公开关键信息

其一，现行PPP项目未充分公开信息。公开项目信息，提高透明度，可以强化社会公众监督力和约束力，防范利益集团利用特权或固有地位介入，抑制公私合谋，减少PPP腐败，减少市场失灵与政府失灵。但是，目前在国家发改委（PPP专栏）和财政部（PPP中心）网站上公布的PPP项目信息，仅显示项目名称、行业性质、投资额、回报机制、运作方式等粗略信息，成本、利润和价格等关键、敏感信息被忽略。项目公司假借保护商业秘密之名，也不愿意公开关键和敏感信息。其二，应公开的信息及公开途径。应公开项目准备（实施方案、物有所值、财政承受能力）、采购（含合同文本）、建设、运营、成本监测、绩效评价、预算执行等信息。主要途径：一是建立PPP综合服务平台，构建数据库。将流量监测、视频监控等电子设备与PPP综合服务平台连接，录入金融、税务、审计等部门数据，在系统内生成PPP项目数据。二是完善并实施《PPP项目信息公开暂行管理办法》。除政府机密、商业秘密和个人隐私外，应尽可能地全生命周期地公开PPP项目信息。

（四）加强执行阶段绩效评估，储备、论证、社会资本方选择等阶段也要重视绩效评估

现阶段落地的PPP项目大多处在建设时期，社会资本在质量标准下追求节约成本，而不追求质量的高品质，与公共服务供给效率有半边关联。未落地的处在储备阶段、论证阶段、社会资本方选择阶段的PPP项目极少触及公共服务供给效率。PPP追求的是全生命周期效率目标，无论是处在执行阶段，还是处在储备阶段、论证阶段、社会资本方选择阶段和移交阶段，都需要绩效评估。应构建绩效指标体系，将绩效与投资回报挂钩。

二、制度：主张制定PPP条例，不主张制订PPP法；主张PPP合同为民事合同，不主张PPP合同为行政合同

PPP运作制度存在的问题。在当前的PPP实际运作过程中，面临着制度政策各地不一的现象，有些地方使用了一些法律法规，但另一些地方又忽视了一些法律法规，PPP运作缺乏顶层制度设计，亦缺乏有效的组织保障。因此，这里给出以下四个方面的建议：

（一）PPP主要行为遵从多个现行法律，PPP琐碎的次要行为可由较弱约束力和较广应用范围的条例规范，两类制度安排符合制度经济学关于正式制度和非正式制度结构规律

其一，主要PPP行为遵从诸多现行法律。PPP协议性质和争议解决遵从《行政诉讼法》，PPP协议主要内容框架遵从《合同法》，PPP项目融资遵从《商业银行法》和《担保法》，PPP项目土地使用遵从《土地管理法》，交通、环保行业PPP遵从《公路法》《收费公路管理条例》和《环境保护法》。其二，法外空间和法间衔接可由条例规范与连接。争议解决适用民法，还是适用行政诉讼法，可由条例选定。其三，PPP发达国家均没有PPP法，只有位阶低的规章。英国没有专门的PPP法，但由《公共合

同法》《公用事业单位合同法》和《政府采购法》等通用法律规范 PPP 行为；有关部门专门出台《强化长期伙伴关系》《PFI/PPP 采购和合同管理指引》《关于公私协作的新指引：公共部门参股 PF2 项目的条款磋商》和《PFI/PPP 金融指引》等细项规范性文件。加拿大没有专门的 PPP 法，《对应公共部门成本 – 加拿大最佳实践指引》和《PPP 公共部门物有所值评估指引》是 PPP 项目的主要依据。澳大利亚没有专门的 PPP 法，以维多利亚州为例，《维多利亚州合作方法》和《合同管理方法》是 PPP 项目的主要依据。

（二）咨询机构（专家）劣币驱逐良币，选择制度亟待标准化

其一，咨询机构（专家）逆向选择。一是实施机构与咨询机构（专家）信息不对称。实施机构对咨询机构（专家）的了解，主要依赖网络评价和咨询机构（专家）自身宣传，真实性难以考证。二是性价比与咨询服务质量难以调和。出于地方保护主义和对低价的偏爱，个别地方政府往往选择“南郭先生”。有的地方政府甚至不走采购流程，自选听命于自己的咨询机构（专家）。三是一些被选中的咨询机构（专家）抄袭、复制或拼凑简陋文本，代理能力不足。其二，咨询机构（专家）选择标准化。一是出台 PPP 项目咨询服务采购的示范性文本。二是创新政府采购方式，采取入库抽选、设置门槛等方式。三是建立服务质量、服务效果的公开评价体系。四是设置央省两级咨询机构库和专家库，取消省以下咨询机构库和专家库。

三、参与方：鼓励私有资本参与

现阶段，国有企业是 PPP 的主力军，私有资本所占份额较少，应当鼓励私有资本参与 PPP 项目。

（一）国有企业参与PPP存在一定的缺陷

其一，国有企业处在关系国计民生的行业，追求社会利益，公益性强，竞争性相对较弱；其二，政府与国有企业的边界有时模糊，难以相互独立，国企获得的补贴不少是隐性的。其三，国有企业不能实质性地转移政府债务风险。国有企业作为社会资本参与PPP项目，意味着项目债务从地方政府资产负债表，转移到国企资产负债表上，如果出现债务风险，地方政府可能为国有企业的风险“兜底”。近年，多数融资平台并没有实质性转型，而是继续承担融资平台职能，政府通过“转型”后的融资平台实施的PPP项目，是政府向社会资本的借债。其四，不能提高PPP项目运营效率。治理结构不合理的国有企业，非完全市场导向决策，容易导致运营效率低下。

（二）私有资本参与PPP项目存在优势

其一，PPP本意是鼓励私有资本参与。PPP是public-private-partnerships的缩写，学术翻译是“公私合作伙伴关系”，第二个P是私人部门。其二，私有资本天然具有竞争优势和效率优势。其三，私有资本参加PPP能够有效转移政府债务风险。

（三）政策支持

其一，国家发改委《关于鼓励民间资本参与政府和社会资本合作(PPP)项目的指导意见》（发改投资〔2017〕2059号），提出要创造民间资本参与PPP的良好环境、分类施策支持民间资本参与PPP、鼓励民营企业运营PPP盘活存量资产、加大对民间资本PPP项目融资的支持力度。其二，财政部在第四批PPP示范项目申报筛选时即明确提出要优先支持民企参与的项目。其三，国资委《关于加强中央企业PPP业务风险管控的通知》（国资发财管〔2017〕192号文）对央企投资PPP总量控制的要求，政策对民企偏好明显。

四、投资回报：提升社会资本投资回报，合理确定利润率

实践中，PPP项目的投资回报率并不存在一个强制的标准，但是应该在社会平均利润率的基础上，结合项目的预期收益风险具体评估情况，制定一个分行业分领域的合理回报率区间。这里提出以下两个方面的建议：

（一）多途径提升社会资本投资回报

其一，创新财税制度。制定PPP长期预算管理制度，保障政府未来支付能力。建立政府方保证金制度，鼓励第三方支付模式。延长税收"三免三减半"期限。其二，创新金融制度。创建政府引导基金和融资支持基金，以股权投资为主要形式，提升社会资本融资的可获得性；以债权投入方式，为项目建设运营提供流动性支持；以融资担保形式，为项目短期融资困难的项目公司提供融资担保。创建产业投资基金，充实PPP项目资本金。将PPP项目生命周期分割为多个阶段，银行贷款分阶段进行，化解银行贷款期限短与PPP项目生命周期长之间的矛盾。充分利用保险资金投资需求与PPP项目低风险、长期限相契合特征和信托资金擅长整合社会资源的融资功能，引导保险资金和信托资金投入PPP模式。落实资产证券化制度，引入外部资金，适度提升企业在PPP项目中的杠杆率和PPP项目净资产收益率。其三，创新价格制度。现行制度是根据成本定价，经营者蓄意拔高成本。应该摒弃以成本为基础的价格调整制度，建立以效率为基础的定价调价制度，只有当社会资本的生产率增长率大于社会生产率增长率时才能提价。

（二）合理确定利润率，与绩效挂钩浮动确定总利润率

结合项目的市场需求、融资成本、建设运维成本等因素，利润率水平既不能暴利，也不能低利或无利，而应以社会资本自身优势和项目具体情况出发，与PPP项目绩效考核挂钩，浮动确定PPP总利润率。

五、力度：外移10%的财政支出预算红线

根据现行法规，地方政府PPP项目支出不得超过一般公共预算收入的10%。根据国际经验来看，这一比例仍有待商榷。英国PPP预算在21世纪初期占到公共投资额的1/3，但一般在20%以上，最低是15%。我国将PPP的财政预算红线扩展至15%–20%应该也是合理的。这里提出以下三个方面的建议：

（一）财政承受能力即将耗尽

现行制度规定，年度PPP项目在财政预算中安排的支出责任占一般公共预算支出比例不超过10%，这条红线显示的是国家的审慎态度，是为了保障政府切实履行合同义务，有效防范和控制财政风险。现阶段，地方政府不顾财力，突飞猛进力推PPP，财政承受能力即将消耗殆尽。建议对地方政府的PPP项目进行事前约束、事中监督和事后检查。

（二）10%并不是严格的红线，外移是必要的

对于10%的红线，《政府和社会资本合作项目财政承受能力论证指引》规定，“省级财政部门可根据本地实际情况，因地制宜确定具体比例”，10%并不是绝对线，只是风险警示线。红线外移是必要的：一是市场对资源配置起决定性作用的科学论断和政策精神为推进PPP模式提供了方向。二是近三年制订的规章制度和积累的试点经验和为红线外移奠定了基础。2014年以来，国务院、国家发改委和财政部出台了数十个PPP制度规章，基本建成PPP制度框架。财政部和国家发展改革委推出了多批PPP示范项目，积累了丰富的经验。三是，针对经济下行，PPP可以作为稳增长的撬动工具。

（三）将预算支出额度扩大至15%–20%

英国PPP预算在21世纪初期占公共投资额的1/3，一般占预算支出的

20% 以上，最低是 15%。借鉴 PPP 发达国家经验，中国可将 PPP 支出额度扩大至 15%–20%。

六、领域：向政治、军事以及重大科技领域横向拓展，向传统领域纵向深入

根据国外经验，PPP 项目在军事和政治领域的成功案例多不胜数，这启示我们可以尝试在这些领域进行 PPP 创新，将市场效率带入这些领域，提高效率。这里提出以下两个方面的建议：

（一）在政治、军事和重大科技领域推广 PPP 模式

其一,三大公共领域应用 PPP 模式的理由。一是将市场活力引入政治领域。引入竞争，提高效率；在政治和行政关系中引入公共选择、协议契约、交易成本和委托代理等市场模式。二是建立军民深度融合机制。打破行业封闭，消除军民分离的二元体制结构，市场运作推进社会化大协作，统筹经济建设和国防建设，满足国家安全和发展的战略需求。三是社会资本做强做大重大科技创新。重大科技创新是万众创新的基石和核心，单纯公共部门势单力薄，私人资本和市场机制充实重大科技创新体系。其二，分阶段进入三大领域。一是现阶段可以拓展的领域：第一是重大科技领域：国家级技术创新计划，包括国家重大专项、重点研发计划、技术创新引导专项、基地和人才专项；关系国家竞争力的关键技术，包括高端和前沿技术、产业竞争前技术。第二是军事领域：武器装备科研、生产和维修；营区供（排）水、供电、供气、供热等军事基础设施；军事协同创新、军事技术转移和转化、军事人才培养；海洋权益和海洋开发、航空航天等。

（二）以效率为目标，深入传统领域推进PPP模式

现阶段，发达地区、中心城市和中心城区在传统基础设施和公共服务领域对PPP模式普遍积极性不高，习惯于政府采购方式。其理由，一是凭借经济实力，二是嫌弃PPP流程复杂。用政府采购方式、弃PPP模式是低效率的。发达地区、中心城市（城区）虽然比落后地区（地方）公共产品供给效率要高，但仍然有提升公共服务供给效率的空间，应以效率为目标，改造传统基础设施和公共服务供给的传统模式，推行PPP模式。

六、加大金融机构PPP参与力度，创新金融机构支持PPP的方式

目前，金融机构在PPP项目的角色大多体现为商业银行作为融资方参与项目。但事实上，除了商业银行以外，政策性银行、保险公司、证券公司、信托公司都可以以各种方式参与到PPP项目中来。这里提出以下两个方面的建议：

（一）加大商业银行对PPP项目的融资力度，提高商业银行参与PPP项目的风险意识

其一，资金融通。具体可以通过项目贷款、贸易融资、保理、福费廷、银团贷款等，发展供应链金融，提供增值服务。其二，投资银行业务。商业银行可以依托强大的销售能力参与PPP项目公司中短融票据、PPN等融资工具的承销发行。其三，现金管理。针对日常运营资金的管理，可提供资金结算网络、现金管理、资金监管、代发工资等服务。其四，项目咨询服务，商业银行可以凭借金融、会计、法律等方面的专业优势，为PPP项目参与方提供合同订立、现金流评估和项目运营等提供咨询服务。

（二）创新非商业银行机构参与 PPP 的模式

其一，政策性银行参与 PPP 项目，可以发挥中长期融资优势，为项目提供投资、贷款、债券、租赁，拓宽 PPP 项目的融资渠道。其二，证券公司可以为 PPP 项目公司提供 IPO 保荐、并购融资、财务顾问、债券承销等投行业务，也可以通过资产证券化、资管计划、另类投资等方式介入。其三，信托公司参与 PPP 项目可以通过直接和间接两种模式。直接参与，即信托公司直接以投资方的形式参与基础设施建设和运营，通过项目分红收回投资。

武汉大学经济与管理学院教授、博士生导师　刘穷志

对 PPP 咨询机构与专家管理的思考与建议

虽然理论研究与个案探索由来已久，但 PPP 的全面普及并形成热潮不过三年。2014 年以来，从中央政府政策明确到地方政府积极响应、社会资本与咨询机构的快速跟进，PPP 业务建设呈现了新中国成立以来史无前例的理论、立法、实践、创新的轮动推进速度，新政策、新做法、新技术与新产品不断涌现。这样的快速推进过程中充分显示了我国咨询机构强大的学习与咨询服务能力，但也蕴含了许多可能存在的风险与不足。作为 PPP 咨询机构的高管以及 PPP 专家，有幸参与这三年的风云起伏，抛开国情政策与地方政府问题，仅就咨询机构与 PPP 专家的管理，个人认为确有必要加快管理体系建设，加大管理力度，才有可能在全国 PPP 推广中发挥更大的积极作用，减少不必要的负面影响。

回顾本轮 PPP 政策的前期研究与出台执行，无论是国际先进理念研究借鉴还是国情研究，财政部、发改委前后发文及政策修订，乃至 PPP 案例经验总结推广，专业 PPP 咨询机构与 PPP 专家都起到了主要作用，其参与频度、深度均是以往类似政策中所不多见的。可以认为 PPP 咨询机构与 PPP 专家通过市场方式催化了本轮 PPP 政策的地方实施速度。

以市场为立足点的 PPP 咨询机构与 PPP 咨询专家在显示市场强大力量的同时，也在所难免展示了市场的利益导向与信息不对称下的鱼龙混杂，在 PPP 推广中则直接体现为过于迎合地方政府、过于关注 PPP 政策灰色地带与擦边球技术，对社会性与公益性本质目标的忽略与无视，这都为未来PPP项目的长期可持续运营与合理预期移交埋下隐患。

个别PPP咨询机构及从业人员在政策法规解读与PPP实操策略上，受甲方影响明显，个人利益天然选择PPP项目快速签约落地，主客观上都没有为PPP项目的完善尽职尽责，现行PPP咨询公司与PPP专家管理制度又没有相应的约束机制，这些情况不仅不利于PPP的健康推广，对于PPP咨询行业队伍建设也构成长期挑战。

有鉴于此，谨就加强PPP咨询机构与专家的引导与管理建议如下：

1. 尽快引导成立中国PPP咨询协会或学会

根据人社部2016年5月30日发布的《2015年度人力资源和社会保障事业发展统计公报》，中国的人均公务员数量是美国的1/4，目前国家发改委所承载的事项多、责任重，在PPP咨询机构管理上要有专业的机构，必须发挥社团组织力量，政府向社团组织购买服务。建议由国家发改委引导成立中国PPP咨询协会（或中国PPP智库协会）或中国PPP学会。或者发挥发改委下属中国工程咨询协会作用，责成中国工程咨询协会成立PPP专业委员会承担该职能。

2. 新成立专业协会（学会、委员会）从四个方面加强对PPP咨询机构与PPP专家的引导与管理

（1）PPP咨询机构业绩实力

全面建立信息化管理系统，所有的咨询机构可以自行提交公司基本情况，如实反映真实业绩情况，对于不涉及保密的业绩可以公开名称以及基本信息，对涉及保密的项目标识保密，可以单独设置查询流程（类似于第三方担保查询＋阅后即焚），同时开通质量举报与不实业绩举报通道，所有单位接受客户或大众的举报。

建立质量举报与不实业绩核查咨询专家委员会，职能类似仲裁组织，仲裁人员可以从社会专家中抽取，对于举报的信息进行核实与仲裁。对于核实有虚假的业绩信息，直接反馈到信用记录，对于质量问题，记录在业绩信息中（类似于大众点评网，口碑网等）。

（2）PPP咨询机构信用体系

与目前人民银行的信用体系连通，同时兼顾国家发改委的行业信用管理，凡是涉及信用不良的信息提取到这里供公众查询。

（3）落实到PPP咨询专家个人的相关责任义务

所有咨询机构的不良信息、不良信用、不良业绩情况，都关联到个人，直接影响到个人的职业生涯，必要环节要追究法律责任。由此促使个人在具体参与到PPP项目咨询中时，需要考虑收入与责任风险，才能真正在为自己负责的前提下为PPP项目负责。为PPP项目负责，即是在为社会大众负责、为老百姓负责、为国家负责。

3.改进评审取费办法，对PPP项目评审强制执行随机抽取专家评审模式。

鉴于PPP项目的公共属性，根据项目规模、类型，确定PPP项目在可行性论证、实施方案评审等环节强制执行国家（省级）专家随机抽取评审办法，评审专家费用单独列入国家发改委支出预算（预算或向协会购买专家服务，由协会统一支付）。保证专家的独立性，避免评审专家受甲方干扰，影响评审结果。结合上述对专家个人的信用管理以及业绩管理，促进PPP项目评审科学公正。

北京中设泛华工程咨询有限公司　任兵

经济转型时期的中国 PPP 模式：特征与路径

2013 年 11 月党的第十八届三中会议通过的《中共中央关于全面深化改革若干重大问题的决定》中提出“允许社会资本通过特许经营等方式参与城市基础设施投资和运营”，随后我国政府开始大力推行 PPP 模式，发改委、财政部等国家部委出台了大量引导和规范 PPP 发展的文件，PPP 模式呈加速发展态势。

经济转型时期，任何政策推行的最终目的都要服务于特定阶段经济社会的发展与变化。PPP 模式作为一种公私合作的公共产品供给管理模式，与特定的社会经济发展水平、法律制度环境、政府的治理能力、市场参与主体的适应度密不可分，作为由发达市场经济国家引入的“舶来品”，在运用到中国经济发展实践的过程中，势必与中国经济的转型相互作用、相互影响，由此形成具有典型“转型经济”特征的中国 PPP 模式。本文对经济转型时期中国 PPP 模式的特征加以分析，并由此探讨新时代中国特色社会主义 PPP 模式的发展路径。

一、经济转型时期的基本特征概述

转型时期的中国经济由高速增长阶段转向高质量发展阶段。经济增长的驱动力也相应由传统的依赖投资驱动逐步转向依赖创新驱动，由依赖劳动力和资本大量投入的粗放式增长转向依靠人力资本和体制机制创新为主的集约式增长，由注重经济发展的速度转向更加重视经济发展的质量、效益、公平和可持续，更加重视让经济发展的红利惠及到更多的人民。从转型相关方来看，宏观经济的转型又离不开政府职能的转变、市场参与主体经营模式的转变、社会经济体制的转变。

经济实现平稳转型的关键一环就是需求与供给的协调扩张。2016年上半年，我国的人均可支配收入达到1.2万元，人均国民总收入已接近中等偏上收入国家平均水平。随着收入水平的提高，居民对基础设施等公共产品与准公共品的需求不断扩张，尤其是对于公共产品质量的要求也在不断提高。PPP模式作为一种集合了政府与市场各自优势的公共产品供给管理模式，在充分发挥不同资源配置方式和配置主体比较优势的前提下，能够以最有效的方式满足经济转型的要求。

二、转型时期中国PPP模式的特征

转型时期的中国PPP模式既有别于传统的以BT为代表的投融资模式，也不同于部分发达经济体现行的有较强私有化特征的PPP模式，而是在充分借鉴发达经济体成熟的PPP模式经验的基础上，与中国转型经济特征相契合，形成的独具转型特征的公共产品供给管理模式。概括起来，转型时期的中国PPP模式主要具备如下特征：

1. 政府引导与市场机制并重

转型时期的中国PPP模式担负着政府投融资体制创新、发挥政府引导性作用、引入市场机制构建新型政商关系的职能。在PPP模式下，政府与社会资本各自发挥专长，取长补短，双方之间形成一种“利益共享、风险共担”的新型伙伴关系。同时，也为社会资本提供了一条分享经济增长红利的渠道。通过科学的前期论证，PPP项目能够克服传统政府投融资模式不够经济的弱点，力争以最小的资源投入提供最大化的收益，以引导经济向着资源集约型增长方式转变。

PPP 模式下，社会资本按照市场化的方式负责项目全生命周期各环节；政府主要负责相关的监督保障工作，通过引入社会资本打破公共产业垄断格局，通过有效监督保障社会资本始终遵照公共福利最大化的目标，避免“市场失灵”问题的出现。

PPP 模式的成功推行离不开社会资本的积极参与，历史上看，社会资本的活跃程度往往与地方政府的权力界定密切相关。为此，中央结合经济转型的基本特征要求，推进简政放权、联审联批、放管结合，让地方政府做好 PPP 项目的裁判员，并从顶层设计上对于 PPP 项目的规范有序推进予以保障。PPP 模式作为一种市场经济体制下规范化的法定伙伴关系，能够有效地为政府职能的界定提供规范化的市场参照，促进简政放权的实施，也有助于跳出以往“一放就乱，一收就死”的调控怪圈。

2. 多个领域有序推进

目前，我国的 PPP 模式已涵盖了基础设施和社会公共服务领域的多个行业领域，这种情形在国外并不多见。PPP 模式在我国运用范围的不断扩展与经济转型的诉求密不可分。由于我国经济处于转型发展的关键时期，借助 PPP 这一市场化机制能够有效推动公共产品供给机制的变革。

国家发改委于 2016 年 8 月底披露的《关于切实做好传统基础设施领域政府和社会资本合作有关工作的通知》中明确传统基础设施领域推广 PPP 模式重点涵盖能源、交通运输、水利、环境保护、农业、林业以及重大市政工程等七大领域。这里面包含了世界其他国家已经有成熟运作经验的能源、交通运输、环境保护、市政等领域，也有相当多领域的 PPP 项目更多体现了中国的实践和思考。在我国的经济转型过程中，新型城镇化是重要的引擎，带动产业结构、城乡结构、区域结构、动力结构以及经济结构加快调整和优化。而 PPP 模式在园区开发、新型城镇建设、城市运营等领域的运用日益深化，从生产关系上的创新催生了新的业态、促进了城乡之间良性的流动、构建了除行政区划之外的区域发展新机制。中国的 PPP

新实践为世界的PPP发展和创新也做出了贡献。

3. 多个目标统筹兼顾

一旦将PPP模式置于经济转型的背景中，PPP便不再仅仅是一种公共产品供给管理模式。PPP作为一种集合了市场经济多方参与主体比较优势的制度安排，在转型时期承担了多个目标。第一，促进政府职能转变。PPP模式强调“专业的人做专业的事”，这势必要求政府有抓有放，合理界定自身定位，构建起符合社会主义市场经济体制要求的管理体系。第二，带动经济转型。PPP模式本身是一种追求质量与效率的制度安排，强调体制机制的创新，这对于促进我国的经济增长由“粗放型”向“集约型”转变尤为重要。第三，促进民间投资、稳定经济增长。随着宏观经济环境发生较大的变化，中国的经济面临着深刻的结构性调整。根据数据统计，中国目前已经落地成交的PPP项目中，民企参与的项目数量占据了半壁江山，PPP已经成为促进民间投资、稳定经济增长的重要抓手。第四，化解地方政府债务。我国传统的基础建设领域主要依靠政府投资，大部分的建设资金由地方政府负债取得，地方政府高债务问题已经成为中国经济转型过程中不得不重视的难题，PPP模式通过引入社会资本，有助于改变政府大包大揽的局面，化解地方政府债务。

4. 区域差异化明显

由于我国地域广阔，PPP模式的推行呈现出显著的区域差异性。从项目分布上来看，PPP项目主要集中于贵州、山东（含青岛）、云南、河南、四川、河北等地。从PPP项目本身来看，有的地区（如东北地区）PPP项目在实施过程中仍然主要由地方政府操办，模式也较为僵化。而广东地区实施PPP模式已十多年，通过大规模的私营化，PPP的实施更多由市场主导。其他地区则往往是介于上述二者之间。不同区域在导入PPP模式的过程中，势必融入本区域特质，进而导致PPP模式在全国范围内呈现出显著的差异性。差异性的存在有助于互相参照，互相影响，进而逐渐形成转型时期最适合中国经济社会发展内在要求的 PPP 模式。

5. 市场有待规范

自 2014 年我国大力推行 PPP 模式以来，PPP 市场空间快速扩大，目前发改委已推出三批试点项目，共计 5.1 万亿元（不含退库项目），加上财政部入库项目共计 18 万亿元（不考虑两库重复因素）。在不到三年的时间内中国已成为世界上最大的 PPP 市场，预计 2017 年 PPP 项目落地规模或达 3.8 万亿元，将迎来落地高峰期。

市场空间的巨大，一方面与中国庞大的经济体量相关，另一方面也与 PPP 模式深入参与到经济转型过程中密切相关。PPP 可视为不亚于市场化改革的又一项重大改革。但是在过去的几年中，PPP 的高速发展也积累了较多风险，尤其是我国经济发展不均衡，各地操作 PPP 的条件不尽一致，部分基础设施缺口较大的地区，存在着牺牲项目规范性换取大额投资快速落地的现象，从长远来看，会阻碍 PPP 市场的良性生长。规范中国的 PPP 市场势在必行，行稳方能致远。

6. 多种经济成分参与

巩固和发展公有制经济的同时，也要鼓励、支持非公有制经济的发展。而 PPP 模式下，政府可与社会资本所涵盖的多种经济成分有效合作，是加快混合所有制经济改革、实现共同发展壮大的重要抓手。国务院 2015 年发布的《关于国有企业发展混合所有制经济的意见》中，鼓励各类资本参与国有企业混合所有制改革，并且提出推广 PPP 模式。PPP 模式的推行有助于打破政府干预、企业垄断以及准入限制的坚冰，加快混合所有制经济的改革进度。后者改革的深入推进反过来又会为 PPP 模式的广泛实施打下坚实的基础。

此外，PPP 模式有助于化解目前已形成的公共服务和基础设施资产存量。据统计，2014年相关公共服务和基础设施资产存量已达到85万亿元，随着未来的进一步扩张，无论是政府还是国有企业均无力独自承担，这势必催生大量的民间投资主体借助PPP模式参与公共产品的供给过程，加快混合所有制经济的发展。

7. 法律环境不断完善

由于PPP模式作为脱胎于发达市场经济体的“舶来品”，在运用到处于转型时期的中国经济时必然面临多重问题，如观念转变不到位、改革发展不平衡、民营资本参与度不高、部分项目实施不规范、法律保障政策衔接不健全等。而顶层设计的不完善尤其成为制约PPP模式在中国顺利发展的一大障碍。由于缺乏统一专门立法，政策文件稳定性差、法规制度不一致不衔接、实施程序及协议不规范、争议解决机制不完善等问题突出。

针对PPP模式实施过程中暴露出来的一系列问题，要更好发挥政府主导作用，持续完善PPP相关法律法规。因而，PPP模式实施的背景条件不断完善也是转型时期PPP模式的一大特征。

三、转型时期中国PPP模式的路径

综上所述，转型时期的PPP模式呈现出政府引导与市场机制并重、多个领域有序推进、多个目标统筹兼顾、区域差异化明显、市场有待规范、多种经济成分参与、法律环境不断完善等七大特征，我们认为转型时期中国PPP模式的路径应坚持以知识创新为核心，坚持顶层设计先行，不断推动企业组织形态创新，重视项目的全生命周期管理。

1. 以知识创新为核心

创新是引领发展的源动力。PPP模式与新时代中国经济的结合更需要依赖知识创新所催生的综合问题解决方案。美国哈佛大学教授、著名的社会学家和未来学家丹尼尔·贝尔在《后工业社会的来临》一书中指出，“如果工业社会以机器技术为基础，后工业社会是由知识技术形成的。如果资本与劳动是工业社会的主要结构特征，那么信息和知识则是后工业社会的主要结构特征。”在最终转向后工业时代的中国经济也势必迈入知识经济时代。

目前中国经济处于稳增长调结构的关键时期，地方政府债务负担严重，民众对公共产品与服务的需求不断上涨，处于转型时期的中国经济面临着一系列亟需解决的系统性难题，在推行 PPP 的过程中尤为如此。PPP 是一项系统工程，涉及多方博弈。系统性问题的解决不同于传统单一问题解决模式，需要在已有经验的基础上，系统协调各利益相关方，提供一揽子解决方案。细探目前 PPP 领域内存在的重建设轻运营、重融资轻管理等隐患的根源正是因为市场化主体创新度不足、软实力发展不充分，细分领域内的商业模式尚未得到广泛认可。因此培育专业性服务组织是坚持以知识创新为核心的应有之义。

2. 企业组织形态创新

PPP 模式作为一项系统工程，要求参与各方充分发挥专业优势，在全生命周期的视角下推动项目的实施。实践中，一方面，单一企业作为社会资本方，较难同时具备对 PPP 项目进行全生命周期管理的能力，或者单一企业只擅长 PPP 项目全生命周期的若干环节，在这种情况下，多家社会资本往往以联合体的形式联合竞标，共同作为 PPP 项目的社会资本方参与全生命周期管理。在联合体内部，不同的社会资本各司其职，发挥专长。另一方面，作为实施机构的政府部门在推行 PPP 项目的过程中往往希望得到一揽子解决方案，单一的建设方案或者融资方案很难满足地方政府的需求。上述因素共同推动了咨询、设计、建设、运营、融资等相关企业组成相互协同的联合体，在 PPP 模式中，共同为地方政府提供综合解决方案，全方位地满足地方政府的诉求。这样一种企业组织形态既不同于传统的企业间纵向垄断联盟，也不同于以往的企业间松散的简单合作，是转型时期中国快速推行 PPP 模式的一条行之有效的路径。

3. 顶层设计先行

PPP 作为一项系统工程，发改委、财政部、住建部等国家主管部门的顶层设计可以有效地激发民间投资活力、促进经济持续健康发展。目前 PPP 模式与不少现行的法律法规存在冲突，上位法的缺失也限制了 PPP 模式的进一步推广。长期来看，建立合理的投资回报机制，推动 PPP 立法，是调动社会资本参与 PPP 项目积极性的关键所在。对于政府方来讲，还应注重对区域 PPP 项目的统筹规划，对于 PPP 模式重点实施领域、重点实施项目、实施期限的选择与搭配等问题均需要在 PPP 实施之初就加以考虑，以免造成政府财力的提前“透支”，导致后期优质的 PPP 项目无法实施。

4. 重视全生命周期管理

PPP 模式强调对项目的全生命周期管理，从设计、建设、融资、运营、维护全生命周期的理念去看待项目的实施。只注重单一环节的项目管理模式不仅会增加交易成本，信息不对称的存在又会导致各环节利益相关方只注重局部利益而忽视整体利益。最终导致项目成本的增加以及产出质量的下降。目前我国 PPP 模式各参与方普遍缺乏项目全生命周期管理的理念，有时为了快速推行项目的落地往往忽略了对社会资本方运营能力的要求。因而未来 PPP 模式的推广还应进一步促进政府方和社会资本方理念的转变，更加重视项目的全生命周期管理。

中信医疗健康产业集团有限公司副总经理　孙辉

如何有效激励民营资本投资基础设施项目

一、民营资本投资基础设施 PPP 现状

PPP，从西方国家的研究与实践来看，本意是强调政府与民营资本的合作，意在借助民间资本来缓解地方政府财政压力，提高基础设施建设、运营和管理的效率，为当地的可持续发展做出贡献。然而，当前国内发展的 PPP，民营资本参与的程度不够深，可从两方面数据来看：

一是依据从市场抓取的已经落地的 PPP 项目来看（项目涉及基础设施、教育、医疗等各行业），虽然民营资本参与的 PPP 项目数量占 55.5%，高于国有资本，但民营资本涉及的资金总额仅占 28%，可见目前国内 PPP 涉及的重大项目，绝大多数被国有企业中标。

二是从世界银行的民营资本参与基础设施的数据库来看（PPI），自 1990–2015 年，中国的 PPP 项目数量在发展中国家虽然排在第二位，位列巴西之后，但是民营资本投资额却排在了第四位，位列巴西、印度和土耳其之后，如下图 1 所示，表明过去的 PPP 项目中，与其他发展中国家相比，虽然中国的 PPP 数量多，但民营资本投资额却没有与之相匹配。而从纵向时间历程来看（见下图 2），民营资本参与基础设施 PPP 建设，2013 年以来处于下降阶段。

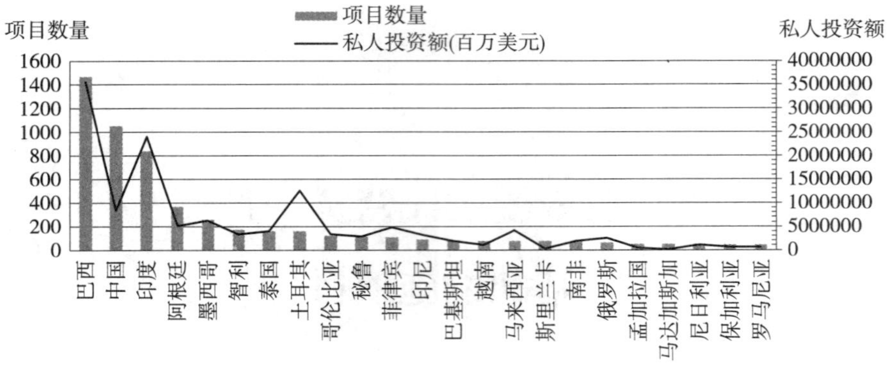

图1　发展中国家基础设施PPP数量与投资额对比

（数据来源于世行PPI数据库）

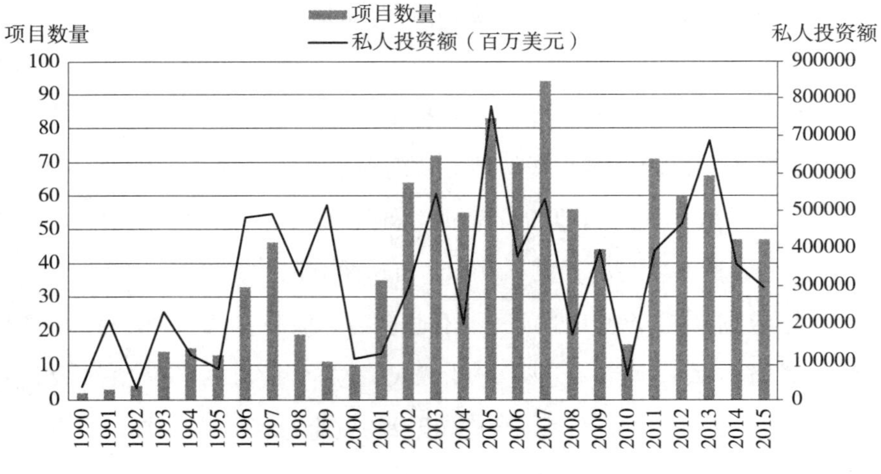

图2　1990-2015年中国基础设施PPP项目以及民营资本投资额

（数据来源于世行PPI数据库）

上述图1和图2数据表明，当前中国基础设施PPP项目中，民营资本被国有资本所挤压，而民营资本对一个区域的发展又是不可缺少的重要力量（如长三角、珠三角等经济发达地区，民营资本投资活跃；而东北等地区，民营资本投资比重小，经济形势严峻），如何激励民营资本参与到PPP项目中来是当前需要思考的一个重要问题。

二、研究方法与研究结果

为解答上述现实问题，笔者根据竞争理论、产权理论、合同理论构建如下分析模型：

民营资本投资额所占项目投资比重 =f（是否招投标、交易成本、合同类型、合同期限、地方政府 PPP 政策支持）

即，检验民营资本投资力度是否会受到竞争环境、交易成本、合同类型、合同期限、PPP 政策等因素的影响。

笔者以世界银行 PPI 数据库为研究对象，其涵盖了 1990 年以来 106 个发展中国家的基础设施 PPP 项目信息。该数据中，从 1990 年至 2015 年间，民营资本参与到中国的基础设施建设项目有 1324 个，其中，1169 个属于 PPP 项目，由于一些项目的指标缺失，如民营投资额、项目总投资等指标，删除部分数据，最后保留 705 个项目信息。

针对上述模型和数据，笔者采用多元回归交互分析，得出如下四个方面的结论：

（1）市场竞争环境，即合同采用招投标式的授予方式，要比非竞争式的合同授予更加有利于民营资本的参与。该结果表明民营资本的参与需要竞争性的市场环境作为保障。

（2）项目的总投资额越大，会使得民营资本投资所占比重偏低。意味着投资额重大的 PPP 项目，不利于吸引民营资本投资，可能是投资额重大的项目对投标人的各种条件限制更多，普通民间资本没有实力与央企等资本竞争。

（3）合同中给予更多的民营资本自主权，有利于刺激民营资本的参与。如 BOO 合同形式，比 BOT 合同更加吸引民营资本的投资，因为 BOO 合同意味着民营资本参与的程度更深，自主权更大。而 BOT 合同要比管理合同或租赁合同更加有吸引力。

（4）合同周期越长，越有利于刺激民营资本的参与。然而，当地方政府有PPP政策时，通过合同周期与PPP政策的交互，发现有PPP政策的城市，合同周期长不利于吸引民营资本的投资，表明该城市的PPP政策没有起到激励民营资本的作用，反而是抑制作用，如一些城市的PPP政策会设定一定准入门槛，有利于国企的介入，从而限制了民营资本的投资。

三、激励民营资本投资基础设施的政策建议

根据上述实证研究结果，针对性地提出以下五点建议：

1. 积极营造良好的市场竞争环境

对于民营资本，较于国企与政府的亲密关系而言相对生疏，地方政府更加信任国企，将其作为政府的“大管家”。因而，如果在一个缺乏竞争的市场环境中，民营资本，尤其是外地民间资本想要成功中标当地PPP项目是非常困难的。这就需要政府营造公平竞争的市场环境，给民营资本创造进入市场的机会与条件。为此，建议政府采用公开竞标的方式选择潜在的市场合作者，公开竞标就是一种竞争手段，所有符合条件的企业均可以参与投标。

2. 鼓励民营资本通过合作共同参与PPP项目

鼓励民营资本通过组建联合体共同参与PPP项目，或是把分散的民间资金通过设立基金等方式集中起来，或是通过混合所有制改革的方式来吸纳民间资本等等，通过各种方式来鼓励民间资本投资于PPP项目。因为联合体或其他合作方式，有利于增强投标者的实力，可以与一些央企或国企形成实力相当的竞争者。

3. 不鼓励地方政府对多个项目进行打包运作的方式

地方政府对多个项目的打包运作，使得PPP项目投资额巨大，对于这类重大项目，目前国企更有优势中标，不利于民营资本的参与。因而建议地方政府，严格限制将各种项目打包（适合打包的项目除外，如海绵城市建设中将有盈利点污水厂项目与无盈利点的地下管网改造项目组合），为

民营资本参与中小型 PPP 项目提供条件。

4. 审慎选择合同类型

不同的合同类型涉及政府与社会资本之间的契约关系，这也是是否能够吸引民营资本投资，以及政府与社会资本之间合作能否成功的关键。为了鼓励民营资本投资于基础设施，政府可以选择一些民营企业参与程度更深的合同形式，如 BOO、BOT 等合同类型，给予民营资本运营和管理方面更多的自主空间。

5. 制定公平的 PPP 政策

地方政府相关 PPP 政策的出台与执行，无疑是有效鼓励民营资本投资的一个重要渠道和保障。地方政府应该一视同仁地对待国企、私企等各种产权形式的投标者和中标者，在门槛设置、监督、政策优惠、政策担保等方面同等对待所有符合资质的企业。否则，地方政府出台的 PPP 政策就成了地方保护主义。

大连理工大学公共管理系讲师　王欢明　博士
同济大学公共管理系助理教授　熊伟　博士

如何看待 PPP 对产业发展的影响？

——以轨道交通产业企业为例

随着地区经济的快速发展及公众需求的不断提升，以轨道交通建设为代表的城市基础设施建设成为我国各地城镇化发展过程中的重要标志之一[1]。而轨道交通具备投资额巨大、投资回报周期长、专业技术要求高及公共服务性强等特征[2]，单由财政基础薄弱的地方政府负责建设运营将大大加重其负担。在此背景之下，政府和社会资本合作模式成为拓展资金来源、缓解政府经济压力、提高项目运作效率及激发民营经济活力的不二之选。另一方面，PPP 模式对标轨道交通项目对专业技术及资金投入方面的迫切需求，在介入该领域的同时大大影响了轨道交通产业的发展路径。

一、PPP 模式的内涵及发展

政府和社会资本合作（PPP，Public—Private—Partnership）作为自2014 年起我国大力推行的新兴融资模式，其主要指公共部门与私人部门通过签订正式的协议，为提供公共产品或服务而建立起来的一种长期合作关系[3]，并由此达到利益共享风险共担的目的。英国财政部从三方面对 PPP 进行了解释：首先，在国有行业中引入私人部门所有制；其次，鼓励私人投资行为，根据这一计划，公共部门通过合同长期购买产品与服务，利用私人部门的管理技术优势，同时受益于私人的财力支持以巩固公共项目；

第三，扩大政府服务的出售范围，从而利用私人部门的专业技术和财力开发政府资产的商业潜能。[4]

作为一种优化项目融资与实施的模式，PPP 最早被英国财政大臣肯尼斯克拉克于 1993 年提出并应用于英国公共服务领域，20 世纪 90 年代，PPP 在美国、加拿大、欧洲及日本等国的公共基础设施领域，尤其是大型的公益性项目建设及运营领域扮演着重要角色。我国从 20 世纪 90 年代开始实施以 BOT 为主要形式的 PPP 项目，并由此开始了政策层面的不断完善与实践层面的不断尝试。2014 年以来，中央政府大力推动社会资本进入公共服务领域，鼓励 PPP 模式的发展，各地方政府、金融机构与民营企业等社会资本纷纷参与，使得 PPP 模式现今成为基础设施建设与市政公用事业领域中最为高效的资源配置方式之一。截至 2016 年底，财政部发布了三批次、共计 745 个 PPP 示范项目。其中轨道交通项目 24 个，总投资达到 4678 亿元，占全部示范项目投资额的 23.28%。由此可见，相关政策的不断出台以及各地 PPP 项目的火热推进，在积极调动社会资本参与性的同时，也在很大程度上缓解了政府的财政压力，同时还将社会资本方的先进管理经验等引入到相关项目中，保障了基础设施建设，提高了公共服务的质量和效率。

在当前的 PPP 浪潮之下，政府作为公共部门与私人企业以特许权协议为基础进行全程合作，双方共同对项目运行进行全过程负责[5]。这不仅降低了民营经济的投资风险、将专业技术引入项目中来，以有效实现公私双方对项目建设与运行的控制，还从微观层面的企业发展出发，对整个宏观层面的产业发展规律造成了深刻的影响与改革。2016 年 8 月，深圳地铁集团与万科达成的战略合作意向，万科拟主要以新发行股份方式，收购深圳地铁集团所持有的目标公司的全部或部分股权；同时双方建立战略合作关系，将依托“轨道 + 物业”模式，通过联合开发实现优势互补，以深圳为起点，逐步实现向珠三角乃至全国其他重点城市的拓展。万科与深圳地铁的结合，为我国轨道交通建设与运营发展中，PPP 模式的发展方向提供些许启示，同时，也开辟了我国轨道交通产业今后拓展的新方向。

二、轨道交通建设运营模式

在轨道交通PPP模式中，政府角色的变化使得私人企业能有更多机会参与到轨道交通的建设与运营中来，这为市场机制打开了新的局面。发达国家在轨道交通建设与运营方面主要采取了以下模式：

（一）政府出资建设与运营

由于部分国家和地区的轨道交通系统客流密度较低，少有盈利的可能性，而且票价带有极大的福利性，运营收入不能抵偿运营成本，完全要靠政府的补助金支持日常开销，所以只能由政府直接投资建设轨道交通系统，并由非营利性的公共团体代表政府管理城市轨道交通。以纽约、巴黎城市轨道交通为代表的发达地区轨道交通则采用上述的福利型运作模式，主要有政府包办进行全过程的建设与运营。

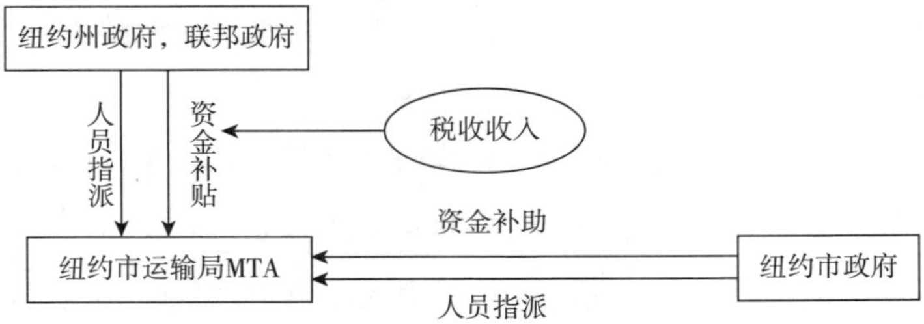

图1　纽约轨道交通系统运营模式

（二）公私合作建设、私人企业运营

作为目前世界各地轨道交通PPP模式中最为普遍的模式，“公私合建、私人企业运营”模式最早被应用于英国的轻轨项目。1977年之后，英国轨道交通系统完成私有化，并提出了“多种经济成分参与进行地铁升级

改造”的 PPP 项目，其发展具有“公司多元化投资、私人企业运营”的特点。在该项目中，SSL、BCV 和 JNP3 家公司获得了 30 年的特许经营权，同时，项目采用了使用设计 – 建造 – 融资 – 运营的 DBFO 模式，3 家公司分别负责不同类别的地铁的维护和修复，伦敦地铁公司进行运营与票务，由基础设施公司进行地铁系统维护，基础设施公司的回报由固定资产和业绩决定，并由健康安全执委会进行监督。

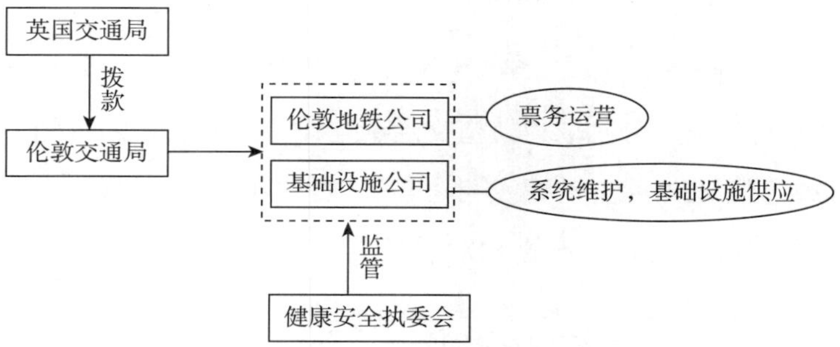

图 2　伦敦轨道交通系统运营

（三）政府出资建设，国有企业经营

韩国首尔的轨道交通发展采用了“政府投资建设，政府竞争运营”的这样一种模式，具体来说，首尔的轨道交通系统由政府出资修建，建成运营时委托两家及以上的国有企业进行运营管理。在同一个城市内两家以上的轨道交通运输企业将通过招投标的方式获得新线路的建设及经营权。首尔轨道交通主要由首尔地下铁公司（SMSC）、首尔快速轨道交通公司（SMART）两家国有公司运营。轨道交通从运输税务系统得到补助金，其中燃料税是运输税务系统资金的主要来源。同时，政府也注入额外的资金发行债券。

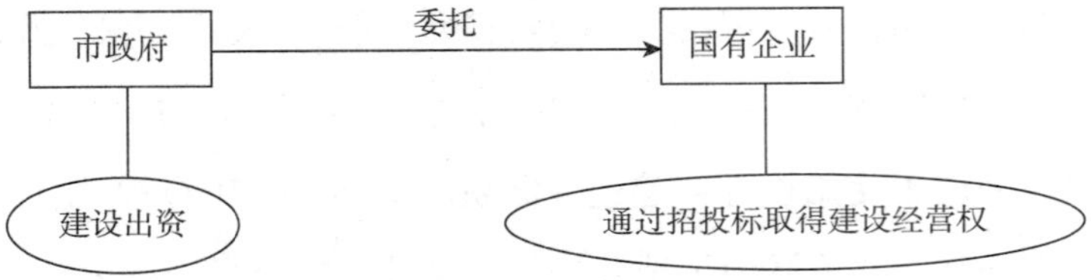

图3　首尔轨道交通系统运营模式

（四）私人投资建设与运营

此模式的特点是“分割特许经营结构”[6]，即几家私人企业通过与政府签订特许权协议，分别取得轨道交通的建设与运营管理的权利，政府主要监督私人轨道交通企业的建设与运营管理。泰国曼谷轻轨项目即采用这种私人投资建设、政府监管的BOT投资模式，政府控股的MRTA负责基础设施工程建设，社会投资者负责车辆及设备投资、运营及维护。通过这种模式，地区轨道交通发展能有效地通过民间资本的进入来解决公共基础设施投资领域的资金短缺问题。这种模式在很多国家在发展带有自然垄断性质的交通类基础设施时都取得了较好的效果。

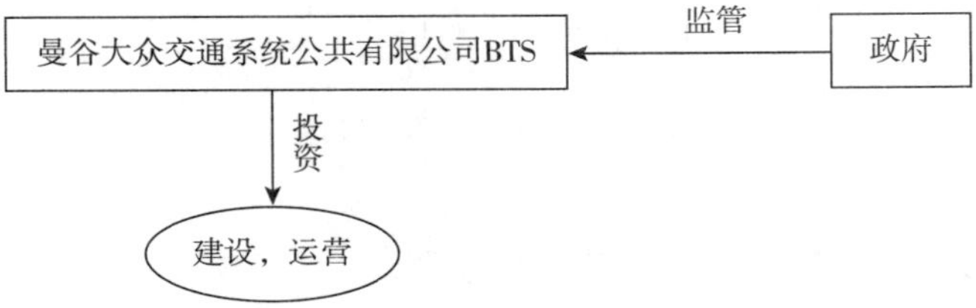

图4　曼谷轨道交通系统运营

以上四种模式中，模式一完全由政府包办，体现了轨道交通其公共产品为民众服务的特性，但该模式缺乏市场竞争，管理较为滞后，同时政府财政压力较大；模式二政府建设、管理占主导，同时公司进行运营管理，体现了轨道交通发展的福利性和商业性，这种模式在我国也更为适用；模式三政府出资建设，体现了轨道交通的福利性，同时国企管理在一定程度上提高了服务水平，但也可能由于政府干预过多而存在效率低下问题；模式四完全私人投资，政府完全没有风险和财政压力，可以充分激发私人投资者严格控制建设和运营成本，但完全市场化的背景下政府难以保证轨道交通的公共福利事业的本质。

我国城市轨道交通建设 PPP 项目主要是解决新建城市轨道交通基础设施的资金不足问题，从北京、上海及天津等城市的轨道交通 PPP 项目实践中我们看到，大多数轨道项目要求社会资本提供全生命周期的服务，比如说"EPC+BOT"模式，即集合"投资、融资、设计、建设、运营、移交"等一系列工作，这近乎要求产业企业能"打通产业链上下游"。可以认为，在 PPP 模式下，传统的轨道交通企业需要改变原有的商业模式，逐步打造建设能力、运营能力为一体的综合类公司。以国内某机车集团为例，一开始其作为铁路机车车辆和城市轨道交通车辆及相关产品设计制造的重要企业，在我国轨道交通装备行业中具有重要的行业地位和影响力；随着市场发展，该集团逐步发展出工程总承包模式，即整合了工程建设、设备、信号等职能；随着 PPP 和 TOD 兴起，逐步又发展出置业、金融、运营等职能。而这种"产业链上下游一体化"的发展模式也逐步成为我国大部分轨道产业链中的企业发展过程中学习的范式。

三、PPP 对产业企业发展的影响

正如城市—城市群发展规律一样，在环境飞速变化的时代，未来企业竞争将不再是企业与企业之间的竞争，而应为企业组团／群与企业组团／群之间的竞争。我们关注的是，在 PPP 模式下，产业类企业的发展模式是否符合产业企业的一般发展规律？

通常产业的发展会历经产业的形成、成长、成熟以及衰退这四个阶段。其中成长阶段极其重要，通过不断吸收各种经济资源来扩大产业的实力，主要表现为产业内部企业数量及规模的发展。从动态能力理论出发，我们将企业视为能力集合体，其应由本质的核心能力与辅助的能力构成。其中，本质的核心能力是指具有特殊的协同作用、不可模仿性与不可竞争性等特征的能力，如南车集团的车辆制造技术与香港铁路有限公司的运营能力。而辅助能力是指不具特殊性并且竞争性较弱的能力。根据 Langlois 和 Robertson 的研究，企业的边界取决于内部的辅助能力的开发成本（生产成本）和把辅助能力从市场上购入的成本（交易成本或者治理费用）的比较。由于外包能获得市场交易所具的优势并降低内部不确定性，因此，在企业发展到一定规模时，内部辅助能力的开发成本将大于从市场上购入辅助能力的成本。此时，综合类公司的辅助功能扩展将面临“发展边界”。再进一步发展，企业可能面临资源浪费与效率低下等问题。从这点来说，公司若一味扩张，超过发展边界之后便不能产生更多效益，相反将带来更大的整合成本。

从产业分工与集聚的一般规律出发，由于产业集聚成本与效益的不断变化，并非所有采用 PPP 模式的项目都适合整合为产业综合体，也非所有 PPP 项目都能联合产生效益最大化。那么，在 PPP 模式发展中，哪些行业企业的发展路径以产业综合体合适，而哪些又以产业分工—集聚模式较为合适呢？由于企业的专业化水平对产业集聚都会产生积极影响，而分工对产业集聚作用的大小受到企业生产规模、企业的专业化水平及企业之间的沟通成本等因素约束。因此，我们假设在采用 PPP 模式的项目中，产业分工—集聚模式与企业专业化水平、企业规模有一定联系，以此利用边际效益等模型来说明 PPP 项目中产业分工—集聚模式的合理应用。

四、PPP 影响下的企业发展模式建议

上述表明，PPP 模式中综合类公司在不考虑成本的情境下一味延伸产

业链的行为有悖于产业分工与集聚规律。

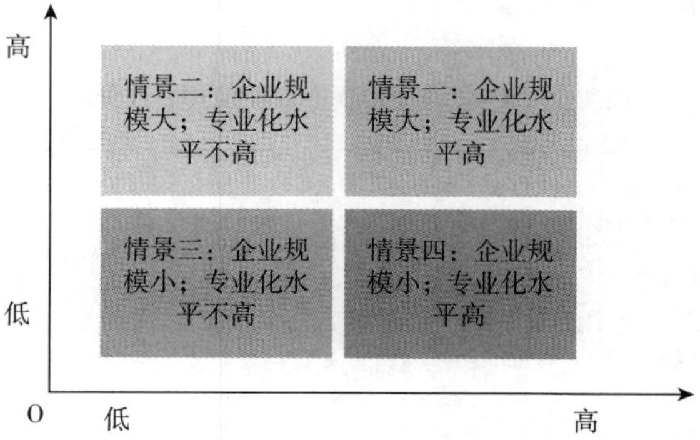

图 5　PPP 影响下企业发展情景图

当企业规模较大、专业化水平较高的情况下，一方面企业内部功能扩展的成本将增高，另一方面，由于集聚效应和规模效应的存在，形成综合类公司之后获得的效益也愈发明显。然而，值得注意的是，由动态能力理论可知，对于任意企业来说，企业内部辅助能力的开发都面临着边界效应。因此，一旦综合类公司的纵向产业链延伸到极限阶段时，其整合成本将大大超过其内部整合效益，此时，再一味延伸企业内部的产业链将导致成本大于收益的局面；

当企业规模大、专业化水平较小时，各方面的优势不足决定了企业集聚带来的效益不会由于分工无限提高，而集聚成本将由于企业的规模增大而增加，因此不利于联合体形成，对于这类企业来说，其更适于在企业现状规模下对各专业部门进行专业技术的改进和优势水平的提升，形成具有一定突出优势、发展水平较高的综合类平台公司；

当企业规模小、企业专业化水平较小时，产业链延伸成本及企业之间集聚的成本都较低，同时，产业链延伸所带来的效益在短时间内较企业之间集聚带来的效益更为明显，在此情形下，发展综合类公司可能更具一定优势；

当企业规模较小、专业化水平较高的情况下，企业能发挥自身的最大优势，同时，企业之间集聚的成本较低，因此，通过产业集群形成联合体进行竞争将具有一定影响。

表1 PPP项目产业分工集聚模式情景分析

情景	企业规模状况	专业化水平	成本—效益分析
一	企业规模大	专业化水平高	产业集聚带来效益明显，同时集聚成本较高，在一定边界内效益大于成本
二	企业规模大	专业化水平不高	集聚效益不高，企业之间的分工集聚成本高
三	企业规模小	专业化水平不高	集聚效益不高，企业之间的分工集聚成本低
四	企业规模小	专业化水平高	集聚效益高，企业之间的分工集聚成本低

轨道交通产业从投资建设到运营阶段中，具有投资数额巨大且回收年限长的特性，这决定了轨道交通产业企业规模较大的特点；同时轨道交通产业自身具有的技术复杂性决定了其产业企业的专业化水平必须达到一定的标准。因此，轨道交通产业企业的分工集聚模式应符合情景一“企业规模大、专业化水平高”的特征。具体而言，在一定边界内，轨道交通产业企业可凭借其聚集效应与专业性发展产业链纵向延伸，但当企业产业链延伸到边界点时，其内部延伸产业链的成本将大大超过企业之间进行产业分工集聚的效益，在此情况下，轨道交通产业企业之间进行合作才能更大程度实现产业的发展及效率的提升。如下图所示：

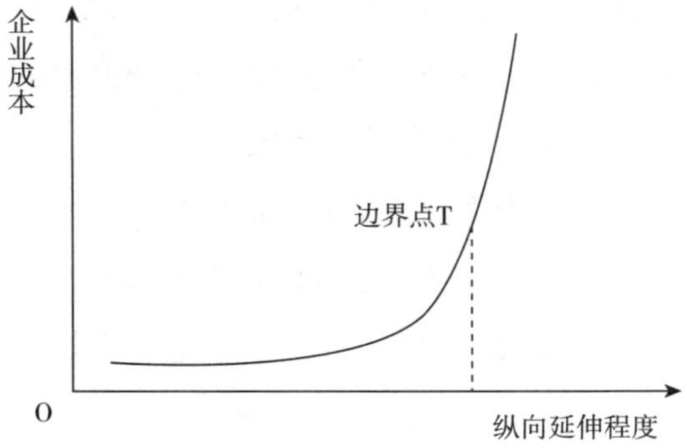

图6 企业产业链延伸成本变化图

上述表明，在PPP模式的发展演进过程中，众多产业综合体（综合类公司）纷纷成立，其核心产业和辅助产业之间差距明显，更强调企业内部部门之间的联系，但在功能发挥上可能不能达到最优发挥。因此，产业的分工—集聚模式由于能够克服产业发展中的“短板效应”，在PPP模式下的轨道交通项目中能使得效益最大化。为了使PPP模式能尽量减少对产业发展的扰动，同时为轨道交通企业提供更多发展的选择，我们建议，在轨道交通产业的PPP项目的交易结构设计中，可采用物理层面的“A+B”模式或时间层面的“A+B”模式。

（一）物理层面的“A+B”模式

物理层面的“A+B”模式具体做法是将轨道交通项目交由社会资本方组建的PPP公司来完成，该PPP公司又由建设公司A与运营公司B组合，政府可考虑入股。

A公司主要负责开洞、轨道敷设与车站建设等工程的投资与建设，以及轨道交通车辆、信号等资产的投资、制造等内容；B公司主要负责项目的运营，包括轨道交通项目的运营和维护。政府部门与PPP公司签订特许经营协议，在A公司建设完成并投入运营以后，在项目的成长期，A公司将其投资所形成的资产无偿或以象征性的价格租赁给B公司，为PPP项目公司实现正常投资收益提供保障；在项目的成熟期，A公司可通过调整租金的形式回收资金并平衡PPP公司在后期项目带来的收益与前期的支出成本，政府若在前期入股则可参与收益的分配并起监督作用；在项目特许期结束后，PPP项目公司将全部资产移交给政府或续签经营合同。

（二）时间层面的“A+B”模式

时间层面的“A+B”模式具体做法是将轨道交通项目按照时间序列分为A、B包。

A包即政府与社会资本共同出资组建SPV，负责轨道交通项目的投资与建设，包括开洞、轨道敷设与车站建设等工程的投资与建设，以及轨道交通车辆、信号等资产的投资、制造和运营和维护等内容；B包即专门负责轨道交通的运营与维护；A包项目周期参照建设时间长度预测，在项目建设期内，A包主要负责项目建设，政府主要起监督作用，当项目即将建成前的两到三年内，开始逐步引入B包并针对A包实行逐步退出机制。

具体来说，若项目特许经营权为30年，那么A包的特许经营期周期为10年，B包的特许经营期为22年，在第8年时，项目建设即将完成，逐渐开始引入B包同时A包逐步退出，第10年时，轨道交通项目开始运营，此时，A包已全部退出，B包主要负责项目运营，政府起监督作用。在项目特许期结束后，PPP项目公司将全部资产移交给政府或续签经营合同。

五、结语

随着我国经济与社会的快速发展，以市场化运作为导向的经济发展需求将会进一步推动PPP模式在公共基础设施建设与运营领域的应用[7]。通过对轨道交通产业的影响及轨道交通产业由此进行的模式优化，我们不难发现，在推动PPP模式的实践中，应根据各产业各项目的发展阶段、发展环境及具体特征，在综合考虑参与方的实际需求与能力来进行项目的角色分工、选择合适的PPP模式及建立科学合理的补偿机制等，以避免企业的恶性竞争并促进产业的良性发展。

参考文献

[1] 王灏. 城市轨道交通项目PPP模式的结构分析［J］. 中国投资，2004.7
[2] 唐兴霖，周军. 公司合作制（PPP）可行性：以城市轨道交通为例的分析［J］. 学术研究，2009.2

[3] 周耀东. 中国公用事业管制改革研究 [M]. 北京：中国人民大学出版社，2002
[4] 陈柳钦. 城市轨道交通建设的 PPP 融资模式 [J]. 中国铁路，2005.9
[5] 蔡玉萍. 城市轨道交通项目 PPP 模式的创新与应用 [J]. 都市快轨交通，Vol.20. 2007.2

南京卓远资产管理有限公司　吴健　唐蜜

社会资本方视角 PPP 落地难实证研究

——区域发展成熟度、政府信誉与中国 PPP 落地水平

一、问题提出

PPP 项目的成功落地一直是政府与社会资本共同追求的双赢局面，二者也为此付出人力、物力、财力，但是落地水平一直不容乐观。截至 2016 年 9 月末，全部入财政部 PPP 项目库的为 10471 个，落地率却仅为 26%。社会各界也开始将焦点放在 PPP 项目为何会出现推进得红红火火，而真正买账的却不多的问题上，究其原因主要在于三点

其一，PPP 模式是一种天然的不完全契约，存在投资效率损失。从经济学的视角来看，由于人们的有限理性、信息不对称性以及交易事项的不确定性，不完全契约在现实生活中是必然且经常存在的，交易双方只能致力于避免或然状态的出现。鉴于 PPP 项目具有周期长、工程复杂的特点，项目执行过程中可能遇到的未知因素较多，PPP 合同对于政府与社会资本方而言，是一种典型的不完全契约 而这种不完全性，很可能会产生投入不足、敲竹杠行为，或者事前的最优契约失效等问题，进而造成投资效率损失（张羽等，2012）。而且契约安排除了体现在 PPP 合同的契约条款完备程度外，还体现在项目执行环节上的政策支持保

障上（杜亚灵和尹贻林，2012），因此，以利益最大化为目标的社会资本，尤其是民营企业，对于PPP项目的态度一直量力而行，而非尽力而为。

其二，社会资本筛选PPP项目大多存在地域标准，其项目选择结构与区域推广力度不平衡也是PPP项目落地率低的一个原因。有学者的研究表明，中国管理情境下的PPP项目具有显著的“双边锁定”特征，社会资本的投资决策行为在一定程度上决定了项目的成败（杜亚灵和王垚，2012）。对于大多数社会资本而言，其筛选PPP项目存在着明确的地域标准，如有的要求项目所在的区域要隶属于长三角、珠三角等经济发达的地区[①]；或者有的要求项目所在的区域要具有国家经济政策指向或经济发展热度的地区，像“一带一路”倡议所涉及的沿线经济带等。前者取决于经济发展水平，后者取决于国家政策支持力度，但是经济发达或较为发达的省份，基础设施的建设已基本完备，其PPP项目的推广力度与范围也小于其他省份，这样无形之中也会影响PPP落地的整体水平。

其三，地方政府信誉不足，制约社会资本参与PPP项目的积极性。社会资本若要参与PPP项目，必然会先对项目进行全方面调查，再依据自身实力来进行判断，但是现阶段PPP项目的信息并不透明，关键信息一般并没有列示，这时社会资本往往会凭借以往经验选取那些信誉度较高、财力较为雄厚的地方政府，而目前一些地方政府的契约精神与规范意识的缺乏也使得其对PPP项目有些望而却步（任志涛和高素侠，2015）。值得注意的是，当社会资本向优质地方政府一哄而上时，无形之中也会增强地方政府在PPP项目谈判中的话语权，进而失去争取利益的主动权。

基于上述的分析，并结合以往的研究成果，我们发现对于PPP项目落地难的问题并没有形成系统的实证研究。因此，本文将立足于社会资本方

---

① 主要参考招商证券系列报告《PPP专题研究报告之一：真的是救命稻草吗？》

考察PPP落地难的形成机理，并分析其影响因素。

二、PPP落地区域分布现状

根据财政部PPP综合信息平台，2012年发起的PPP项目落地数为27个，2013年为36个，2014年为147个，2015年为622个，可见，2015年是PPP项目的爆发之年。

（一）PPP落地区域分布

根据落地项目分布省份的对比分析发现，项目落地数最高的是东部地区，尤其是在2015年，其数目几乎是中部与西部地区的两倍，共有322个，中部地区次之（176），最后是西部地区（167）。也就是说，全国各区域的PPP项目的落地情况发展较为不平衡。而各个省份PPP项目的落地情况也印证了这一点，排名前三的为山东（154）、四川（56）、河南（54）。

事实上，这与各省份对PPP模式的重视程度有关。像河南省一直是PPP项目的试验田，推广力度自然比较大。并且，国家经济政策指向、城市发展热度以及对外开放程度对项目的落地情况也会产生影响：首先，国家密集出台一带一路、东盟自贸区规划战略相关政策，引导越来越多的企业到那里去寻找商机；其次，近年来，沿海发达省份的人力、资金等要素成本逐渐提高，企业们为适应新常态、争取利润最大化，纷纷转战内陆，富士康就是其中一例，这无疑为这些地区增添新的潜在的社会资本方。

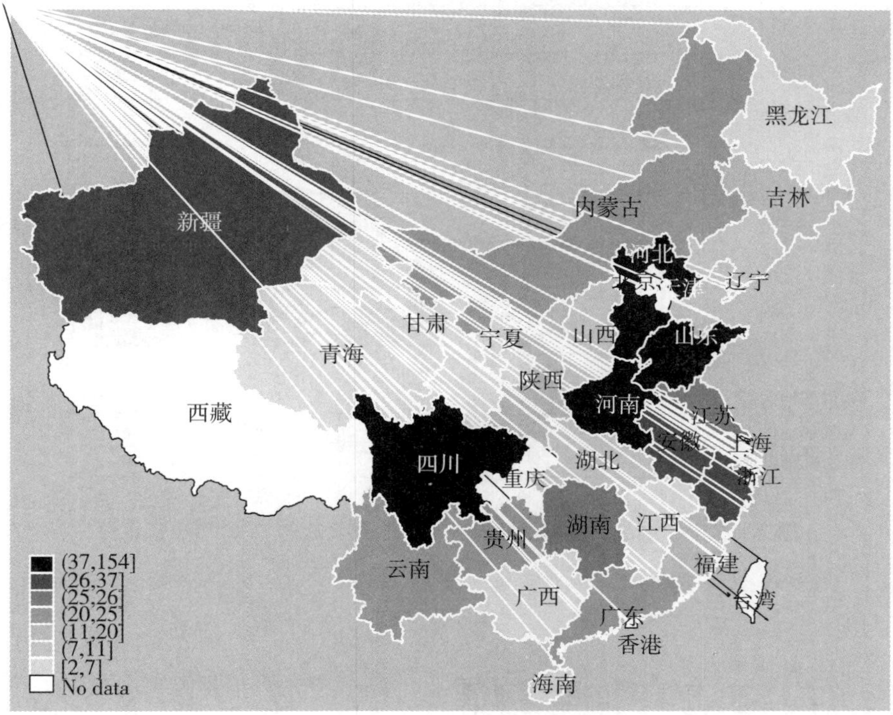

图 1　2015 年发起的 PPP 项目落地数目区域分布情况

数据来源：财政部 PPP 综合信息平台。

注：（1）鉴于本省级面板数据规模较小，为增强数据的稳定性与完整性，对直辖市的数据进行如下处理，将北京市、天津市归入河北省，重庆市归入四川省，上海市归入浙江省，此外，本省级面板数据不包括西藏自治区、台湾地区及香港、澳门特别行政区。

（2）本图通过统计软件 STATA12 绘制。

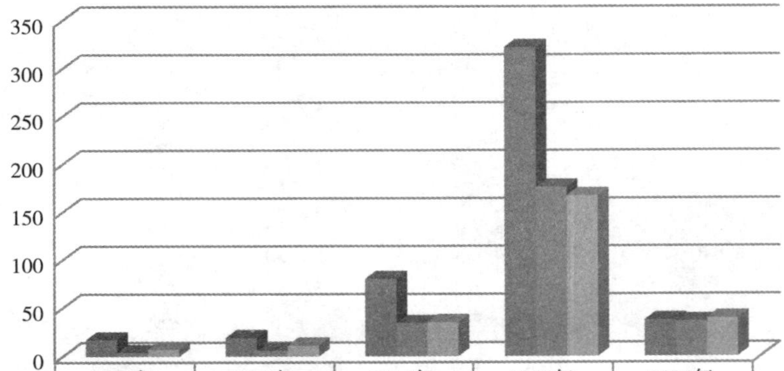

	2012年	2013年	2014年	2015年	2016年
■东部地区	17	19	80	322	37
■中部地区	4	6	34	176	36
■西部地区	7	11	35	167	39

图 2　东部、中部、西部 2012 年 –2016 年发起的 PPP 项目落地数

数据来源：财政部 PPP 综合信息平台。

（二）PPP 落地及相关因素匹配

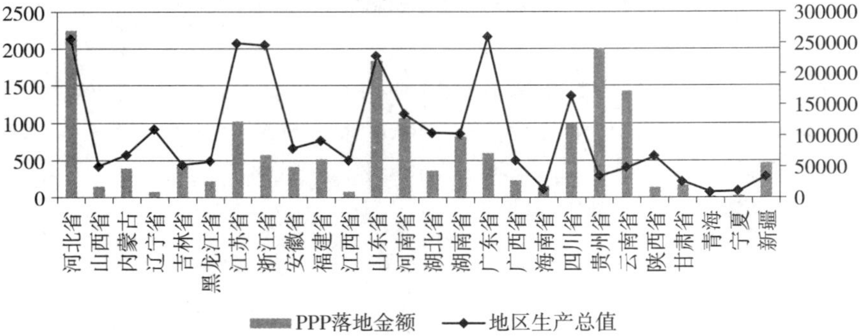

图 3　2015 年地区生产总值与 PPP 落地金额匹配情况

数据来源：财政部 PPP 综合信息平台、《中国统计年鉴》。

进一步分析，根据 PPP 落地金额与地区生产总值的匹配情况，我们发现二者之间在各省份的分布趋势基本保持一致，即在地区生产总值较高的地方，其 PPP 落地的金额也较大，反之亦然。如以 2015 年的数据为例，一直被公认为经济较为发达与开放的江苏和浙江两个省份，在地区生产总值排名榜中，名次分别为第二位与第四位，相对应地，它们的 PPP 落地金额在 26 个省份中排名也挤进前十位，而像青海、宁夏，它们的地区生产总值排名在后两位，PPP 落地金额的排名也在后两位。这也就从一定程度上验证了 PPP 的落地情况与各地方的经济发展水平密切相关，且作用表现可能为正向。

三、PPP 落地影响理论模型与研究假说

PPP 项目的签约落地，实质上就是地方政府与社会资本之间的双向博弈选择的过程。而 PPP 项目参与方的“两头观望态度”也造成了二者的博弈困境，致使项目的“落地难”。

事实上，这个双向博弈的切入点应在于双方之间所建立的动态信任模型（杜亚灵和闫鹏，2014；蒋卫平等，2012；Mona Hammami 等，2016；尹贻林和王垚，2013）。对于本文而言，由于是从社会资本方的视角谈起，所以主要考察的是从 PPP 项目识别到 PPP 项目落地这个周期内，社会资本方对于某区域所提供的 PPP 项目要依赖哪些因素的探究才能建立起对该地方的初始信任，从而顺利完成项目的甄别、筛选与签约。

根据 Kadeors（2004）、Lau 和 Rowlinson（2010）及 Cheung（2010）等学者的研究成果，政府方与社会资本方之间信任机制的建立是一个动态演化过程，在项目合同谈判阶段，由于双方之间的信息不对称，社会资本方对政府方的初始信任的建立依赖于尝试性相信当地信号源所发挥的信号传递作用，以期避免不必要的机会主义预期，这时，对于社会资本方来说，甄别信任信号的手段主要有对政府管理能力及市场声誉的评估。Peter Shek-Pui Wong（2004）等专家认为，对于社会资本方来说，政府的声誉是影响信任建立的最重要的因素，而工作能力与财政稳定性也是应该得到高度重视的影响因素。综上可见，以上信任的影响因素都是从政府这个主体

的身上来谈的，但是，鉴于本文视角的特殊性，根据对PPP落地现状的分析，我们还发现PPP项目的落地与区域的地方生产总值等地方特色还存在关联，将其也纳入社会资本方的初始信任的形成机制之中。因此，我们认为以社会资本方为视角的初始信任的建立主要包括两个方面，即基于政府主体的信任与基于地方特色的信任。

关于基于政府主体的信任，主要从政府的声誉及财政的稳定性进行考虑，由此提出以下假设：

假说1：地方政府信誉度越高，社会资本对其的初始信任越高，由此带来的PPP项目的需求就越旺盛，所能达到的PPP项目的落地规模越大。

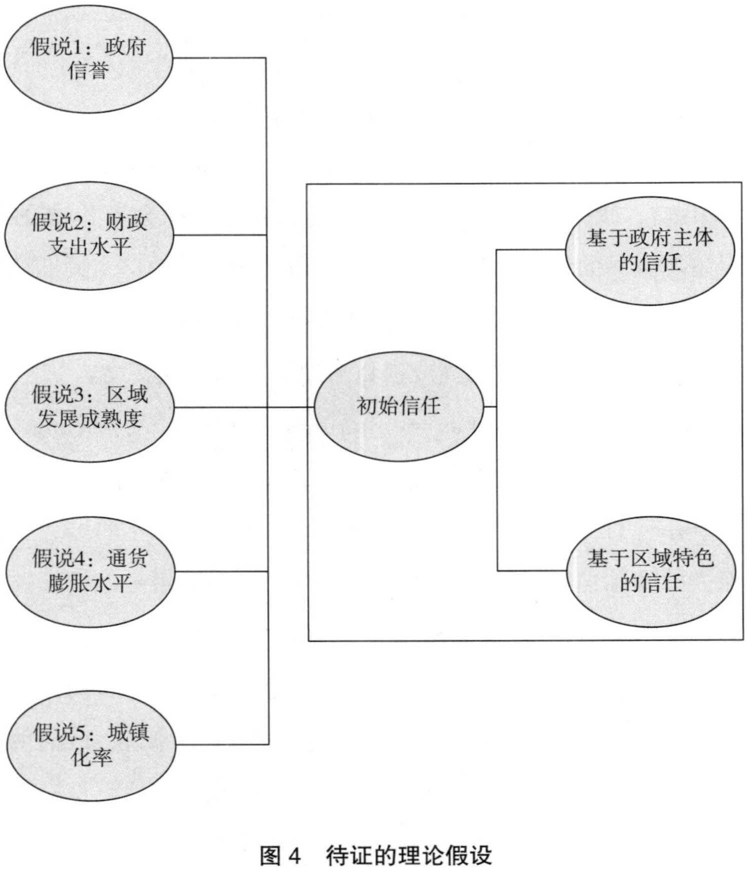

图4　待证的理论假设

假说 2：地方政府的财政支出水平越高，社会资本对其的初始信任越高，该地 PPP 项目的吸引力就越大，PPP 项目的落地规模就越大。

关于基于地方特色的信任，根据项目实操经验分析，本文还将区域发展成熟度（内涵包括区域经济活跃度、区域资源密集度、区域社会环境和谐度三个方面），通货膨胀水平、城镇化率纳入其中，作为初始信任的驱动因素，以由此提出以下假设：

假说 3：地方的区域发展成熟度越高，社会资本对其的初始信任越高，它就更希望介入当地的基础设施建设，由此带来的 PPP 落地水平就越高。

假说 4：地方的通货膨胀水平越高，社会资本对其的初始信任越高，PPP 的落地水平就越高。

假说 5：地方的城镇化率越低，社会资本方对其的初始信任越高，那么地方通过 PPP 模式引入社会资本增强公共供给能力的意愿就越迫切，PPP 落地水平也会由此增长。

四、PPP 落地影响模型设定与区域发展成熟度测算

本部分将讨论如何针对以上五个研究假说设定模型并进行实证检验，以判定本文的理论假说是否成立。

（一）模型设定

本文借鉴以往学者的研究方法，构建 2012–2015 年 26 个省份的面板数据集[①]，使用这些数据检验上述理论假说，并估计区域发展成熟度及 PPP 落地水平是由哪些因素决定的。

---

① 鉴于本省级面板数据规模较小，为增强数据的稳定性与完整性，对直辖市的数据进行如下处理，将北京市、天津市归入河北省，重庆市归入四川省，上海市归入浙江省，此外，本省级面板数据不包括西藏自治区、台湾地区及香港、澳门特别行政区。

（1）$ppp_{i,t} = \partial_0 + \partial_1 \mathrm{eco}_{i,t} + \partial_2 \mathrm{govcre}_{i,t} + \partial_4 \mathrm{control}_{i,t} + \varepsilon_{i,t}$

（2）$\mathrm{contrl}_{i,t} = \beta_0 + \beta_1 \mathrm{town}_{i,t} + \beta_2 \mathrm{fin}_{i,t} + \beta_4 \mathrm{cpi}_{i,t} + u_{i,t}$

其中，$\mathrm{PPP}_{i,t}$ 代表第 i 省第 t 年发起的 PPP 项目的落地金额，$\mathrm{eco}_{i,t}$ 表示第 i 省第 t 年的区域发展成熟度，$\mathrm{govcre}_{i,t}$ 表示第 i 省第 t 年的政府信誉水平，$\mathrm{control}_{i,t}$ 表示控制变量。$\mathrm{town}_{i,t}$ 表示第 i 省第 t 年的城镇化水平，$\mathrm{fin}_{i,t}$ 表示第 i 省第 t 年的财政支出水平，$\mathrm{cpi}_{i,t}$ 表示第 i 省第 t 年的通货膨胀水平，$\mu_{i,t}$ 表示随机扰动项。

在这里值得注意的是，政府信誉指标根据 Fisman and Gatti（2002）与陈屹立和邵同尧（2012）等研究成果，通常用政府腐败水平来代指，并采用各省份人民检察院每年立案的贪污贿赂、渎职案件数与各省人口的比重来表示，因此，本文在实证过程中的政府信誉指标，也就是政府腐败水平，与上述理论假说中所代表的含义应呈逆向关系，也就是说政府的腐败程度越高，那么它的信誉水平就越低。在此用政府腐败（政府信誉）来特指。

表 1　变量说明、数据来源

度量内容	变量代码	变量含义	数据来源
PPP 落地水平	$\mathrm{PPP}_{i,t}$	各省份每年发起的 PPP 落地金额与地区生产总值的比重	财政部 PPP 项目综合信息平台、《中国统计年鉴》
区域发展成熟度	$\mathrm{eco}_{i,t}$	通过主成分分析法计算。一级指标包括区域发展活跃度、区域资源密集度、区域社会环境协同度	《中国统计年鉴》
政府腐败（政府信誉）	$\mathrm{govcre}_{i,t}$	各省份人民检察院每年立案的贪污贿赂、渎职案件数与各省人口的比重	《中国检察年鉴》《中国统计年鉴》
城镇化水平	$\mathrm{town}_{i,t}$	各省份每年的城镇人口与各省份人口的比重	《中国统计年鉴》
财政支出水平	$\mathrm{fin}_{i,t}$	各省份的地方财政一般预算支出与各省的地区生产总值的比重	《中国统计年鉴》
通货膨胀水平	$\mathrm{cpi}_{i,t}$	各省份的消费者价格指数	《中国统计年鉴》

（二）区域发展成熟度测算

许多学者均对区域发展成熟度或其类似指标进行过积极探索（李善同等，2003；上海财大区域经济研究中心，2007；吕萍和李忠富，2010），本文认为，区域发展成熟度主要体现在三个层面，即区域经济活跃度、区域要素密集度、区域社会环境协同度，以综合评测区域发展的综合能力与潜力。具体指标如下：

表 2　区域发展成熟度指标综合评估

一级指标	二级指标	单位	变量
区域经济活跃度 X_1	人均地区生产总值	亿元	X_{11}
	第二产业增加值占地区生产总值比重	%	X_{12}
	第三产业增加值占地区生产总值比重	%	X_{13}
	经营单位所在地进出口总额占地区生产总值比重	%	X_{14}
	外资投资比重	%	X_{15}
	国际旅游外汇收入	亿元	X_{16}
区域资源密集度 X_2	人均全社会固定资产投资	亿元	X_{21}
	城镇单位就业人员	万人	X_{22}
	人均水资源量	立方米 / 人	X_{23}
	规模以上工业企业 R&D 人员数占就业人口的比重	%	X_{24}
	规模以上工业企业 R&D 经费占地区生产总值的比重	%	X_{25}
	每十万人口高等学校平均在校生数	人	X_{26}
	普通高等学校数	所	X_{27}
	技术市场成交额	亿元	X_{28}
区域社会环境协同度 X_3	城市绿化覆盖率	%	X_{31}
	环保费占财政支出的比重	%	X_{32}
	地质灾害及防治投资	亿元	X_{33}
	工业污染投资完成额	亿元	X_{34}
	林业投资	亿元	X_{35}

通过上述的区域发展成熟度指标的综合评价，发现我国区域发展成熟度差异较大，布局较为不平衡。将区域发展成熟度得分划分区域发展成熟度强区（正值）、区域发展成熟度（弱区），从2012年–2015年各省份排名位次变化划分为上升型、平稳型、下降型。2015年两大区域的发展成熟度分类可见，大部分东部地区均位于发展成熟度强区，除了海南、辽宁以外，中部地区的省份基本平均分布于发展成熟度强区与发展成熟度弱区，其中广西、湖南、安徽、湖北位于强区，而西部地区则除了四川与陕西，大部分位于发展成熟度弱区。区域发展成熟度存在差异的原因，一方面由于各区域特有的地理位置、历史发展条件、经济发展类型、社会进步等不同所致；另一方面也有我国独特的经济体制与政策机制等特性的原因。从各省份的排名位次变化来看，区域发展成熟度排名上升的地区与下降的地区分别有13个与10个。当然，也不能盲目地就以此为依据判断在这四年间区域发展成熟度上升、平稳、下降的好坏与否，因为数据指标中包含的因素还有一定的局限性。

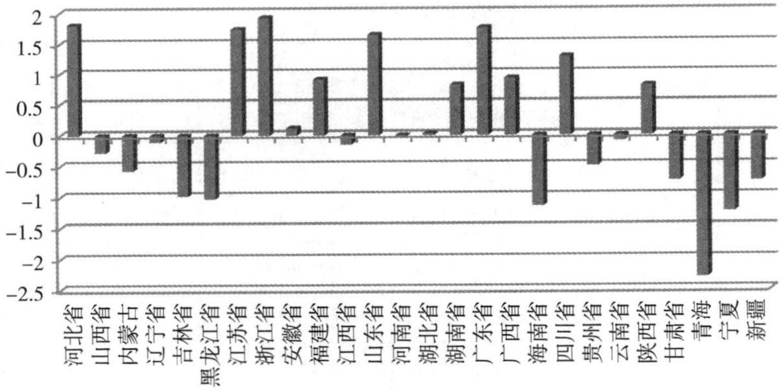

图5 区域发展成熟度区域分布

数据来源：《中国统计年鉴》。

注：区域发展成熟度综合得分指标通过统计软件STATA12计算得出。

五、PPP落地模型检验与实证

本文利用空间面板模型，对上述模型进行估计。采用的计量软件为

STATA12。在此之前，我们先通过画散点图的方法，初步判断 PPP 落地水平与区域发展成熟、政府信誉之间的关系，通过下图，我们发现区域发展成熟度与 PPP 落地水平存在正向关系，而政府腐败（政府信誉）与 PPP 落地水平存在负向关系，这与之前的理论假说保持一致。

接下来，通过空间计量模型来对我国 PPP 落地水平的影响因素进行分析。表 3 中（1）和（2）列分别给出了全国范围的传统计量模型估计结果与空间计量模型的估计结果；（3）和（4）列分别给出了东部地区的估计结果；（5）和（6）列分别给出了中部地区的估计结果；（7）和（8）分别给出了西部地区的估计结果。且每个空间计量模型的 Moran’s I 指数都显著为正，表明 PPP 落地水平的确存在显著的正向空间自相关，空间计量模型适用于本实证研究。

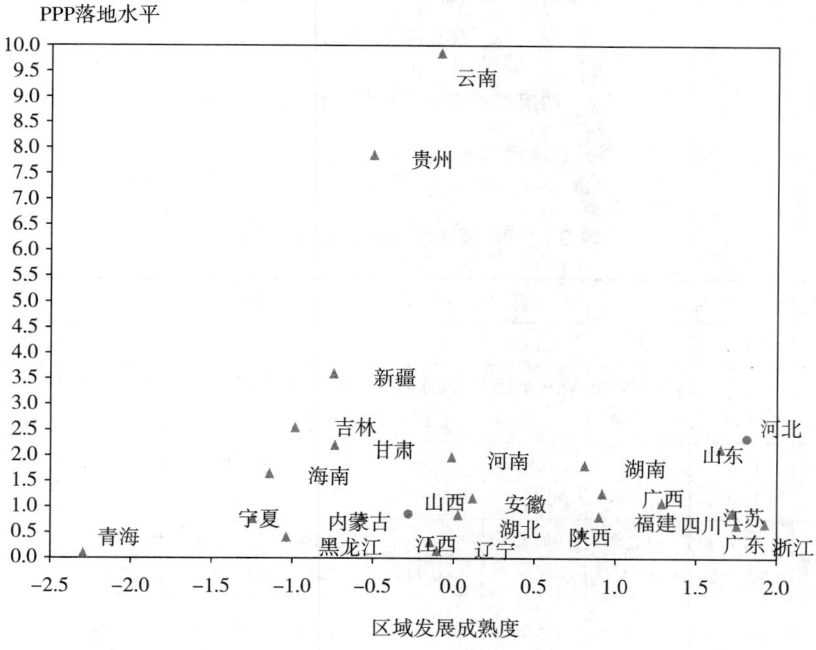

图 6　区域发展成熟度与 PPP 落地水平散点图

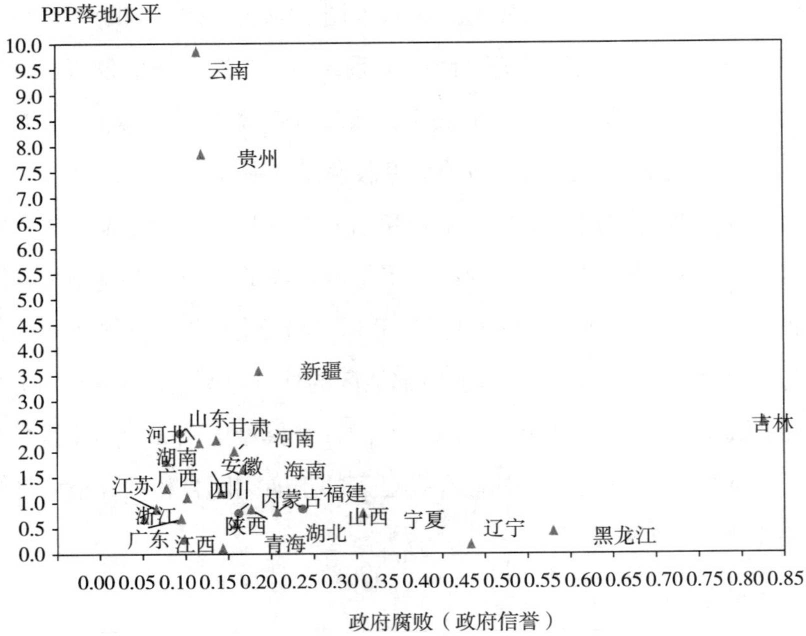

图7　政府信誉与PPP落地水平的散点图

注：图6与图7通过统计软件STATA12绘制。

表3　PPP落地水平的实证检验结果

	整体		东部		中部		西部	
	（1）	（2）	（3）	（4）	（5）	（6）	（7）	（8）
	面板估计 RE	空间滞后模型 SAR	面板估计 FE	空间滞后模型 SAR	面板估计 FE	空间滞后模型 SAR	面板估计 FE	空间滞后模型 SAR
eco	0.52 （1.90）*	0.33 （1.78）*	0.14 （0.60）	0.18 （1.69）*	0.18 （0.62）	0.25 （0.90）	0.80 （0.83）	0.81 （1.00）
govcre	−0.17 （−0.42）	−1.289 （−0.61）	−0.82 （−0.48）	−0.74 （−0.90）	1.04 （1.28）	1.31 （1.82）*	−14.01 （−2.45）**	−13.41 （−1.32）
town	−6.18 （−1.86）*	−6.46 （−2.11）**	−3.37 （−1.97）**	−3.64 （−12.28）***	−1.30 （−0.54）	−0.70 （−0.41）	−16.22 （−1.12）	−16.77 （−1.40）
fin	2.89 （0.76）	2.20 （0.86）	0.76 （0.24）	1.31 （0.74）	−2.87 （−0.93）	−5.06 （−2.34）**	4.49 （0.50）	5.07 （0.96）

续表

	整体		东部		中部		西部	
	(1)	(2)	(3)	(4)	(5)	(6)	(7)	(8)
cpi	0.19 (4.03)***	0.11 (1.66)*	0.13 (3.32)***	0.07 (2.66)***	0.16 (3.71)***	0.04 (1.86)*	0.22 (1.61)	0.24 (2.49)**
常数项	−16.33 (−2.57)**	−8.43 (−1.34)	−12.05 (−2.82)***	−5.89 (−2.19)**	−16.14 (−4.01)***	−3.58 (−1.67)*	−11.93 (−0.97)	−14.56 (−1.33)
rho		0.46 (4.28)***		0.42 (4.75)***		0.73 (9.73)***		−0.07 (−0.48)
样本量	104	104	32	32	40	40	32	32
R2	0.26	0.27		0.87	0.47	0.26	0.46	0.45

注：（1）空间计量模型，相较于传统计量模型，将空间依赖性也融入其中，也就是说样本的观测值在空间上缺乏独立性，而且在空间中解释变量对被解释变量的影响程度及各变量的相关性与地区之间的绝对和相对位置相关。

（2）***、**、* 分别表示通过 1%、5%、10% 水平的显著性检验。括号中的数值表示回归系数估计值的标准差。

（一）PPP 落地水平整体分析

为了从总体上分析 PPP 落地水平的影响因素，我们对其进行空间计量分析。列（2）是 PPP 落地水平的 SAR 模型估计结果。从中我们可以发现，对于 PPP 的落地水平，区域发展成熟度的影响系数为 0.33，政府腐败（政府信誉）的影响系数为 −1.289，其他变量对 PPP 落地水平的影响也符合理论假说，除了城镇化率以外，其他的影响因素如财政支出水平与通货膨胀水平作用系数均为正。这说明社会资本通过对区域经济发展成熟度、政府腐败（政府信誉）、城镇化水平、财政支出水平、通货膨胀水平等指标的评估与对比，建立初步信任机制，其中，区域经济发展成熟度、财政支出水平、通货膨胀水平的评估结果越高，越说明该地的发展情况符合社会资本的合理预期，PPP 项目从合同签约到建设开工再到管理运营能够顺利落地的可能性越大。在这里，值得注意的是，政府腐败（政府信誉）的作用系数虽然不显著，但是较大，远远大于区域发展成熟度，这也就是说社会资本在建立与当地的初始信用机制时、在进行是否参与该地的PPP项目的抉择时，它们更偏重于考虑政府腐败（政府信誉）水平，以及财政支出水平与城镇化率等因素。

（二）东部、中部、西部地区比较分析

鉴于各个省份所归属的经济带或区域不同，它们的发展不仅可能存在异质性，还可能由于享受的优惠政策不同而导致社会资本方对此地建立初始信用机制的规律存在偏离，进而导致PPP落地水平存在差异。因此，不同的区域，PPP落地水平的影响机制可能存在不同的规律。针对这种可能性，我们对东部、中部、西部地区分别进行空间计量。表3列（4）、（6）、（8）汇报了这三大区域的估计结果。结果显示，东部、中部、西部[①]地区的区域发展成熟度与PPP落地水平之间存在正相关关系，这一点符合理认假说3，但是上述三大区域也表现出一定的异质性特征。

政府腐败（政府信誉）对PPP落地水平的作用系数在东部、中部、西部地区表现不同，在东部与西部地区，其表现为负相关关系，而在中部地区则表现为正相关关系，但并不显著，这与假说1存在些许差异。究其原因，可能是由于中部地区相较于西部地区，区域发展成熟度、财政支出水平较高，而相较于东部地区，其城镇化水平与基础设施水平还不够完善，自然对PPP项目的推广力度也更大，在这些因素叠加之下，社会资本方可能更偏爱中部地区，一哄而上现象的发生，在无形之中提升了中部地区政府的话语权，从而增大了降低项目收益率的可能性，导致社会资本参与PPP项目的积极性降低。而且与全国平均水平相比，东部地区的区域发展成熟度对PPP落地水平的影响系数显著降低，而西部地区的区域发展成熟影响则显示正向作用，但却并不显著，这说明西部地区的区域发展成熟度

① 东部地区包括河北、辽宁、江苏、浙江、福建、山东、广东、海南；中部地区包括山西、吉林、黑龙江、安徽、江西、河南、湖北、湖南；西部地区包括内蒙古、四川、广西、贵州、云南、陕西、甘肃、青海、宁夏、新疆。

较为滞后，带来 PPP 落地水平的增加辐动较小，并不足以产生显著影响。其余的变量则与假说基本保持一致，除了中部地区的财政支出水平以外，而东部、西部地区的表现并不显著。

六、结论

本文试图对我国 PPP 落地水平的影响机制给出一个符合现实的解释。自 2015 年 PPP 全面爆发，我国 PPP 项目却经常遭遇落地难的困境。根据上文所构建的理论与实证模型，我们发现其所存在的根本原因，应该在于政府信誉水平有待提升，个别政府缺乏契约精神与规范意识，再加上 PPP 项目的区域供给结构与区域需求情况存在不匹配现象。

（1）区域发展成熟度的增强，有利于提高社会资本对当地的初始信任程度，从而增大 PPP 项目的落地水平。但是由于我国中、西部地区区域发展滞后，其对 PPP 落地水平的带动作用较小，还不足以产生显著的影响。再加上虽说区域发展成熟度是构成建立社会资本初始信任影响因素之一，但是由于 PPP 项目的区域供给结构，与因社会资本区域信任结构而引起的 PPP 项目的需求结构存在不平衡，这样的结果可能是 PPP 项目的落地率并不如预期的高。

（2）社会资本更偏向于参与信誉高、财政实力强的优质政府所发起的 PPP 项目。但这一影响作用并不是绝对的，随着政府在谈判中话语权的增强，社会资本在这过程中主动权的减弱，其参与 PPP 的积极也将减弱。

（3）城镇化水平、通货膨胀水平也对 PPP 落地水平产生影响。二者均是构成社会资本基于区域特色建立信任机制的因素，并借此作用于 PPP 落地水平。前者是负向关系，反映 PPP 项目的需求，后者是正向关系，反映当地的经济热度。

在本文上述结论推导与实证的过程中，我们发现还存在着一些延伸思考，它对未来分析地方政府遭遇落地难的问题，政府、社会资本、金融机构等参与主体的经济行为预测，以及相应政策的制定层面，形成有益的启示。

（1）PPP项目的落地水平具有一定的阶段性特点，对于地方政府而言，一旦区域发展进入更加成熟的时期，PPP落地水平的规模增长将不会持续。发展初期，政府凭借着其在资本圈子里所享有的既往的信誉水平，通过PPP项目引入社会资本确实有效推动了本地区的发展水平的提升，带来了就业、资本收益、劳动报酬的快速增长，引起地方项目需求与土地开发的快速增长。当区域发展进入了新的阶段，产业结构转型与升级随之进行，地方政府谈判话语权也由被动转为主动，其信誉水平已不足以弥补低资本收益的损失，PPP项目的落地水平趋于下降，因此，在不同的区域发展阶段，地方政府应综合衡量其信誉水平与资本收益水平的设定，推进PPP项目的落地。

（2）一个对于社会资本方值得研究的现象是PPP落地水平与地方区域发展成熟度发展趋势保持一致，并且与地方政府的经济行为也有所关联，这存在必然的逻辑。在我国新型城镇化的背景之下，地方政府为了推进当地的基础设施与公共服务水平，大力推进PPP模式。面对着如此庞杂的项目库，社会资本应建立起一套筛选机制，即是在项目的区域发展层面进行初步抉择，将构成基于地方主体与区域发展信任的各项指标纳入其中，并依据科学方法，制定相应的权重，得出相应的综合指标，如此完成区域层面的筛选，节省相应的人力、财力成本。

（3）PPP落地水平所体现的最本质的关系是区域发展过程中基础设施建设与公共服务的供给与需求的关系。在区域发展过程中，人们对基础设施建设与公共服务的需求对供给形成双向刺激机制。一是区域的快速发展带来了人们生活水平的普遍上升，对地方的社会配套服务的完备性与完整性提出更高要求，一定程度上推动PPP项目的落地水平的提升，并通过地方政府之手给予社会资本一定的补贴激励；二是社会配套服务水平的提升带来了金融资本与社会资本对区域发展模式的信任，推进PPP落地水平的同时，又支撑了区域发展成熟的实现。可以说，PPP 落地是实现上述逻辑的关键途径。

（4）未来 PPP 模式宣传推广应激发地方政府从“做大规模总量”转向“注重发挥结构效益”。PPP 项目作为地方政府政绩考核要求之一，引发了地方政府的积极发展的热情，但由于存在一定的盲从性与一哄而上性，从一定程度上来看，地方政府更加看重“推广规模”，努力做大总量，而对“推广结构”重视不够，结构效益的发挥并不是地方政府所考虑的主要方面。未来 PPP 模式的宣传推广中，地方政府与社会资本合作体系的建设与完善应促进地方政府根据自身的经济发展水平与经济结构特点更加重视 PPP 项目的“结构效益”。

参考文献

[1] Fisman R，Gatti R. 2002. Decentralization and Corruption：Evidence from U.S. Federal Transfer Programs. Public Choice，113，pp.25–35

[2] Kadefors A. 2004. Trust in Project Relationships：Inside the Black Box. International Journal of Project Management，22（3），pp. 175–82

[3] Ellen Lau and Steve Rowlinson. 2010. Trust Relations in the Construction Industry. International Journal of Managing Projects in Business，3（4），pp.693–704

[4] Sai On Cheung，Wei Kei Wong and Tak Wing Yiu et al. 2011. Developing a Trust Inventory for Construction Contracting. International Journal of Project Management，29（3），184–196

[5] Peter Shek Pui Wong and Sai–on Cheung. 2004. Trust in Construction Partnering：Views from Parties of the Partnering Dance. International Journal of Project Management，22（6），pp.437–446

[6] Mona Hammami，Jean–Francois，Ruhanshyankiko and Etienne B.Yehoue. 2006. Determinants of Public–Private Partnerships in Infrastructure. IMF Working Paper，No.62424

[7] 张羽，徐文龙，张晓芬. 2012. 不完全契约视角下的 PPP 效率影响因素分析. 经济纵横理论月刊，第 12 期 103–107 页

[8] 杜亚灵，尹贻林. 2012. 不完全契约视角下的工程项目风险分担框架研究. 重庆大学学报，第 18 卷第 1 期 65–70 页

[9] 杜亚灵，王垚. 2012. PPP项目信任的动态演化研究. 建筑经济，第8期28–33页
[10] 陈屹立，邵同尧. 2012. 地方政府腐败会影响私人投资积极性吗？基于动态面板模型的系统GMM分析. 南方经济，第2期39–49页
[11] 任志涛，高素侠. 2015. 提升PPP项目政企双边匹配满意度的对策研究. 建筑经济，第36卷第12期103–106页
[12] 杜亚灵，闫鹏. 2014. PPP项目中初始信任形成机理的实证研究. 土木工程学报，第47卷第4期115–124页
[13] 蒋卫平，张谦，乐云，何清华. 2012. 工程项目中信任的产生与影响——基于承包商方视角. 西安建筑科技大学学报（自然科学版），第44卷第1期97–102页
[14] 尹贻林，王垚. 2013. 工程项目业主与承包商信任问题研究综述. 软科学，第27卷第5期120–129页
[15] 李善同，侯永志，翟凡. 2003. 未来50年中国经济增长潜力和预测. 经济研究参考，第2期51–60页
[16] 上海财大区域经济研究中心. 2007. 2007中国区域经济发展报告——中部塌陷与中部崛起. 上海人民出版社，第371–410页
[17] 吕萍，李忠富. 2010. 我国区域经济发展潜力的时空差异研究. 数量经济技术经济研究，第11期37–41页

南京卓远资产管理有限公司 吴健 李学乐

实现 PPP 模式健康发展的探讨

虽然 2004 年 7 月《国务院关于投资体制改革的决定》、2005 年 2 月《国务院关于鼓励支持和引导个体私营等非公有制经济发展的若干意见》、2010 年 5 月《国务院关于鼓励和引导民间投资健康发展的若干意见》等中央文件持续鼓励各地推进民间资本投资的发展，但这一轮我国各地 PPP 项目的实施热潮已被业界公认是始于国发〔2014〕43 号《国务院关于加强地方政府性债务管理的意见》、〔2014〕60 号《关于创新重点领域投融资机制鼓励社会投资的指导意见》等文件的出台。随后，财政部和发改委陆续颁布一系列政策文件，在短暂的一段市场观望期后，2016 年 PPP 项目进入了实施的高峰期。然而，在迅速繁荣的 PPP 市场背后，又呈现出不少问题。

一、问题呈现

1. 动机不纯的 PPP

一些地方政府仍然习惯于依靠基建投资拉动 GDP 增长的老路，在地方债、投融资平台收紧管理、中央又力促民间资本投资的背景下，PPP 模式成了新的“救命稻草”。因此，很多地区都在快马加鞭地开展 PPP 项目的谈判签约工作，但出现了不少变相融资、固定回报、明股实债等不按照 PPP 项目的客观规律运作的问题，已经违背了利用社会资本提高公共服务供给效率的本意。2016 年 12 月 20 日，财政部印发了《财政部驻各地财政监察专员办事处实施地方政府债务监督暂行办法》，正式提出 PPP 项目开始“打假”。

2. 签约的项目难言乐观

2015年下半年和2016年签约的PPP项目数量和投资额均快速增加，截至2016年9月末，财政部入库项目10471个，总投资额12.46万亿元，其中已进入执行阶段项目946个，总投资额1.56万亿元。借助PPP工具，全国兴起了轨道交通热、管廊热、海绵城市热、智慧城市热、城镇化热，但真正体现风险分担、能够拿出来作为标杆示范的却并不多。一些PPP项目在前期论证不实、工作深度不够、项目边界不清楚、政府和社会资本经验不足的情况下签约，仅2016年就有浙江海盐、海南万宁、湖北仙桃、广东肇庆等多地因为垃圾焚烧发电项目爆发了群体性事件，还有的项目靠所谓的“合理利润率或回报率”草率签约，政府违约风险和产生寻租行为的风险都很高。这些草率签约的项目估计在建设期结束、刚开始运营，甚至更早就会出现政府或社会资本重新谈判的问题。尤其令人忧虑的是，虽然很多地方政府已经意识到这一问题，但盲目跟风上PPP项目这一趋势仍在延续。

3. 实务中的投机行为

除了个别地方政府透支未来的政绩力保当下之外，个别社会资本特别是大型国企在四处抢夺PPP项目的背后，也存在重施工利润、轻运营管理的投机行为，这对PPP项目全生命周期的建设、运营与移交管理都是极为不利的。不仅如此，混乱的咨询市场也加剧了当前PPP项目的危机。既有一些工程咨询机构为了生存和快速抢占咨询市场，盲目低价获取PPP咨询业务，也有知名的咨询机构通过合伙人制度快速整合出来的良莠不齐的咨询队伍，导致PPP项目咨询中的粗制滥造、低水平复制、政府给什么信息就写什么信息等现象的普遍发生。这些咨询成果对项目潜在的风险、履约责任、PPP项目合同中存在的漏洞均缺少认真的考虑，在政府和社会资本能力与经验均不成熟的当下，对存在问题的PPP项目间接起到了推波助澜的作用。如果上述利益相关各方都有投机行为，那么后任政府和社会公众就将成为 PPP 项目最终的受害者。

4. 政府管理存在的问题

PPP 模式推广中的部委之争由来已久，同时还存在着政出多门、分工不明确、部分条文中的含义模糊 / 冲突、部分文件低水平重复等表面问题，以及产权、财权、事权等深层次制度安排问题，其中有的问题让地方政府和社会资本疲于应对、有的漏洞则加剧了 PPP 项目实务中的投机行为，这些都迫切需要因应当前 PPP 迅猛发展的形势而予以逐步解决或弱化。

二、问题分析与解决

1.PPP 应“有所为有所不为”

PPP 模式本身是政府采购市场化改革的有利举措，但也是一把双刃剑，善用之会激发市场经济活力和发展潜力、进一步转变政府职能，滥用之会引爆政府的财政风险、激发社会矛盾。目前，一些地方政府把 PPP 当作是了一种纯粹的融资工具，作为解决地方债的出口，这显然背离了公共服务市场化改革的初衷，PPP 模式在根源上承担了它不能够承担的任务，在实务中注定要运行扭曲和产生问题。

我国公共服务供给的市场化改革任重道远。在这次热潮中，我国 PPP 项目的数量和投资额均远超其他国家，但与之相匹配的制度框架、法律体系、中介市场等方面均需改进和完善，根本无法适应突然出现如此众多的项目。诚然，面对经济下行压力，引入 PPP 模式开展基础设施建设是化解经济风险和社会矛盾的可行方案，但 PPP 并非是适用于一切情境的万能工具，应当从根源上重新审视 PPP 项目与政府采购、政府债务相关问题的解决方案，将 PPP 作为一种鼓励和优选的示范，按照沙漏模型严格遴选和淘汰，建立严谨的前期论证、决策、听证和审批机制，而不是把它作为主要甚至唯一的项目出口。理清了这一问题，自然就回答了为什么当前 PPP 项目的物有所值评价流于形势、没有起到把关作用这一问题。

2. PPP应杜绝赌徒心理

尽管业界都清楚当前PPP热潮中存在一些问题，但盲目论证开展PPP项目的案例依然不少见，显然，光有眼光、热情与勇气是完全不够的，投机式的疯狂只会带来恶劣的后果！地方政府赌的是他们后续的政府会承担责任，企业特别是大型国企赌的是转完施工利润后可以通过各种交易结构的运作抽身撤退、少承担或不承担未来运营的风险，中介机构赌的是被咨询的项目成功与否与自己的信誉不挂钩，因此，主要目的是多拿项目而不是量力而行，甚至开展完前期咨询以后还可以接着开展重新谈判咨询。

针对上述问题，中央部委对地方政府的信用督察和项目审计工作已经展开，第一类主体的问题已经开始采取措施；第二类主体的问题目前仍然缺少监管和控制手段，社会上一些关于退出机制和股权转让的错误导向加剧了这一问题，真正好的社会资本方应关注的是长期的运营利润而不是短期的施工利润；第三类主体目前也缺乏有公信力的信用体系与声誉机制作为约束。而社会公众作为享受公共服务的最主要的对象，在目前的PPP项目实施流程中没有话语权，类似香港市民朱绮华投诉逼停港珠澳大桥建设的事件在国内还很难发生，所以才会导致在一些环保项目中社会公众采用了极端的处理方式。

PPP项目通常投资额大、周期长、风险高，需要政府与社会资本的长期信任与合作，虽然财政部和发改委均颁布了相应的指南，真正能够从PPP项目全生命周期筹划建设、运营与管理的各类主体还不多，在这方面，还需要政府从统一完善的文件编制、理念宣贯、问题追责、项目与主体淘汰规则制定等方面开展基础性工作。大浪淘沙，这次热潮过后也一定会有不少优质的项目、优秀的政府决策者、企业和中介机构脱颖而出。

3.PPP应严格规范咨询市场

PPP项目的复杂性和独特性都很高，在中国的应用领域与行业也在不断扩大，由于时空环境的不断变化，中国的PPP项目绝不能照抄照搬国外的经验，或者简单复制过去项目的做法到新项目上。在实践中，需要大量懂PPP、项目管理、财务、税务、法律、金融、专业技术等领域知识的复合型人才去解决项目的大量细节问题，与迅猛增长的PPP项目数量相比，这些人才无疑是极为稀缺的，这就是PPP项目咨询市场的机遇所在。尽管PPP模式的顶层设计仍有待完善，但有一些问题仍可以在具体项目实践中予以研究解决，这就要求专业的咨询机构和人员搭建一座衔接部委要求和具体实践需求的桥梁，投入精力、扎实开展调研、分析和建议工作，替政府做好谋划分析。

然而，咨询市场的商机也催生出来一些"假冒伪劣"的机构和人员，他们利用包装出来的业绩获取PPP咨询业务，当然也有知名咨询机构不考虑有经验人员的瓶颈约束而无限制扩张咨询业务的情况，专业人才的供给和需求矛盾没有解决，相反，一批经验不足、专业知识匮乏、职业素质较低的人员却在做着咨询的工作，这不仅没有为实践起到拾遗补缺的作用，反而降低了政府方对咨询单位信任，搅乱了整个PPP市场。

规范咨询市场还得靠市场的手段，例如，可以考虑借助互联网平台开展"买家和卖家互相公开评价"解决咨询市场信息不对称、信用体系缺失的问题，并辅之以奖优罚劣、建立黑名单等措施。但这对目前的PPP现状也只能算是亡羊补牢的事后机制了，以之前的PPP项目作为试验品的代价可能会很惨痛。

4.PPP应高度重视政府补贴和终止补偿的测算

在各类不同行业的已落地项目中，采用可行性缺口补助和政府付费两种方式运作的PPP项目居于主导地位。而作为政府与社会资本前期谈判关注的焦点，补贴的测算并没有引起足够的重视。一些人以PPP项目合同是有不完全性的为理由，将前期的问题推给后人去解决，其实，不完全合同理论恰恰是告诉我们，如果事前的机制设计有漏洞，事后再谈判通常是低效率和高成本的。在实践中，受前期工作深度不够、财务评价指标与相关参数、评价方法、商务标的选取不准确等因素影响，一些项目补贴额的测算不科学或补贴机制设计不合理，这些项目在未来运营过程中产生争议的概率非常高。与之相对应，对于项目取得的超额收入如何合理分配也应该认真地论证。

同样，政府与社会资本在前期普遍持乐观合作预期，并没有对政府过失、项目公司过失、非过失原因导致的项目在不同时点终止补偿予以认真的考虑和详细的测算，不少 PPP 项目合同中关于提前终止补偿的条款都比较简略，这为未来再谈判也制造了麻烦。

与这些指标的重要程度相比，他们并未得到实务且足够的重视。

三、PPP 前景展望

1.PPP 项目的资产证券化

2016 年 12 月 26 日，发改委、证监会联合印发《关于推进传统基础设施领域政府和社会资本合作（PPP）项目资产证券化相关工作的通知》，正式启动 PPP 资产证券化工作。这为 PPP 项目、特别是收入来源主要靠政府补贴的 PPP 项目带来了一个重要的利好消息。对于优质 PPP 项目，可以通过证券市场交易盘活 PPP 项目存量资产、实现社会资本方在二级市场上的高回报，这一方面有利于降低社会资本方在与政府谈判时的报价，另一方面有利于吸引更多社会资本参与 PPP 项目建设，有利于加强 PPP 项目的竞争。

做好 PPP 项目资产证券化工作仍需要多方面的努力，例如，PPP 项目信息披露不充分 / 不准确、财务报表做假，PPP 项目实际运营出问题而二级市场没有真实反映出来，如何遴选证券化融资的 PPP 项目等等，这里面还会涉及多边治理问题。

2. 其他因素

中国 PPP 项目的发展受多重因素的影响，部门分工的界定、新政的颁布与已有政策的调整、行政事项审批、利率、汇率、CPI 等因素都需要统筹考虑。例如，如果未来经济发展伴随高通胀预期，那么从全生命周期来看，现阶段政府以相对较低的价格获得公共基础设施就是物超所值的；如果BIM技术和PPP模式能够深度融合，对于明确政府与社会资本谈判中的技术条件和边界会有重要的价值；如果站在以人为本和可持续发展的角度考虑PPP模式，可能一些项目上马本身就不是以人为本而且与可持续发展背道而驰……

中国PPP项目的实现健康和可持续发展还有太多值得探讨和分析的问题，限于篇幅，不再赘述。

大连理工大学　宋金波

统一思想 回归初心
严防地方债务恶性增长
促进PPP健康可持续发展

自2013年财政部力推PPP项目以来，各地已推出的PPP项目达上万个，投资总额达到13万亿元，在谈项目估计翻倍以上。虽然进入执行阶段的PPP项目仅占10%左右，各界热议PPP落地难问题，但其投资额也已达近4万亿。在中央和地方政府对推行PPP项目空前重视和鼓励的背景下，预计社会投资热度将进一步上升。如规则没有大的变化，近两年PPP市场将一片火热，带动的投资数额巨大，将成为政府投资和还债的主要组成部分。

然而，在我国PPP概念的推出和项目实施过程中，投资界形成了从未有过的激烈争论和反思。除了对操作规则的一致性、操作过程的规范合理性争议外，对目前推出的PPP项目是否符合正确导向、是否有利于我国经济结构调整方向、是否具有可持续性、是否会产生急刹车甚至政策转向，都成为业界巨大的隐忧。

从笔者参与或了解的近百项地方政府推出的PPP项目，结合各地媒体报道和专家交流的情况看，当前地方推出的PPP项目，虽然不乏一些优秀案例，但有相当大比例的项目无论从项目选择还是实际操作都只是围绕“找钱上项目”转，严重违背中央政府推动PPP的初衷，钻政策空子，如果不加以管控，就可能事与愿违，甚至形成新一轮巨额债务危机，影响整个政府的形象和声誉，值得中央政府高度重视，需采取切实措施加以引导规范甚至制止、惩戒。本文仅就违背 PPP 初衷的项目做初步分析和建议。

一、PPP 体系框架内各方的主要矛盾悖论

1. 中央政府的初衷和导向与地方政府的需求和冲动矛盾

从国务院文件和财政部、发改委的文件不难看出，中央政府推动 PPP 的初衷：一是将财政负债转为企业负债以减少财政负债总量，二是激发社会增量投资以弥补公共财力不足并促进经济发展，三是提高公共项目投资效率和公共服务质量和效率，四是推动政府治理结构的深层次改革。但从 PPP 实施情况看，存量负债很少转移因而很少化解既有负债，增量基建投资只是减少当期表内债务实际增加长期债务；PPP 投资者主要是国企和银行资金投入，本质上还是国家负债，而激发私营（民营、外资等）投资较少甚至对其产生挤出效应；专业建设单位投资为主而专业运营公司投资较少，因而改进质量和效益的愿望难以实现。这些急功近利的做法都不利于政府治理结构改革。

以某地区已落地项目为样本统计分析看，在总投资近 1500 亿元的近 30 个项目中，轨道交通、公立医院项目占比 80%，中标单位多为以工程建设为主的大型专业化施工的央企以及其与国有金融机构的联合体，而这些项目绝非一般施工企业所能运营的，极有可能打着表面合同期 10–30 年合规的幌子改行实际 10 年期内的拉长的 BT 之实，暗中突破 10% 的天花板，加重地方债务隐性负担。这表明中央政府顶层设计的初衷和导向在某些地方政府具体实施中发生严重偏差，甚至被地方滥用，继续执行下去，很可能形成因中央政府推动、某些地方政府与大型国企私授操作走偏而形成新的债务危机，结果不知道“板子”该打谁。

其实在我国现行财政体系下，中央管控政府债务风险与地方政府投资冲动之间的博弈已长期存在。在 GDP 指标和城市面貌改变的考核导向

下，地方政府之间成为竞争主体，地方长官对政府投资能力的需求总是超过地方财政的供给能力。过去，在地方财力不足而地方政府举债受限的情况下，设立政府融资平台公司代政府举债成为各地竞相效仿的模式，这是地方政府钻中央政策空子而导致巨额地方债务的第一轮冲动。在中央政府意识到总体债务危机并严厉管控地方融资平台后，一些地方政府投资只能依靠土地财政，即使形成"鬼城"也要发动"造城"运动，而土地价格飙升又形成房地产泡沫风险，中央政府实施管控措施与地方政府财力需求矛盾，形成中央、地方两股劲。虽然中央出台地方债等政策，但对于投资需求巨大的地方政府来讲无疑是杯水车薪。

正当一些地方政府财力拮据、无计可施的时候，PPP政策出台，相较地方融资平台和地方债来说，PPP来得更加实惠。可能会出现这种情况，一些地方政府放手使用PPP作为融资工具，表内债务大大缩水，投资决策不需量入为出，想干的项目一声令下采用PPP模式即可决策部署，找家企业来融资建设，签个后期回购股权协议，管他运行效果如何，反正投资由后届政府来还。这种情况在PPP试行前几年，特别是政府换届前和主要官员调整前并不鲜见，也是导致一些地方政府明知是变相BT、明股实债而趋之若鹜，甚至主动承诺固定回报、招商施工集团的主要动因，这也完全背离了中央政府推动PPP的初衷。因此，从中央政府的角度看，如何防范新的PPP政策成为一些地方政府钻空子形成债务大窟窿是个亟待解决的新问题。

2. 政府意愿与企业意愿的矛盾

在长官主导又具有超强的行政执行力的体制下，地方政府投资项目决策往往与投资冲动相伴而行。地方政府投资项目往往更注重形象、注重建设和拥有，时常脱离需求、轻视管理和运营，导致政府投资项目的效益低下、服务不佳，这是我国政府投资中长期未得到有效解决的问题。在本轮PPP项目的制度设计中，并没有给出通过社会资本投入根除政府投资决策的这些弊病的措施，即使是明显的政府形象工程，也只是通过财政补贴、兜底等方式由财政买单，并没有给投资运营企业多少参加前期决策、降本降耗的激励空间。

由地方政府主导的 PPP 项目，绝大多数是由政府发起，政府部门主导完成项目建议书和可行性研究报告甚至是初步设计。现行政府投资决策体制多数对建设内容介入很深，很多项目建设规模、功能、选址、路由、形象甚至连设计方案、造型、色彩、材料等都由政府确定，留给合作伙伴的只有投资建设和运营管理的责任义务。在方案、投资既定的情况下，作为发起方的政府当然希望合作期限越长越好、每年支付费用越少越好、承诺越少越好；在投资回报的设计上，采用成本监控加合理利润的模式严控企业暴利。这种做法，基本剥夺了合作方参与项目决策权，很大程度上扼杀了企业以先进理念、务实作风、先进技术和高效、创新等获取更高回报的激情，使企业归顺成只能长期承担责任风险、守法经营并获得额定低回报的小绵羊。这与民营企业创新、逐利的本能有强烈冲突，加之法规保障的不完善、政府方的地位强势，也是一些民营企业对 PPP 项目望而却步的原因。在这方面，央企与地方政府的地位较为接近平等，问题更易于协商和妥协，地方国有企业往往只能服从政府安排，而民营企业往往只能敢怒不敢言或者逼急了就诉诸法律。

对于真正想按照 PPP 本意参与项目全周期的社会资本而言，政府选的项目有的看不上，看好的项目则竞争激烈。如果没有效率提高或者其他收益弥补，PPP 项目就是个高风险、低收益、长周期的事情，吸引力很低。用合理的制度来引导市场，让市场自身发挥更大的作用，应该是 PPP 模式后续深化发展的一个方向。

3. 选择国有企业与选择民营企业的矛盾

将国有企业列为社会资本的一方，与民营企业、外资企业一起参与竞争，是我国 PPP 制度设计中的一项独特设计。这种制度设计，可以将国企的优势发挥到淋漓尽致。央企凭借雄厚的技术、资金实力和融资能力在地方攻城略地、所向披靡，占领了大量项目建设权；地方融资平台既可以做

P1，也可以到外地做P2，还可以与其他国企合作在本地做P2；其他地方国有垄断企业凭借既有业绩和人脉关系照样可以通过与其他国企合作，继续形成新的垄断。因此PPP成为地方政府小负债大投资和国企融资建设的盛宴，就不难理解了。

国企与政府同为国有经济的代表，政府官员选择国企作为合作方，即使出现问题也不会有被指责为国有资本流失；而政府对民营资本方往往信任度不高，如果选择民企合作则有政治上的担忧。国有企业运营能力和效率低，但企业规模、信誉和资金实力强；民营企业运营能力和效率高，但企业规模、信誉和融资能力较弱。对于10亿元以上的大项目，除了上市企业和金融机构外，一般民营企业很难参与或很容易被挤出；有些地方在招标操作中通过设置资产规模、保证金数额、融资规模、本地业绩甚至企业性质等软约束条件，有意将民营企业排除。

在地方政府讲政治、重融资、重建设的导向下，国企特别是大型央企和金融集团大量中标PPP项目就顺理成章了，而国家寄希望打破行政垄断、释放市场活力、调动民营资本进入、提高公共项目的运营效率、降低政府投入、改善政府治理方式就难以实现。以某地区已招标完成的PPP项目为样本看，上千亿的总投资规模中，国企投资占90%（其中央企占90%），而民企投资项目仅10%左右，还主要是商业银行及其关联的资产管理公司投资。在中标单位中，有90%是由以工程施工为主要背景的企业和其与国有金融企业的联合体。以施工为主业的企业参与PPP典型的盈利模式是：只需筹集20%的资本金（有些通过基金等方式操作，实际投入资本金甚至低于5%），其余银行贷款，挣取总承包施工利益（有时高达10%），用剩下的资本金通过拉长的BT模式获得额定利润的双倍甚至多倍的盈利，再通过事先与政府签订的股份回购协议将股份卖给地方政府指定的地方公司，圆满退出。

由此来看，虽然PPP项目近年得以加速推进落地，但以国企为主力与地方政府开展的PPP多数是很不规范、不符合初衷的。虽然表面上企业中标后与政府签订的 PPP 合同存续期都在 10 年以上，有的长达 25—30 年，但暗地里的回购合同则不会超过 10 年，在轨道交通等大型专业性基础设施项目中表现尤其明显。这种以变相 BT 为主的伪 PPP 只是将现有的财政支付隐蔽地向未来推移，通过杠杆效应放大了投资，并向社会资本让渡一部分收益，政府未来面临的支出压力更大。即使是真正的执行合同的国企买单，由于国企的主官流动性和资产的公有性也导致国企负责人以追求眼前利益而忽略长远债务风险的导向，不会深入研究长期经营、提升效率问题，因而对规范 PPP 操作难以提供有益的范例。一旦国企（银行）投资项目或整个信用出现问题，本质上还是政府买单或让社会大众买单。

从民营企业来看，由于政治互信度相对较低，而 PPP 项目运行周期长、风险大、终端价格又难以提升，针对地方政府“政治周期”，如何获得长期稳定的政府支持和合理的利益调整是担心的焦点。因而，除了少数有独特能力要求、有运营价值的公用事业领域项目之外，民营企业难见身影。PPP 要想可持续运行，核心是实现项目全周期的效率提升，这只能靠激发社会活力，激励民营企业投身其中，实现效率提升，不能等到隐含的风险暴露再来解决。

二、改进 PPP 工作的建议

1. 统一思想，加强中央部门协调和协同推进

本轮 PPP 推进工作是中央政府部门发起的，但个别政府主管部门出发点不同、导向不一致、方法不一致，形成政出多门，造成地方和业界思想混乱和看笑话，严重影响中央政府形象和政令统一。地方政府和投资界从冷眼观望到谨慎试水再到狂热投身，经历了认识准备不足、专业人才不足到从自身需要出发钻空子的阶段。因此首先需要从中央政府部门统一思想认识、统一方法步调、统一规则措施，协调一致推进。明确 PPP 项目的适用范围，将政府直接投资、政府采购服务和 PPP 之间划出界线，区分行业

和付费类别，对不同行业依据各自特点，分类指导推进。

2. 回归初心，严防事先串谋加重政府债务负担的“伪PPP”

基于中央政府统一的推进PPP的初心，发布明确导向意见，明确对减少存量债务项目的激励措施，明确对非公有投资的激励措施，明确对全过程效率提高项目的激励措施，明确对以阴阳合同串谋实施拉长BT等加重政府债务负担的伪PPP的检查惩处措施。加强对地方政府考核约束，对项目执行过程出现的违规担保、固定回报、阴阳合同及政府失信等行为予以公示，特别是对负有主要决策责任的地方行政长官实行终身追究机制，确立“前官要顾后账”的追责机制。

3. 完善相关法律法规、规范

建议加快PPP相关立法工作，尽快颁布PPP相关的条例。针对公益性项目与商业性项目捆绑的合规性与操作模式、社会资本方联合体规则、金融机构和各类基金投资PPP规则等已经出现的重大模糊问题及早确定规则，避免出现更大混乱。针对PPP示范项目，调研掌握项目落地过程中出现的关键问题，对于部门规章不协调、前期工作流程不畅、社会资本权益保护不完善、争议解决机制模糊等问题，及时设置明确的条款予以解决。

4. 细化规则，明确合理的参与、运作、回报机制

建议修订完善PPP操作规范文件、通用合同指南等，制定分行业PPP合同指南，提高合同指南的适用性、针对性；进一步理顺政府投资、企业投资管理与PPP管理之间的关系；制定分行业绩效考核指标体系、项目移交指标体系以及政府监督管理办法等；完善物有所值评价论证方法，收集掌握国内PPP案例的基准评价参数，建立PPP前期论证数据库，提高物有所值定量评价比重，提升物有所值评价的科学性；取消单个项目财政承受能力评价程序，改由财政部门统一进行财政承受能力论证和公示上报，由中央财政统一监控，强化PPP预算支出占比不超过10%的硬性约束。

建议结合物有所值评价工作，分类收集制定项目全寿命周期费用定额指标，按照经济评价“有无对比法”的思路，探讨以政府和事业单位、垄断性国企自建自管的项目全寿命周期费用为基数竞标引进社会投资者的模式，通过合理的监控内容、指标和外部监管方式设置，简化PPP项目对企业内部经营管理的监管，同时激发社会投资者采用先进技术方法、提高劳动生产率、优化项目方案等创新提高回报率的积极性和参与热情。

5. 规范操作，建立负面典型曝光惩处机制

国家建立统一的项目库，应具有严肃性和合规性，是体现中央政府的初衷的重要抓手，也是防止地方伪PPP项目的第一道防线。建议对列入国家项目库的PPP项目建立审查、筛选制度，对参与企业的条件进行分类设定和统一把关，对不适宜采用PPP运作的项目予以剔除。对项目库功能进一步扩展，对后续进展环节进一步监控，形成一个全过程监管平台。

对PPP服务机构确定规则，防止非专业的机构滥竽充数、以讹传讹，造成项目设计混乱，后续矛盾丛生。

统一规范PPP项目操作程序，包括各环节与现行基本建设程序之间的衔接，招标模式的规则，投诉受理的渠道、上诉渠道时限等。对投诉、检查发现的明显违规的负面案例参与各方给予及时曝光和惩处，打击破坏国家经济秩序的行为。

青岛市工程咨询院院长、研究员 张云峰

part 02

第二篇 投融资与财务

PPP 项目融资的理想模式与现实选择

内容提要：融资是 PPP 项目实施过程中重要一环。理想模式下，PPP 项目应该以项目公司为融资主体，以项目未来产生的现金流收入作为偿债基础，项目公司要真正实现风险的彻底隔离，通过长期限的债券或贷款，来实现项目期限的匹配。但现实条件的限制，使理想的融资模式难以实现。受社会信用体系不健全、公共产品与服务价格调整机制不完善等多种因素制约，PPP 项目缺乏稳定的投资回报机制，导致项目未来收益的真实性受到质疑，相关机构无法完全以项目未来产生的收益作为偿债依据，需要项目承担单位以自身资产做担保，从而使项目公司根本无法实现风险的彻底隔离。为此，需要加快相关制度建设、完善相关政策规定，鼓励社会资本大胆创新，积极为 PPP 项目提供低成本、长期限、高流动性的资金支持。

一、PPP 项目融资的理想模式

（一）PPP 项目融资：一种不同于传统企业主导和政府主导的新型资源配置模式

政府与社会资本合作（PPP）模式是一种不同于传统企业主导和政府主导的新型配置资源模式。企业主导配置资源模式完全由企业作为主体去筹集资金，进行建设、运营和维护项目，并用企业盈利来偿还债务。政府主导配置资源模式是以财政提供资金支持或者是地方政府通过地方融资平台等为提供公共服务进行融资，还款来源由地方财政兜底和政府信用支持。PPP模式是以政府和社会资本合作方式提供公共服务，是发挥政府与社会资本双方的优势，通过股权和债权融资的方式来筹集项目建设与运营资金，并以项目自身未来的收入作为偿债基础和利润来源。三者之间在融资模式上的差别，主要体现在以下方面：一是融资主体不同，企业主导与政府主导是把中标企业、地方政府或融资平台作为融资主体，而PPP模式下的融资主体是为项目实施而成立的特殊目的公司；二是担保机制不一样，企业主导和政府主导模式是以中标企业或地方政府信用作为重要的支撑，而PPP模式则是依靠社会资本自身实力，地方政府并不提供信用担保；三是还款来源不同，企业主导和政府主导模式还款来源是靠企业经营利润和政府财政收入，而PPP模式还款则主要依赖PPP项目收取的项目服务费而形成的现金流，其中：既包括用户支付的费用，也包括财政支付给社会资本的可行性缺口以及完全由政府支付的服务费。

（二）理想模式：依托风险彻底隔离的SPV公司以项目未来收益作为偿债来源，做到项目存续期限与融资期限的完全匹配

正是由于PPP项目融资的特殊性，使得相关制度安排也具有特殊性。与其他股权投资的被投企业永续存在不同，由于PPP项目普遍有一定的运营期限，随着经营期限到期，项目公司的权利也随之消失，因此，PPP项目从本质上讲没有股权融资，只是长久期的债权融资。从理想模式讲，PPP项目公司融资应该实行小股大债模式，即由项目建设、运营单位出很少的资本，其余资金全部通过债权融资获得。为了实现项目期限的真正匹配，应该以长期限的债权融资为主，与之相匹配的是保险资金以及长期限债券。在美国债券市场上就有一种项目收益债，它是由为建造某一基础设施而依法成立的代理机构、委员会和授权机构，如修建医院、大学、机场、收费公路、供水设施、污水处理、区域电网或者港口的机构或公用

事业机构等所发行的债券，其偿债资金来源于这些设施有偿使用带来的收益。在相关资本利得税收优惠的背景下，其债券期限一般可以做到与项目存续期限的完全匹配，并保证了债券利率水平的适中。而相关机构在对PPP项目风险进行评价时，不再像非PPP项目以企业或政府的收入能力作为风险评价的依据，而应该以项目自身运营收益作为风险评价的依据，从而避免出现社会资本因自身财力有限而导致融资成本上升的问题。这样的制度安排，有利于发挥社会资本在项目设计、建造、运营方面的优势，获得合理投资回报，调动其为社会提供高质量、低成本的公共产品或服务的积极性，从而降低使用者、政府的支出成本，促进多方共赢局面的实现。

二、PPP项目融资的现实选择

尽管PPP项目存在理想的融资模式，但现实中受到信用体系不完善、公共产品与服务定价机制不健全以及相关机构认识不到位等多种因素影响，理想融资模式往往很难推进，而且在推进中还会因项目融资成本上升、期限错配严重而使项目风险与成本加大。这种背景下，只能实行渐进式推进，结合现实条件，采取适宜的融资模式。

（一）加快基本制度建设，努力为PPP项目推进创造有利条件

健全的公共产品定价与监管制度、完善的政府财政预算规划制度、完备的社会信用体系是PPP项目得以顺利推进的基础性制度，迫切需要加快建设。

一是加快建立PPP专项信用平台，降低PPP信用风险。在当前社会信用体系建设的大背景下，依托全国信用信息共享交换平台，率先推进PPP专项信用子平台建设，重点提供各级政府和参与PPP项目的社会资本各类信用信息记录，既要包括PPP参与方的公共信用信息，也要包括相关主体在市场上的资质和交易信息，还可考虑记录主体间的评价信息，增强PPP

融资的可得性，降低融资成本。

二是加快建立科学的公共产品和服务定价机制，确保项目公司合理的项目回报率。要加快公共产品和服务价格改革，探索建立科学合理的定价机制。积极推进水电气等公共服务领域价格改革，科学制定项目涉及的运营收费、补贴和其他支付对价，建立价格动态调整机制，按照物价水平、运营项目的成本变化等因素适时进行价格调整，提高社会资本参与积极性和项目可融资性。要建立市场化的项目投资回报机制。政府在设定项目回报率时要基于市场化原则，建立合理的价格补偿、财政补贴和绩效激励机制，使社会投资人获得合理回报，最大化发挥公共产品的社会和经济效益，提升项目吸引力。

三是加快推进中长期预算，为PPP项目提供稳定可靠的投资回报保障。对于那些由政府支付可行性缺口补贴或支付全部费用的项目来说，政府的财政收支状况是PPP项目未来收入的重要保障。但是，我国现行的年度预算制度并不能适应PPP项目较长付费期的特点，而新推行的中长期预算也只向前滚动三年，仍然无法与PPP项目至少十年以上的运营周期相匹配，为此，建议进一步延长中长期预算编制期限至五年以上，要求财政部门根据经济发展趋势以及财税政策的变化，预测未来几年财政收入情况，并根据实际支出尤其要优先安排PPP项目的相关支出，对可能出现的财政赤字及早谋划，确保必要的财政支出得到充分满足。每年要根据经济形势的变化及时调整财政收入和支出的预测值，努力为PPP项目费用的长期支付提供资金保障。

（二）完善相关配套政策规定，努力为PPP项目融资提供便利

为使PPP项目融资更加便利，迫切需要进一步完善相关政策规定，以此提高资金的可得性、降低资金成本。

一是允许项目公司及其母公司作为融资主体进行融资。理论上，PPP项目应该以为建设、运营项目而成立的特殊目的公司（SPV公司）为融资

主体，以项目的未来收益作为偿债基础，即 SPV 公司是项目收益与风险唯一的载体，母公司不必为 SPV 公司提供信用担保与资金支持的义务。但这样做，就要求项目有足够的现金流，政府的承诺是真实可信的，未来收益完全可以覆盖成本，才能保证资金筹措成本与传统企业融资成本大体相当。而现实情况并非如此，受限于一些地方政府财政信息的不公开、相关信用体系的不健全，政府的付款承诺经常受到相关机构的质疑，从而使 SPV 公司以项目未来收益作为偿债基础的融资成本常常会高于以 SPV 母公司的未来收益作为偿债基础的融资成本。而融资成本的上升，对于资金需求量大、收益水平偏低的大型基础设施项目而言，是致命的打击，会严重侵蚀 SPV 公司的利润空间，挫伤社会资本参与积极性。为此，建议对那些铁路、公路、水利等大型交通基础设施项目，允许项目公司以母公司的名义向相关机构申请融资，以有效控制项目公司的融资成本。

二是鼓励银行完善项目贷款制度，对部分大型项目允许母公司为项目公司提供担保。针对当前《项目融资业务指引》中对于贷款人开展项目融资贷款授信审查时，只对审查项目的运营风险、政策风险、完工风险、市场风险、成本风险、原材料风险、汇率风险、环境风险等做出了框架性的规定。为此，建议进一步完善项目贷款相关规定，如关于项目投资人风险要对其财务状况有所了解，了解其事业推进能力、实际业绩以及与战略的吻合度；关于项目完工风险，要了解承建合同签约方的推进能力、实际业绩、完工的可能性、建设相关批准证书的取得、建设用地的取得等情况；关于技术风险要了解其技术能力、过往的业绩；关于原材料风险要了解价格波动风险、运输手段、供应商的信用风险、原材料量和品质的风险；关于运营风险要了解运营商的过往业绩、运营能力、运营的复杂程度、困难程度、运营合同的期间与条件；关于销售风险要了解市场供给、销售价格的波动、长期销售合同等。此外，对于部分大型基础设施项目，应允许母公司为项目公司提供担保，允许项目公司对 PPP 项目资产进行抵押和质押，鼓励有关机构在 PPP 项目贷款基础上，开发出期限、利率不同的组合贷款产品，全程参与PPP项目的融资服务。

三是适当放宽债券发行条件，鼓励发行长期限债券。理论上项目收益债是更适合PPP项目特点的债券品种，需要大力提倡。针对制约其当前发行的问题，建议有关部门调整项目公司发债审批流程，以项目建设运营权为发债主体，进行预申报，以利于相关机构风控审核与管理，在项目公司获得项目建设运营权之后即可正式申请发行项目收益债，无须等拿到相应的融资保证后才能申请发行，并进一步放松对项目公司净资产规模、盈利能力等方面的要求，使更多的优质项目可以公开发债融资。此外，还要允许发行长期限的项目收益债，使其能够与项目存续期匹配，增强期限匹配性；要不断完善项目实施主体、承销商及其他中介机构对项目收益类债券的交易结构，可在资金归集、账户设置、增信措施、利率结构等方面大胆尝试，使产品在项目资金需求与投资者投资需求之间实现平衡。

（三）鼓励各类金融机构大胆创新，积极参与PPP项目融资

PPP项目融资作为新生事物，应该多鼓励，允许各类金融机构大胆创新、积极尝试，努力使PPP项目获得更低的融资成本、更长的期限、更充足的流动性支持。

一是鼓励保险、信托等资金以多种方式参与PPP项目融资。当前，我国的PPP项目涉及的行业领域较为广泛，从污水垃圾处理到大型交通基础设施，几乎所有的公共产品与服务项目都可包含其中。而项目巨大的资金需求与严格的项目资本金比例限制，使项目资本金的筹措仅靠项目建设与运营企业一方承担的难度增大，迫切需要各类金融机构的积极参与。为此，建议相关监管部门适当放宽保险、信托、银行等各类金融机构参与PPP项目的条件限制，加快审批进度，鼓励其积极创新，以资产管理计划、股权投资计划等多种方式，为PPP项目提供多样化的融资支持，以此降低项目公司融资成本。

二是鼓励政府与社会资本合作设立PPP引导基金为项目公司做劣后投

资。为进一步丰富社会资本参与 PPP 项目的方式，增强其参与积极性，应鼓励政府与社会资本合作设立 PPP 引导基金，坚持市场化机制设立，要坚持产业引领，强化 PPP 项目的合法合规性，帮助那些合法合规 PPP 项目提供股权融资、担保增信、保险补贴等，增强社会资本和金融机构的债权融资的信心。此外，政府资金要多在其中做劣后投资，以此减轻社会投资者的顾虑，调动其参与积极性。

三是鼓励 PPP 项目开展资产证券化，努力提高资本流动性。针对 PPP 项目融资以及 PPP 项目投资后的资本流动性不足等问题，要大力发展 PPP 项目资产证券化，将 PPP 项目资产证券化打造成加速 PPP 项目落地和 PPP 模式发展的重要抓手。为提高社会资本参与 PPP 项目的积极性，不仅需要 PPP 项目满足社会资本参与的理性条件，即收益、成本、责任与风险要求，还需要提高资本的流动性，只有提高资金的流动性，才会有更多的社会资本积极参与。因此，应将 PPP 项目投资所形成的收益或现金流（如：收费权、PPP 项目每年产生的经营性收入），变成可投资的工具，形成可以上市交易的证券化产品，以此增强资本的流动性，调动投资者参与积极性，进而实现项目资金期限的动态匹配。具体讲，应该鼓励开展大型、一体化的 PPP 项目，形成跨领域的收益项目，为打包项目资产做支撑；鼓励有关部门根据 PPP 项目现金流特征，设计成合适的资产证券化产品，通过恰当的结构化设计使其满足不同风险偏好的投资者需求。此外，还要围绕 PPP 项目资产证券化所需要的条件，加快建立和完善 PPP 项目资产评估等相关制度。

国家发改委经济研究所研究员　刘国艳

当前PPP项目中针对财务报表合并问题的结构化融资方式及其发展

政府和社会资本合作模式（PPP）在基建领域的规范应用已经越来越广泛，本文关注PPP模式下结构化融资遇到的财务报表合并问题，并针对中国证监会发布《2015年上市公司年报会计监管报告》后PPP项目结构化融资模式的最新发展进行分析。

目前，参与PPP项目的社会资本仍以大型基建国企居多，这类企业参与的首要目标是带来基建工程收入，但由于背负较高的负债率，必须不触碰到融资指标限制，所以PPP基金以及PPP项目公司不被纳入基建企业的合并财务报表成为参与项目的先决条件。基建企业通过与金融机构合作开展结构化融资方案从而达到回避报表合并的目标，目前市场中典型结构化融资模式如下：

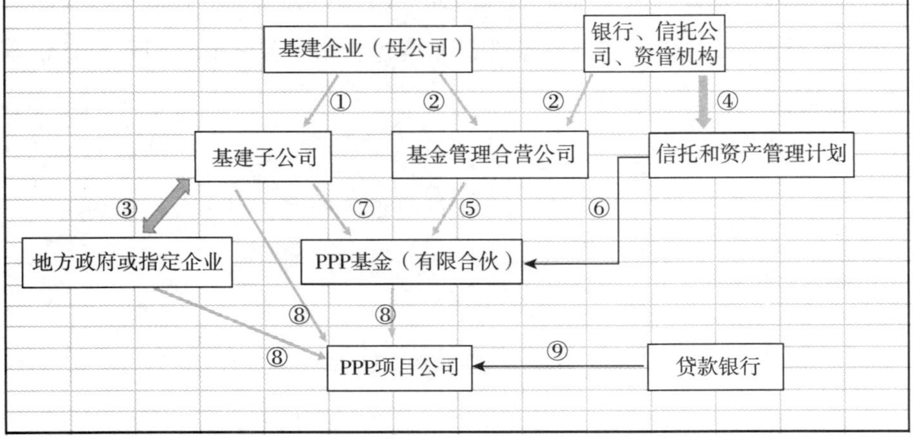

① 母公司为一家基建企业，下属基建子公司，该子公司为参与 PPP 项目的主体。

② 基建企业和金融机构合作，各出资 50% 设立一家合营公司，该合营公司持有基金管理牌照。

③ 基建子公司与地方政府签署 PPP 项目合同和施工总承包合同，负责项目施工。地方政府指定一家企业作为投资主体参与项目公司。

④ 金融机构向社会发行信托计划或资产管理计划进行融资。

⑤⑥⑦ 设立有限合伙制的 PPP 基金，其中基金管理公司担任普通合伙人（GP），资产管理计划作为优先级有限合伙人（优先级 LP），基建子公司作为劣后级有限合伙人（劣后级 LP）。GP 通常出资极少，劣后级 LP 可能出资 10%–30%，优先级 LP 承担大部分出资。在收益分配和风险承担方面，优先级 LP 一般收取固定回报，剩余回报主要归属于劣后级 LP；同时优先级 LP 在劣后级 LP 的顺序后面承担亏损。

⑧ 设立 PPP 项目公司，通常 PPP 基金、基建子公司和地方政府指定企业三方作为股东出资，PPP 基金在项目公司中持有大部分股权，其余由地方政府企业和基建子公司分别出资。公司章程通常与一般有限责任公司无异，除了涉及 PPP 项目建设和运营的重要事项可能存在地方政府企业的“一票否决权”，此外各方股东按股权比例享有股东表决权及董事会席位及表决权。

⑨ PPP 项目公司的注册资本通常只占项目总投资的较低比例，例如 20%–30%，其他部分通过债务方式融资，包括 PPP 基金作为股东提供借款，或者银行提供的长期项目贷款等。

本文以下分别介绍财政部从 2014 年 7 月 1 日起执行《企业会计准则第 33 号 – 合并财务报表》（修订）以后，以及中国证监会公布《2015 年上市公司年报会计监管报告》后，会计准则及监管方面的相关要求以及社会资本采取了哪些措施来回避将 PPP 基金和项目公司纳入合并财务报表。

一、《企业会计准则第33号－合并财务报表》的修订及其应对

财政部从2014年7月1日起实施修订后的《企业会计准则第33号－合并财务报表》，此前国际财务报告准则第10号已经发布并于2013年1月1日起实施，修订后的企业会计准则是与国际财务报告准则第10号保持了一致原则。对比新旧第33号准则，关键差异在于修改关于“控制”的定义，原企业会计准则对于“控制”的定义为“控制，是指一个企业能够决定另一个企业的财务和经营政策，并能据以从另一个企业的经营活动中获取利益的权力”，由于我国的《公司法》对于公司制企业设置了股东会（股东大会）和董事会，上述机构有权力决定公司的财务和经营政策，所以在考虑一个企业对于另一个企业是否构成控制时，对于在被投资企业中占有超过半数的股东会和董事会表决权的情况，一般应合并该被投资企业。在比较早期的PPP项目（还有BT/BOT项目）结构化融资中，都会关注在有限合伙制的PPP基金和有限责任公司制的项目公司当中各方的股权比例和表决权比例，往往安排资产管理计划下设立的法律实体充任持有股权超过半数的控股股东，并且授予其代表相应的多数董事会表决权，从而来规避原会计准则下关于“控制”的认定要求，并且达到基建企业不合并PPP基金和PPP项目公司的目的。

修订的《企业会计准则第33号－合并财务报表》在针对特殊目的实体方面比起原准则进了一大步，采用的是“权力与可变回报相联系”的模式，具体而言，新准则对于“控制”的定义为：

“控制，是指投资方拥有对被投资方的权力，通过参与被投资方的相关活动而享有可变回报，并且有能力运用对被投资方的权力影响其回报金额。本准则所称相关活动，是指对被投资方的回报产生重大影响的活动。被投资方的相关活动应当根据具体情况进行判断，通常包括商品或劳务的销售和购买、金融资产的管理、资产的购买和处置、研究与开发活动以及

融资活动等。”（第七条）

上面涉及三个基本概念，“相关活动”、“权力”和“可变回报”：

“相关活动”：在定义中，“相关活动”的概念边界是模糊的，因为实务中具体企业的业务活动五花八门，投资方对于被投资方的回报可以产生重大影响的方式也多种多样，所以不能予以列举，而是要包含所有可能对投资回报产生重大影响的活动。对于基建类的 PPP 项目而言，相关活动的内容通常可以包括：（1）项目规划与投资决策，包括投标、PPP 合同谈判等；（2）融资结构的设计、实施，为融资提供增信等；（3）项目总承包相关的设计、分包、施工、变更、验工、结算、质保等；（4）项目运营期间的管理和报酬调整、分配收益。

在许多案例中投资方仍然基于过去的“控制”概念，仅仅考虑 PPP 基金和项目公司的股权比例与表决权，争辩上面相关活动与是否并表没有关系，对于新的会计准则而言，这样的看法是过时和不正确的，并不能回答会计准则要求的问题。

“权力”：新 33 号准则没有简单定义和描述什么是权力，而是应用一系列语句来表述关于权力的实质内涵，例如“投资方享有现时权利使其目前有能力主导被投资方的相关活动，而不论其是否实际行使该权利，视为投资方拥有对被投资方的权力”（第九条）；“两个或两个以上投资方分别享有能够单方面主导被投资方不同相关活动的现时权利的，能够主导对被投资方回报产生最重大影响的活动的一方拥有对被投资方的权力”（第十条）；“当表决权不能对被投资方的回报产生重大影响时，如仅与被投资方的日常行政管理活动有关，并且被投资方的相关活动由合同安排所决定，投资方需要评估这些合同安排，以评价其享有的权利是否足够使其拥有对被投资方的权力”（第十五条）。

上述表述也表明，表决权并不是唯一的权力方式。在基建 PPP 项目中，最重要的就是政府与社会资本所达成的 PPP 合同，其次还包括 PPP 基金合同等，典型情况是基建企业已经与地方政府谈判达成了项目的相关细节，然后又作为施工总承包方签订了施工合同，在这种情况下对于一个投资项目来讲最主要的相关活动以及主导这些活动的事项，比如项目的寻找、谈判和投资决策以及施工管理、运营管理的安排都已经实现了，等到资产管理计划资金进来的时候这个项目的框架基本已经形成，在实施过程中，也是基建企业才有能力通过其积极的管理来提高或者降低项目的建设成本，从而直接影响后期的运营效益。这种情况我们称之为“自动导航”，也就是PPP基金和项目公司在成立后即进入了自动导航的状态，所以虽然在其基金或项目公司章程中明确地规定了基金管理方委派足够的代表来行使表决权，名义上可以施加重大影响，但是由于项目的几乎所有重大决策已经做出，所以这些权利处于“有名无实”的状态，导致在分析究竟是基建企业还是基金管理者能够具有主导被投资方相关活动的权力时，很难合理相信基建企业可以回避合并报表。

“可变回报”：准则规定“投资方自被投资方取得的回报可能会随着被投资方业绩而变动的，视为享有可变回报。投资方应当基于合同安排的实质而非回报的法律形式对回报的可变性进行评价”（第十七条）。首先可变回报的形式多样化，既有传统的股本出资和股利分红，也包括以债权形式提供给项目公司的本金和利息费用、各种服务合同的费用等等；如果基建企业作为社会资本投资于PPP基金，同时向项目公司提供建造和运营服务并取得服务对价，那么在判断其是否需要合并项目公司时，还需要考虑将建造与运营管理合同服务对价纳入其中。其次，可变回报是否为可变，不仅限于名义上是否属于固定回报，例如优先级LP投入的资金一般为获取固定的收益，但是也存在因项目亏损而无法按计划取得回报的可能性，因此也属于可变回报。第三，需要分析各个投资方的可变回报在承担亏损和享有回报方面的实际比例，比如在项目实际亏损没有超过5%的情况下，假设优先级LP仍然可以取回本金及约定的5%收益，那么实际损失全部由劣后级LP承担，优先级LP与劣后级LP就不是按照在项目公司或者基金内的股权比例承担亏损。同样当收益大于5%时，可能劣后级LP取得的可变收益部分也较大，而优先级 LP 仍然只是获得 5% 的回报。这时，哪一方的可变回报受到的影响更加重大就比较清晰，并且承担亏损的影响要重要于获取收益。

我们需将上述的“权力”“相关活动”与“可变回报”三个因素相互联系起来考虑，就能够比较清楚地看出哪一方才是符合会计准则里面控制定义的投资方，并判断应该由哪一方对 PPP 基金和项目公司的财务报表予以合并（首先在 PPP 基金层面进行判断，因为当一方合并了 PPP 基金后，项目公司基本上需要被 PPP 基金合并，注意不应越过 PPP 基金而考虑是否直接合并项目公司）。

我们在上图举的例子是在会计准则修订后有效出表的典型结构。下面分析一下该融资结构满足出表的前提条件有哪些：

（1）首先，尽管新 33 号会计准则中没有专门提到设计融资结构的目的，但是根据基本的会计原则，被投资方的设立目的如果单纯就是为了出表，那么就是与会计准则的根本目的相悖，也可以被认为一项重大会计差错。所以当这家基建企业准备投入 PPP 模式之时，并非以其基建子公司作为首要的投资主体，而是先与资产管理机构合资设立一家合营企业，并且在合营企业内设立投资决策委员会等实质性的管理机构，以该合营企业为主导来发起设立 PPP 基金，与基建企业共同寻找和谈判新的 PPP 项目并且共同参与项目管理。合作目的在于使得 PPP 基金确实具备项目运作能力，而非仅是一个以融资为目的的特殊目的实体。上面的安排将使得在 PPP 基金内除了基建企业之外，其他投资方确实能够分享和发挥上文所述的权力并且主导了相关活动，能够建立关于控制所需的内在逻辑联系。此外基金管理合营企业在 PPP 基金中可以承担 GP 的角色，避免由基建子公司直接承担 GP 的无限连带责任人角色。

（2）其次考虑基金回报中各方的风险承担和收益分配机制。分析过程中需要识别 PPP 项目可能遇到的风险情形，包括政府的信用风险在内，然后测算项目可能出现的损失或收益的概率与期望金额。最佳情形是作为优质的项目和低信用风险情况下，项目可能产生的损失概率与期望值并不会金额重大，而在收益情形下各方也均能够合理地分享收益，同时优先级LP和劣后级LP在收益分配时按照“本本息息”（分配顺序为：①优先级本金，②劣后级本金，③优先级收益，④劣后级收益）。当然在基金合约中，更不应存在诸如为优先级LP提供回购或其他方式的担保等明显的不对等安排。这样的话可以认为权力和可变回报之间的联系在优先级/劣后级LP之间配比，最终实现PPP基金层面就开始出表。

应当指出上述条件非常严格，实务中经常存在较多的实现困难，例如难以在PPP项目的筹划阶段就引入一个代表社会融资资金的基金管理者；PPP项目发包方可能更加认可大型国有基建企业的业务实力和信用资质，更愿意与基建企业直接谈判合同或准许其参与投标；社会融资方面希望基建企业提供较多的增信措施，或者出于对项目盈利能力的疑虑而要求基建企业承担较高的劣后比例等等。因此在现实当中无论结构化融资的实现形式是否满足了上面案例之中的架构，都有可能没有实质性的满足会计准则对于“权力与可变回报”之间合理逻辑关系方面的要求，从而可能为PPP基金及项目公司的财务报表出表的合规性埋下隐患。因此，目前企业在PPP项目的筹划能力不断提升的同时，仍然被中国证监会检查认为有较多会计瑕疵。

二、《2015年度上市公司年报会计监管报告》提出的挑战

中国证监会在2016年9月9日发布了《2015年度上市公司年报会计监管报告》，该报告系中国证监会会计部通过对563家A股上市公司的2015年年报进行复核后提出了关于会计处理存在若干问题的意见和建议，在这份报告中，中国证监会指出：

“出于融资目的，有些上市公司通过子公司或其他控股机构以GP身份设立合伙企业，并享有重大可变收益或承担了重大风险，或者认购劣后级

LP 份额，向合伙企业提供回购、保底承诺等增信措施，这都可能导致上市公司成为合伙企业的实际控制人或共同控制人。”

“根据企业会计准则及相关规定，对于上市公司发起设立、管理或投资的结构化主体，当公司拥有对结构化主体的权力、享有可变回报，并且有能力运用对结构化主体的权力来影响其回报的金额时，应将该结构化主体纳入合并范围。年报分析中发现，部分上市公司在持有资产管理计划的全部劣后级份额或对优先级份额承担本金及收益保证义务，并且能对资产管理计划的投资方向、后续管理或处置等相关活动拥有权力的情况下，仍未将该类资产管理计划纳入合并范围，而仅将持有的份额作为金融资产或其他类别资产进行会计处理。部分上市公司仅根据其在合伙企业中的名义角色（普通合伙人或有限合伙人）判断是否将结构化主体纳入合并范围，而未根据合伙协议的具体条款，持有份额的性质（优先级、普通级或劣后级），以及进入与退出机制等相关事实和情况，综合分析其作为普通合伙人或有限合伙人对合伙企业相关活动的决策权、享有的回报与承担的风险等因素，判断是否对合伙企业具有控制。”

上述意见对于社会资本参与 PPP 项目的许多企业（特别是上市公司）的 2016 年度财务报表而言具有相当大的挑战，除去一些显见的难以合理摆脱控制认定的做法，例如担任 GP、提供回购和保底承诺等之外，该意见也首次明确提出在 PPP 基金中独家持有劣后级份额也是应考虑将 PPP 基金纳入合并报表的因素。尽管《会计监管报告》的效力不同于财政部正式颁布的企业会计准则，但是该报告提出的意见其实与会计准则的要求原则是一致的，只是会计准则通常不会列举具体情况而已，所以这毫无疑问将会使很多上市公司及其审计机构将来面临更大的监管风险。

该监管报告公布三个多月以来，很多企业在实务中对于结构化融资模式进行了针对性的修订来应对该挑战。这些应对的方式包括：将基建企业单独劣后转为多个企业的共同劣后（回避“持有资产管理计划的全部劣后级份额”），同时对应的在收益分配方面进行调整（不能只调整损失承担比例，还需要包括收益分配比例）。因为项目投资方还必须在项目中具备相关活动的参与才能实现权力，所以基建企业联系一家或多家参与PPP项目的分包施工企业作为共同劣后方，通过测算后重新分配共同劣后方之间的损失承担与收益分配比例。还有在基金合同中设置“中间级”，将基建企业列为中间级，而分包企业作为劣后级。这些应对措施就是结构化融资在最近几个月以来的最新发展。

我们认为，上述措施虽然在一定程度上在现有会计准则的框架内符合了监管要求，但是实务上很难判断新引入的劣后级投资方是否确实存在业务实质，是否又是一种形式上回避监管的权宜之计，当面临实际亏损发生时能否如约履行风险分担，所以会计处理的长期风险依然存在。

三、总结与建议

我们坚信PPP项目的规范推进对于结合政府与社会资本的共同作用来高效地实施大型基建项目是非常积极重要的，但是作为社会投资主体的基建企业往往面临如何在财务报表中将PPP项目有关的大量结构化融资杠杆排除在外的挑战，否则将打击这些企业参与PPP项目的积极性。目前的会计准则与证券监管要求有着严格的规范，所以实务中可能存在部分企业采用了不够规范或者形式上规范的融资模式，实际上回避了将PPP基金或项目公司纳入合并范围的情况，客观上可能从国有资产和上市公司监管的层面就比较难于了解企业的杠杆风险。在2016年以来中央关于经济工作的指示中，也不断增加强调要降低金融杠杆、防范金融风险的内容。所以我们应当如何在平衡中推进PPP项目模式的应用，同时又合法合规地将相关的金融杠杆披露展现出来，从而使政府能够有效地了解和监控。本文希望抛砖引玉，提出几点建议：

一是构建独立的PPP项目投资主体，例如汇集社会资本成立较大规模的股份制投资公司或者产业母基金，要做实这类投资主体的项目规划、建设与运营功能。同时基建企业回归工程总承包的位置。

二是PPP项目周期较长，应当对接长期的资金来源，并且还要尽量降低资金成本。目前除银行长期贷款外，通过资产管理计划或信托计划引入的资金比例也较高。资产管理计划的缺点在于资金来源不够透明，部分资产管理计划的期限可能与投资周期不匹配，存在一定的流动性风险，并存在向金融领域传导风险的隐忧，所以应当创造条件，鼓励投资主体利用资本市场发行长期的专项债券，以及专业化开展PPP项目资产证券化业务，来充分地分散投资风险。

三是我国大型国有基建企业的资本金水平普遍偏低，资产负债率较高，资金周转情况不佳，所以造成这些企业一方面必须要投入PPP项目以持续发展，另一方面又难以承受较高的融资性负债指标，建议在实施积极财政政策时国家给予一定的资本金注入扶持，改善这些企业的资产负债结构，也优化其自身扩大杠杆的造血机能。

德勤华永会计师事务所（特殊普通合伙）合伙人　陆京泽

PPP 证券化需要重视的若干问题

2016 年 12 月 21 日，国家发展改革委、中国证监会联合发布《关于推进传统基础设施领域政府和社会资本合作（PPP）项目资产证券化相关工作的通知》（以下称“通知”），正式启动了 PPP 项目资产证券化的进程。从社会各界的积极反响来看，PPP 证券化已经成为跨年期间资本市场的最大热点。但这一重大举措能否广泛推行，从资本市场的角度看，要处理好四个层面的核心问题：一是投资者层面，应综合权衡融资方与投资方的不同利益诉求，在实现两方面动态平衡的前提下，尽可能满足投资者收益要求。二是融资方层面，PPP 资产证券化初期应理性对待出表要求。三是政府层面，需要加强对地方政府的引导和约束。四是产品设计层面，需要紧密结合 PPP 项目的特征，在基础资产转让、收费权 / 收益权质押、期限匹配等方面，设计合理规范的 ABS 产品。

一、合理定价 PPP 证券化产品

在 ABS 业务实践中，发行人（融资方）最为关心的问题通常是：“证券化成本多高？”换个角度来看，融资方所谓的“成本”实质上恰好反映出投资者所要求的“收益”。券商作为中介机构，最大的职能便是联结融资方与投资者两端，在融资方愿意付出的“成本”与投资方希望取得的“收益”之间寻求一种动态的平衡。如果这种平衡能够建立，则发行成功，反之则发行失败。

对于发行人来说，证券化的发行总成本主要由产品票面利率、结构化成本（包括担保费等）、中介机构费用（包括券商、律师、评级、会计师）、其他费用（如托管费、监管费、登记费）等组成。其中，资产支持证券的票面利率对总成本具有决定性作用。

在前两年整体货币政策宽松、债券市场利率走低的背景下，证券化产品的发行利率总体上呈震荡中下行趋势，但自2016年10月中下旬始，受债券市场收益率持续上行及年底资金面相对紧张的影响，证券化产品发行利率有所攀升（图1、图2），从全年来看，利率中枢大致在3.90%–5.00%之间。

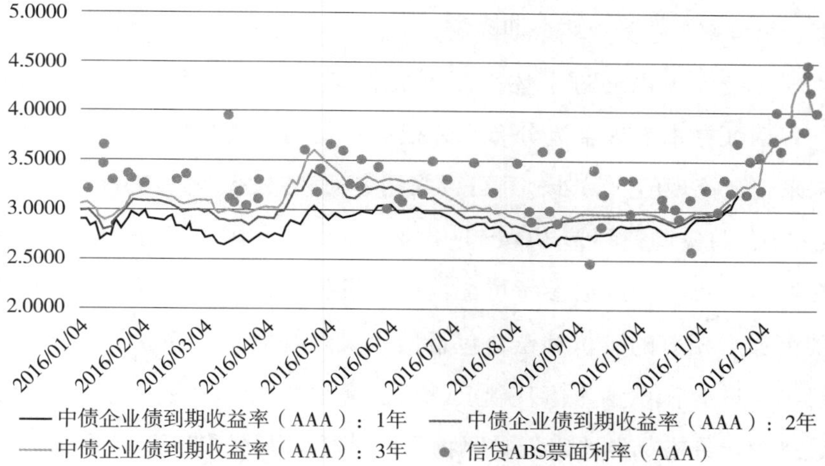

图1 中债企业债到期收益率与信贷ABS发行利率曲线

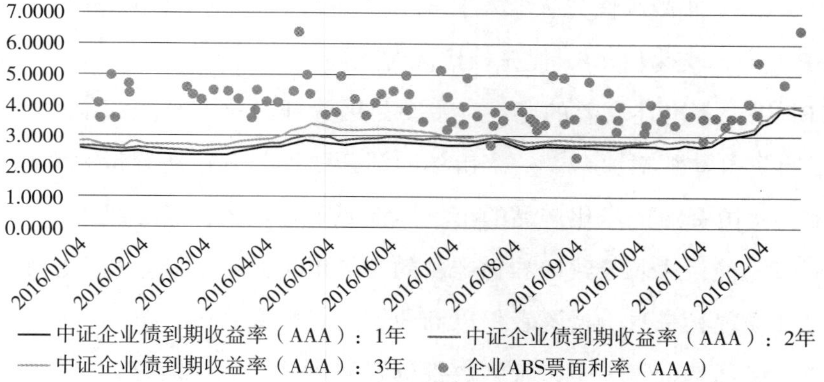

图2 中债企业债到期收益率与企业ABS发行利率曲线

影响资产支持证券票面利率的因素包括基础资产情况、信用增级措施、发行人资信、交易结构安排、证券结构、整体资本市场情况等。对于不同类型的基础资产，投资者在定价时，对基础资产、主体、交易结构等因素的分析往往存在很大的差异，不能一概而论。因此，我们会发现，不同的资产支持证券即使是拥有相同评级和相同期限，发行利差却有可能达到几百个BP。比如，对于收益权类资产，定价时会关注运营方实力、现金流稳定性、现金流历史记录、抵质押情况、行业前景、地区经济发展情况等；对于债权类资产，定价时会关注债务人的信用资质、分散性、历史违约率、早偿率、账龄及剩余期限等。

理论上，可以通过上述一系列分析来确定资产池未来现金流的分布、各档证券未来现金流分布，并根据一定的贴现规则来确定该档证券的未来现金流现值。另外，还可以采用名义利差法、零波动率利差（Z－spread）、期权调整利差（OAS）来进行定价。在国内实务中，证券化产品在发行定价时一般会参考可比证券的发行价格，即在可比证券利率的基础上加上相应的溢价补偿，包括信用风险补偿、流动性补偿、新产品补偿等，进而在该参考值基础上，通过簿记建档、招标发行等方式来确定最终发行价格。上述定价参照物可以是同等级/同期限/类似基础资产的资产支持证券，也可以是同等级/同期限的短融中票或者PPN。据粗略统计，银行间ABS优先A档与同时期同等级/同期限短融的利差在20–60BP左右，交易所ABS优先档比同时期同等级/同期限企业债的利差在150BP以上。上述利差的存在，主要是因为证券化产品的流动性相对较差、投资群体相对狭窄。一个市场的活跃程度与其市场容量紧密相关。目前，我国资产证券化产品的市场体量还不够庞大，且二级市场交易机制不够完善，从而导致证券化产品的二级市场并不活跃。从我国资产证券化市场现状来看，投资者仍以商业银行理财和自营、券商资管、公募基金、私募基金等为主，且多数投资者采用持有到期策略，更偏好中短期的产品。

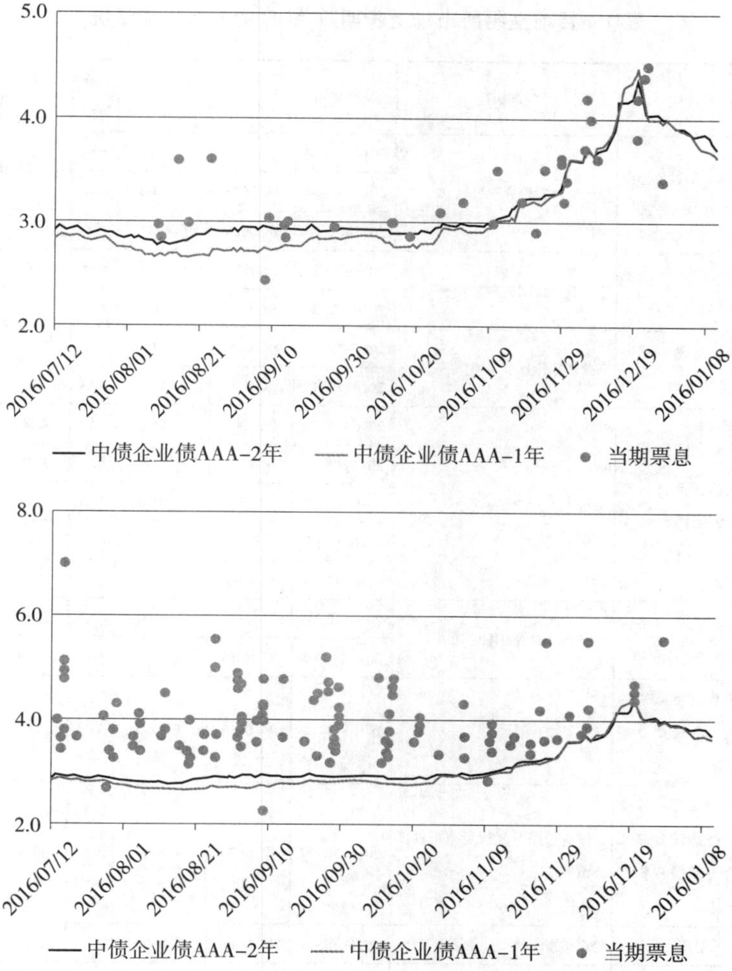

图 3

对于 PPP 项目证券化产品而言，目前市场上可比的定价参照物较少；相对来说，PPP 项目证券化与基础设施类收费收益权 ABS 较为类似，不过前者的产品周期更长。因此，我们截取了目前交易所市场上长期限 ABS 的发行价格情况，以作为参照（见下表）。

表1 目前交易所市场上长期限ABS的发行价格情况

序号	项目名称	发起机构	起息日期	债券期限（年）	票面利率（发行时）	债项评级	发行总额（亿）	计息截止日
1	恒泰弘泽－华远盈都商业资产支持专项计划	华远地产股份有限公司	2017-01-24	18.0685	5.8000	AAA	2.90	2035-02-13
			2017-01-24	18.0685	6.3000	AA	4.36	2035-02-13
			2017-01-24	18.0685	6.4900	AA	0.10	2035-02-13
2	平安苏宁广场资产支持专项计划	苏宁置业集团有限公司	2016-12-27	21.0137	5.2000	AAA	3.50	2037-12-26
			2016-12-27	9.0055	6.0000	AA+	11.00	2025-12-26
3	中信院新阅嘉一期资产支持专项计划	安徽新华传媒股份有限公司	2016-12-13	18.1096	4.2000	AAA	3.60	2035-01-17
			2016-12-13	18.1096	4.7000	AA+	1.95	2035-01-17
4	航洋城信托受益权资产支持专项计划	大业信托	2016-12-07	10.0000	7.2000	AA+	4.00	2026-12-06
			2016-12-07	6.0000	6.6000	AA+	2.30	2022-12-06
			2016-12-07	7.0000	6.9000	AA+	2.70	2023-12-06
			2016-12-07	8.0000	7.0000	AA+	3.00	2024-12-06
			2016-12-07	9.0000	7.2000	AA+	3.50	2025-12-06
5	国金－金光金虹桥国际中心资产支持专项	平安银行股份有限公司	2016-12-06	23.9836	3.9500	AAA	54.60	2040-11-23
			2016-12-06	23.9836	4.3000	AA+	15.40	2040-11-23
6	中国华夏三胞南京国际金融中心资产支持专项计划	三胞集团有限公司	2016-11-28	24.0140	3.8000	AAA	15.75	2040-11-26
7	招商资管2号－云南公投曲胜高速公路车辆通行费受益权资产支持计划	云南省公路开发投资有限责任公司	2016-10-27	14.0630	4.7400	AAA	50.00	2030-11-15
8	北科建·创新信托受	北京科技园建设（集团）股	2016-10-27	14.9589	5.0000	AA+	21.30	2031-10-08
9	北京银泰中心资产支持专项计划	银泰投资	2016-08-19	18.4438	4.0000	AA+	40.00	2035-01-23
10	汇富富华金宝大厦资产支持专项计划	北京富华永利实业有限公司	2016-06-15	6.0027	5.6000	AA	0.89	2022-06-14
			2016-06-15	7.0027	5.6000	AA	1.00	2023-06-14
			2016-06-15	8.0055	5.6000	AA	1.10	2024-06-14
			2016-06-15	9.0055	5.6000	AA	1.20	2025-06-14
			2016-06-15	10.0055	5.6000	AA	1.20	2026-06-14
			2016-06-15	11.0055	5.6000	AA	1.20	2027-06-14
			2016-06-15	12.0082	5.6000	AA	1.20	2028-06-14
			2016-06-15	13.0082	5.6000	AA	1.10	2029-06-14

续表

序号	项目名称	发起机构	起息日期	债券期限（年）	票面利率（发行时）	债项评级	发行总额（亿）	计息截止日
11	天风－中航红星爱琴海商业物业信托受益权资产支持专项计划	中航信托股份有限公司	2016-06-14	17.9589	4.9000	AAA	6.80	2034-05-25
12	兴乾7号龙岩住房公积金贷款资产支持专项计划	龙岩市住房公积金管理中心	2016-05-31	25.0164	4.4000	AAA	4.75	2041-05-30
13	兴乾5号滁州住房公积金贷款资产支持专项计划	滁州市住房公积金管理中心	2016-05-12	29.8904	4.2800	AAA	7.60	2046-03-25
14	兴乾6号泉州住房公积金贷款资产支持专项计划	泉州市住房公积金管理中心	2016-04-29	23.1726	4.3000	AAA	9.50	2039-06-25
15	兴乾4号苏州住房公积金贷款资产支持专项计划	苏州市住房公积金管理中心	2016-04-08	28.8164	3.4500	AAA	19.00	2045-01-23
16	招商资管2号－云南公投曲胜高速公路车辆通行费受益权资产支持计划	云南省公路开发投资有限责任公司	2016-01-22	11.9808	4.0300	AA+	35.00	2028-01-11
17	兴乾3号泸州住房公积金贷款资产支持专项计划	泸州市住房公积金管理中心	2015-12-30	26.0082	4.4800	AAA	4.75	2041-12-25
18	恒泰浩睿－彩云之南酒店资产支持专项计划	云南建投	2015-12-23	18.1068	4.4900	AAA	7.70	2034-01-25
			2015-12-23	9.1014	6.3900	AA+	49.30	2025-01-25
			2015-12-23	9.1014	7.9900	AA+	1.00	2025-01-25
19	兴乾2号三明住房公积金贷款资产支持专项计划	三明市住房公积金管理中心	2015-12-16	11.7863	4.5100	AAA	4.75	2027-09-25
20	夏苏宁云创二期资产支持专项计划	苏宁云商	2015-06-29	18.0110	5.6000	AAA	16.77	2033-06-27
21	中信华夏苏宁云创一期资产支持专项计划	苏宁云商	2014-12-16	18.0110	6.1700	AAA	20.85	2032-12-14

从统计数据可见，长周期ABS产品票面利率大部分在5%至6%区间，而从融资方承受成本的能力来看，目前项目实施单位在竞标PPP项目时中标价格测算出的全投资收益率几乎难以大幅超越同期银行贷款基准利率，

甚至为了追求建设阶段的短期收益而大幅压低运营阶段的长期收益，这无异为PPP项目未来进行证券化限定了一个融资成本的天花板。如果项目实施单位仍需要获取一定收益，则会进一步压低证券化的成本承受能力。试点初期，考虑到首批PPP证券化项目资质较好，政策支持力度较大，预计会受到资本市场上投资者的追捧，发行价格可能较理想。但PPP证券化项目要想大面积铺开，在宏观上为融资方与投资方实现“成本”与“收益”之间的动态平衡，还需要做大量的工作。建议项目方平衡短期建设施工收益与长期运营维护收益，在PPP项目长期回报率设计上不要过低，确保现金流回报能够覆盖未来证券化操作的总成本，以便为将来证券化发行留出价格空间。

二、理性对待“出表”需求

许多ABS发行人希望通过资产证券化实现出表，优化企业财务报表和指标。例如，为响应国资委提出的“降两金”的号召（应收账款和存货占流动资产占比），国企有充分的动力进行资产证券化交易，相比之下其融资诉求反而并不明显，如“广发恒进－中国电子应收账款资产支持专项计划”。在PPP证券化项目中发行人也极为关心“能否出表”。但是，必须要澄清的是，多数以收益权类为基础资产的PPP证券化项目无法出表，仅有PPP相关的债权或股权等“在表资产”可以出表。

按照基础资产的类型划分，PPP项目证券化中基础资产包括收益权类资产、债权资产和股权资产等，其中收益权类资产为PPP项目证券化最主要的基础资产类型，包括使用者付费模式下的收费收益权、政府补贴模式下的财政补贴、可行性缺口模式下的收费收益权和财政补贴，体现了PPP证券化项目的鲜明特征。而债权资产指PPP项目银行贷款、PPP项目租赁债权、PPP项目信托贷款和企业应收账款；股权资产主要指PPP项目公司股权或基金份额所有权。后两类资产均可归入其他常见的ABS基础资产类型，不具有鲜明的 PPP 项目属性。

PPP 收费权类资产证券化与目前交易所市场已发行的基础设施类收费收益权 ABS 较为相似，如高速公路（桥梁、隧道）车辆通行费、自来水收费、污水处理费、燃气收费、地铁收费、发电收入等。对于该类基础资产，由于证券化对象是未来才能实现的营业收入，并不构成会计意义上的资产，该资产尚未入表（资产负债表），更谈不上出表，因此是比照担保融资来进行会计处理。此时，证券化交易对原始权益人财务报表影响为：现金增加，同时长期应付款或长期借款增加，即资产和负债同时增加；证券化产品存续期间的应付期间利息将增加原始权益人的财务费用。在这种情景下，资产证券化在财务方面对原始权益人的意义更多体现为融资、将未来的收益提前变现、优化债务结构、突破债务融资上限等等。

此外，与其他类型资产证券化业务的基础资产有所不同，PPP 项目具有明显的公共产品属性。基于有效保护社会公众利益的考虑，PPP 项目合同中通常都会对项目经营权或预期收益的转让做出一定的限制，即未经政府方同意，项目公司在项目合作期限内不得将本项目经营权出租或以任何形式转让、承包给第三人。因此，PPP 项目具有强烈的身份属性，项目实施单位通常无法将 PPP 项目整体进行转让。

最后，对于可以出表的 PPP 相关债权或股权类资产，最终能否出表仍应取决于具体需要。比如：债权类资产（包括 PPP 项目借款、PPP 项目租赁债权、企业应收账款债权等）或股权类资产（包括 PPP 项目公司股权或基金份额所有权）可以根据《企业会计准则第 23 号—金融资产转移》及《企业会计准则第 33 号—合并财务报表》进行出表安排。但是，出表并不绝对优于“不出表”，在目前国内资本市场环境下，“出表”意味着失去了发行人主体信用的支撑，投资者可能会要求进一步提高收益率作为补偿，这实质上会增加资产支持证券的发行成本。对于多数融资租赁公司而言，只要资本杠杆尚有空间，他们更希望降低证券化的成本，更倾向于在基础资产信用基础上引入主体信用，从而降低融资成本、提高发行效率，事实上这也是目前众多租赁证券化选择不出表的原因。另外，从“不出表”到“出表”是ABS项目在资本市场上建立信用的常规路径。从券商经验来看，不论是某一大类基础资产，还是某一发行人，对于投资者群体而言，都要经历一个从初步接触、逐步熟悉到最终信任的过程。对初步登陆资本市场的ABS发行人来讲，发行“不出表”项目的难度较小。而对存续期较长、涉及主体较多、操作复杂的PPP项目而言，可能也需要走过类似的路径。

三、加强对地方政府的引导和约束

从法律关系上看，PPP项目具有独特的双重属性：一方面PPP属于政府向社会资本采购公共产品的民事法律行为，构成民事主体之间的民事法律关系；另一方面，政府作为公共事务的管理者，在履行PPP项目的规划、管理、监督等行政职能时，又与社会资本之间构成行政法律关系。这种双重属性增加了PPP项目在法律适用上的复杂性，在PPP项目的全生命周期内都无法回避地方政府的参与问题。

从PPP证券化的动力来看，目前中央层面已经充分认识到PPP证券化的价值，发改委在《通知》中明确提出，PPP证券化对于盘活PPP项目存量资产、加快社会投资者的资金回收、吸引更多社会资本参与PPP项目建设具有重要意义。但从地方政府来看，其通常难以从中央政府的高度来看问题，不论是盘活存量资产，抑或加快社会投资者的资金回收，似乎与地方政府没有切身利害关系。相反，如推行PPP证券化，地方政府势必要投入较多的精力，配合中介机构进行尽职调查，对项目结构或交易条款进行必要的调整等等。由此可见，若从成本与收益的角度进行分析，地方政府推行PPP资产证券化的内在驱动力似乎并不明显。

对于PPP项目中政府履约情况问题，有一种声音认为，资产证券化可以将PPP项目带入一个高度活跃、透明、公开、规范的资本市场，通过持续不断的公开市场信息披露对地方政府施加压力，倒逼地方政府提升履约水平。这种看法是比较中肯的，在现有 ABS 项目中，也的确有发行人宁愿牺牲自身利益，也要维护其在资本市场上的信用形象的先例。但是，地方政府与发行人仍然有一定的差异，地方政府在 PPP 项目证券化过程中没有任何收益，其完全没动力进行证券化。如果期望资本市场倒逼地方政府约束其行为，这种倒逼情形一旦发生，极有可能导致地方政府拒绝参与未来 PPP 证券化项目。这无疑与目前的政策导向背道而驰。因此，如何预先做好制度设计，引导地方政府主动发力推广 PPP 证券化，可能构成一个“阿基米德的支点”，资本的杠杆应该在这个支点上发力，才能推动 PPP 证券化大行其道。

再比如，在 PPP 项目合同中往往规定特定情况下政府方有权选择终止合同，政府方选择终止是指基于 PPP 项目的公共产品属性，在 PPP 项目合同中赋予政府方在特定情形下（如 PPP 项目所提供的公共产品或服务已经不合适或者不再需要，或者会影响公共安全和公共利益）单方面决定终止项目的权利。此时政府需要提供相应的补偿，补偿范围包括项目公司尚未偿还的所有贷款、项目公司股东在项目终止之前投资项目的资金总和、因项目提前终止所产生的第三方费用或其他费用以及项目公司的利润损失，补偿的基本原则是确保项目公司不会因项目提前终止而受损或获得额外利益。如该 PPP 项目进行了证券化，该等补偿带来的现金流应当用于弥补投资者的本金和收益。如何确保地方政府能够及时足额支付该等补偿，便成了 PPP 证券化项目中不可回避的问题，这就需要全面考量政府的履约能力。民间投资对政府是否履约、有无能力履约、政策是否稳定始终存在一定的担忧。所以，不仅要强化地方预算管理、提高政府履约能力，更要利用法律手段约束地方政府遵守契约精神，这就需要中央层面加大引导力度，持续推进法治化政府的建设。

四、基于PPP特性设计ABS产品

资产证券化业务是指以基础资产产生的现金流为偿付支持，通过结构化等方式进行信用增级，在此基础上发行资产支持证券的业务活动。由此可见，资产支持证券表面上以“资产”为支持，但实际上以资产所产生的“现金流”为支持，是对资产池现金流进行重新分配重组的技术。因此，基础资产及其产生的现金流在资产证券化业务中至关重要。对于PPP项目证券化而言，PPP项目所涉及的收费收益权或债权是证券化的基础资产，PPP项目的特性使其与一般类型基础资产的证券化存在明显差异，因此，计划管理人在ABS产品设计中需要从PPP特性出发，设计合理规范的ABS产品。具体而言，需要着重考虑以下问题：

（1）有关基础资产转让的限制问题

首先，PPP项目具有明显的公共产品属性，PPP项目合同中通常会对项目经营权或预期收益的转让做出一定的限制，即未经政府方同意，项目公司在项目合作期限内不得将本项目经营权出租或以任何形式转让、承包给第三人。这就意味着，PPP项目证券化中基础资产的转让必须获得政府方的同意。基于前文分析，地方政府在推行PPP资产证券化中的动力并不明显，实践中会影响到证券化工作的顺利开展。其次，基础资产与特许经营权密切相关，运营管理权与收益权相分离。以使用者付费的PPP项目为例，大多数收费权都要求主体具备特殊的资质，即有政府的特许经营权，但该特许经营权本身不允许转让，无法办理变更和过户，如高速公路收费权项目。实践中，对于此类项目，只能以收费权所产生的收益权作为基础资产，具体操作中需要将收费权质押给专项计划，以确保基础资产由专项计划实际控制，从而保障现金流的回收。

（2）有关PPP项目收费权/收益权的质押问题

首先，鉴于PPP项目的公共产品属性，PPP项目合同中通常规定未经政府方同意，项目公司不得将合同项下的预期收益作为本项目的融资担保，且该担保权益的设置不应损害政府方的权利或利益。由此可见，PPP项目证券化中在将项目收费权 / 收益权质押给专项计划之前，要征得政府方的同意。其次，还应注意 PPP 项目收费权 / 收益权已存在质押的问题。实践中，多数 PPP 项目在获取项目融资时已将收费权 / 收益权质押给金融机构，这有悖于资产证券化中“相关基础资产以及产生该基础资产的相关资产不应附带权利限制”的要求。因此，实际操作中应注意妥善处理原有抵押质押的解除问题，如在产品发行前以过桥资金归还原借款并解除质押、在产品发行后用募集资金归还借款并解除质押、与债权人协商解除质押或担保置换、利用信托资金解除前期担保等。

（3）有关 PPP 项目提前终止的问题

在 PPP 项目合同中，可能导致项目提前终止的事由通常包括政府方违约事件、项目公司违约事件、政府方选择终止以及不可抗力事件。其考虑到项目提前终止造成的不利影响，PPP 项目合同通常会根据不同的终止事由安排不同的处理措施，即政府方的回购义务与回购补偿。在 PPP 项目终止后，政府未必希望全盘回购已经建成或者正在建设的项目设施。实践中，通常只有在项目公司违约导致项目终止的情形下，政府才不负有回购的义务而是享有回购的选择权，即政府可以选择是否回购该项目。但对于一些涉及公共安全和公众利益的、需要保障持续供给的 PPP 项目，也可能在合同中约定即使在项目公司违约导致项目终止的情形下，政府仍有回购的义务。PPP 项目终止后的回购补偿范围会因终止事由的不同而有所差异，具体补偿金额由项目各方进行合理的评估。

在 PPP 资产证券化业务中，针对提前终止可能带来的产品兑付风险，要关注以下几点：一是针对收益权类项目，由于基础资产能否持续产生现金流与项目公司的运营密切相关，需要做好补救措施，包括根据提前终止条款的具体设置来进行产品要素设计（保守预测现金流、缩减发行规模等）、第三方回购、第三方接任、产品发行前向投资者进行充分的风险揭示与说明等。二是针对违约事件和提前终止情形，需要关注项目合同中有关政府回购的相关条款，包括政府方的回购是选择性权利还是强制性义务、回购补偿的范围与计算方法、回购补偿的金额能否覆盖ABS项目兑付兑息的现金流、回购补偿是一次性支付还是分期支付等。三是若PPP项目合同中的回购补偿采取分期付款方式，需要考虑分期付款的时间安排与产品兑付时间是否相匹配、投资者是否同意这种安排、产品发行前是否已进行充分的风险揭示与说明等。四是在发生项目公司违约事件且项目公司无法在约定期限内补救的情形时，融资方是否拥有介入权。

（4）有关产品期限与基础资产期限不相匹配的问题

PPP项目的周期长，经营期大部分在10–30年，原则上不能低于10年。而资产证券化产品的存续期限通常为5年以内，只有少数情况下才会超过7年。这就意味着，单个资产支持专项计划很难覆盖单个PPP项目的全生命周期，计划管理人需要在证券化产品的结构设计上采取更为灵活的策略，如设计成多期产品相叠加的模式，在每期产品到期后实行开放回售机制，由投资人自行选择是否回售相关产品，从而拉长融资期限。

此外，在投资者层面上，商业银行、券商、公募/私募基金、财务公司依然是国内资产证券化市场的主要投资群体。但这些机构通常偏好于3–5年的中短期限的固定收益产品，对5年期以上的证券化产品配置需求并不强。相比之下，保险资金、社保基金、养老金、企业年金和住房公积金等机构投资者较为注重产品的安全性，对收益率的要求并不高，在投资需求上与PPP项目投资规模大、期限长、收益稳定等特点更为契合。因此，计划管理人应根据PPP项目特点并结合投资者需求，设计能够覆盖PPP项目全生命周期的资产证券化产品。同时，建议相关部门能出台相关配套措施与支持性政策，鼓励保险资金、社保基金、养老金、企业年金、住房公积金等中长期投资者参与PPP项目证券化产品投资，破解PPP资产证券化的销售困局，推动PPP资产证券化业务的顺利开展。

（5）有关PPP项目资产证券化的增信措施问题

在一般类型基础资产的资产证券化业务中，可以采用原始权益人差额支付、赎回机制、储备账户、外部担保、流动性支持贷款、备用信用证等多种信用增级方式。相比之下，PPP 项目资产证券化项目则存在内部信用增级主体缺失的问题。对于政府方和社会资本方而言，囿于法律规定或降低资产负债率的限制，都不愿或不能提供信用增级，进而会影响到 PPP 项目资产证券化产品的评级。以使用者付费模式的 PPP 项目为例，更是难以获得地方政府或地方融资平台增信，在产品评级方面会陷入困境。因此，在 PPP 项目资产证券化业务中，可以参照美国收益债券模式重新搭建产品评级体系，并探索引入市场化增信机制。此外，未来 PPP 项目开展中，相关主体也应未雨绸缪，提升基础资产本身的信用评级，为以后开展资产证券化做好准备。

原广发合信产业投资管理有限公司总经理　李茂年

广发证券资产管理（广东）有限公司资产支持证券部总经理　刘焕礼

被误读的建设项目资本金

——兼议资本金制度与 PPP 项目资本金融资模式之完善

一、问题的提出

项目资本金制度是我国独有的一项制度规定。该制度始于 1996 年，国务院发布《关于固定资产投资项目试行资本金制度的通知》（国发〔1996〕35 号，下称 35 号文），决定对固定资产投资项目试行资本金制度，投资项目必须落实资本金后才能开始建设。所谓投资项目资本金，是指在投资项目总投资中，由投资者认缴的出资额，对投资项目来说是非债务性资金，项目法人不承担这部分资金的任何利息和债务；投资者可按其出资的比例依法享有所有者权益，也可转让其出资，但不得以任何方式抽回。此后，该制度被广泛应用于建设工程项目，不落实项目资本金，相关部门不予立项，银行不发放项目贷款。实践中，重大项目资本金动辄上亿，有的项目高达几十亿，而社会资本方面临较大的资金投入压力，资本金融资需求旺盛。

在传统建设模式下，地方政府作为业主方以融资平台作为偿债主体、以自身作为信用担保，筹措资本金投入建设项目；BT 等垫资施工项目，施工单位依托自身经济实力垫资建造，通常以建设单位作为融资主体、以母公司作为增信主体筹集垫资资金。然而，在本轮 PPP 项目中，《国务院关于加强地方政府性债务管理的意见》（国发〔2014〕43 号，下称 43 号文）切断了融资平台为地方政府输血的功能，政府信用背书、平台借款的模式已不复存在；国资施工单位为降低负债率，多不愿意过多举借债务，传统资本金融资方式受阻，资本金融资成为一个全新课题。

实践中，不少投资人引入金融机构作为财务投资人筹集项目资本金，金融机构以股东借款等方式向项目公司注入资本金，绑定项目现金流作为还款来源。但该模式经常突破35号文规定的所有者权益、非债务性资金这一本源要求。最高人民法院在（2013）民提字第226号判决书中指出“股东以股东借款形式充抵项目资本金的，不得主张享有借款债权”。当前项目资本金融资乱象不容小视，融资乱象不仅积聚了金融机构投资风险，可能转化为系统性金融风险；也不利于PPP模式的深入推进，存在社会资本方将建设运营风险转嫁给金融机构之嫌。

PPP项目合作期限多长达几十年，目前施工单位是社会资本方的主力军，负责项目融资、建设、运营，我国传统建设模式导致多数施工单位不具备运营能力，而PPP项目合同通常限制或禁止社会资本方转让股权，加之35号文有关资本金不得抽回的规定，施工单位资本金投入长期沉淀于项目公司，不利于其扩大再生产，也不利于PPP项目的良性循环。

资本金制度的立法宗旨是什么？法定资本金制度是否合理？PPP模式下项目资本金融资是否合法？资本金融资应当以何模式合规地开展？社会资本方资本金投入如何回收？这些都是值得探讨的问题。本文将追溯资本金制度之起源，探索资本金制度的立法宗旨，参酌国外资本金制度精神，对我国资本金制度之完善提出建议，同时对资本金融资之模式进行梳理，以期对我国PPP项目资本金制度之完善与有序实践作出有益探索。

二、项目资本金制度比较研究

（一）我国项目资本金制度溯源

1. 资本金制度立法宗旨

35号文开宗明义地指出项目资本金制度试行是“为了深化投资体制

改革，建立投资风险约束机制，有效地控制投资规模，提高投资效益”，政策制订者也指出，防风险与调结构是资本金制度的宗旨：在防范投资风险方面，最低资本金比例制度，有利于避免投资企业杠杆比率过高、债务负担过重、对银行资金过度依赖而面临的经营风险，也有利于控制经营风险向金融体系的传导和扩散；在宏观调控方面，根据经济发展形势的需要而动态调整固定资产投资项目的最低资本金比例，有利于平抑经济周期波动，实现经济持续、平稳发展。[①] 项目资本金制度通过规定不同行业项目不同的资本金比例，调整了投资资金流向不同行业的难易程度，从而间接地调控了经营性投资的产业结构。根据宏观经济形势变化，国务院于2004年、2009年和2015年三次调整资本金比例，对于产能过剩行业提高资本金比例，对于鼓励发展产业适当调低比例，统计数据表明，资本金每调低几个百分点，可释放几千亿投资规模，资本金制度已成为宏观调控的重要工具。

实践表明，建设项目资本金制度对项目实施具有积极意义，一定比例的资本金降低了“半拉子工程”和“烂尾工程”出现概率，激励了发起人通过强化项目管理提升项目收益，并增加了融资方对项目的信心，减少了融资风险。

2. 公益性项目是否适用项目资本金制度

（1）传统建设模式下

35号文明文规定“公益性投资项目不适用资本金制度”。资本金制度的立法初衷在于控制投资风险和抑制投资过热引起的通货膨胀问题，笔者理解公益性项目之所以被排除在外，是因为：从投资风险防范角度上看，公益性项目以财政资金作为还款来源，不存在投资风险向金融系统传递的问题；从宏观调控角度看，公益性项目作为满足公共利益的基础设施，不存在产业结构失调的问题。此外，公益性项目多为政府全额付费，如果

① 《项目资本金比较调整的政策内涵——专访国家发改委投资司副司长罗国三》，《中国投资》2009年10月。

要求 20%–30% 的资本金，无疑会增加政府付费总额，最终加大政府支出成本。

然而，尽管 35 号文明确提出公益性项目不适用资本金制度，实践中资本金制度却被不加分别地适用于所有建设项目，例如统贷统还的收费公路也被要求筹措项目资本金。笔者认为资本金制度存在被误读的可能，如若遵从 35 号文之规定，公益性项目不应受资本金制度之约束。令人遗憾的是，35 号文并未对“公益性项目”加以定义。

对于何为公益性项目，只能从其他相关文件中推导。财政部发布的《地方政府融资平台公司公益性项目债务核算暂行办法》（财会〔2010〕22 号）规定：“公益性项目是指为社会公共利益服务、不以盈利为目的的投资项目，如市政建设、公共交通等基础设施项目，以及公共卫生、基础科研、义务教育、保障性安居工程等基本建设项目。”《关于贯彻国务院关于加强地方政府融资平台公司管理有关问题的通知相关事项的通知》（财预〔2010〕412 号）规定，“公益性项目”是指“为社会公共利益服务、不以营利为目的，且不能或不宜通过市场化方式运作的政府投资项目，如市政道路、公共交通等基础设施项目，以及公共卫生、基础科研、义务教育、保障性安居工程等基本建设项目”。《水利基本建设投资计划管理暂行办法》规定“公益性项目指具有防洪、排涝、抗旱和水资源管理等社会公益性管理和服务功能，自身无法得到相应经济回报的水利项目”。

可见，公益性项目至少应具备两个属性，一是公益性，即为社会公共利益服务；二是非营利性，即自身无法产生相应回报，不能或不宜通过市场化方式运作。总之，如果严格执行 35 号文，政府投资的公益性项目不应适用项目资本金制度。

（2）PPP 模式下

35 号文对公益性项目并未区分投资主体，由是观之，无论政府投资或社会资本方投资的公益性项目均符合公益性项目的概念。那么，PPP 项目是否也可以适用该例外条款呢？

PPP项目可分为经营性、准经营性以及非经营性项目，经营性项目无疑不属于公益性项目，无现金流且纯粹依靠财政资金还款的非经营性项目、有一定现金流但需政府补贴的准经营性项目是否属于公益性项目？将非经营性项目对应公益性项目具有一定的政策依据，例如上述《水利基本建设投资计划管理暂行办法》将水利项目分为公益性、准公益性和经营性三类，又如国务院《关于加强地方政府融资平台公司管理有关问题的通知》（国发〔2010〕19号）通过界定融资平台的类型间接将固定资产投资项目划分为公益性项目和非公益性项目。

然而，笔者认为从社会资本方激励视角看，不宜将非经营性或准经营性PPP项目对应35号文的公益性项目。有研究指出，如果不需要私营部门的资金，私营合作伙伴不承担任何的再融资负担（偿还债务和支付股息），其在项目整个生命周期内确保最大效率及实现成本最优化的意愿可能较低；由于自身不承担融资责任，符合私营合作伙伴最大化利益的行为，将是扩大服务提供的范围，由此提高自身报酬，而不是将自身行为限定在确有必要的限度内；完全通过公共预算进行融资的项目，可能从一开始就无法利用潜在的成本降低和优化因素。[①]PPP模式合理化根基在于能够通过全生命周期管理降低整体项目成本，如果资本结构的设计不利于激励社会资本方降低成本、优化产出，将动摇PPP模式的合理性。

因此，笔者认为35号文有关“公益性项目不适用资本金制度”的规定不应适用于PPP项目，未来资本金制度修订之时，可增加“PPP项目除外”的但书条款。在35号文修订之前，可利用法律解释技术，将PPP项目解释为营利性项目，以不符合公益性项目的定义为由不予适用。因为，只有不以营利为目的的项目才符合公益性项目的定义，然而PPP项目遵循“盈利但非暴利”的原则，营利性是社会资本方投资的根源，即便本身不产生现金流的非经营性项目，政府付费中也包含着预定利润率。

① 【瑞士】芭芭拉·韦伯,【德】汉斯·威廉·阿尔芬.基础设施投资策略、项目融资与PPP.机械工业出版社，2016.第158页

（二）国外资本金制度经验

国际上通常没有“项目资本金”和“最低自有资金”的法律限制，但这并不意味着不要求投资者投入自有资金，多数西方国家是通过市场机制调节，通常投资者被要求在投标文件中明示自有资金投入比例，而该比例会成为银行决定发放项目贷款的重要条件，也会成为政府选择投资者的重要标准，自有资金比例过低会降低投标者中标概率。世界银行对 2011 年世行 PPI 项目数据库 80 个 PPP 项目的债务 / 股本比例进行了统计发现，各国对 PPP 项目并无显著最高债务水平或最低权益资金比例限制，但 PPP 项目本贷比分布呈现出一定集中度，约 57% 项目的债务权益比例分布在 70：30，16% 的为 60：40，10% 的为 80：20。①

但是股债之间的比例并无一定之规，而且变化区间较大，权益资本占项目总投资比例从 10%–50% 不等。根据项目建设风险程度、收益水平、公私合作模式（租赁、私有化或合资公司）等情况不同，杠杆率也会有所不同，项目风险越低、偿债能力越高，越能获得更多的债务性资金。为了保证公共部门的监管和控制能力，公共部门通常会做一定额度固定资产的权益投资。②

值得关注的是国外股权投资替换机制较为灵活，投资者符合一定条件后可将股权转让给他人，在项目建设期结束、运营期开始后，养老基金、保险资金等长期低成本资金通过专业化投资机构（如麦格理、摩根大通、汇丰、高盛等）相继进场替换前期成本较高的银行资金。股权结构的合理调整，将促进项目运行更加高效，促进项目公司价值和股东价值的提升。

例如匈牙利 M5 公路 Hungary – M5 motorway，发起人法国承包商 Bouygues（占股 40% 左右）和澳大利亚承包商 Bau HoldingAG（占股 60%

---

① World Bank.Private participation in infrastructure database［M/PL］.［2003-03-04］.http：//ppi.worldbank.org/explore/Report.aspx?mode=1.

②【瑞士】芭芭拉·韦伯，【德】汉斯·威廉·阿尔芬 . 基础设施投资策略、项目融资与 PPP. 机械工业出版社，2016. 盛和太，王守清 . 特许经营项目融资（PPP/BOT）：资本结构选择 . 清华大学出版社，2015 年版。

左右），总投资3.7亿欧元，特许经营期35年，债务资本占82%，权益资本占18%，于1994年成立项目公司。Bouygues在2004年退出，国有公司AKA受让其40%股权，2008年AKA退出、项目公司成为Strabag的全资子公司。目前各方协作顺利，项目于1998年、2005年、2006年分3期投入运营。[①]又如，英国柯克利斯固体废物处理中心项目，项目总投资7400万欧元，特许经营期限25年，UnitedWasteServicesLimited出资81%、Kirklees MBC出资19%成立项目公司，权益资本55.4%，债务资本44.6%，股权调整为SITA UK逐步100%持有，SITA是苏伊士环境集团的附属公司。[②]再如，法国、西班牙－佩皮尼昂－菲格拉斯高铁项目，总投资10亿欧元，特许经营期50年，项目公司由西班牙ACS建筑公司与法国Eiffage公司以50%:50%股权比例成立，权益资本10.3%，债务资本89.7%，债务主要来源为政府补贴（5.4亿欧元）及EIB贷款。项目目前运行良好，2004年签约，2011年正式投入运营。[③]

（三）比较研究对我国项目资本金制度完善的启示

1. 保留法定资本金制度，细化最低资本金比例规定

通过比较研究发现：我国项目资本金制度采取法律控制模式，可称为“法定资本金制度”，即由法规明确规定各行业最低资本金比例，而国外采取市场控制模式，可称为“酌定资本金制度”，即由政府和金融机构，根据项目风险、难易程度、合作模式等具体情况通过市场竞争机制最终确定项目资本金的比例。

目前市场上有一种观点认为应当放弃我国法定资本金制度，借鉴国外酌定资本金制度，因法定资本金制度人为降低了项目公司的杠杆率，不能适应不同项目的具体情况，造成了资金浪费。有学者经过缜密的科学研

① 信息来源：http：//www.partnershipsbulletin.com/projects/view/6398
② 信息来源：http：//ec.europa.eu/regional_policy/sources/docgener/evaluation/pdf/evasltrat_tran/hungary.pdf
③ 信息来源：http：//atrf.info/papers/2013/2013_henn_sloan.pdf

究，创立一套资本结构选择理论模型，认为应加快放开我国资本比例制度，提倡通过市场主体来推进项目。①

笔者认为酌定资本金制度具有灵活性和适应性的优点，但适用前提是具备一个充分竞争的市场机制，即各市场主体能够依据市场化机制科学确立资本结构，在我国尚未形成建立市场控制模式的土壤之前，如果仓促采用酌定资本金制，可能会导致投资风险的失控。此外，鉴于我国法定资本金制度的设立初衷还有宏观调控的考虑，酌定资本制也无法完成此使命。

目前较为可行的路径是：仍然采取法律控制模式，保留法定资本金制度。法定资本金制度的优点在于强制性，可以避免人为因素干预，但缺点在于缺乏灵活性，例如公路项目，有的市政道路规模较小，20% 的资本金比例比较容易达成，但有的高速公路总投高达上百亿，而 20% 的资本金要求通常难以通过自有资金满足。

为了克服“一刀切”的法定资本金制度所带来的僵硬刻板的缺点，笔者建议借鉴国外经验，细化最低资本金比例规定，除根据项目类型划分不同资本金比例外，还可以兼顾项目投资额度、合作模式等不同，细分最低资本金投入要求，以实现刚性与柔性的统一：

一是根据投资额度细分资本金比例要求，国际上对于固定资产投资较大的项目，具有较高的债本比例，即权益资本偏低，而对于投资量较小的技术型项目，通常具有较低的债权比例，即权益资本偏高。②建议我国投资额度超过百亿的项目，可考虑适当降低资本金比例要求，或加大政府出资比例。二是根据合作模式细分资本金比例要求，对于不宜采取市场化的非经营性 PPP 项目应当降低资本金比例要求；不宜完全实现市场化的准经营 PPP 项目，可以适当降低资本金比例要求。

---

① 盛和太，王守清 . 特许经营项目融资（PPP/BOT）：资本结构选择 . 清华大学出版社，2015 年版 . 第 118 页

② 盛和太，王守清 . 特许经营项目融资（PPP/BOT）：资本结构选择 . 清华大学出版社，2015 年版 . 第 42 页

2. 建立资本金退出机制

由于35号文有关项目资本金“不得抽回”“不得由项目公司还本付息”的规定，不少投资人担忧资金沉淀成本。实务中施工单位多呼吁资本金应被允许提前收回，或与项目贷同比例提前收回；有的施工单位则以股东借款的形式直接短期内从项目公司计息并回收。

笔者认为无条件直接提前收回的观点和做法直接违反了35号文的规定，也违反了《公司法》有关资本金和股东分红的规定。作为不以主体信用为担保的新型融资方式，项目融资以项目自身收益前景作为决策依据，以大量结构化设计为特征，资本金的缓冲垫是项目融资安全性的重要担保。如果允许资本金无条件提前抽回，无异于加大了项目融资风险，应当严格禁止。

然而，35号文有关“项目公司不承担任何利息和债务”的规定却过于绝对，如果严格依此规定，资本金融资的合法性基础就不存在了，因为还本付息是融资的应有之义。在国外，资本金融资也是常见融资形式，因为发起人往往无力或不愿意单独提供资本金，供应商、总包商、开发银行以及其他国际机构等战略投资发起人在早期阶段向项目公司提供部分资本金，在建设期完成、部分或全部初始投资者想退出项目时，越来越多财务投资者（基础设施投资基金、保险公司和养老基金，有时也包括私募股权基金）会加入并替换初始资本金投资。发起人可以股东借款形式出资，这些贷款可以计息，但利息往往被资本化，即不是付息而是加入现有资本金中，且借款的求偿权劣后于所有其他债权人。①

国外资本金融资有二种形式，一是金融机构基于投资人的主体信用向其借款，二是金融机构与投资人作为联合投资人共享投资收益、共担投资风险。资本金既可以全额实际注入项目公司，也可以以股东借款（shareholder loans）等准资本金（Quasi equity）形式投入。但资本金收益何

① 【瑞士】芭芭拉·韦伯，【德】汉斯·威廉·阿尔芬. 基础设施投资策略、项目融资与PPP. 机械工业出版社，2016年版. 第217页

时分配取决于贷款银行的同意，通常双方会在贷款合同中明示现金流水平（the level of cash flow），若项目公司现金流达到此水平以上即可以偿还股权投资者的股东借款，也可以部分偿还本金，当然一个优质项目的投资人为了避免寻找新项目的成本并不愿意撤回其本金投入。[①] 由此可见，还本付息并非完全禁止，资本金之回报时间和比例完全取决于作为债权人的贷款行的意见，核心要求是保持项目公司充足的现金流，手段是借助项目财务模型监测。

当然，作为施工单位的投资者通常希望建设期结束后即退出项目。如何解决资金沉淀问题呢？"一个优秀的项目结构化安排，意味着大多数传统投资者追求的长期资本分层是可能的……投资者可能获得在项目结束之前卖出他们的资本金的选择权，而这并不危害该项目的长期成功"。[②] 也就是说，初始投资者可以在建设期结束后在二级市场上出售股权，即出售给那些偏好低风险的财务投资者或战略投资者，或通过 IPO 将项目公司上市，或通过资产证券化向其他机构投资者收回投资，投资者通过股东借款等形式积累的股东权益可以在变现过程中回收。而进入运营期后，偏好长期基础设施投资的养老基金、保险资金等新的财务投资者可以通过分红等形式合法地收回投资收益。当然，我国目前项目融资二级市场尚不发达，IPO 渠道受阻、资产证券化正在起步，长期资金与短期资金的替换尚不常见，因此需大力发展 PPP 二级融资市场以便于投资者回收投资。

综上，笔者认为 35 号文有关项目公司"不得还本付息"的规定不应理解为禁止资本金融资，目前一些地方政府严禁金融机构以财务投资形式参与资本金融资的做法应当纠正。实务中以"小股大债、股东借款"短期从项目公司直接、无条件收回资本金本息的做法应当禁止，资本金一旦进入项目公司后必须符合结构化安排，以确保项目融资保持足够的安全垫。

---

① 此部分信息来自笔者与 Dentons 律师事务所的 Peter Deegan 律师的交流。

②【瑞士】芭芭拉・韦伯，【德】汉斯・威廉・阿尔芬 . 基础设施投资策略、项目融资与 PPP. 机械工业出版社，2016 年版 . 第 219 页

解决资本金沉淀的办法有：一是大力发展二级融资市场，吸引保险资金、养老资金等长期资金接盘初始投资人；二是完善现金流监测的财务模型，当现金流达到一定水平后，在贷款行同意的情况下，允许股权投资者收取资本金收益，或同比例退出资本金。

三、我国项目资本金融资模式重构

35号文要求资本金为项目公司的所有权权益和非债务性资金，但并未要求投资人需要以自有资金作为资本金，所以较为现实的办法是承认资本金融资的合法性，同时梳理当前资本金融资路径，抛弃其中不合规的方式。

实务中，资本金融资的新路径有：（1）政府成立PPP政府基金，以政府作为融资主体，在基金层面将政府出资纳入预算，避免违反政府不得兜底的规定，将融得的资金作为资本金中政府出资部分；（2）施工单位成立PPP专项建设基金，以施工单位作为融资主体和增信主体，通过结构化设计解决负债率问题，实现出表，将通过基金融得的资金以自有资金投入各PPP项目充抵资本金；（3）金融机构与政府和/或施工单位就单个PPP项目成立基金，以PPP项目现金流作为还款来源，政府指定主体进行回购和差额补足；（4）金融机构与政府和/或施工单位就单个PPP项目成立基金，以PPP项目现金流作为还款来源，施工单位进行回购和差额补足等增信；（5）金融机构以PPP项目公司作为融资主体，直接成为项目公司股东作真股投资，以项目现金流作为还款来源，通过分红和清算实现还本付息；（6）金融机构以PPP项目公司作为融资主体，直接成为项目公司股东作资本金融资，要求施工单位承担回购和差额补足；（7）金融机构以PPP项目公司作为融资主体，直接成为项目公司股东作资本金融资，以项目现金流作为还款来源，通过股东借款直接实现还本付息。

第一种路径本身并不存在合规问题，《政府投资基金暂行管理办法》（财预〔2015〕210 号）明确了政府为政府性基金提供增信，但政府对 PPP 项目的资本金出资额度有限，通常认为政府不得作为项目公司大股东，政府出资额度过高也违反引入社会资本投资的初衷，因此第一种路径无法完全解决资本金问题。实务中有一种做法要求政府对优先级本息承担兜底还款责任，该种做法可能违反《预算法》和 43 号文，存在合规问题。

抛开负债率问题，第二种路径本身也不违规，但施工单位作为项目公司股东，固然希望资本金部分投资能够得到相应回报。这就涉及上文提到的资本金退出机制问题。

第三种路径虽然未直接违反 57 号、92 号文中政府不得为 PPP 项目提供"保底承诺""回购""明股实债"的规定，因其隔了一层基金的设置，但在本质上仍然属于政府保底，是否合规笔者认为是存疑的。

第四种路径不存在违反政府保底的问题，如果以施工单位作为增信方，也不存在合规问题，但该路径面临的问题是施工单位通常有出表需求，因此需通过结构化设计加以克服。

第五种路径属于真股投资，不存在违规问题，但融资回款来自于分红和清算，则金融机构承担了真股投资的风险，可投标的可选余地较少，需选择风险十分小的项目，例如特定的存量项目，换句话说适用范围较小。此外，鉴于目前 35 号文不得"还本付息"的限制，真股投资回收渠道限于项目分红与清算，回收渠道狭窄。

第六种和第七种路径是实践中经常见到的明股实债架构。第六种路径与第二、四种路径有异曲同工之处，都是由施工单位提供增信，不存在合规问题。

第七种路径金融机构虽作为股东，但直接要求项目公司还本付息，该模式问题较多。近期新华信托案表明对外关系上存在被认定为股而非债的可能性，即使在对内关系上，如果项目公司拒绝还本付息，从相关裁判规则上看，金融机构有关债的主张也未必能够获得法院支持[①]，更为重要的是直接要求项目公司还本付息的安排违反了35号文有关资本金为“非债务性资金”的规定，从最高法院的裁判规则上看，未来也面临无法获得法院支持的风险。

表1　资本金融资的七种路径及其评价

序号	路径	结构与增信	合规评价	主要风险揭示
1	PPP政府基金	政府作为融资主体，在基金层面将政府出资纳入预算，增信来源于所投PPP项目	合规	PPP项目风险
2	PPP施工单位基金	施工单位为融资主体，并以企业信用作为增信方式	合规	企业主体信用风险
3	单一PPP项目基金（1）	以PPP项目现金流作为还款来源，政府指定主体进行回购和差额补足	违反政府不得兜底的规定	违规风险
4	单一PPP项目基金（2）	施工单位进行回购和差额补足等增信	合规	企业主体信用风险
5	真股投资	金融机构成为项目公司股东，增信来自于项目现金流	合规	PPP项目风险；因法律限制回收渠道狭窄
6	明股实债（1）	金融机构成为项目公司股东，增信来自于其他社会资本方的回购等	合规	企业主体信用风险
7	明股实债（2）	金融机构成为项目公司股东，增信方式来自于项目公司的无条件还本付息	违反公司法和35号文等	违规风险

综上，在当前的资本金制度下，笔者认为较为合规的路径是：以财政预算作为增信方式的PPP政府基金（路径一），以企业自身作为增信主体的PPP企业基金（路径二、四、六），金融机构选择个别风险较小的项目

① 在新华信托案中，湖州法院一审认为“在名实股东的问题上要区分内部关系和外部关系……对外部关系上不适用内部约定……第三人不受当事人之间的内部约定约束”“基于新华信托在港城置业中的股东身份，其出资并获得股东资格后不应再享有对破产企业的破产债权”。关于明股实债在当事人之间是否能够被认定为债，最高人民法院在（2014）民二终字第59号判决中指出股东之间的回购承诺不违反法律行政法规的强制性规定，属于有效；但股东与项目公司的还本付息的约定在当事人之间是否能够产生债的效力，最高法院在（2013）民二终字第33号判决中指出“上诉人关于借贷关系的主张无充分证据证明”，即使认可借贷关系成立的（2014）渝高法民初字第00010号判决，也谨慎地做出抵质押因不存在有效主债权而无效的判断。因此，笔者认为股东与项目公司之间明股实债的约定，存在难以得到司法认可的风险。

通过分红和清算实现还本付息的真股投资（路径五）。需要防范的是政府为非政府出资做出兜底和固定收益承诺，因为这将生成政府的隐性债务。需要杜绝的是要求项目公司直接还本付息的明股实债架构，因为这不利于发挥资本金防范投资风险的作用。需要开拓的是真股投资的回收渠道，应当允许股权投资者劣后于贷款提供者收回资金回报，并在项目现金流充足且贷款提供者同意的情况下，按比例回收投资本金。

总之，作为防风险和调结构抓手的建设项目资本金制度应发挥其应有的作用，不能通过资本金融资将实质风险转移给财务投资人承担，使实业风险向金融系统传递。真股投资因劣后于贷款，需承担较大风险，建议政府在财政测算中适当增加股权投资收益。作为资本金融资者的金融机构需注意通过合法合规渠道收回本息，并充分评估真股投资的风险。

四、结论

综上所述，笔者认为我国在坚持法定资本金制度的前提下，应借鉴国外酌定资本制的优点，参照项目总投资额、合作模式等因素，细化最低资本金比例制度，减轻社会资本方资本金投入负担；应严格执行35号文规定将公益性投资项目排除在资本金制度适用范围之外，但PPP项目除外；应建立资本金退出机制，大力发展二级融资市场，吸引追求低成本、稳定收益的长期资金接盘初始投资者，允许在贷款提供者同意且项目现金流充足的情况下，PPP项目股权投资者回收投资收益，或按比例回收投资本金；承认资本金融资的合法性，梳理当前资本金融资路径，强化社会资本方的资本金融资责任，杜绝政府兜底，避免项目公司直接承担还本付息责任。

北京市德恒律师事务所合伙人　黄华珍

PPP项目的会计核算问题初探

一、引言

在PPP项目的会计核算方面，我国发布的文件相对较少，在会计制度、准则体系中，目前只有2008年财政部印发的《企业会计准则解释第2号》中有BOT业务会计处理的原则规定。该文件也主要是针对原建设部2004年的《市政公用事业特许经营管理办法》（建设部令第126号），所涉及业务也仅限于城市供水、供气、供热、公共交通、污水处理、垃圾处理等行业。2014年来，国家发改委、财政部发布了一系列的PPP文件，涵盖包括能源、交通运输、水利、环境保护、农业、林业以及重大市政工程，保障性安居工程、教育、科技、文化、体育、医疗卫生、养老、旅游等公共服务领域等，具体的实施方式包括BOT、BOOT、TOT、ROT、BOO等。从行业覆盖的广泛性、交易结构的多样性方面看，企业会计准则解释第2号中有关BOT业务的处理原则已经不能适应现PPP项目的会计核算要求，现结合本人在PPP实际操作中遇到的问题，对PPP项目的会计核算提出一些粗浅的看法。

二、PPP项目中有关会计核算处理

PPP项目有他特有的特性。政府与社会资本通过合同建立合作关系，以提高公共产品和服务的供给数量、质量和效率。首先是项目资产的公共属性，决定了项目资产不能自由处置。这些资产或无经营现金流或现金流不足而缺少交易对手，如城市道路、非收费公路、污水处理、垃圾处理、流域整治等 PPP 项目；或是虽有现金流但有附着不可分开的普遍服务义务，如城市供水、供暖、供气等项目。其次是 PPP 项目价格主要属于政府定价或政府指导价，价格的限制将影响资产的计价。按照会计准则定义，只有能给企业带来未来现金流的才是“资产”。如无经营现金流的项目、需要财政补贴的项目，这些项目资产计价依附于 PPP 合同约定。再次是 PPP 项目资产核算周期为有限期而不是全生命周期。通常情况下，财务对资产的折旧摊销处理是按资产的经济寿命周期作为参考进行成本费用的分摊，例如一台机器设备的经济寿命是 15 年，通常折旧年限也是 15 年。但 PPP 项目资产的折旧或摊销是依据 PPP 合同的约定，合作期限、合作期终止时无偿移交还是有偿移交都决定了 PPP 资产的不同核算方式。例如，项目资产的经济寿命为 15 年，合同约定经营期为 10 年，到期资产无偿移交政府，PPP 资产摊销期就为 10 年。

正是因为 PPP 项目产出为公共产品或服务、现金流依附于 PPP 合同的特性，PPP 项目资产权属、核算方式是区别于其他项目的。通常情况下，我们按资本投资、付费机制、自然垄断性等将 PPP 项目分为特许经营类、政府付费类、政府购买服务类三大类 PPP 项目，根据项目交易和事项的实质，区别如下：

表 1　PPP 项目类别的区别

类别	政府购买服务类		政府付费类		特许经营类		
典型实施方式	O&M	MC	TOT	BOT/ROT	TOT /BOT/ ROT	BOOT	BOO
付款来源	财政	财政	财政	财政	用户或用户和财政	用户或用户和财政	用户或用户和财政
资产所有权	政府方	政府方	政府方	政府方	政府方	社会资本或项目公司	社会资本或项目公司

续表

类别	政府购买服务类		政府付费类		特许经营类		
资本投资	政府方	政府方	社会资本或项目公司	社会资本或项目公司	社会资本或项目公司	社会资本或项目公司	社会资本或项目公司
需求风险	政府方	政府方	共担	共担	共担	共担	社会资本
典型合作期限	3–5 年	3–5 年	10–30 年	10–30 年	10–30 年	10–30 年	10–30 年
剩余权益	政府方	政府方	政府方	政府方	政府方	政府方或社会资本	社会资本
相关准则	CAS 14	CAS 14	CAS 6/CAS22 需要出台新的准则解释规范				CAS4 /CAS 14

注：由于我国 PPP 实施中基本成立项目公司，同时项目公司大部分不进行建造施工，本文未考虑建造合同的核算。污水、垃圾处理财政采用收支两条线的视同为用户或用户和财政共同付费。

按照会计准则要求，企业应当按照交易或事项的经济特征确定会计要素；应当按照交易或事项的经济实质进行会计核算，而不应当仅仅按照它们的法律形式作为会计核算的依据。参照上表，可将 PPP 项目资产确认为金融资产、无形资产、固定资产。在进行具体的确认与计量时，应遵循实质重于形式原则按 PPP 合同的交易实质进行。提供的参考判断如下：

通常情况下，委托运营合同（O&M）、管理合同（MC）社会资本并不进行资本性投入不会形成项目资产，可以按 CAS 14 收入准则进行会计核算；特许经营类的 BOOT、BOO 项目政府不拥有项目资产的所有权、不拥有协议终止时项目资产剩余权益、不承担需求风险，这些资产符合固定资产准则，应按 CAS 4 固定资产准则核算。这类项目要特别注意其合作期终止时的剩余权益对 PPP 项目财务测算的影响。除上述类别外，ROT、TOT、BOT 等项目资产是确认为金融资产还是确认为无形资产？怎么计量资产金额？后续追加投资及承担义务导致的现金流出处理等等，需要国家出台企业会计准则解释提出具体的核算规定，利于国内财务数据使用人对 PPP 财务数据的对比、使用。

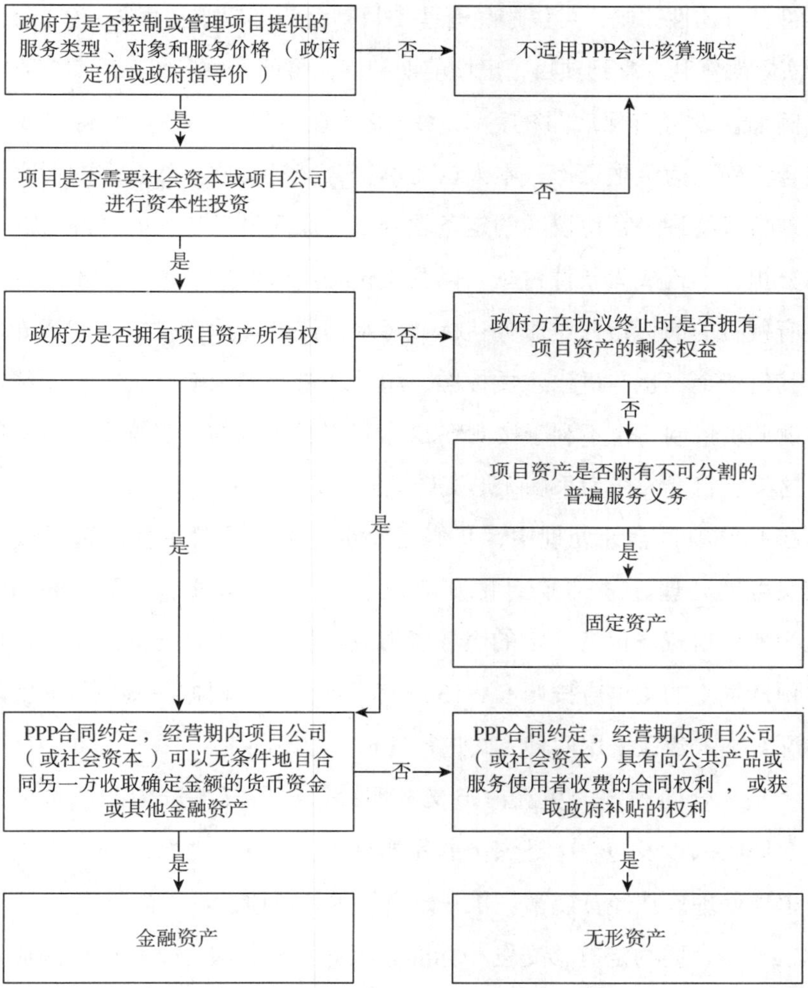

图1　PPP项目资产确认判断流程

例如，市政工程项目。这类项目的交易结构大多设有可用性服务费、运维绩效服务费。对于可用性服务费，虽然根据绩效考核付费，但在达到资产可使用状态时，基本符合项目公司（或社会资本）可以无条件地自合同授予方收取确定金额的货币资金或其他金融资产的条件，应确认为“金融资产”。在计量金融资产时，我们应注意实际利率的确定。本人认为按社会资本投标文件的实际收益率与项目公司实际融资利率孰高进行确定较为合适。

这样符合可比性原则，可以避免有些项目社会资本以收益率为“0”或明显低于实际融资利率拿到项目，虚增前期利润，将部分亏损留在后期核算。

例如，设置有保底量的污水、垃圾处理项目。有些案例将保底量内的现金流确认为金融资产，本人认为不符合交易实质。从众多的污水、垃圾处理项目特许经营协议的约定条款分析，保底量只是政府对部分需求风险的分担，不构成无条件付款，以及支付确定金额的义务。污水、垃圾处理政府付费的前提条件是服务达标，污水污泥处理达标排放，垃圾处理达标。其付费金额也与进水水质标准、超处理量等多因素有关。合同约定的经营期调价机制，也不利于按CAS22金融工具确认与计量准则进行资产计量。这类项目个人认为采用无形资产核算更合适。

在PPP项目会计处理中，我们还要重点关注项目更新改造后续投资及其义务的处理。《企业会计准则解释第2号》中规定，按照合同约定，企业为使项目资产保持一定的服务能力或在移交时满足合同约定的使用状态，预计发生的支出应按照CAS13或有事项处理。根据一些项目的实际处理情况，本人建议采用两种方式进行处理：

一是，合同约定的更新改造义务明确，履行义务产生的成本可以估计，合同收入以及包含上述义务并不再调整。满足该条件建议按照CAS13或有事项处理。从经营期第一年开始每年预计负债，计入当年成本。

二是，合同约定有移交资产标准和服务标准，履行义务产生的成本无法合理估计。这类项目建议按更新改造义务发生当期计入无形资产，在合同期和经济寿命期孰短的时间内摊销进入成本。

上述方式符合实质重于形式原则和可比性原则，有利于会计核算的进行。

三、PPP项目会计信息的披露

会计信息是反映企业财务状况、经营成果以及资金变动的财务信息，作为会计核算过程和结果的重要载体，通常通过财务报表、财务报告或附注等形式向投资者、债权人或其他信息使用者进行披露。PPP 项目的会计核算是依据 PPP 合同等相关资料进行的，PPP 的相关资料构成会计信息之一，是会计报表附注的重要内容，也是报表使用人判断会计信息真实性、准确性的参考依据。目前我国没有专门的 PPP 项目会计信息披露规定，众多的上市公司、央企、地方国企在实施 PPP 项目，规模庞大，现有信息披露已经不符合经济核算的要求。PPP 项目信息披露不完整，公众投资人、所有权人无法知晓项目核算的真实性和准确性，国家需要尽快出台相关的 PPP 信息披露会计准则解释。

参考国际会计准则及其解释体系有关 PPP 项目的会计信息披露要求，PPP 项目会计信息披露建议包括如下信息：

1. 对 PPP 协议中交易架构、边界条件的描述；

2. 可能影响未来现金流金额、时间、确定性的 PPP 协议条款；

3. 相关的权利、义务、事项的性质和范围；如：资产权属，使用指定资产的权利；普遍服务义务；更新改造义务；协议终止时项目资产剩余权益所有人；提前终止及补偿约定；其他的权利和义务。

4. 本期发生的协议变更；

5. 期间确认收入、成本、利润所适用的会计政策、准则等。

PPP 项目会计信息的披露作为 PPP 项目综合信息披露的一部分，将有利于社会公众、政府职能部门对 PPP 项目的监督。

四、总结

PPP 项目的公共性、特殊的权属关系和对 PPP 合同的依附性，决定了其核算的特殊性，我们需要穿透项目交易结构，找出项目交易实质进行核算，遵循实质重于形式原则。同时，在会计信息披露中，特别是会计报表附注信息中，需要就影响投资人决策的 PPP 项目核心信息作为会计信息进行披露。PPP在我国通过几年的发展，已经到了十万亿以上的规模，对社会经济构成重大影响，急需在会计准则体系内有专门的PPP项目资产确认与计量、信息披露等准则解释来规范PPP项目的核算和披露，为社会提供可比性的财务信息。

同时，我国正在构建政府会计准则体系，对于PPP项目形成的资产，当合同约定不设立项目公司时，其项目资产核算主体及问题；设立项目公司的PPP项目，在移交资产阶段资产移交到政府如何核算？也需要在政府会计准则体系中进行衔接。

北京金准咨询有限责任公司　郑敬波

保险资金参与PPP项目产业基金的模式探讨

PPP（Public—Private—Partnership）模式也被译为公私合营合作伙伴关系，是指政府与各类社会资本以城市基础设施建设项目为纽带，共同为此类项目提供投融资支持的合作模式。截至2017年8月，国家发改委已向社会公开推介了三批PPP项目，推介项目共计3764个，总投资金额6.37万亿元。其中，已有1400个项目签约，签约项目投资金额合计2.4万亿元。从项目数量来看，签约率为37.2%，从投资金额看，签约率为37.7%。PPP模式正在我国经济发展中扮演着越来越重要的作用。但现状是，一方面社会资本良莠不齐，是否能够保障城市基础设施建设项目的充足资金供应仍然存疑；另一方面，作为拥有大量长久期资金的保险公司又存在大类资产配置的压力。由此，保险资金参与PPP项目的各类投融资路径成为金融市场热议的话题，但如何实现保险资金与城市基础设施建设项目的长期、稳定、友好合作，在理论与实务界均有留白。本文从保险资金如何参与PPP项目产业基金的角度对上述问题进行探讨，希望探索出一条险资推进PPP项目有效运行的高效路径，以服务于国家的供给侧改革和结构化转型。

一、保险资金参与PPP项目的必要性与可行性分析

（一）保险资金自身的配置需求不断增长

随着我国社会经济全面发展进程中各行业和家庭的保障性需求增长，

特别是在"国十条"的推动下，保险行业实现跨越式发展，行业实力显著增强。2016年底保险行业资产总额已达15.12万亿元，较2004年增长了十多倍，按照新"国十条"确定的目标，2020年保险资金可运用规模预计将超过20万亿元。

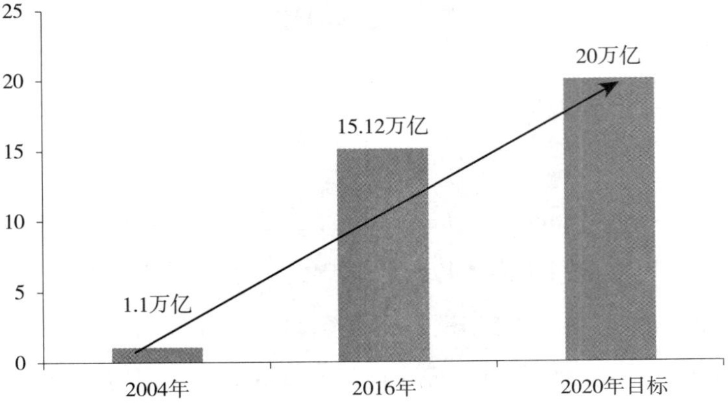

图1　保险行业总资产增长图

与此同时，资本市场利率长期处于较低水平，波动加剧。受此影响，2016年保险资金运用平均收益率5.66%，比2015年下降了1.9个百分点。保险资金亟须匹配稳健、具有长期投资价值的偏股类固定收益资产，有助于提高资产收益水平，加强久期匹配，平滑组合收益。

（二）保险资金与PPP项目存在天然契合点

保险资金具有投资期限长、供应稳定、资金量大、收益要求合理等特性，与PPP项目存在天然契合点：首先，在投资期限上，PPP投资期一般为10–15年甚至更长，与险资，尤其是寿险和养老险久期较为匹配；其次，在风险偏好上，PPP属于以政府信用为背书的政企合作项目，在经济筑底、企业违约率提升的宏观背景下，整体风险水平较低；再次，在投资回报上，险资要求相对适中、稳健的资本回报率，PPP项目收益水平合理、稳定性强，适合保险资金投资，特别是一些发展前景广阔、需求稳定增长的行业，如卫生医疗、教育、养老、煤水电暖气、轨道交通等，均对险资具有较大吸引力；最后，保险资金还能为 PPP 项目提供建筑工程保险，优化政企关系，在大病保险、农业保险等领域与政府建立合作关系。

（三）有助于险资发挥社会管理功能，在供给侧改革中发挥积极作用

为供给侧结构性改革大局服务，是保险业改革创新的主攻方向。保险资金以 PPP 模式参与基础设施投融资，可以分享地方经济长期持续发展的成果。同时，发挥保险社会管理职能，发挥“稳定器”和“安全阀”作用，从“消化过剩产能、降政府债务杠杆、补基础设施建设短板、提升公共服务质量、增进经济运行效率”等多个维度落实供给侧改革的任务，服务实体经济发展，提升公共事业运营效率。

（四）保险资金参与 PPP 项目可提高保险业支持实体经济的能力

2017 年 8 月，陈文辉副主席在保险资产管理业助力实体经济发展研讨会上指出：“当前保险资金运用工作要深入贯彻落实全国金融工作会议精神，牢牢树立服务实体经济意识，切实把更好支持实体经济发展作为出发点和落脚点。积极发挥保险资金期限长、规模大、来源稳定的独特优势，做经济发展的‘助推器’，为社会经济发展提供长期资本性和股权性投资，提升经济中长期发展的韧性。”PPP 模式是民生工程和国家重大项目的重要操作模式，保险资金以 PPP 模式参与，有助于支持实体经济发展，提升公共事业运营效率。

（五）保险资金参与 PPP 项目法律法规可行

《关于保险资金投资政府和社会资本合作项目有关事项的通知》（保监发〔2017〕41 号），针对 PPP 项目公司融资特点，给予了充分的政策创新支持，一是明确保险资金可以通过基础设施投资计划形式，向 PPP 项目公司提供融资。二是除债权、股权方式外，还可以采取股债结合等创新方

式，满足PPP项目公司的融资需求。三是建立绿色通道，投资计划涉及“一带一路”、京津冀协同发展、长江经济带、脱贫攻坚和河北雄安新区等符合国家发展战略的重大项目的，中国保监会建立专门的业务受理及注册绿色通道。

当然该通知也明确了监管条件，比如投资计划投资PPP项目，PPP项目本身应当符合以下条件：（1）属于国家级或省级重点项目，已履行审批、核准、备案手续和PPP实施方案审查审批程序，并纳入国家发展改革委PPP项目库或财政部全国PPP综合信息平台项目库。（2）承担项目建设或运营管理责任的主要社会资本方为行业龙头企业，主体信用评级不低于AA+，最近两年在境内市场公开发行过债券。（3）PPP项目合同的签约政府方为地市级（含）以上政府或其授权的机构，PPP项目合同中约定的财政支出责任已纳入年度财政预算和中期财政规划。所处区域金融环境和信用环境良好，政府负债水平较低。（4）建立了合理的投资回报机制，预期能够产生持续、稳定的现金流，社会效益良好。

投资计划应当符合以下条件：（1）经专业律师出具专项法律意见，认定投资的PPP项目运作程序合规，相关PPP项目合同规范有效。（2）具有预期稳定现金流，可以覆盖投资计划的投资本金和合理收益，并设定明确可行、合法合规的退出机制。（3）投资协议明确约定，在投资计划存续期间主要社会资本方转让项目公司股权的，须取得投资计划受托人书面同意。

可以说，在法规政策上，保险资金投资PPP项目已经没有障碍了。

二、现阶段保险资金参与PPP项目的主要模式分析

（一）参股PPP项目公司

保险资金可以作为社会资本，以直接股权投资的方式参与PPP项目。针对建设运营风险较低的项目，可通过适当结构安排，确保项目产生稳定的现金流回报，且项目收益率达到保险资金要求，即保险资金以股权方式

为 PPP 项目提供资本金。

典型案例：中再——北京地铁 16 号线股权投资计划

北京地铁十六号线项目按照 PPP 特许经营模式进行投资、建设、运营工作。按建设责任主体，将十六号线全部建设内容划分为 A、B 两部分：A 部分主要为土建工程部分，投资额约为 324 亿元，约占线路总投资的 70%，由十六号线公司负责投资建设；B 部分主要包括车辆、信号、自动售检票系统等机电设备，投资额为 150 亿元，约占项目总投资的 30%，由特许经营商组建的特许经营公司（以下简称“特许公司”）负责投资建设。十六号线工程竣工验收后，特许公司根据与十六号线公司签订的《资产租赁协议》，取得 A 部分资产的使用权。特许公司负责十六号线的运营管理、全部设施（包括 A 和 B 两部分）的维护和除洞体外的资产更新改造和追加投资，以及授权范围内的非票务经营，并通过地铁票款收入、非票务收入和票价补偿收回投资并获得合理投资收益。特许经营期结束时，特许公司将 B 部分项目设施完好、无偿地移交给十六号线公司或市政府指定部门，将 A 部分项目设施归还给十六号线公司。中再资产发行“中再 – 北京地铁十六号线股权投资计划”，专项用于北京地铁 16 号线投资有限责任公司股权增资。“中再 – 北京地铁十六号线股权投资计划”为保险资管行业设立的首单轨道交通股权投资计划，通过股债结合形式创新，有效平衡投资实质风险把控与投资收益水平的匹配问题；通过产品久期创新设置，同时在久期与收益率方面进行部分交换，灵活满足投融资方的不同需求，提高投融资双方对方案的认可度；通过适当结构安排，有效引入北京市政府财政强有力的支持，最低成本引入外部资源提供信用支撑；通过与交易对手之间的收益波动互换机制安排，有效解决股权投资项目回报周期长与保险资金对于即期收益要求之间的矛盾，在“复合型 PPP”融资方案中建立了权责对等的长期合作关系，达到了较好的“激励相容”效果。

（二）为PPP项目提供债权性资金

出于安全性的考虑，保险资金倾向于进行固定收益类投资，而PPP项目具有较高比例的债务融资需求，通常债务融资可达项目总投资的70%-80%。因此，债权投资也是保险资金投资PPP项目的重要渠道。债权性融资一般包括无追索权模式和附带追索权模式，在无追索模式中，保险资金的本息还款来源是依靠项目运营所带来的政府付费或使用者付费的现金流收入，与项目风险完全相关；在附带追索权模式中，一般由地方政府融资平台或施工运营企业为保险资金的债权提供担保。

典型案例：太平洋－某施工单位债权投资计划

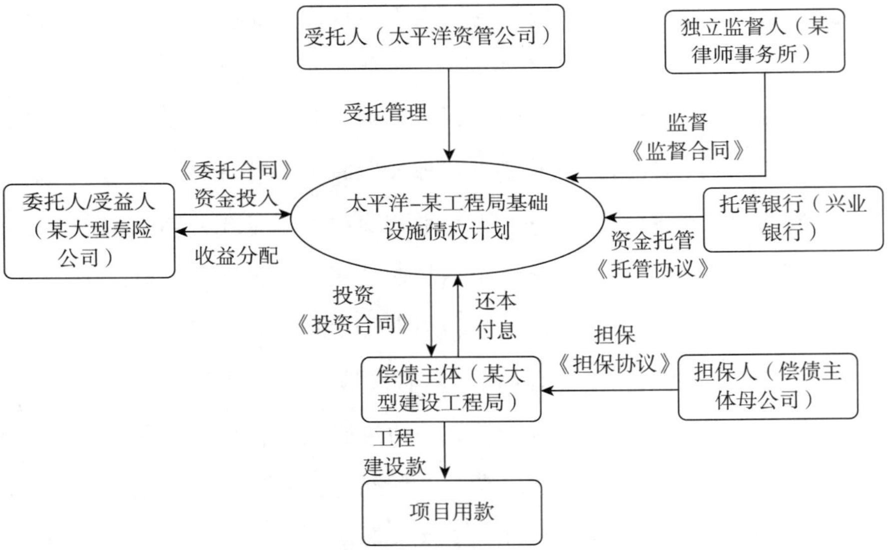

图2　太平洋资管联合某建设公司发行基础设施债权计划结构图

该债权投资计划用于投资于郑州郑新快速通道、郑州G107立交、新郑G107连接线、郑州郑新立交和洛阳G310公路5个省级重点建设项目，投资期限为7年，投资规模为20亿。该债权投资计划采用固定利率，投资计划利息按季支付，分四次等额还本。债权投资计划存续期内，投资计划年管理费为15BP。增信方式为B类增级，由母公司（央企上市公司）提供无条件不可撤销连带责任保证担保，产品信用评级为AAA。

（三）PPP产业基金

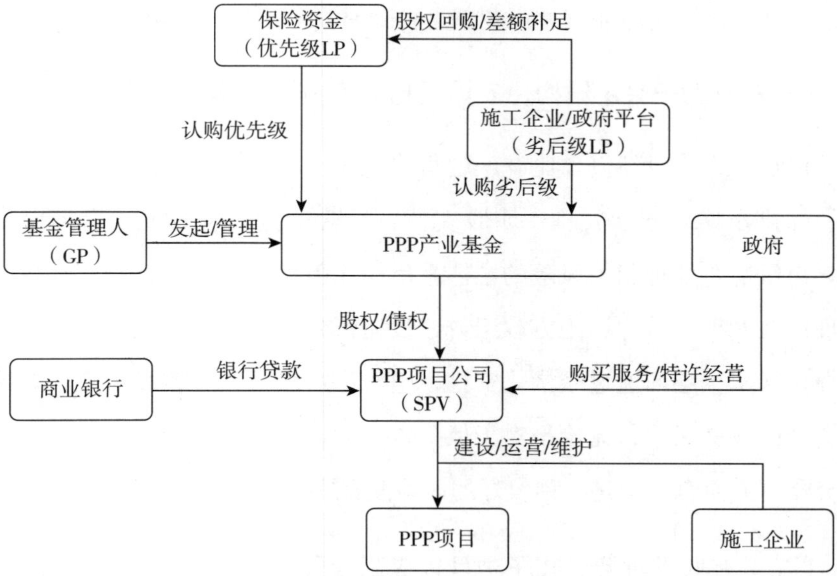

图3　保险资金通过产业基金模式参与PPP项目的交易结构

保险资金通过产业基金模式参与PPP项目，一般采取如下交易结构：保险资金认购PPP产业基金优先级有限合伙份额，施工企业或政府平台公司认购基金的劣后级有限合伙份额。施工企业或政府平台公司通过优先劣后结构保障保险资金的优先分配顺序。此外，施工企业、政府平台或其指定的第三方一般还会通过股权回购或差额补足等方式对保险资金的退出及本息偿还提供保障。PPP产业基金可以股权或债权等方式投资一个或多个PPP项目公司，PPP项目公司与政府部门签署《政府购买服务协议》或《特许经营协议》，并委托施工企业负责项目的建设、运营及维护。保险资金的收益部分来源于政府部门对于PPP项目公司的支付，部分来源施工企业或政府平台公司在基金层面给予的补足或回购款支付。

三、产业基金模式可能成为保险资金参与PPP项目的有效路径

产业基金因其自身内在商业逻辑，比较适合作为保险资金参与PPP项目的实现路径。具体而言，产业基金模式具有以下比较优势：

（一）有助于采用结构化安排缓释PPP项目风险

PPP模式一般都包含建设、运营等风险，相关文件也严禁使用固定回报、保底承诺、回购安排、明股实债、运营反包政府等方式进行变相兜底。由最适合处理相关风险的主体来承担相关风险，风险收益配置将最为合理；在PPP模式中，地方政府或建设运营方是承担PPP相关风险的最佳选择。在基金层面通过结构化安排，引入劣后级等风险缓释措施，降低保险资金的投资风险，无论是对于保险资金而言，还是对于地方政府或其他社会资本方而言，均是一种较好的风险配置安排。

（二）有助于对接一揽子项目以提高投资效率

PPP模式中，每一个项目都单独运行，一般需要成立独立的项目公司，政府的补贴也是直接对应于单个的项目公司。而目前单个PPP项目的平均规模大约在10亿元，考虑到险资的比较优势，一般仅适合参与其中的夹层融资部分，单体项目的融资规模就更低，与险资的常规投资体量并不相符。《关于保险资金投资政府和社会资本合作项目有关事项的通知》（保监发〔2017〕41号）第三条规定："投资计划可以采取债权、股权、股债结合等可行方式，投资一个或一组合格的PPP项目。"通知明确指出保险资金可以投资一组合格的PPP项目。通过设立PPP产业基金，则能对多个PPP项目进行打包，有助于形成规模效应，也有助于满足保险资金大规模配置的要求。

（三）有助于绑定PPP项目中的核心交易对手

一方面，大型国有企业，尤其是央企建筑公司，是本轮PPP热潮中最为重要的社会资本。与这类企业共同发起设立产业基金，能够有效绑定合作伙伴，有利于未来在多个项目上实现大规模合作；另一方面，在政府层面，县级政府是我国PPP项目的主要推动力量，但对于保险资金而言，县级财政相对较弱，存在一定的政府违约风险，需要更高级别的地方政府给予适当增信。PPP基金有助于对接较高级别的政府财政，可在一定程度上解决当前PPP项目实施主体层级较低与保险资金较高的增信要求之间的矛盾。

（四）有助于满足项目投标阶段的时效性要求

现阶段，保险资金需要通过组建社会资本联合体的方式参与PPP项目。根据国家相关规定，地方政府对于社会资本联合体的选择，需要通过招标程序，该阶段时效性要求较高。债权投资计划、股权投资计划、项目资产支持计划等保险资金投资基础设施的传统模式，都需要履行严格的发行注册程序，耗时较长，难以满足投标阶段的时效性要求。产业基金虽然设立之时也需要经过严格的审批流程，但是一经设立，其对于具体项目的投资则仅需履行基金内部约定的投资决策程序，资金使用灵活，决策链条简洁，在时效性上与PPP项目的投标环节可以匹配。

（五）有助于配合交易对手实现合理的信息披露

PPP模式从一定角度而言，是用社会资本加杠杆来替代政府部门加杠杆。现阶段参与我国PPP项目的社会资本，大多已经积累了极高的财务杠杆，所以其对于投资项目信息披露具有极为强烈的需求。由于在产业基金内部，控制权的设定方式极为多样，且风险收益的分配又可以非常灵活，所以对于产业基金的并表问题，会计确认方面并没有清晰的界限。保险资金通过对基金结构的合理调整，有助于配合产业资本进行相对公允而又合理的信息披露。

四、关于险资PPP产业基金模式的几点思考

产业基金的运作模式可以各式各样，但为了更好地匹配保险资金参与PPP项目的内在要求，其具体运作模式可以考虑在以下几个方面进行必要的细化与聚焦。

（一）法律架构上首选有限合伙

产业基金法律机构上，一般可以采用公司架构、有限合伙架构以及契约架构，其中有限合伙架构与险资对接PPP目标最为匹配。首先，相对于公司架构，有限合伙架构可以避免所得税双重征税；其次，相对于契约型产品，有限合伙具有较为明确的市场主体地位，可以有效区分基金与基金管理人的不同财产；再次，有限合伙基金可以对投资者之间的权利义务关系进行较为复杂的设计，从而平衡保险资金的风险收益偏好。

（二）风险分担上倾向附带追索

理论上，由于PPP项目与地方政府签署相关协议，确定了未来的支付关系，所以产品销售环节已被锁定，只要控制好建设与运营成本，融资人的风险应当相对可控。国际上常见的PPP融资方式为不带追索权的项目融资，即PPP项目公司以项目本身的经营收入为限，对债务人承担义务，各方股东并不对项目公司提供担保。但我国情况略有不同，首先，我国PPP项目的实际杠杆水平很高，项目公司自身的风险抵抗能力较弱；其次，政策性金融机构以不带追索权的项目融资方式大量切入PPP行业，导致该结构中的风险溢价水平对于商业化资金而言不具吸引力；再次，我国PPP项目中的博弈关系导致利润主要体现在施工企业而非项目公司。此外，保险资金负债属性明显，安全性要求较高。所以，险资在PPP项目的风险

分担上，应当保留适当的追索权，通过股东方的优质信用背书来保证投资收益。

（三）参与深度上争取主动管理

目前，商业银行在我国PPP融资中占主导地位，一般希望其他资金以认购LP的方式被动参与PPP项目。保险资金应当争取以主动管理的方式主导PPP基金，并且最好以基金发起人及基金管理人的身份专门设立PPP保险私募基金。首先，基金管理人一般可以获得50BP左右的管理费收入，相对于目前较为有限的投资收益，管理费收入吸引力可观；其次，主导PPP基金，有助于深入了解项目风险，把握项目节奏，能够更好地保证资金安全；再次，参与其他社会资本发起的产业基金，严格意义上可能不符合保监会对于保险资金的投资规定，存在一定的合规性风险，而主导设立PPP保险私募基金，则可以满足保监会相关规定，不存在合规性问题。

（四）发展路线上倾向于走专业化道路

为了更好地发挥保险资金的期限优势，充分发挥其社会管理功能，真正实现为供给侧结构性改革大局服务的作用，保险资金需要在发展路线上走专业化道路。首先，保险资金是难得的长久期资金，一般都会选择陪伴PPP项目度过整个生命周期。未来保险资金还可能在PPP项目进入运营阶段后，接替其他金融资金，继续陪伴项目成长。为了有效识别长期中可能出现的各种风险，并为PPP项目提供风险解决方案，保险资金本身需要具有高度的专业性；其次，自2006年以来，保险资金习惯于通过债权计划、股权计划和项目资产支持计划等类固定收益模式投资于基础设施类项目，在项目的专业化管理方面存在短板，与目前保险资金在PPP项目中经常扮演的资本金角色，以及未来可能的偏股性特征并不吻合；再次，虽然我国通过三年时间，已经成了世界最大的PPP市场，但进入实质性运营维护阶段的项目极其有限，行业经验还非常欠缺。保险资金可以深度挖掘目前在风险管理方面已经积累的相关经验，并充分发挥规模优势，捉住人才稀缺的时间窗口，建设专业化PPP操作团队。

总之，是否可以通过保险资金发起设立产业基金来推动批量PPP项目的安全、稳定、持续发展和落地，是保险行业及相关领域值得深入研究和探讨的话题，我们希望通过一系列的理论研究和实践检验，实现该产业基金模式的推广，这也是供给侧结构性改革在保险行业发展的应有之义。

中再资产管理股份有限公司　赵威

PPP 资产证券化的基本方式及主要法律问题

2016 年 12 月 21 日，国家发展改革委与中国证监会联合发布了《关于推进传统基础设施领域政府和社会资本合作（PPP）项目资产证券化相关工作的通知》（发改投资〔2016〕2698 号，以下称“2698 号文”），正式确定了 PPP 项目资产证券化是保障 PPP 持续健康发展的重要机制，并要求重点推动符合条件的 PPP 项目在上海证券交易所和深圳证券交易所开展资产证券化融资。从美欧等国几十年的资产证券化发展历史来看，资产证券化是一项涉及复杂法律、税收和会计问题的金融技术。与一般信贷（金融）资产证券化产品相对照而言，我国 PPP 项目资产证券化所面临的法律问题更为复杂。因此，准确认识和判断我国 PPP 项目资产证券化面对的法律问题，对于寻求正确解决方案以及确立我国 PPP 项目资产证券化市场的发展方向可谓举足轻重。本文拟基于我国资产证券化市场现行法律制度，结合资产证券化的基本法律逻辑，对发展 PPP 项目资产证券化市场将要面临的几个突出法律问题做简要分析。

一、PPP 项目资产证券化的基本方式

从世界各国的资产证券化实践经验来看，资产证券化市场的主要组成部分是信贷（金融）资产证券化，特别是以个人住房贷款和个人汽车贷款作为基础资产的资产支持证券。在经过十多年的发展之后，当前我国金融市场上的资产证券化产品已经基本形成了两个类型：一类是信贷资产证券

化，一类是企业资产证券化。信贷资产证券化的发起机构（原始权益人）是银行等金融机构，企业资产证券化的发起机构（原始权益人）是非金融企业。对于信贷资产证券化而言，发起机构的主要动机释放监管资本，少数情况下也有转移信贷风险，筹集低成本资金的考虑。对于企业资产证券化发起机构而言，其主要动机是融资、筹集财务成本低于银行贷款或债券的资金，少数情况下也不排除存在美化或调整财务报表的需要。

从2698号文件的措辞来看，PPP项目资产证券化属于企业资产证券化的范畴。因此，PPP项目资产证券化应当按照企业资产证券化的基本方式来实施，发起机构应当是PPP项目的项目公司或该项目公司的控股股东，用以向资产支持证券投资者支付投资收益的主要资金应当是PPP项目经营过程中形成的现金流。不过，有的机构可能会提出这样的问题：参与PPP项目建设的施工单位持有大量以对PPP项目公司为债务人的工程建设应收账款，施工企业对这些应收账款进行资产证券化是否属于PPP项目资产证券化？对此，我们理解，2698号文设定的合格条件之一就是“项目已建成并正常运营2年以上，已建立合理的投资回报机制，并已产生持续、稳定的现金流”，这类以PPP项目工程建设应收账款作为基础资产的证券化项目不属于PPP项目资产证券化。

就最广义的资产证券化概念而言，可以将不动产投资信托基金（REITs）列入资产证券化的范畴。上述2698号文明确表示了中国证监会将会同国家发展改革委及有关部门共同推动不动产投资信托基金（REITs），进一步支持传统基础设施项目建设。不过，REITs与一般资产证券化的主要差异之一是：REITs需要采取直接或间接的方式取得不动产的所有权，比如，一栋写字楼的产权。该等产权的取得将引发一系列法律和税收问题。如果没有为此制定特殊的法律和税收制度，REITs市场是不可能形成的。当前，我国市场仅存在一些类REITs产品，没有真正的REITs，其主要原因就在于此。因此，将REITs模式引入PPP项目资产证券化领域可能将是一项长期的工作。

二、PPP 项目证券化的合格资产问题

对于以融资为主要目标的 PPP 项目资产证券化而言，不言自明拟证券化的基础资产必须能够依法产生向资产支持证券投资者支付其主要投资收益（通俗地说，这个投资收益就是资产支持证券的本金和利息）所需的现金流。如果 PPP 项目不能产生足够的现金流，而是通过 PPP 项目公司的控股股东或第三方机构以担保或其他增信方式来代替 PPP 项目公司履行义务，则难言此类资产为合格的基础资产。对于当前市场上存在的基础资产所产生的现金流严重不足，代之以发起机构（原始权益人）信用作为担保的资产证券化产品，市场人士已经基本形成了视之为普通债券的共识。

对于能够产生足额现金流的 PPP 项目，其证券化资产的合格性又进一步分为债权资产和非债权资产（也称为未来现金流，目前市场上最为常见的表述方式是收益权类资产）。所谓债权类资产，其基本法律特征有两个：1. 将该资产转移至为证券化目的设立的 SPV 名下之际，债务人已经确定；2. 将该资产转移至为证券化目的设立的 SPV 名下之际，债权人的义务已经完全履行完毕。从我国当前 PPP 项目实践来看，符合这两项条件的主要是一些政府购买服务 PPP 项目。至于非债权类资产，当前市场上凡是使用“收益权”这个概念的项目，基本上都可以列入此类。这类资产的基本特征是，基础资产现金流的形成具有不确定性，完全依赖于相关企业的持续正常运营。就 PPP 项目证券化而言，使用者付费项目均属此类。如果 PPP 项目公司经营不善或破产，资产支持证券的投资者将难以实现其预期的投资收益。因此，这类 PPP 项目的资产证券化通常需要外部机构提供担保或其他方式的信用增进。

无论债权类资产还是非债权类资产，作为 PPP 项目证券化的基础资产，必须是证券化发起机构（原始权益人）依法可以自由处置的资产。如果该项资产已经被发起机构（原始权益人）质押给了其他机构，比如贷款银行，则将无法转让给为证券化目的而设立的 SPV。需要特别指出的一点

是，对于收益权类资产，因其存在重大法律争议，即使未设立质押，该资产能否作为证券化的基础资产也是令人存疑的。因为，那些为PPP项目提供融资的商业银行必然会要求在PPP项目运营所需的实物之上设立抵押。假如商业银行行使抵押权，则收益权资产也就失去了得以形成的物质基础。

从目前中国证监会颁布的相关证券化业务规则来看，对于存在抵押或质押的基础资产，允许通过解除抵押或质押的方式将此类资产转化为合格基础资产。因此，对于存量PPP项目而言，能否解除拟证券化基础资产上的抵押或质押，除了法律上取得债权银行的同意之外，关键就在以于PPP项目证券化所募集资金取代已存在银行贷款是否具备经济上的可行性了。

三、PPP项目证券化的破产隔离问题

从理论上讲，与一般信用债券不同，资产支持证券不是主体信用债券，而是资产信用债券，即资产支持证券本息兑付主要依赖于基础资产。因此，对于PPP项目资产证券化而言，破产隔离似乎就成为一个无法回避的重要问题。当前，已经有人提出中国必须发展能够实现破产隔离效果的PPP项目证券化。但是，在现行PPP项目资产证券化的制度框架下，以使用者付费为主的PPP项目根本无法实现破产隔离。至于政府购买服务的PPP项目，如果政府付费是以对PPP项目运营的绩效考核合格为前提，则同样难以实现破产隔离。除非，在证券化之前政府已经完成了考核，而且认定考核合格。

准确地说，资产证券化的破产隔离指的是将基础资产与证券化发起机构（原始权益人）的破产风险隔离开来，即在发起机构（原始权益人）进入破产法律程序的情况下，已经证券化了的基础资产不会被破产法院认定属于其破产财产。根据破产法的基本原理，如果已证券化基础资产被法院认定属于发起机构（原始权益人）的破产财产，则破产企业的其他债权人将资产支持证券投资者共同分享这些基础资产。从世界各国的实践经验来看，实现资产证券化破产隔离的方式主要有三个：1. 真实出售，即将基础

资产按照公平合理的价格出售给为证券化目的设立的SPV；2.将基础资产信托转移至为证券化目的设立的特殊目的普通法信托（SPT）名下；3.以出资方式将基础资产转移至为证券化目的设立的特殊目的公司（SPC）名下。上述2698号文框架下的PPP项目资产证券化采用的是第一种方式，即作为原始权益人PPP项目公司将基础资产出售给为证券化目的设立的SPV—资产支持专项计划。这个原始权益人SPV之间的买卖交易，理论上完全可以实现破产隔离。但是，如果买卖的资产不符合破产法关于破产财产的规定，依然无法实现破产隔离。

以我国现行破产法——《中华人民共和国企业破产法》为例，该法第18条第1款规定，在法院受理破产申请后，破产管理人对破产申请受理前成立而破产企业和对方当事人均未履行完毕的合同有权决定解除或者继续履行，并通知对方当事人。对于采用使用者付费的PPP项目，比如，供水、供气或供热，如果PPP项目公司进入了破产程序，则尚未履行的供水合同、供气合同或供热合同，破产管理人有权解除（即使事实上解除的可能性不大，但是破产管理人可以通过技术性合同解除将进入破产程序之后产生的收入纳入破产财产范围）。另外，现行破产法第30条规定“破产申请受理时属于债务人的全部财产，以及破产申请受理后至破产程序终结前债务人取得的财产，为债务人财产”。如何理解“破产申请受理后至破产程序终结前债务人取得的财产”，对于使用者付费的PPP项目证券化至关重要。因此，如果未来能够通过最高人民法院的破产法司法解释或国家立法机构的资产证券化统一立法确认资产证券化SPV向原始权益人购买的资产（即使原始权益人在破产之后取得该等资产）不属于破产财产，则必将对PPP项目资产证券化产生极大的推动作用。

四、PPP项目证券化的税收制约问题

从美国和欧洲等国的资产证券化市场发展历史来看，税收制度始终是

左右资产证券化市场的一项重要因素，因为税收因素直接决定着资产证券化发起机构（原始权益人）的财务成本。如果因为税收因素导致财务成本过高，原始权益人要么没有动力发起资产证券化交易，要么采取各种措施规避税收成本。美国即国际金融市场上一些复杂交易结构的资产证券化产品，除了解决一些在个别国家难以逾越的法律障碍之外，主要就是为了降低税收成本。

在我国资产证券化市场启动之初，根据国务院的统一部署，财政部和国家税务总局2006年2月20日颁布了《关于信贷资产证券化有关税收政策问题的通知》(财税〔2006〕5号，财税〔2009〕61号文将本文第二条第三项废止)。但是，该5号文仅适用于信贷资产证券化，我国其他领域的资产证券化税收政策长期以来一直是缺失的。从我们所了解到的实践情况来看，非信贷资产证券化领域的税收问题均是由发起机构（原始权益人）自行与相关主管税务机构协商处理。换句话说，当前企业资产证券化项目发生的税收成本实际上由发起机构（原始权益人）承担了。客观来看，企业资产证券化项目主要以融资为目的，只要融资成本相比其他融资方式的成本为低，发起机构（原始权益人）是愿意承受的。但是，对于PPP项目资产证券化而言，相关政府主管部门努力推动PPP项目建设的动机之一就是为传统基础设施建设寻求更低成本的建设资金，如果因为税收制度的缺失导致PPP项目资产化融资成本上升，则难免有失初心之嫌了。

2016年12月21日，财政部和国家税务总局颁布的《关于明确金融、房地产开发、教育辅助服务等增值税政策的通知》(财税〔2016〕140号)在资产证券化领域引起了极大的关注和焦虑。该文规定“资管产品运营过程中发生的增值税应税行为，以资管产品管理人为增值税纳税人”。如果中国证监会主管的资产证券化产品被认定为“资管产品”，则不可避免地会增加PPP项目资产证券的财务成本。其实，中国证监会2014年11月19日颁布的《证券公司及基金管理公司子公司资产证券化业务管理规定》已经将资产证券化业务的上位法修改为《证券法》《证券投资基金法》和

《私募投资基金监督管理暂行办法》，并同时将此前实行的《证券公司资产证券化业务管理规定》所规定的“专项资产管理计划”的名称修改为“资产支持专项计划”。因此，在法律逻辑上，资产证券化产品已经成为区别于普通资管产品的独立金融产品，不属于140号文规范范围。但是，在国家税务总局未予以明确之前，相关资产证券化从业机构必然从维护自身利益的角度出发抬高资产证券化产品的交易成本，PPP项目资产证券化的推进工作可能因此受到不利影响。

客观来看，我国资产证券化税收法律制度的缺失或不足已成为制约资产证券化市场发展的一个重要因素。另外，随着增值税改革的全面推进，上述5号文也已失去了存在基础。因此，尽快建立我国统一的资产证券化税收法律制度已是相当急迫了。

在2698号文的制度框架之下，现阶段PPP项目资产证券化的基本方式是以资产支持专项计划为特殊目的载体，在资产支持专项计划管理人的主导之下向PPP项目公司购买基础资产。本文仅就此模式之下所要面临的合格资产、破产隔离和税收问题做了简洁的分析。除此之外，PPP项目资产证券化的良好发展还涉及资产支持证券信息披露、资产支持证券期限匹配与持续发行、PPP项目合同与政府履约等诸多重要法律问题需要解决。另外，PPP项目资产证券化还可以采用资产支持票据的方式在银行间债券市场公开发行，这又将涉及基础资产的信托转让等复杂法律事项。简而言之，资产证券化是一项非常复杂的金融产品。对于PPP项目证券化而言，相关法律制度和税收制度的建设应当尽可能有利于实现降低融资成本、盘活PPP项目存量资产、加快社会投资者的资金回收和吸引更多社会资本参与PPP项目建设等多重政策目标。

环球律师事务所合伙律师　李文

原广发合信产业投资管理公司总经理　李茂年

PPP 融资：英国经验及对我国的启示

英国被视作 PPP 模式的“发明者”，在各方面都积累了丰富经验，发展已相对成熟。英国的 PPP 主管部门是英国基础设施局（Infrastructure UK，以下称为 IUK），推动着 PPP 政策规则不断完善。融资环节是 PPP 模式中至关重要的部分，尽管 PPP 模式不仅限于融资功能，但不少人仍将 PPP 模式直接当作 PPP 融资模式。为学习英国在 PPP 融资方面的经验做法，经济所课题组于 2015 年 8 月 31 日 –9 月 3 日赴英国伦敦学习调研，重点了解了英国在 PPP 融资方面的经验做法，以期为国内 PPP 融资提供启示和借鉴。

一、英国 PPP 模式概况

英国是较早采用 PPP 模式开展基础设施建设的国家，自 1992 年首次提出私人融资计划（Private Finance Initiative，PFI）以来，共开展了 700 多个 PPP 项目，价值超过 500 亿英镑，覆盖了很大范围的公共服务领域，在英国公共服务采购与供给中发挥了非常重要的作用。

（一）两种模式：PFI 和 PF2

从 PPP 项目属性看，英国的 PPP 项目主要分为两大类，一是特许经营（由使用者付费），二是私人融资计划（PFI 和 PF2，由政府付费）。绝大部分项目采用私人融资计划模式，仅有少数是特许经营类项目。[①] 从具体

① 英国的教育和医疗是实行全民免费，所以大多采用 PFI 模式，由政府付费来供给服务。交通（高速公路、铁路等）绝大多数也是采用 PFI 模式，英国目前只有一条使用者付费的交通，公路项目 22 公里，但使用者较少，目前政府打算收回国有。

模式看，设计 - 建造 - 融资 - 运营（Design，Build，Finance and Operate，DBFO）是英国最为流行的 PPP 模式。

私人融资计划分为 PFI 和 PF2 两个阶段或两种模式，PF2 是 PFI 的升级改进版本，在 2012 年推出，主要针对 PFI 模式在融资和运营管理等方面遇到的问题做了改善设计。PFI 模式下，项目的具体运作全部由私营部门完成，政府通过与市场投资人签订合同，经过立项与可行性研究→项目采购→项目建设和运营→移交等采购流程开展项目。由市场投资人设计 - 建设 - 融资 - 运营 - 维护基础设施，并由政府定期支付费用，合同期一般在 15–30 年。PF2 模式对 PFI 的改进主要体现在引入了公共部门股权、改进了招标流程、增强了项目的透明度等方面，从而在不牺牲质量和竞争特点的情况下，提升了项目的便利性、降低了采购的价格。

专栏 1：PFI 模式和 PF2 模式

PFI 项目通常涉及三个主体：公共授权当局（负责实施政府采购的公共部门委托人）；私营部门（是项目组织运行的核心，负责对项目进行经营和管理）；第三方出资者（股东、贷款银行以及债券持有者等）。政府通过与市场投资人签订合同，由市场投资人设计 - 建设 - 融资 - 运营 - 维护基础设施，并由政府定期支付费用，合同期一般在 15–30 年。

PFI 的主要流程包括立项与可行性研究→项目采购→项目建设和运营→移交。立项与研究阶段，发起人以财政承受能力为重要考量要素对实施 PFI 项目的可行性进行评价并形成经营状况草案，呈报上级主管部门或地方政府 PFI 小组核准。项目采购阶段，发起人在欧共体公报刊载招标信息，通过招标确定项目开发主体。确定中标人后，政府提出对整个项目采购符合经济价值的说明，并从技术、财务、法律等角度审查项目主体的开发能力，与项目主体建立和完善合同条款，明确政府和私人部门在合同中的权利和义务，经核准后完成签约。签约完成后进入项目建设阶段，私营部门承担全部成本，负责筹措资金、组织设计、确定承包商施工、聘请项目监理、运营管理项目等，由政府根据项目实施、运营标准的完成度对私人部门予以偿还。如果项目建设水准未在规定时间内有所提高，公共部门当局通常有权终止合同，按适当份额补偿私营部门，并取得工程的所有权。移交阶段在项目完成后，私营部门办理转移、清算等事宜，公共项目由政府接管运营。

PF2对PFI的主要改进方面体现在：一是政府参股提升项目资本金比例。这主要是针对私人融资的困难性，鉴于私人投资难以利用高杠杆率获得资本市场融资，同时为降低私人资本股权融资的高额回报，英国政府在PF2模式中，要求提高资本金比例，政府资金在股本金中以小股东的方式进入，缓解私人投资者的融资压力，发挥私人资本的专业能动性，并使政府的风险降到最低。二是改进招标流程。主要通过三方面措施提高项目招标效率。推行集中招标，即主要依托中央部门的专业力量进行采购，如IUK（英国基础设施局）等；推行采购流程化、简单化和标准化，推广使用PF2标准合同和规范文本；启动政府能力建设培训计划，未来只有通过该强化培训计划的人士，才有资格领导大型政府项目。三是提高信息透明度。政府要求私营部门提供实际的和预测的净资产收益率，用于信息发布；及时披露未来PF2项目产生的负债情况，为项目发包方提供必要信息，使纳税人相信项目的VFM（Value for Money，物有所值）能达成。对项目资金的使用情况适当公开、在项目公司董事会中引入政府和相关代表的观察员制度，满足公众对私人承包商信息需求。

（二）PPP领域和项目

英国PPP项目覆盖行业范围较广，最早的PPP模式运用于保障性住房领域，目前的存量项目以教育、医疗、交通、废弃物处理为主。

根据IUK的项目数据库资料，截至2014年3月末，累计完成PFI项目 728 个，其中 671 个处于运行阶段，项目资本支出合计 566 亿英镑。这些项目主要涉及学校、医院、公路、监狱、住房、废物废水处理设施等领域，甚至还包括监狱、警察局、法院等设施项目。

从项目结构看，教育、医疗、交通、废弃物处理等行业数量占比分别为 28.71%、18.97%、5.30% 和 5.30%，合计超过 50%；总投资额占比分别为 19%、25%、12% 和 9%，合计超过 60%。交通类项目投资额往往较大，虽然项目个数占比不到 6%，但是其投资额占比却达到 12%。

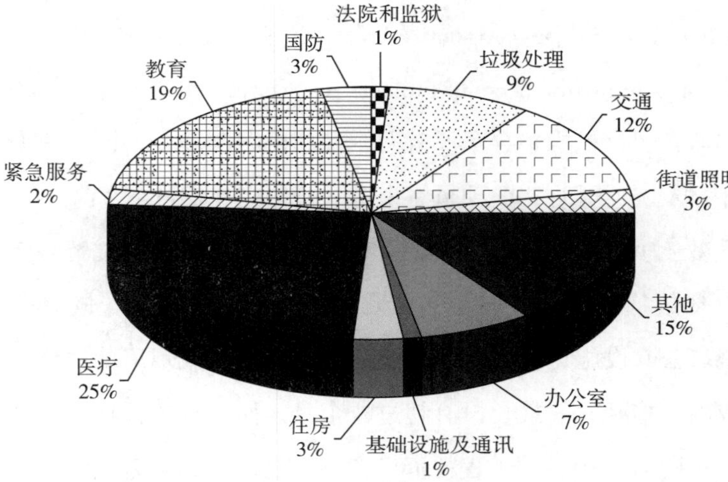

图 1　英国各领域 PFI 项目比重（按资金规模）

PPP 项目运营期限整体较长，截至 2014 年 3 月末，英国运营期限在 20–30 年之间的项目合计占比为 74.45%。少量项目运营期限在 5 年以内的项目（占 0.56%），主要为 IT 类项目；部分超过 40 年的项目（占 0.28%），主要为交通类项目（高速公路维护）和医疗项目。

需要注意的是，英国的 PPP 项目的投资规模在公共投资中的比例并不高，大约在 10%–13%。这是因为，PPP 项目有着严格的筛选条件，要进行严格的物有所值（VFM）论证，运用 PPP 模式只是作为传统交付模式的一种补充，而不是完全替代。

（三）PPP项目的管理和绩效

英国的PPP管理经历了由多机构到统一管理的过程。2010年在财政部下成立了基础设施局（IUK），统一主导推动PPP项目。IUK整合了原来的基础设施融资中心小组（TIFU）和财政部PPP政策小组，并接管“英国合作伙伴关系”编制规划和发布项目的职能，将这三个单位原来分散的专长技能实现互通共享，有利于更高层面的协调，有利于对更多基础设施领域进行长期规划。最新的状况是，基础设施局（IUK）与内阁府下属的大项目局（the Major Projects Authority）合并组建了新的机构，称为基础设施和项目局（the Infrastructure and Projects Authority，IPA），自2016年1月1日起正式运转。该机构整合了原有两个部门的各项职能，同时隶属于内阁和财政部，未来英国的PPP项目将由这一机构主导推进。

从绩效上看，英国PPP模式基本实现了PPP模式的优势。根据IUK的研究，多数项目降低了成本、提升了产品和服务质量，同时控制了风险。以城市公共设施建设为例，80%的工程项目按规定工期完成，20%未按期完成的，拖延时间最长没有超过4个月，而常规招标项目按期完成的仅有30%；同时，80%的工程耗资均在预算之内，20%超过预算，也是因为政府方面提出调整工程方案，而按一般传统招标方式工程耗资在预算之内的只能达到25%。

二、英国PPP项目的融资体系框架

从全部融资过程来看，英国的PPP项目融资体系可以分为两个板块，第一板块是我们通常所称的PPP融资过程，即以特殊目的公司（Special Purpose Vehicle，SPV）为主体的融资板块；第二板块则是基于政府债务管理和PPP项目付费机制产生的融资过程，即以政府部门（付费方）为主体的融资板块。

在第一板块中，英国PPP项目的融资主体是特殊目的公司（SPV）。融资过程的基本特征是市场融资手段为主体，而政府通过多种手段予以融资支持，特别是那些基于信用条件难以得到市场融资的项目。资金来源主要包括自有资本金、一般商业银行贷款、PF2模式下的政府股权投资、养老金等机构长期投资、资本市场资金（各类债券）等。在这一板块中，政府的角色是在市场资金缺乏、项目融资困难时提供直接融资或担保等支持，以避免相关项目执行延误。

在第二板块中，英国对政府举债有较为规范的管理机制，也形成了一系列举债融资工具，支撑着公共产品和服务的供给，特别是为大型基础设施项目的投入提供了财力保障。

以下部分将分别从市场融资、政府对融资的支持和举债和管理机制三个方面对英国PPP项目融资体系进行展开阐述。

三、英国PPP项目的市场融资

英国的金融市场发达且竞争充分，对于符合条件要求的PPP项目，市场能够提供低利率和中长期的资金供给。市场资金是PPP项目的主力资金。

（一）PPP项目的主要资金来源

PPP项目具有高负债运营的特点，资本金比例一般在10%–30%[①]。基于发达的金融市场条件，英国PPP项目的融资手段较为多样化。银行和资本市场都可提供固定利率的长期融资，期限最高可达40年，最低利率为国债利率加75个基点，有效促进了PFI发展。从市场角度看，英国PPP项目的资金来源主要包括，自有资本金、商业贷款（包括银团贷款）、资本市场、国家或区域性开发银行、追求长期收益的相关基金等。

---

① 在PF2模式下，政府股权投入拉动资本金比例达到20%–25%。

资本市场的具体形式主要为地方政府债券、项目收益债券、公司债券以及资产证券化产品等。金融危机之后，为了隔离政府风险，政府不再使用债券方式为PPP项目融资。但会通过提供政府补贴、帮助申请PPP基金等方式对PPP项目融资提供支持。

支持PPP项目的还有一些主题性资金，如英国绿色投资银行（The UK Green Investment Bank，GIB）主要投资于风能、生物质能和能源效率市场。自2012年11月成立以来，已支持了26个项目，设立了5个基金，支持资金规模达到13亿英镑。基于PPP项目的低利润率，追求高收益率的产业资金及高风险高回报的资金对投资PPP项目的兴趣不大，而英国养老金和保险基金等性质的资金追求长期稳定回报收益，与PPP收益回报特点匹配度较高，近年来也逐步成为PPP项目的重要资金来源。

（二）PPP融资的结构设计

一是股债比重设计。英国PPP项目基本上采取“股权+债权”的模式。在风险分配上，股权和债权要承担不同的风险，优先级债权承担可识别的融资风险，以及在建设运营过程中的绩效风险；股权则需承担大部分风险以及资产价格的波动风险。英国对PPP项目的股债比重并不做具体规定，交由市场自行确定，从而达到更低的融资成本，实现更高效率。

二是投资者层级设计。英国PPP/PFI项目的投资者，按投资阶段分为主要投资者、次级投资者；按资金来源分为项目运营商，财务投资者和机构投资者。其中，项目运营商往往就是主要投资者，负责主导整个项目的建设和运营；财务投资者仅提供资金，其目的是求得最高回报；机构投资者往往是一些养老金和保险资金，构成了次级投资者，其参与PFI/PF2项目的目的是为获得长期稳定的固定回报。英国政府也鼓励长期的资金和股权投资者进入PPP项目。所以，一旦项目建成并进入稳定运营阶段，主要风险已经过去，主要投资者就会将部分股权出售给一些机构投资者，养老金等机构投资者就可作为次级投资者参与进来。由于存在市场竞争，主要投资者的资本回报率不能定得太高，否则会限制次级投资者参与。在 PF2 模式中，政府确定了参与股本比例和股本金额后，主要投资者通过竞争股本回报率，往往是低价中标，获得与政府合资合作的机会。

三是结构设计上的创新做法。基于项目的不同特点，通过创新融资结构设计，增强了融资的可得性、降低了融资成本，实现了更好的物有所值。特别是 2012 年推出 PF2 模式，第一个典型案例就是英国重点学校项目建设，该项目采取了具有创造性的聚合体模式（Aggregator model），通过构建聚合体，增强项目的标准化程度，打包融资提升融资规模和信用评级等方式，在市场融资条件较差的条件下，成功获得较低成本的融资，推动项目顺利进行。

专栏 2：重点学校建设项目（Priority Schools Building Program，PSPB）

这一项目由英国教育基金会（UK’s Education Funding Agency，EFA）发起，启动时间是 2011 年。项目总投资约为 24 亿英镑，共将建造 261 个学校。其中的 46 个学校将采用 PF2 模式引进私人资本进行运作，投资规模在 7 亿英镑左右，分五批进行。当时面临的融资环境较差，银行贷款稀少、昂贵而且短期。为此，该项目采用了一种称为“聚合体融资工具”（Aggregator Financing Vehicle）解决融资问题。

聚合体（Aggregator）是开展打包融资的特殊目的公司（SPV），这种聚合体对打包项目均采用标准化文件，从而简化融资方所需的尽职调查等程序，提升了对非银行融资的吸引力，而 5 批项目打包起来的融资规模也足以吸引欧洲投资银行（EIB）和机构投资者。

Amber 主导的财团竞标成功，对这一聚合体进行开发、成立并资本化运作。聚合体的融资结构如下：Amber 上市基金（INPP）提供 10% 的夹层资金，欧洲投资银行（EIB）和 Aviva 投资公司各自以固定利率债券（fixed rate notes）的形式出资 45%。

聚合体的融资节奏是开发一批项目就融一笔款。前三批项目已经融资结束，融资规模分别是1.02亿英镑，1.36亿英镑，1.1亿英镑。每一笔融资的期限为25-26年。该融资对每一批项目的信用评级要求是BBB-（标准普尔评级），而聚合体实际获得的评级是A-（标准普尔），显著提升了信用评级，降低了融资利率，降低了整体成本，更好地实现了物有所值（VFM）。

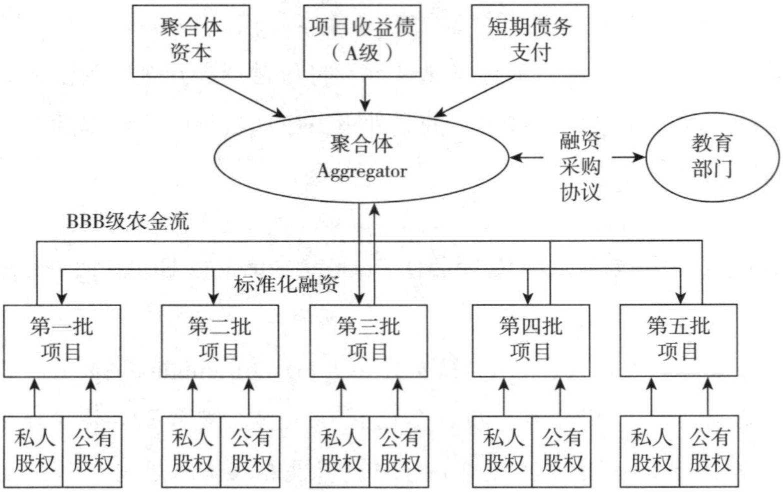

图2　PSBP聚合体模式融资框架

（三）PPP融资的风险管理

PPP项目的核心是风险分担机制，在融资环节也贯穿这一机制。在英国PFI和PF2模式下，投资人对PPP项目融资的风险也持审慎态度，在对融资的风险管理上形成了一些经验做法。

——对施工期风险的管理。施工期面临的主要风险包括施工延期、成本超出预算、更换建筑承包商等。对此，投资人应主要关注以下方面：一是风险分配情况，应确保风险分配给最有能力承担风险的一方。二是考量施工复杂性和建造商的能力，要确保建造商具有类似的项目建设经验，并对项目做了充足的准备。三是做好充足的准备预案。在可能出现成本超支、施工时间延期等情况下有应对措施的准备，对于建造商更换或合同终止等情况也要做好充分应对准备。四是正确评估其他风险因素，如施工偏离了标准结构，融资过程中的不确定性，运营期可能面临的风险以及相关主体的信用信誉状况等。

——对运营期的风险管理。投资商在项目运营期面临的主要风险主要体现在现金流上。如运营绩效持续不佳或发生了意外事故；在替换承担重要工作的关键分包商后，净现金流出现恶化；对长期生命周期的风险做出了错误评估，造成收益难以覆盖成本等。对此应做好以下工作应对风险：一是做好项目风险评估，包括对收入波动性、成本结构（固定成本和可变成本的比例）、项目终止的合同条款等认真评估。二是资本结构安排，要综合考虑成本、风险和权益等因素，确定更适宜项目特点的股权和债权结构。三是认真评估购买方的信用信誉情况，防止出现运营期违约风险。其他需要认真考量的因素还有关键分包商的财务实力、项目关键相关方之间的关系、股权投资商的经验、相关数量指标对风险的影响程度（如对流量的依赖，受用户数量的影响等）、管辖权风险、再融资风险等问题。

为做好融资的风险管理，PPP 融资投资商对相关信息应提出更高要求，主要应掌握三类信息：基本信息、第三方编制的报告和检测信息。具体见下表：

表 1　PPP 项目投资人要掌握的信息

基本信息	第三方报告	检测信息
1. 信息备忘录、私募融资备忘录或发售通函 2. 所有重要项目合同和计划，包括项目或特许权协议、施工或设备供应合同、运营维护合同 3. 任何其他重要协议，如购电协议或电力项目原料供应合同 4. 审计财务模式 5. 财务预测和敏感性 6. 融资协议，尤其是保障文件；债券、票据或贷款文件；债权人之间的协议；财务担保；利益相关方协议 7. 最终法律意见书，包括融资结束前的条件满足证明	报告包括交通、市场、技术、资源、法律、保险或其他风险情况分析	1. 合同或融资安排的重要修改 2. 额外融资或再融资活动 3. 最新财务模式和预测 4. 违规、豁免书或通知 5. 契约合规证书 6. 独立顾问最新报告

四、英国政府对PPP融资的支持

PPP项目与一般商业项目存在较大差异，而且对于英国来说，多数项目已经实现了私有化，公共基础设施的需求多集中在那些难以符合融资条件的项目上。如果政府不采取相应的支持手段，一些项目就难以获得市场融资，相应的公共领域产品和服务也就难以提供。特别是，受到金融危机的冲击，英国的PFI项目融资面临较大困难：市场担保人不愿提供担保；投资人倾向认为大型复杂基础设施项目存在较高风险，转而寻求更安全的资产配置；新的机构投资人如养老金和保险机构等在相关PPP项目的借款专业知识上有所欠缺等。对此，英国财政部联合各相关部门采取了一系列措施支持PPP项目融资。

（一）政府直接提供融资：TIFU

受金融危机的冲击，英国PPP融资面临严峻形势，融资机构减少，贷款审查更加严格，融资条件明显苛刻，这使得许多PPP项目融资无法进行。对此，英国政府于2009年3月在财政部建立了专门的PPP融资机构——基础设施融资中心（The Treasury Infrastructure Finance Unit，TIFU），直接为PPP项目提供融资，提振了市场信心。

从治理结构看，基础设施融资中心（TIFU）为财政部内设机构，为PPP项目提供的资金全部来自财政。这是考虑金融危机时的现实条件设定的，与委托商业银行或者新建独立机构管理基金相比，在政府内部建立并管理基金可以实现快速贷款[①]，同时又保持灵活性——仅作为解决临时流动性问题的备用措施，而非必须为项目提供贷款。

从融资性质看，TIFU提供的融资是市场融资渠道的补充，是为市场提供流动性，而非替代市场融资手段。TIFU针对的是那些在市场融资遇

① TIFU成立后仅五周就发放了首笔贷款。

到困难的 PFI 项目，提供的是临时、可退出的救助式贷款。在贷款方式上，既可采取全额贷款，也可与商业银行、欧洲投资银行等共同贷款。在市场融资条件较好、PFI 项目可以从市场获得融资时，就以出售方式进行退出。

从运作规则看，TIFU 明确规定，必须按照市场原则、采用商业贷款条件提供融资。TIFU 的审核贷款申请、谈判信贷条款、监督管理已发放贷款等流程与商业银行类似，拥有自己的尽职调查程序，并内设信贷审批委员会，成员包括财政部官员和独立的金融专业人士。

从贷款条件看，TIFU 向具有如下特征之一的 PFI 项目贷款：不能获得足够市场资金及时完成融资；投资者提出的融资方案条件都很苛刻；找不到投资者，面临延迟风险。TIFU 的贷款主要支持已经进入采购流程的 PFI 项目。[①] 而且，TIFU 不能在确定中标者之前介入支持某一特定竞标者。TIFU 贷款只能由政府采购部门或相关部委申请，市场投资者和银行都不能直接申请。在实际运作中，TIFU 倾向于为已获得大部分贷款的项目提供融资，并由项目的股权投资人继续承担主要风险。如前所述，因为采用的是市场原则，TIFU 贷款的利率、费用和期限与商业贷款机构一样，利率可固定也可浮动。

从核算关系看，TIFU 贷款与政府的其他债权一样，要计入政府资产负债表。不过这些贷款份额相对较小，不会对 PPP 项目中属于政府的资产产生决定性影响。

从市场反应看，TIFU 受到市场欢迎，特别是在 2009 年 4 月发放首笔贷款后[②]，市场反应更为积极。TIFU 成立之初，市场主要担忧这样的手段会挤出银行、扭曲市场，并且由于公共部门既是债权人又是 PFI 项目合作

① 经财政部批准，也可支持其他 PFI 项目。

② 首笔 1.2 亿英镑的贷款发放给了曼彻斯特大区垃圾管理 PFI 项目（GMWDA 项目）。此前，在该项目即将完成融资的关键阶段，一个主要贷款方突然退出。如果没有 TIFU 贷款，项目就要延迟甚至中止。TIFU 还关注了另外几个项目，例如环伦敦高速公路项目，该项目投资额为 GMWDA 的两倍。不过这些项目从市场投资者和欧洲投资银行顺利获得贷款，不再需要 TIFU 支持。

方，可能会出现利益冲突问题。基于商业原则的实际运作证明了TIFU是鼓励而非替代银行贷款的手段，增强了有贷款意愿的银行的信心，激励市场贷款人回归支持PFI项目，给市场注入了信心，之后有多项PFI项目通过市场融资手段顺利推进。

需要注意的是，TIFU只是提供临时的流动性以增强市场信心，吸引银行和资本市场为基础设施提供长期多元化融资是一项长期、艰巨的挑战。TIFU提供的融资支持在2010年已经终止。

专栏3：英国PFI融资受金融危机冲击

2008年，全球金融危机爆发，英国长期信贷市场开始恶化，PFI项目融资面临较大困难。

第一，信用保险公司（monoline）大幅萎缩。信用保险公司的业务是为投资人提供担保，保障其按时收回本息。它们通过担保，将投资信用等级低的PFI项目债务转化为3A级，吸引更多投资者，增加可融资性，降低融资成本。大多数融资额1亿英镑以上的PFI项目都需要信用保险公司的参与。2008年之前，它们有效支持了PFI，成为银行的重要辅助力量。然而，它们在金融危机早期就成了牺牲品。2007年，全部六家信用保险公司都是3A级，其中四家由于为非PFI项目提供担保出了问题，在2008年跌至非投资级。剩下的两家合并为一家公司，但市场对其信用评级有分歧，有的认为是Aa3，有的认为是AAA。金融危机重创信用保险模式。

第二，银行退出PFI市场。2008年，绝大部分银行，特别是零售网点少的银行难以获得存款以支撑长期贷款业务，即使是风险较低、市场认可的PFI项目也难获贷款。在2008年9–10月，LIBOR波动剧烈，两次攀升至近7%，银行间拆借市场快速恶化。PFI项目受到冲击：一是放款银行减少。许多银行不再向新PFI项目提供贷款，一些跨国银行甚至缩减海外业务，把重点放到国内。二是融资过程更漫长复杂。一个PFI项目需要从若干银行融资。过去由几家银行联合贷款的模式停止了，每家银行都需独自谈判，以确保自己最安全。三是贷款利率显著提高。市场认可的项目在同等风险条件下，金融危机前贷款利率仅比国债高 80 个基点，而到 2009 年 7 月时，利率已飙升到比国债至少高 250 个基点，最多高 300 个基点，超出项目的承受能力。四是贷款期限大幅缩短。项目在完成融资后，最短仅五年就不得不寻求再融资。贷款期限大幅缩短使得不确定性增加，风险上升，影响股权投资人的收益。五是项目融资严重受阻。PFI 项目库有 110 个项目，价值 130 亿英镑，是英国政府投资计划的关键部分，且已进入采购程序。其中许多项目融资困难，获得多家银行联合贷款所需的时间普遍越来越长，积压的项目越来越多，问题越来越大。

资料来源：世界银行调研报告（作者为 Ed Farquharson and Javier Encinas）：《英国财政部基础设施融资中心：在全球金融危机期间支持 PPP 融资》

（二）PF2 股权投资

PF2 模式是对 PFI 的升级改进。该模式与 PFI 的最大区别就是，政府方投入部分资本金参股特殊目的公司（SPV），这使股本金比例从 10% 提高到 20%–25%，更有利于获得长期债务融资，特别是从资本市场融资，从而缓解融资困难，同时又有助于发挥私人资本的专业能动性。从这一意义上讲，PF2 模式也是政府对 PPP 项目的融资支持手段。

在 PF2 模式下，英国政府成立了 PF2 股权基金，对 PF2 项目进行投资。在 PF2 项目的管理上，为保障公共部门作为股权投资人更有效率参与到项目中去，同时避免公共部门因双重角色可能出现的利益冲突（公共部门既是投资人也是采购人），英国在财政部下成立了专门小组来管理 PF2 股权投资。PF2 小组独立于采购部门，主要从专业角度来管理投资，在具体项目的投资决策上所遵循的原则与私人部门在市场上的原则一致，从而有效规避了双重角色问题，也确保公共部门的股权投资遵循效率原则。

表 2　部分 PF2 股权投资项目

项目公司名称	股权投资金额（含股东借款）	期限	签署日期
HLR Schools Limited	1,354,300 英镑	27 年	2015-3-19
GT NEPS Limited	1,088,364 英镑	26 年	2015-3-10
PSBP NW ProjectCo Limited	1,054,551 英镑	27 年	2015-3-25

（三）英国担保计划（UK Guarantees Scheme）

部分基础设施项目（PFI/PF2 项目）往往难以满足信用条件，从而造成融资困难、难以顺利推进。对此，英国政府在 2012 年 7 月发起了英国担保计划（UK Guarantees Scheme）。[①] 这一计划主要是通过提供政府财力背书的担保帮助项目获得融资，从而避免公共设施投资及供给的延误，推动项目顺利进行。该担保计划最高可提供 400 亿英镑的担保规模，并将于 2016 年 12 月关闭。

从担保类型来看，英国担保计划必须是针对项目的债务融资进行担保，可以针对具体某个问题的担保，也可以提供一般性的担保。担保计划将基于商业原则进行收费，收费的标准会根据具体项目的结构设计和风险情况来设定。

在担保计划的管理上，基础设施局（IUK）下设担保计划小组专门进行管理，成员有 12 人，多具有银行工作经验。担保计划的立项要经过四个步骤：第一步是由项目方提出申请；第二步进行资格预审，由财政部长决定项目是否符合担保条件（见专栏）；第三步是对项目进行严格的评估和尽职调查；第四步将项目提交给风险委员会进行评估，最终由财政大臣批准。

在项目担保的具体设计上，申请担保的项目必须认真设计融资结构来获得必要的担保，比如担保计划可为优先级份额提供融资担保。政府在担保规模、期限、风险敞口和权利义务关系等担保结构的设计上拥有较大的

① 2012 年 10 月 31 日，英国通过了《基础设施（金融支持）法案》。这一法案的目的是授权英国财政部，或是经财政部同意下的国务大臣（the Secretary of State），承担提供公共基础设施的相关支出。英国担保计划实际上是在这一法案框架下的融资支持项目。

自由裁量权，这些都会因项目不同而有所差异。该担保计划将覆盖项目的主要风险，包括建设、绩效或收益风险。

截至 2014 年 3 月，该计划已经收到了 200 多次咨询，已有 40 个基础设施项目（大约价值 370 亿英镑）通过了资格预审，有资格获得英国担保计划，涵盖了铁路、公路、能源、垃圾处理、住房和高等教育项目等领域。目前英国担保计划已发放了 7 次担保（总额达 17 亿英镑），共有 50 多个机构投资者（包括人寿保险和养老基金）基于该担保计划为相关基础设施项目提供了融资。

专栏 4：英国政府担保计划的申请条件

1. 具有全国性重大意义。通常这些项目应该已列入全国基础设施计划（National Infrastructure Plan）。其他的特殊项目将基于“一事一议”原则予以考虑。

2. 一年内（12 个月）即可动工。项目自获得担保之日起，12 月内须动工，必须已经具备（或即将具备）必要的计划以及其他的许可。

3. 财务上可信。股权投资人或项目资助人愿意接受对项目进行适当重组，从而控制给纳税人带来的任何可能风险。

4. 担保非常必要。项目的融资可得性依赖于担保计划，如果没有担保计划支持，项目就难以在一定时间内获得融资。

5. 对纳税人具有较高价值。经过财政部评估，项目应具有可接受的信用质量，没有展现出不可接受的财政和经济风险，对经济增长应具有正向促进作用。

表 3　部分英国担保计划项目

项目名称	借款人	用途	担保规模（英镑）	期限	签署日期
Ineos Grangemouth	Ineos Grangemouth	乙烷进口及储存设施	2.85 亿	5 年期债券	2014-7-30

续表

项目名称	借款人	用途	担保规模（英镑）	期限	签署日期
Speyside CHP plant	斯贝塞可再生能源合营公司	生物发热与发电	4820万	14年期债券	2014-8-28
北安普顿大学	北安普顿大学	沃特赛德新校区建设	2.915亿	50年	2014-11-26
Mersay Gateway	–	–	2.57亿	29年期债券	–
Northern Line Extension	–	–	7.5亿备用再融资基金	–	–

资料来源：Report to Parliament under the Infrastructure（Financial Assistance Act）2012：for the period 1 April 2014 to 31 March 2015，相关文档可从以下网址下载：www.gov.uk/government/publications

（四）住房担保计划（Housing Guarantees Schemes）

《基础设施（金融支持）法案》为住房担保计划提供了法律依据。住房担保计划的规模为100亿英镑，和英国担保计划类似，也是使用政府的财力信用做担保，支持英国私人出租住房和保障住房项目获得融资。截至2015年3月，地方政府和社区部（The Department for Communities and Local Government，DCLG）可以为保障住房项目融资提供总计达35亿英镑的担保，还可为新建的私人出租住房提供总计达35亿英镑的担保。此外，还有30亿英镑的保留额度，为两类项目的融资共同使用。

——保障住房的担保计划。截至2015年3月31日，共有35家保障房供给商获得了保障住房担保计划的支持，合计融资高达12.5亿英镑，用以支持新建11000多套保障住房。截至目前，这些已获批担保的借款人的主要融资情况如下：一是总额为6亿英镑的债券发行，其中在2015年3月发行的1.94亿英镑实现了2.92%的超低利率，这不仅是27年来利率最低的住房债券，在该领域里任何形式的融资里也是最便宜的。二是欧洲投资银行提供的总额5亿英镑的长期贷款，给借款人赢得了破纪录的低息，比如Devon and Cornwall Housing就锁定了一个年利率2.365%的长期低息贷款。

在保障住房担保计划里，尽管获批担保支持的借款人在融资过程中竞争非常激烈，但政府在审批担保计划时并不收费，这降低了借款人的实际融资成本，吸引了更多资本加入新建保障住房行列。2013 年 6 月 20 日，地方政府和社区部（DCLG）指定保障住房担保计划由保障住房金融公司管理，这是住房金融有限公司（The Housing Finance Corporation Limited）的子公司。

——私人出租房担保计划。2014 年 12 月 10 日，地方政府和社区部（DCLG）指定 PRS 公司（Venn Partners LLP 的子公司）来管理该担保计划。要申请该计划需要经过很严格并且竞争很激烈的程序。PRS 公司于 2015 年 4 月正式开放申请。

（五）支持养老、保险资金投资基础设施项目

追求长期稳定回报的养老基金、保险资金则与 PPP 的收益回报特点具有高度的匹配性。英国政府采取多种手段大力推进养老金和保险资金为 PPP 项目融资。

一是支持成立养老金投资平台。2011 年 11 月，政府、英国养老基金联合会（National Association of Pension Fund，NAPF）和养老金保障基金（Pension Protection Fund，PPF）签署了谅解备忘录，确定要建立养老金投资平台（Pension Investment Platform，PIP）支持英国基础设施投资。2012 年 10 月，NAPF 和 PPF 宣布，10 家英国养老基金成为创始投资者，签署成立了养老金投资平台（PIP）。该投资平台在 2014 年启动了首项基金，目标融资额为 20 亿英镑，目前已募集到 6.5 亿英镑的资金，大约 2/3 已投入到了 41 个项目上。发起的第二项基金募集在 2015 年 6 月第一次封闭，已经获得了 4 家养老金基金大约 1.31 亿英镑的投资承诺。第三项多战略基础设施基金也正处于规划之中。需要指出的是，虽然英国政府与 NAPF 和 PPF 紧密合作，大力支持创立 PIP，但该平台的运作完全独立于政府，遵循商业原则开展投融资活动。

二是支持成立保险公司基础设施投资论坛（Insurers’ Infrastructure

Investment Forum，IIIF）。英国政府在AS11上同意建立保险公司基础设施投资论坛（IIIF），为英国保险协会（the Association of British Insurers，ABI）成员提供专门平台，从而可以交流有关基础设施投资相关政策，也使得与项目交付公司对接更为方便。英国政府支持成立这一论坛，主要目的是为保险基金经理在英国基础设施项目建设中创造更多的参与机会，使保险资金在项目建设中发挥更大作用。反过来，通过该论坛的讨论研究反馈的信息，也有助于PF2和英国担保政策的制定和完善。实际上，多项保险基金参与购买了公共机构的债券发行，一些保险基金已经为相关基础设施项目提供了直接贷款，还有一些基金正在积极做各方面的准备，积极参与到基础设施项目的建设中去。主导英国PPP项目的基础设施局（IUK）为这些潜在的投资人提供支持，加快提升其在PPP项目融资方面的相关能力，促进他们更好更快参与到融资当中去。

五、英国政府部门的举债及管理机制

从政府的角度看，一方面，英国政府要对PF2项进行股权投资以及提供其他融资支持，另一方面，PFI和PF2项目最终都要求政府付费。我们在此对英国政府的举债及管理机制予以介绍。

（一）地方政府部门的借债情况

英国要求地方政府执行平衡预算，不允许有赤字。PPP项目主要由地方政府开展，需要采用借债形式对PPP项目支持和付费。2014年，英国推出政府融资的审慎机制，地方政府部门可以通过融资自主来支持投资类型的项目，无需获得政府同意，但是一定要确保该资金确实用于项目投资支出，且有能力使用自身收益来偿还债务。地方政府部门必须参照《审慎准则》（the Prudential Code）中的条款，综合考虑贷款的收入成本、其各种来源的收入及其他收入承诺，审慎确定可负担的举债金额。

从近些年英国地方政府部门的借债来源看，按融资规模从大到小依次为公共工程贷款委员会（PWLB）、银行贷款、国外融资和债券等。其中，2013–14 财年 PWLB 的份额占到了 75%，是地方政府部门融资的最主要来源，其次为银行贷款，占到 13%。从期限看，地方政府部门的融资绝大部分为长期借债，这也与相关项目投资的长期性特点相匹配。2013–2014 财年地方政府部门的债务余额为 696 亿英镑。

表 4　2009–2010 财年至 2013–2014 财年地方政府部门的借债来源（单位：百万英镑）

	2009–2010	2010–2011	2011–2012	2012–2013	2013–2014
临时借债总额（<1 年）	717	506	245	265	257
长期借债总额（>1 年）	53,710	55,906	67,020	68,923	69,369
# 可转让债券	597	594	1,494	2,501	3,299
# 债券以外的上市证券	387	806	2,226	1,459	1,066
# 公共工程贷款委员会	40,862	41,989	49,983	51,368	51,226
# 银行	9,006	9,418	9,320	9,015	8,584
# 国外借款	2,629	2,852	3,659	4,225	4,697
# 其他	227	246	338	355	498
总借债额	54,427	56,412	67,266	69,188	69,626

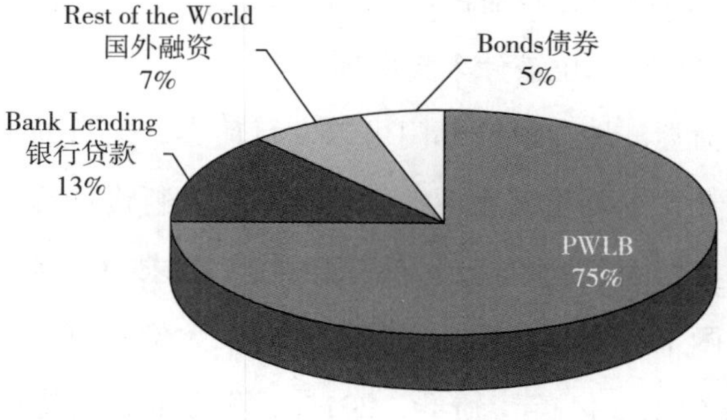

图 3　2013–2014 财年英国地方政府部门的融资来源

具体来看英国地方政府的举债来源：

一是通过公共工程贷款委员会（Public Works Loan Board，PWLB）融资。公共工程贷款委员会可向中央政府、英格兰、苏格兰和威尔士地方政府部门的贷款，PWLB 提供 50 年期的固定或非固定贷款。PWLB 的资金来源国家贷款基金（National Loans Fund，NLF），而 NLF 是以国债为来源的。PWLB 向地方政府部门发放贷款有三种不同的利率：

——标准利率（国债利率上浮 100 个基点），适用于所有希望从 PWLB 借款的地方政府部门。

——确定利率（国债利率上浮 80 个基点），适用于为财政部提供支出预测，以协助其进行预测的地方政府部门

——项目利率（国债利率上浮 60 个基点），适用于伦敦以外的地方政府部门，支持当地企业合作伙伴提名的重点项目。

与其他融资方式相比，通过 PWLB 借款对地方财政的影响较小，因为贷款利率由借款的公共部门承担。

二是银行贷款。地方政府部门的第二大借款来源是银行借款，不过在 2013-2014 年度仅占到 12.4%，远低于 PWLB 借款。银行提供的 LOBO（Lender’s Option Borrower’s Option）很受地方政府部门的欢迎。这些贷款为固定低息长期贷款。在贷款期内，贷款方可选择提高利率，此时地方当局可以继续这一更高利率的贷款，也可以选择提前还款（不用额外支付提前还款费用）。即使地方政府部门从私营部门借款，贷款利息和本金偿还仍将由公共部门承担，也被计入支出项中。

三是发行债券。地方政府部门可以发行债券，但目前为止，仅有少数地方发行了债券，主要是因为债券发行会产生发行设计等高额成本，规模太小就不太合算，而英国单个地方部门的借款要求很少达到规模要求。截至目前，只有两个地方当局发行了债券：（1）大伦敦市政府发行过两次债券，2011 年发行了 6 亿英镑债券，2015 年发行了 2 亿英镑债券。（2）伦敦交通局自 2011 年以来发行了 7 次债券，发行规模 27.7 亿英镑。

（二）英国政府债务管理

1988 年 4 月，英国取消了英格兰银行的债券发行权限，新成立了债务

管理办公室（Debt Management Office），管理全国政府债务。这一机构的办公地点并不在英国财政部大楼里，但在法律意义上很难与财政部划清界限，名义上自主运营，但必须是在财政部的指导下，债务管理办公室的主管就是分管 DMO 的财政部大臣。简言之，这一机构实际上是财政部的执行部门。

专栏 5：债务管理办公室的职能

英国债务管理办公室的职能主要有四项：

债务管理：执行政府债务管理目标。英国政府债务管理的目标为：在确保债务管理政策与货币政策目标保持一致的前提下，权衡风险后最小化满足政府融资需求的长期成本。

现金管理：在一个允许的风险敞口范围内，使补偿政府净现金流的成本最小化

向地方政府借款：向地方政府提供投资目的的借款，如通过 PWLB。

基金管理：管理几个公共性质的基金

从债务管理看，英国政府的举债融资有两个目的：一是满足中央政府对净现金的要求（Central Government Net Cash Requirement，CGNCR）；二是为了偿还到期的债务。中央政府举债的主要手段就是发行国债，这包括：（1）传统的国债（Conventional Gilts），短期为半年 -7 年，中期为 7 年 -15 年，长期为 15 年以上。（2）指数关联国债（Indexed Linked Gilts）。（3）短期票据（T-Bills），分为 1 个月、3 个月和 6 个月。

六、对我国 PPP 融资的政策启示

英国在 PPP 融资方面的相关做法对我们推广 PPP 模式提供了丰富启示，相关做法值得我国在实践中参考。

一是深化市场决定理念。英国PPP项目的融资，始终是以有效吸引使用市场资金为主要目标，对于不确定性较大、信用条件不足从而难以获得充足融资的项目，英国政府也提供了多方面的支持，但在政策设计上均奉行“不扭曲市场”的原则。比如，基础设施融资中心为相关项目提供直接融资，是针对金融危机时期融资困难局面的特殊举措，是临时性的，以引进市场资金为主要目的，防止挤出市场资金，取得较好效果。再如，英国担保计划的运转与商业机构类似，除了严格的条件要求和审批流程，还要根据项目情况进行商业收费。这些做法均是为了保证为PPP项目提供融资支持的同时，尽可能不扭曲市场秩序。因此，我国PPP融资政策也应深入贯彻“市场决定资源配置”的理念，一般情况下政府不可替代市场资金为PPP项目提供直接融资，在相关支持政策制定时也应做好设计，尽力避免扭曲市场融资正常秩序。

二是着力拓宽市场融资渠道。基于英国发达的金融市场，加上政府对相关具有长期稳定投资属性资金的引导，能够为PPP项目提供长期、低成本的资金。我国尚缺乏基于多层次风险的规范金融产品，传统市场融资模式偏于保守，PPP项目的融资渠道仍较为有限。建议探索更多市场融资渠道支持PPP项目的融资，包括利用传统的商业贷款以及国家开发贷款；鼓励项目公司发行公司债券、企业债券、中期票据等中长期公募债券；鼓励发行项目收益债券，以及发行定向融资工具等非公开发行债券；项目建成并运营后，在稳定现金流可期的情况下可以考虑资产证券化；引入养老基金及保险基金等追求长期稳定收益的资金；通过PPP基金以债权、担保、股权等形式，为难以获得市场融资的PPP项目提供资金支持，在项目条件改善后择机退出等。

三是在部分领域政府承担必要的兜底风险。针对PFI模式存在的诸多问题，英国自2012年推出了升级版本PF2。该模式的最大特点就是政府在项目中拥有股权，共同提供公共产品和服务。我国目前的PPP融资政策普遍表现为“甩包袱”特点，即将融资抛给项目公司，政府与债务风险隔离开来。实际上，对于部分不确定性较大的领域或项目，可借鉴英国 PF2 模式，政府参与适当股权，或在项目确难以达到相应收益条件时承担兜底风险，这些措施可以使项目更易获得市场融资，也利于项目在之后的成功运营。

四是完善地方政府融资体系。地方政府在入股投资 PPP 项目以及付费机制上，都需要必要的融资来支撑。目前我国地方融资平台逐步转型，在公共产品和服务领域的融资功能受到限制。地方政府债券发行规模仍较为有限，地方政府规范的借债渠道变窄。建议借鉴英国公共工程贷款委员会（PWLB）做法，在对地方债务规范管理的基础上，利用国债资金建立国家级基金，为地方政府的投资支出提供融资，与其他融资渠道一起形成更畅通的地方政府借债体系。

附　录

案例：英国赛文河第二大桥项目

赛文河位于英格兰与威尔士之间，阻断了两岸交通。1966 年，赛文河第一大桥建成通车，但随着交通流量的增长，到 20 世纪 80 年代中期，第一大桥已难以满足通行需求，需新建第二座大桥。英国政府决定采用 PPP 模式吸引社会资本完成第二座大桥的建设、运营和维护，同时接管第一大桥。该项目采用设计－建造－融资－运营－维护（DBFOM）特许经营模式。该项目的社会资本方为赛文河大桥公司，由约翰·莱恩有限公司和 GTM Entrepose 公司各持股 50%。建筑设计方为托马斯·伯西事务所；结构设计方为哈尔克罗事务所、SEEE 公司、吉福德事务所；建设方为 VINCI 公司、Cimolai Costruzioni Metalliche、弗雷西内有限责任公司；融资方为美国银行、巴克莱银行。

该项目于1984年启动前期准备工作，1986年确定建设方案，1989年赛文河大桥公司中标，1992年项目建成通车。赛文河大桥公司的唯一收入来源是第一、二大桥产生的过桥费收入，收入主要用于完善、运营和维护两座大桥。定价机制根据1989年以来物价指数增长情况每年进行调整，以消除通货膨胀因素。项目建设总成本为5.81亿英镑，包括新建第二大桥及还清第一大桥剩余债务，以及特许经营期内两座大桥的运营和维护。

由于第一大桥存在严重老化，已对第二大桥构成潜在的交通、收入和成本风险，需要特许经营方进行维护。这种情况对特许经营方带来了额外的风险。经过谈判，特许经营方负责对第一大桥进行维护，但以下情况除外：桥梁初始设计或建设施工质量差；交通流量高于预期；恶劣的天气条件，从而排除了一些难以预期或无法控制的不利因素，减轻了特许经营方的运营压力。

项目最终融资安排包括：银行贷款1.9亿英镑、BEI贷款1.5亿英镑、债券1.31英镑、政府债券6000万英镑及特许权权益5000万英镑。为了降低债务成本，特许经营方分别在1997年和2002年对银行进行了重组再融资。

在该案例中，赛文河大桥公司通过限定责任来限定风险，排除了难以预期的因素；同时该项目采取了多种融资工具，包括银行贷款、发行债券、政府债券，以及特许权权益等，为后续项目融资方式起到了示范作用。

参考文献

[1] 英国财政部基础设施局 www.hm-treasury.gov.uk/infrastructure_index.htm
[2] 公私合作（PPP）论文、网站和案例研究 http：//rru.worldbank.org/PapersLinks
[3] 世界银行私有化数据库 http：//rru.worldbank.org/Privatization
[4] 世界银行调研报告（作者为 Ed Farquharson and Javier Encinas）. 英国财政部基础设施融资中心：在全球金融危机期间支持PPP融资
[5] 王强. PF2：英国PPP/PFI的新模式，澎湃研究所，2014-12-02

国家发改委经济研究所　李清彬

针对 PPP 特点，借鉴项目融资做法，破解 PPP 融资难

一、PPP 落地难的背后是融资难

PPP 本身是企业建设、运营本应由政府提供的基础设施和公用设施的投资方式，尽管有减轻地方政府当期财政负担，调动民间资本、社会资金的作用，但不是地方政府的一种新的融资方式。简单把 PPP 看作政府的融资手段的模糊认识导致实践中的错误做法，投资者做 PPP 是一种投资行为，承担投资风险，回报率应参照其行业平均回报率；PPP 不是融资方式，社会资本不是开银行的。模糊认识的另一个结果是部分金融机构直接做社会资本，对投资者产生了挤出效应，也模糊了股权与债权，为项目后期埋下隐患。

PPP 落地难的背后是融资难。目前 PPP 项目存在落地难的问题，根本原因在于项目收益性低、投资期长，其次是融资难、项目资本金筹措难。实际上，投资者和地方政府最终签订特许经营协议或 PPP 项目合同之前，往往先要考虑能从银行贷到多少贷款、期限利率大致是多少，所以融资难成为制约 PPP 项目落地的重要因素。

二、PPP 模式下融资的优势和劣势

传统的公司融资要求抵押担保，第一还款来源是借款人的预期偿债能

力，是确定贷与不贷、贷多贷少的关键因素。第二还款来源（抵押担保）可提高客户违约成本和还款意愿，当借款人无法偿还贷款时，通过处置抵押物、质押物或者对担保人进行追索来保障债权。

1. 与工业企业相比，政府授予的收费权是支持融资的最大优势。特许经营类PPP有特许经营权项下的收费权，公共服务类PPP有PPP项目合同项下的政府付费的收费权，也就是说在投资者履约和地方政府履约的前提下，PPP项目的市场风险较小。而国内100多个工业细分行业多半产能过剩，产品销售是最大的难题，市场风险是工业企业最大的风险。

比起工业企业，基础设施项目的投资更稳定。实际上基础设施、市政公用事业具有稳定长期的现金流，经济强度可以预计，便于投资人和贷款银行预测项目风险和收益，是很好的融资对象。工业企业难有百年老店，过去30年好多工业产品都淘汰了，而基础设施、公用事业却基业长青。曾几何时，我们的出行工具从自行车升级到摩托车，没过几年很多城市又"禁摩"了，现在大家出行多数依靠汽车，但电动汽车已经上路了；不远的将来，公路上会跑着无人驾驶汽车，回头看当初生产自行车、摩托车的企业安在乎？但公路一直都在那里。所以说基础设施项目更稳定。

同时PPP是企业做政府的项目，地方政府付费购买PPP项目产出的公共物品和服务或者给予补贴，而地方政府不会倒闭，即使经济落后地区的地方政府以后无力履行财政支付责任，在国内单一财政的体制下，上级政府总会允许下级政府借新债还旧债的。特别在经济下行时期，财政信用成为避风港，银行愿意贷款给政府做基础设施和公共服务项目的投资者。当然，PPP投资者的收费权有瑕疵，不构成一项无条件收取现金的权利，所以收费权质押也无法成为一种独立的担保方式。

2.PPP模式下，存在"担保难""抵押难"。工业企业在当地贷款常年有互保单位，而在PPP模式下，投资者要在异地专门为项目成立一个项目公司，常难以在异地找到足额有效的担保，造成不符银行贷款条件，存在PPP项目"担保难"的问题。即使母公司可以担保，总是由母公司借款或担保，会造成母公司负债率过高，难以承接新的PPP项目。而采用传统公司融资方式下的信用贷款，银行承担的风险太大，银行无法贷款支持，最终导致投资者因无法筹集到银行贷款而放弃项目。

“抵押难”：公用事业、市政公用设施是划拨用地，地上附着物不能单独抵押，一般也不允许。《财政部关于印发企业会计准则解释第2号的通知》五（五）“BOT业务所建造基础设施不应作为项目公司的固定资产”，PPP项目公司可用于抵押的资产不多。所以说，PPP融资难、PPP项目公司融资更难、公用事业PPP项目公司融资难上加难。

传统的公司融资不适合PPP模式的上述特点，项目融资是解决PPP项目“融资难”的好思路。

三、项目融资的概念和特征

项目融资是以项目为主体安排的融资，项目融资并非泛指为新建项目进行融资，为新建项目进行融资包括公司融资和项目融资两种方式。国际项目融资权威彼得·内维特（P.K.Nevitt）在其《项目融资》专著中的定义是：项目融资是“为一个特定经济实体所安排的融资，贷款人在最初考虑安排贷款时，满足于使用该经济实体的现金流量和收益作为偿还贷款的资金来源，并且满足于使用该经济实体的资产作为此笔贷款的安全保证”。

原国家计委1997年4月16日颁布《境外进行项目融资管理暂行办法》中，“项目融资是以境内建设项目名义在境外筹措外汇资金，并仅以项目自预期收入和资产对外承担债务偿还责任的融资方式”。

银监会2009年7月18日颁布《项目融资业务指引》，项目融资指以下特征的贷款：贷款用途通常是用于建造一个或一组大型生产装置、基础设施、房地产项目或其他项目，包括对在建或已建项目的再融资；借款人通常是为建设、经营该项目或为该项目融资而专门组建的企事业法人，包括主要从事该项目建设、经营或融资的既有企事业法人；还款资金来源主要依赖该项目产生的销售收入、补贴收入或其他收入，一般不具备其他还款来源。

通俗地讲，项目融资一要项目公司在借款协议上签字盖章（母公司和第三方不予担保），二要把风险在项目各个参与方之间进行分摊。请注意，项目公司作借款人，不要抵押、担保，但风险全担在银行身上的是信用贷款，项目建成后追加特许经营权项下的收费权作为质押，仍是一种信用贷款。项目融资有以下特征：

以项目为主体安排融资。投资者专门为项目成立一个项目公司，贷款银行主要依赖项目自身的经济强度，即项目自身的资产和项目的未来收益，而不是依赖项目的投资者或发起人的资信安排融资。

有限追索。贷款银行对借款人追索仅限于项目出资和股东支持责任，通常指的项目融资即是有限追索的项目融资。

风险分摊。为了实现项目融资的有限追索，项目的风险需要以某种形式在项目投资者、与项目开发有直接和间接利益关系的其他参与者和贷款银行之间进行分摊，这就是项目融资的风险分摊机制。

非公司负债型融资（Off-balance Finance）。即项目的债务不表现在项目投资者资产负债表上，最多这种债务只以某种说明的形式反映在母公司资产负债表的附注中。项目融资不影响项目发起人的后续借贷能力。

与传统的公司融资相比，项目融资最主要的特征是融资追索对象不同。在公司融资中，贷款的依据是借款人整体的资产负债、利润和资信情况，对该公司所要投资的具体项目的认识和控制则放在较为次要的位置，贷款银行不会特别关心项目，而是注重分析项目发起人或担保人的资信，如果项目失败，贷款银行可以找发起人履行还款义务；而在项目融资中，贷款银行主要依赖于项目自身的资产和项目未来的现金流量，无论项目发生什么问题，贷款银行均不能追索到项目发起人除项目资产、现金流量以及所承担义务以外的其他资产，项目融资与公司融资防范风险的对象和重点不同。

在项目融资中，项目公司作为借款人，不需要母公司或第三方的担保和项目之外的抵质押物，对社会资本增值在于，更适于希望以表外融资方式融资的客户。《基础设施和公用事业特许经营管理办法》23条“探索利用特许经营项目预期收益质押贷款，支持利用相关收益作为还款来源”，政策鼓励、行业主管部门允许以收费权质押融资，因此项目融资是最适合PPP模式的融资方式。

四、项目融资在我国的实践

项目融资是国际通行的大中型基础设施融资方式，广泛应用于发电设施、高等级公路、桥梁和城市供水等基础设施，以及建设规模大、具有长期稳定预期收入的工业项目，在我国也已有20多年的成功实践。1993年我国开始在电力项目领域进行项目融资试点，中外合资和外商独资项目是项目融资的主体。1995年签约的山东日照发电有限公司既是第一个原国家计委、电力部等中央部委直接参与的BOT项目，也是国内第一个项目融资项目，是对国内银行传统的信用贷款和担保贷款方式的突破。之后又经过邯峰电厂、唐山西郊热电厂、山东中华电力、合肥二电、上海闸电、珠海电厂、湄州湾电厂、上海大场水厂、成都六水厂、来宾B电厂和上海汽车、福建炼油一体化、南海石化等工业项目的有限追索项目融资，国内项目融资从电力、自来水逐步发展到汽车、石化等行业，建设银行通过和国外贷款银行一起融资，逐渐掌握了项目融资技术。

这些项目中，山东日照BOT电厂等已经提前中止，广西来宾电厂B厂于2015年9月3日如期移交，成都六水厂B厂2017年8月10日顺利移交中方。从融资方式来说，日照BOT电厂的项目融资结构保留到BOT投资结构提前中止以后，山东中华电力则是在运营期债务重组归还了项目融资贷款，BOT投资结构延长了3年特许经营期。盖棺定论，总结20世纪90年代中后期大型利用外资BOT项目（也是国内第一轮PPP项目）基本走完的20年的建设—运行—移交的特许经营期，对于今天特许经营类PPP的意义怎么强调都不过分。总结这些BOT项目的项目融资方式，或者借鉴其风险防范的思路，对于破解今天的PPP融资难更有着现实意义。

五、项目融资的风险类型与控制措施

在项目融资方式下，有限追索限制了贷款银行追索的程度和范围，贷款银行的还款主要依赖项目本身，因此项目融资面临的信贷风险比传统的担保贷款方式要大得多。风险控制的核心是如何在投资者、贷款银行以及其他与项目利益有关的第三方之间划分风险，并通过各种合同将各方面的利益结合起来，共担风险。按照风险在项目各个阶段的表现形式，可以划分为五种基本类型：

信用风险与控制。指项目各参加方是否有能力和愿意履行所承担的信用保证责任，通过审查项目参加方的资信和履约能力来控制项目的信用风险。

完工风险与控制。完工风险主要包括工期拖延和成本超支，它存在于项目建设阶段和试生产阶段。履行“交钥匙”建设合同是控制完工风险的基础。

运营风险与控制。运营风险是技术、能源和原材料供应等风险因素的总称，签订“供货或付款”（supply or pay）形式的长期能源和原材料供应合同，是减少运营风险的有效方法。

市场风险与控制。项目的市场风险包含项目产品价格和销售量两个要素。项目融资要求签订“无论提货与否均需付款”（Take or Pay）形式的长期产品销售合同，作为对融资的支持。

政策风险与控制。基础设施和公用事业项目的收益与政府规定收费标准直接相关，商务条件界定依靠政府承诺。过去20多年的两轮PPP实践中，PPP（BOT）项目最大的风险可能就是政府失信的风险。

经过严格的风险识别和分摊，并采取相应的风险防范措施，再通过对项目资产和收益的抵押、合同权益的转让，尤其是项目资产和现金流量的双保险，项目融资的风险变得可以控制。

六、借鉴项目融资风险控制，做好PPP项目的融资

目前经济下行时期，缺少优质信贷项目，金融机构存在“资产荒”。金融机构要想通过经营获得收益，就必须承担风险。项目融资从项目本身出发防范风险的思路和做法，对金融机构做PPP项目的融资有很好的借鉴意义。

事实上大多数项目，尤其是大中型基础设施项目，控制风险的基础在于项目本身的经济强度，在于建设风险的合理规避和对运营期现金流量的有效控制；抵质押物、保证人本质上是“第二还款来源”，对第二还款来源的追偿操作难、变现难、执行难、回收率低。忽视对借款人的实际偿付能力分析是“典当行思维”。因此贷款银行要侧重于项目本身面临的风险、借款人本身的还款能力和还款意愿，更为主动地控制风险。

对于PPP项目，融资创新的方向是借鉴项目融资做法，围绕PPP项目收费权这一优势做文章，金融机构将可以更好地支持PPP模式的发展。

中国建设银行山东省分行高级产品经理　尹昱

政府视角下 PPP 项目投资控制要点

——以福州市轨道交通 2 号线 PPP 项目为例

在我国新型城镇化进程不断加速的背景下，通过各级政府的大力推介，政府和社会资本合作（PPP）模式已经被广泛运用于我国城市基础设施建设的多个领域。目前，PPP 项目各种配套管理制度尚不健全，因此准确把握 PPP 项目投资控制要点，对提高政府方项目管理水平就显得十分重要。

一、政府方对 PPP 项目进行全面投资控制的前提

政府与社会资本之间的合作，从本质上说就是维护公共利益的政府方与追求利润的社会合作方之间的合作与博弈。博弈的重点之一就是投资收益问题。PPP 项目中部分经营性项目具有明确的收费事项，且经营收费能够完全覆盖投资成本，例如一些污水处理厂、高速公路、垃圾处理厂项目，如果合同约定社会合作方投资回报完全来自于项目自身经营，且收费项目定价与项目投资额无关，那么就可以由社会资本方来实现资金的优化配置。不过，在实践中更多的准经营性和非经营性 PPP 项目，社会资本均以政府回购 PPP 项目资产金额作为投资回报的主要方式，或以项目投资额作为申请政府补贴的主要标准，这时就需要政府方对 PPP 项目的投资过程进行全面监控，否则将导致政府方的投资大幅度增加，造成国有资金

流失。

因PPP项目种类繁多，情况各有不同，现以我公司参与的福州市轨道交通2号线PPP项目为例，探析政府方在PPP项目实施过程中投资控制的要点。

二、福州市轨道交通2号线PPP项目概况

福州市轨道交通2号线线路全长30.167公里，均为地下敷设，共设车站22座，工程概算总投资约212.58亿元。项目已于2014年底动工建设，计划于2019年建成投入运营。工程划分为A、B两部分进行建设，其中A部分包括车站、区间等土建及部分风水电工程由福州地铁公司负责建设，B部分为机电系统，投资概算约49亿元，采用PPP下的BOT模式。福州市轨道交通2号线机电设备PPP项目招商总体咨询服务由中国国际工程咨询公司提供，2016年8月公开招标采购社会合作方，中标方为中国电子科技集团公司第十四研究所牵头的联合体，该联合体与政府出资人代表福州地铁公司合资成立项目公司，由项目公司负责B部分的融资、投资、建设和2号线的运营维护管理，并租赁A部分项目设施，除获得票款收入和其他非客运收入外，根据特许经营协议约定获得政府补贴。特许经营期满后，项目公司将B部分项目设施完好、无偿地移交给市政府或其指定机构。

三、PPP项目政府投资控制要点

（一）加强项目前期科学论证

应合理确定项目建设规模和建设标准，认真编制工程初步设计，提高项目前期决策水平。对于重大基础设施项目，要组织有关部门、机构和专家进行论证、咨询，以保证项目总体方案的合理性，最大限度地实现项目

的社会效益和经济效益。设计方案要避免不必要的功能附加，防止出现只强调技术先进性而忽视经济合理性造成的投资浪费现象。鼓励设计单位优化工程初步设计，严格规范概算编制，为工程管理奠定良好的基础，这是降低项目造价和运营维护费用的根本途径。

福州市轨道交通2号线项目于2009年就开始前期研究，项目可行性研究报告已由国家发改委审批通过，并于2016年2月通过了福州市财政局物有所值评估和财政可承受能力论证。该工程初步设计通过多方案对较论证，多轮征求意见，保持在站点不变的情况下缩短里程约0.45公里。在2号线PPP项目的实施准备阶段，咨询方中国国际工程咨询公司为保证客流预测数据的准确性，又对本项目客流量进行了修订预测。使得建设项目总体方案科学可行，建设规模和投资得到有效控制。

（二）正确选择项目招商时机

在项目初步设计以前的早期阶段，无法准确而清晰地界定项目需求和项目目标，此时进行PPP项目招商可能会给项目建设和实施造成诸多困难，项目最终提供的服务和价值也可能无法契合社会公众的服务需求。因不确定因素较多，社会资本方承担风险较多，将相应增加项目融资成本。而如果完成施工图设计后再进行社会资本招商，就会使社会资本方失去利用技术和经验优势进行优化设计的机会，增加项目建设成本，而且政府方需要承担相应的设计技术风险。

2号线PPP项目招商安排在项目初步设计批复以后，此时项目建设规模及建设标准已确定，需求已基本清晰，社会资本能够对投入资金进行有效预期，为PPP项目招商和实施奠定了良好的基础。

（三）合理设置项目招标标的

PPP项目采用招标方式确定社会合作方的，其招标标的形式多样，但其商务标标的设置的出发点应该是通过充分竞争来降低PPP项目政府方的补贴额度。政府的补贴额主要受到项目的建设总投资、运营成本、财务费用、经营性收益等因素的影响，所以这些重要因素都应该是标的设置的首选项，否则就可能让社会合作方获得超额利润的机会，造成政府投入的增加。

2 号线 PPP 项目采用初始建设投资下浮率、资本金内部收益率、运营成本、人工总成本、日常维修费、非票收入等作为商务标的竞争标的，通过投标人之间有效地竞争，以达到降低政府对 PPP 项目补贴的目的。

（四）全面统计项目自身收入

PPP 项目自身的收入是社会合作方资本收益的首要来源，同时也是减少政府投入的主要渠道。PPP 项目自身收入主要依赖于项目本身的运营管理过程中的主营收入消费者付费部分、政府授权的特许经营项目相关的其他开发经营权益收益、授权提供配套服务，开发副产品，冠名公共产品等收益。全面预测统计项目的自身收益是科学判断项目的盈亏水平的前提条件。

2 号线 PPP 项目主要收入是票价收入，轨道交通票价实行政府定价，乙方按照市政府批准的票价收费，收入预测参照福州地铁 1 号线票价方案。项目公司除从事客运服务外，还将在线路设施内开展广告、商铺租赁、通讯等非客运业务，其收入均统计为 2 号线 PPP 项目的收入。

（五）科学测算运营维护成本

PPP 项目涉及的基础设施建设项目，一般规模大、盈利慢，运营期最长期限达三十年，因此项目运营维护费用在 PPP 项目中占有十分重要的地位。项目公司在运营过程中支付的各种费用，管理人员及管理活动费用、外购原材料和燃料动力费用、应费用化的借款利息、营业税金及附加、所得税等费用均应计列，在测算运营维护成本时应严格界定成本界限，认真审核费用清单，防止漏列和多列费用。

2号线PPP项目规定，项目公司在特许经营期内应保证地铁2号线安全稳定运行，根据约定对全部项目设施进行维修、维护和更新，自行承担费用和风险。这些费用均需审核认可后方可列入项目运营期总成本中，项目公司追加车辆的投资和设备更新改造投资在政府方批准后据实结算。

（六）合理设计风险分担机制

科学合理的风险分配机制的设计是保障PPP项目成功实施的关键，也直接影响项目的投资成本。PPP项目在执行中的风险类型主要有建设风险、运营风险、收入风险、财务风险、法规风险、政治风险、不可抗力风险等。各类风险在政府方和社会合作方之间分配应遵循“最优承担”原则，这能降低风险的边际成本，达到PPP项目资金的最佳使用价值。另外，还应引入商业保险，用于转移不确定性大、损失额度大的风险，如某些不可抗力事件导致的项目重大损失。

2号线PPP项目由项目公司承担债务融资风险和建设风险，政府方根据《特许经营协议》在一定范围内承担因政府方原因导致项目公司的费用的增加和建设期的延长风险。2号线PPP项目的政府补贴已经考虑了客流风险、运营成本风险、不可抗力及法律变更风险由政府方与项目公司按《特许经营协议》中规定的原则分担。2号线PPP项目还约定由项目公司投保工程一切险、附加第三方责任险、财产一切险、业务中断险、公众责任险等保险以转移部分项目风险。

（七）加强重要设备价格管理

在基础设施类PPP项目中，设备种类多、数量大、技术质量要求高，且占总造价的比重较大，设备价格控制是PPP项目成败的重要因素。政府方须与项目公司共同约定设备的技术参数、质量要求、执行标准等，以保证设备质量，确保系统安全稳定运行，避免出现质次价高或价格远超市场价的设备。

2 号线 PPP 项目设备所占比重较大，因此对设备的管理是 2 号线 PPP 项目的重点，本项目中车辆和牵引系统已由福州地铁公司先行组织招标采购工作，待项目公司成立以后，由项目公司与中标的车辆厂商履行采购合同。对于需要二次招标的设备须由项目公司董事会或授权管理层审议通过，并报政府方监督和备案。

（八）制定设计变更管理制度

PPP 项目设计变更是造成项目工程投资增加的重要因素，应严格工程设计变更管理工作。PPP 项目实施过程中应针对设计变更产生的不同原因，使用不同的调整建设费用策略，严格控制因社会合作方提出的增加工程投资的设计变更，有效防止工程超概算情况发生。

2 号线 PPP 项目专门制定了工程变更管理条款，要求成立项目公司以后，按照约定编制 2 号线 PPP 项目工程变更管理办法报政府方审核与备案。规定乙方提出的非重大变更不予补偿，乙方提出的重大设计变更造成投资增加的，须经甲方审核同意后方可计入工程费用，有效防控了因设计变更而增加项目投资的风险。

（九）科学制定政府补贴方法

在多数 PPP 项目中，政府补贴通常是社会投资方获得投资收益的主要途径，也是政府资金投入的主要渠道。常见的政府补贴包括固定补贴和变动补贴两种方式。固定补贴模式是指政府和投资人在 PPP 协议中约定了政府每年给予投资人补贴的具体金额以及补贴期限。这种模式操作简单，但不利于激励投资人。变动补贴将补贴金额与产出水平中的数量和质量进行挂钩，可以促进投资人提高项目效率，但要求政府财政部门在 PPP 项目设计时必须精细化识别重要项目参数，设定合理的支付标准，并建立合理的支付模型。

目前，我国轨道交通项目的政府补贴尚没有统一标准，主要有协议票价、运营车公里服务费用法和财政部制定的项目可行性缺口补贴等方法。2号线PPP项目经过咨询机构反复比较和综合分析，研究提出了基于现金流的补贴方法。在项目正常运行情况下，政府承担的直接付费责任包括：政府对项目可行性缺口补贴和政府对项目社会资本人合理回报补贴两类补贴。其中，项目可行性缺口是指在正常经营情况下，项目财务计划现金流量表中当年累计盈余资金出现负值的资金缺口；政府对项目社会投资人合理回报补贴是指在特许经营期内，当项目当年实际盈利和累计盈余不能满足社会投资人合理回报率的情况下，政府给予社会投资人的补贴额。协议同时约定，政府方或其委托的第三方机构将对乙方运营情况进行三年一次的中期评估，评估结果将作为市政府调整特许权及其相关条件的依据。

基于PPP项目的政府方投资控制是一项内容复杂且烦琐的系统工程，期待相关主管部门和行业从业人员不断加强PPP建设项目投资管理的研究，逐步完善相关法律法规体系建设，促使PPP项目能够健康发展，最终达到提高PPP项目供给效率的目的。

福建中咨工程咨询有限公司　许瑞祥

P part 03

第三篇 法律与合同

行政行为之不当对 PPP 合同效力的影响探究

一、PPP 合同争议大数据分析

根据中国裁判文书网上检索，自 2014 年至 2016 年 12 月 31 日，各地高院及以上法院审理 PPP 项目相关争议案件 59 个，其中民事案件 46 个，行政案件 13 个。争议焦点集中在合同性质、合同解除、借款纠纷、合同效力、特许经营权授权、政府违约等方面[①]。其中，因政府行政行为违法导致的合同效力争议占据约 40% 的比例。需要说明的是，该数据的检索口径中合并了以特许经营为名称以及 BOT 类案件争议。

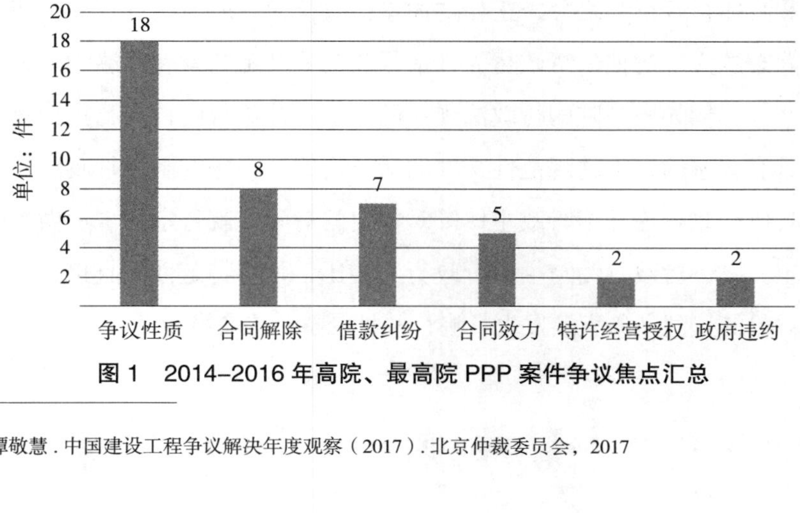

图 1　2014–2016 年高院、最高院 PPP 案件争议焦点汇总

① 谭敬慧 . 中国建设工程争议解决年度观察（2017）. 北京仲裁委员会，2017

鉴于PPP项目实施中涉及众多行政行为，而合法有效之行政行为是PPP项目合法推行的必要前提，但现实操作中一些行政行为存在违法、无效、错误等情形，并极易引发PPP合同效力争议。

为防范行政行为不当对PPP合同及关联合同的效力产生不利影响，本文在对PPP项目中的行政行为以及不当行政行为进行分类的基础上，结合相关判例，提出了识别和认定不当行政行为对PPP合同效力影响的基本原则和方法，并提出相关风险防范建议，以供PPP立法者和实践者参考。

二、PPP项目涉及的行政行为类型和情形

政府作为国家行政机关参加PPP项目，具有PPP项目中社会投资人的合作伙伴身份，该身份彰显两类法律要素，其一为行政行为主体特征，其二为与PPP合同关联的行政管理活动之内容特征，内容涵盖法律授权PPP项目的立项、财政评价、方案审批、规划设计、采购、监督、审计以及公共产品和服务的移交接管等，以实现公共产品和服务供给的公益性目标，此亦为行政职权由来之渊源。

论及行政行为的性质划分，笔者认为主流学说一直认可存在抽象行政行为和具体行政行为之分，正如“抽象行政行为一般在两种意义上使用，一是静态意义上的抽象行政行为，指行政机关制定的具有普遍约束力的规范性文件，例如国务院的行政法规；而动态的抽象行政行为，指行政机关制定具有普遍约束力的规范性文件的活动，例如国务院制定行政法规的行为。具体行政行为是指行政主体针对特定的对象、就特定的事项做出的处理决定。具体行政行为与抽象行政行为相比，具有特定性和直接性，对于特定对象的权利义务直接发生影响，并且调整对象是特定的。”①

① 张树义主编．行政法学．北京大学出版社，2009年

通常情况下，针对某具象之PPP项目，抽象行政行为是指行政机关针对PPP项目进行的一系列行政规范性文件和与之相关的制定活动，而具体行政行为则意味着行政机关就某具体PPP项目事项做出的审批、决定和通知等特定活动，该特定行政行为将直接影响PPP项目社会投资人的权利义务，并产生行政法律效果。鉴于PPP项目生命周期较长，且涉及事项繁多，政府运用行政权力做出的具体行政行为亦随之众多纷繁，从具体行政行为的类型和特点出发，按不同阶段列举式分类分析如下：

第一，PPP项目识别阶段，涉及项目发起评价认定、可行性报告审核审批、项目筛选结论，物有所值评价报告的批复，财政承受能力论证的批复等行政活动；

第二，PPP项目准备阶段，涉及的行政活动有对项目实施机构授权、实施方案审批、将项目付费义务纳入财政预算和中长期财政规划、PPP项目综合信息平台建设和管理、PPP项目入库评审等；

第三，PPP项目采购阶段，涉及的行政活动有委托咨询公司招标采购、确定招标采购文件、组织开标和评审、对中选供应商结果进行审批、PPP招标采购结果、PPP合同公示备案和决定以及处理投诉和复议等；

第四，PPP项目执行阶段，涉及的行政行为有对项目进行全过程监督和绩效考核、临时接管项目、终止PPP合同和对项目进行定价调价等；

第五，PPP项目移交阶段，涉及的行政行为有项目造价审计、项目资产评估、审核并办理国有资产进场交易转让手续等。

以上行政行为的合法合规构成安全推进PPP项目合法合规实施的必要条件。

三、PPP项目行政法律关系与行政行为不当分析

在PPP项目行政行为分类的基础上，有必要研究PPP项目实施过程中行政行为的合法合规问题。需要说明的是，通常违法行为可分为重大

违法和轻微违法，而轻微违法称之为瑕疵，鉴于行政行为的瑕疵对于合同效力的影响比较复杂，需要对行为的程度、后果、违法性等方面进行综合分析，对此本文讨论行政行为违法或瑕疵时，统一采用“不当”的表述。

在分析行政行为不当之前，需要首先研究PPP项目涉及的行政行为构成要件问题。

合法的行政行为作为一类法律行为，其构成须具备主体、内容、程序和形式四要件，即具备适格的行政职权主体，不存在超越或滥用职权情形，该主体实施具体的行政行为内容合法适当，且按规定程序流程开展，具有法律依据，产生相应的法律效果，并以书面意思表示为主要表现方式[①]。

根据行政行为对行政相对人给予利益或给予不利益为标准，行政行为可区分为负担行政行为与授益行政行为。[②]

从该分类可看出，行政行为瑕疵除了可通过有意识补正外，还存在嗣后事实或法律状态变化使其自然补正的情形。自然补正符合实质正义的价值追求，是对形式正义的纠偏和修正，契合实质法治的理念和现代法治政府治理模式。自然补正可适用于具有轻微瑕疵的行政行为，包括授益行政行为和负担行政行为。对于违反非实质性实体要件的行政行为，从保护相对人权益角度考虑，负担行政行为一般不能自然补正，授益行政行为可以自然补正。《行政许可司法解释》第十条[③]体现了授益行政行为瑕疵自然补正的一般规律，可以类推适用于行政许可以外的其他授益行为。[④]

---

① 张树义主编 . 行政法学 . 北京大学出版社，2009 年 156 页

② 张树义主编 . 行政法学 . 北京大学出版社，2009 年 154 页“负担行政行为，一般是要求行政相对人负担一定的义务或者对其权利进行限制，如命令、禁止和授益性行政行为的撤销，即属负担行政行为。授益行政行为，即授予行政相对人以一定权利或利益，或者免除其义务的行为，如许可、认可、特许或负担行为的撤销即属授益行政行为。”

③ 《最高人民法院关于审理行政许可案件若干问题的规定》第十条：被诉准予行政许可决定违反当时的法律规范但符合新的法律规范的，判决确认该决定违法；准予行政许可决定不损害公共利益和利害关系人合法权益的，判决驳回原告的诉讼请求。

④ 张峰振 . 行政行为瑕疵的自然补正 . 法学评论，2016 年 04 期

结合 PPP 项目流程和操作特点，笔者认为，PPP 项目实施过程中的不当行政行为，存在重大违法行政行为与轻微违法行政行为之分，关于重大违法行政行为，笔者认为是指行政机关违反法律规定实施行政行为导致行政管理目的不能实现，或直接或间接的损害了社会公共利益、基本公信力以及基本法律原则的活动。对应的，对于轻微违法行政行为即瑕疵行政行为，一般具备可以补正的特点。

四、行政行为不当情形

结合 PPP 项目实践，行政行为不当通常包括以下情形：

1. 主体不适格和权限不合法

所谓行政主体不适格和权限不合法，是指作出行政行为的主体不具有行政主体资格或作出行政行为的主体不具备法律法规规定的职权或超越规定职权。

目前政策对 PPP 项目实施机构范围的规定存在一定差异，《关于开展政府和社会资本合作的指导意见》（发改投资〔2014〕2724 号）规定 PPP 的实施主体为“行业管理部门、事业单位、行业运营公司或其他相关机构”；《政府和社会资本合作模式操作指南（试行）》（财金〔2014〕113 号）则规定为“政府或其指定的有关职能部门或事业单位”；《基础设施和公用事业特许经营管理办法》则规定为有关部门或单位，但其中对于有关单位并未进一步规定。

PPP 项目实践操作中经常出现地方平台公司作为实施机构与社会资本方签订 PPP 合同的情形，该种做法存在一定争议，在财政部示范项目评审标准文件中明确规定对该种情形不得列入示范项目。如未来 PPP 立法一旦明确实施机构不能为地方平台公司，则该种瑕疵将可能认定为重大行政行为不当，社会资本可据此主张相应行政行为无效并继而主张行政合同无效。

故可得出的一个结论是，若相关行政主体未依法获得授权或授权不当并影响PPP合同的实质履行继而导致合同目的不能实现的，则该PPP合同应当归于无效。若相关主体在其职权范围外实施与PPP项目相关的行政行为，则其做出的行政行为由于超越职权而应当被认定为违法行政行为。

2. 程序违法

行政行为程序违法是指行政机关做出的具体行政行为违反法定程序。PPP项目实践中出现该类行政违法并容易引发相关争议的情形主要包括：

（1）PPP立项审批程序违法

立项审批程序违法是指政府方未按照法律规定的PPP项目操作流程完成或遗漏可行性研究、物有所值评估、财政承受能力论证、物有所值评估和实施方案的编制与审批等程序性事项，该类违法行政行为需要根据违法行为产生的法律后果分别定性分析。

（2）社会资本方选择程序违法

根据相关规定，社会资本方选择方式包括公开招标、邀请招标、两阶段招标、竞争性谈判、竞争性磋商、单一来源采购等方式，不同项目对应不同采购方式。另外选择程序中可能存在招标采购文件编制缺陷问题、时间不足问题、评标专家抽取问题、中标结果公告问题等。社会资本方选择程序不当主要是指实施机构未按照规定的方式选择社会资本方，如应采用招标方式选择社会资本方而采用其他方式的情形。实践中较常见的是，采用竞争性磋商的方式是否可以合法的实现施工企业参与PPP项目“两招并一招”的目的。

（3）定价调价机制程序违法

因PPP项目关系公共利益和公共安全，故其价格确定和调整应当根据《价格法》第二十二条①的规定，开展价格、成本调查，听取消费者、经营者和有关方面的意见。政府价格主管部门和其他有关部门制定政府指导

① 《价格法》第二十二条：政府价格主管部门和其他有关部门制定政府指导价、政府定价，应当开展价格、成本调查，听取消费者、经营者和有关方面的意见。

价、政府定价，应当开展价格、成本调查，听取消费者、经营者和有关方面的意见。而定价调价机制程序不当主要是指政府违反《价格法》及相关法律行政法规规定进行定价调价的行为。

3. 行政行为内容违法

PPP 项目实施过程中，政府行政行为内容违法主要是指行政机关未能按照法律的规定全面履行其应当履行的法定义务，如未按法律规定编制项目实施方案[①]，未按法律规定进行物有所值评价和财政承受能力论证，未将政府财政缺口补助纳入财政预算和中长期财政规划等行为。

四、行政行为不当对 PPP 合同效力的影响

关于行政行为不当对 PPP 合同效力的影响，在此，笔者认为该问题首先涉及 PPP 合同为行政合同还是民事合同之题，亦即调整该法律事项的规则应采用合同法还是行政法的问题。比较容易达成共识的是，纵然 PPP 合同可能包含多种法律关系，但从政府、社会资本方和公共产品社会大众受益人的角度审视，确实有众多重要内容包含了行政法律关系，因此本文暂且从行政法角度分析违法行政行为对 PPP 合同效力的影响。

值得注意的是，关于行政行为的效力分析，当然影响到 PPP 合同效力的判断，尽管目前存在很大的争议，但行政行为无效终将成为 PPP 合同效

---

① 《基础设施和公用事业特许经营管理办法》第十条：特许经营项目实施方案应当包括以下内容：
（一）项目名称；
（二）项目实施机构；
（三）项目建设规模、投资总额、实施进度，以及提供公共产品或公共服务的标准等基本经济技术指标；
（四）投资回报、价格及其测算；
（五）可行性分析，即降低全生命周期成本和提高公共服务质量效率的分析估算等；
（六）特许经营协议框架草案及特许经营期限；
（七）特许经营者应当具备的条件及选择方式；
（八）政府承诺和保障；
（九）特许经营期限届满后资产处置方式；
（十）应当明确的其他事项。

力判断的重要方面。最高法院江必新副院长的观点认为[①]："合法、违法是以法律规范为参照的单一维度判断，而效力判断本质上属于价值判断，还包括合目的性、效率等价值判断。因此，出于效率的考虑，存在小的程序瑕疵的行为仍然可以被视为有效。合法行为由于不符合正义等价值，或极度不合理，也可以被认定无效。在实质法治观念之下，合法性和有效性之间形成密切的多维度互动关系。行政协议作为一种行政法律行为，其效力受到合法性问题的影响可以产生多种法律后果。第一类是导致无效。民事合同违反法律、行政法规中的强制性规定者，无效。行政协议存在严重明显违反强制性规定情形时，也可以认定无效。第二类是导致协议可撤销。行政行为一般违法导致行为被撤销是较常见的情形。行政协议行为也存在可撤销状态。行政协议可撤销包括两种情形：一是意思表示不真实，另一类是合法性欠缺。第二种情形下，合法性的欠缺同样可以导致行政协议可撤销。行政协议作为一种双方行政法律行为，存在一般程度违法时，同样可以被撤销。第三类是导致协议被废止。废止即协议效力终止，不对未来生效，但过去的效力仍然保留。第四类是协议效力不受影响。对于轻微违法可补正的情形，协议效力不受影响。因此，行政协议的效力和合法性之间存在着复杂对应关系，需要具体情况具体分析。"

另外，关于合法与效力问题的关系，江必新副院长还提及了另一个观点，行政行为的"合法有效"与"违法无效"并未涵盖所有的对应关系。一方面，合法性和效力并不始终体现为某种对应关系，也可能出现"对应不能"的状态。另一方面，如果把合法有效、违法无效形象地比作一种"同向对应"的话，实践中尚存在大量的"反向对应"即"合法无效"、"违法有效"的情形。[②]

由此可见，认定行政行为效力是一个比较复杂的理论，涉及PPP合同，更是因其本身的民事合同与行政合同的定性尚未解决，导致判断合同

① 江必新．行政协议的司法审查．人民司法（应用），2016年第34期

② 江必新．行政协议效力的判断基准与规则．法学研究，2009年第5期

效力问题也更加复杂。但是，从一般合同效力的原则出发，综合行政法和民法的基本原理，选择以下几类常见的行政行为不当情形并结合相关判例，逐一分析其对 PPP 合同效力的影响，还是有一定积极意义，至少对于实务操作中提出防范与预见，还是有价值的。

1. 实施机构或出资人授权不当对合同效力的影响

根据《基础设施和公用事业特许经营管理办法》第十四条的规定，“县级以上人民政府应当授权有关部门或单位作为实施机构负责特许经营项目有关实施工作，并明确具体授权范围”，以及《政府和社会资本合作模式操作指南（试行）》（财金〔2014〕113 号）等相关规定，实施机构经过授权，获得政府享有的部分行政权力，方可以自己的名义独立开展 PPP 项目相关工作，与中选社会资本签订 PPP 合同，作为 PPP 合同主体向社会资本履行相应义务，独立承担授权范围内行政行为产生的法律责任。根据前述规定，实施机构应取得相关授权并在授权范围内实施与 PPP 项目相关的行政行为。

根据《行政诉讼法》第七十条的规定，若行政主体超越职权做出具体行政行为，则应当依法撤销或责令被诉行政主体重新做出具体行政行为。尽管根据目前行政法学界的“双阶理论”①，政府采购的法律性质被确定为“行政行为 + 合同行为”，但是行政权力的行使应遵循“法无授权不可为”的基本原则，故未经合法授权或超出授权范围之外与社会资本签订的 PPP 合同应认定为无效。需要注意的是，行政职权的法定性特点，决定了转委托授权亦需要法定，原实施机构不可任意将行政审批权等权力转委托给平台公司实施，实践中该种权利义务的行使也不可能实现合同目的，毕竟行政权的行使与民事合同的履行有较大不同。

2. 特许经营者选择程序不当对合同效力的影响

特许经营项目和 PPP 项目的社会投资人选择，属于政府采购服务的行

① 程明修 . 公私协力法律关系之双阶争诉困境 . 行政法学研究，2015 年第 1 期

为，应当按照《政府采购法》的规定完成社会投资人的选择，如果未经规定程序直接签订特许经营合同，则该合同将面临无效的法律风险，以下选择一个法院判决无效的案例予以分析：

如某地华燃天然气公司与京山县城管局签订《框架协议书》[①]约定该天然气公司在该市辖区内部分乡镇进行管道天然气的投资、建设和经营；在框架协议地域范围内，由华燃天然气公司独家经营管道天然气业务。第三人京山华润燃气公司对该《框架协议书》不服，向被告荆门市人民政府申请行政复议，被申请人是京山县人民政府、京山县城管局，第三人是华燃天然气公司。被申请人作出行政复议决定书，认定《框架协议书》未经京山县人民政府批准，违反了法定程序，确认该《框架协议书》无效。华燃天然气公司不服该行政复议决定，诉至人民法院。法院经审查认定，《框架协议书》实为特许经营协议，该特许经营未经过招标投标程序，侵犯了包括第三人在内的其他经营者的公平竞争权，京山县城管局未依法组织招标投标程序，也没有经京山县人民政府的批准，违反法定程序与华燃天然气公司签订《框架协议书》，华燃天然气公司虽无过错，但京山县城管局的行政行为违反法定程序，《框架协议书》无效。

结合上述案例可知，特许经营权授权违反社会资本选择法定程序的，特许经营合同无效。

3. 项目前期手续违法对合同效力的影响

根据《政府和社会资本合作模式操作指南（试行）》第九条、《政府和社会资本合作项目财政承受能力论证指引》第五条等相关规定，如未通过财政承受能力论证，则项目不宜采用PPP模式。

另外，根据《国务院办公厅转发财政部发展改革委人民银行关于在

---

① 【（2015）鄂行终字第00079号】自贡市华燃天然气有限责任公司与荆门市人民政府行政复议二审行政判决书湖北省高级人民法院行政判决书，来源：中国裁判文书网，网址：http：//wenshu.court.gov.cn/content/content?DocID=b51f939b-13a2-4164-8814-a94c9d1164f2&KeyWord=%E8%87%AA%E8%B4%A1%E5%B8%82%E5%8D%8E%E7%87%83%E5%A4%A9%E7%84%B6%E6%B0%94%E6%9C%89%E9%99%90%E8%B4%A3%E4%BB%BB%E5%85%AC%E5%8F%B8

公共服务领域推广政府和社会资本合作模式指导意见的通知》（国办发〔2015〕42号）的精神，若PPP项目未通过财政承受能力论证而强行实施则可能导致加重地方政府债务风险[①]。如某高速公路BOT项目，政府编制的实施方案中对该项目所在区域未来的客流量预测数据与项目进入运营期后的实际流量存在巨大偏差，导致项目运营收入低下，项目公司严重入不敷出，社会投资人无法收回投资成本及合理收益，最终社会投资人被迫提前退出该项目，政府接管该项目后加重了地方政府的财政负担。

物有所值评估和财政承受能力论证、实施方案、可行性研究报告等手续是识别、测算项目是否可以实施的重要依据，如在未进行相关评估的情况下，PPP项目不具备实施的必要前置性合法条件，导致PPP合同目的不能实现，继而引发对于社会公共利益，该种情形下签订的PPP合同同样将面临认定为无效的风险。

4. 特许经营权转让程序违法对合同效力的影响

特许经营权作为公共产品和服务的配置方式，为典型的影响到社会公共利益的资产性权益，特许经营权益转让过程中，应当严格按照特许经营权转让的特别法律规定和国有资产管理法中关于国有资产转让的要求实施，包括资产评估和进场交易等方面的规定程序。

如某市公交运营特许经营项目[②]，在没有对原特许经营者进行清理、整顿、重新报该省政府批准的情况下，建设局即以《出让合同》的形式将城市公交运营权有偿出让给第三人，原特许经营者以建设局未按照特许经营合同约定和特许经营权转让规定告知其并履行相关手续为由，向人民法院起诉请求建设局与第三人签订的《出让合同》无效。法院经审查认定，城市公共客运交通经营权是公共资源，其出让属于行政许可范畴。在市场经

---

① 《国务院办公厅转发财政部发展改革委人民银行关于在公共服务领域推广政府和社会资本合作模式指导意见的通知》（国办发〔2015〕42号），PPP项目的目的之一在于减轻当期财政支出压力，平滑年度间财政支出波动，防范和化解政府性债务风险。

② 【（2009）南行终字第205号】邓州市城市公交有限责任公司因一审原告贾洪彬诉被告邓州市建设局及第三人邓州市城市公交有限责任公司城市公共汽车运营行政许可案，来源：无讼案例。

济条件下，对公共资源的行政许可，应当依法坚持公正、公开、公平的原则，依照法律法规及行政规章规定的形式和程序，采取公开招标、竞争择优的方式确定行政许可的对象，以维护公平竞争和公共利益。建设局无视这些规定，不经过任何法定的程序，将城市公共客运交通经营权以出让合同的方式出让给一家尚未依法成立的公司，违反法律法规及规章规定，故该具体行政行为应予撤销。

故根据上述案例，特许经营权未按照规定程序进行转让的，该特许经营授权行为应当依法予以撤销，特许经营合同则应认定为无效。

五、行政行为不当风险防范建议

结合上述行政行为不当可能对PPP合同效力产生的不良影响的分析，笔者认为应从以下角度进行此类风险防范：

第一，确保PPP项目合规性。在PPP项目全过程推进中，应当严格按照法律和规范政策文件要求完成相应的行政活动，如对立项、可行性研究报告、物有所值、财政承受能力论证和实施方案等事项是否完成审批与核准，以及与PPP项目合同关联的其他必要前置性合法手续，避免因前期文件缺失导致项目不合法，并继而导致合同无效风险。

第二，严格遵守法定的社会资本遴选程序，确保竞争性，防止因项目采购程序违法导致PPP合同无效。实施机构应严格遵守PPP项目采购规定，按照《招标投标法》《政府采购法》和《基础设施和公用事业特许经营管理办法》等规定的法定程序选择PPP项目社会资本方，签订PPP合同。涉及施工企业投资活动的，目前建议采用公开招标方式对合同效力的保障性更好。实际上，无论未来按照民事合同还是按照行政合同定位，如果不能采用充分竞争的方式，并且规范竞争程序和竞争事项，通常都会被认定为无效的。

第三，确保PPP各方主体的合规授权。PPP合同签署前应当确认政府方签约主体、实施机构、出资人等是否依法取得授权，其授权涉及授权本身是否符合法律规定，并遵循职权法定原则，同时考虑其授权范围是否涵盖了实施本项目所应当具备的职能，避免由于签约主体不适格或 PPP 合同内容超出授权范围导致合同无效。

第四，重要的行政与经营里程碑式活动的规范。为避免因 PPP 权利取得或转让程序违法导致合同无效风险，政府和社会资本方应当在 PPP 合同中明确特许经营权取得、退出、转让、移交等事项的具体程序和标准，同时应当保障 PPP 项目提供的公共产品和服务的连续性、稳定性和质量。

第五，确立适当的调整机制和违约追究。政府和社会资本方应当严格按照《价格法》、PPP 项目定价机制等规定合理确定价格确定及调整机制，包括定价和调价的启动、审批以及听证和公示等方面，应当严格按照规定的程序开展价格调整活动。同时建立违约追究机制，对于可能预见的、常见的违法与违约事项，先行约定赔偿或补偿标准，避免矛盾尖锐化，合同与经营陷入僵局。

第六，强化职权法定和契约意识，确保项目安全运营。政府和社会资本方在实施 PPP 项目时，应当强化契约意识和职权法定原则，签订合法有效的 PPP 合同，对于非政府行政职权范围内的事项，如绩效考核等，可委托社会第三方开展进行，对于政府承诺给予项目的政策支持和相关权益，及时以合法有效的文件形式予以落实，以保障自身合法权益。

五、结语

纵观行政之瑕，落解契约之讼的关键在于行政行为合规合法，政府行政行为对 PPP 合同效力具有极其重要影响，故笔者进一步认为，PPP 项目参与各方应强化履约意识和风险意识，结合专业律师的建议，针对不同的风险采取有效的防范措施，以尽量减少 PPP 项目因行政行为不当导致的纠纷，推动我国 PPP 项目规范化操作的发展，为转变政府职能、激发社会资本活力、加快新型城镇化建设做出应有贡献。

国家发改委和财政部双库专家、住建部市场司法律顾问、工学和法学硕士、建纬（北京）律师事务所主任，曾任大型央企总法律顾问
谭敬慧

关于“PPP+土地一体化交易”的实践及思考

一、前言

2016年10月，中国的土地供应机制迎来了有可能是2004年土地招拍挂时代开启以来最大的一次制度革新，财政部、国家发改委、国土资源部罕见在一个月内先后发文，目标都指向了PPP项目有关土地的供应机制创新问题。其中：

财政部于2016年10月11日发布的《关于联合公布第三批政府和社会资本合作示范项目》（财金〔2016〕91号）规定：“依法需要以招标拍卖挂牌方式供应土地使用权的宗地或地块，在市、县国土资源主管部门编制供地方案、签订宗地出让（出租）合同、开展用地供后监管的前提下，可将通过竞争方式确定项目投资方和用地者的环节合并实施。”

国家发改委于2016年10月24日发布的《传统基础设施领域实施政府和社会资本合作项目工作导则》（发改投资〔2016〕2231号）指出“各地要积极创造条件，采用多种方式保障PPP项目建设用地。如果项目建设用地涉及土地招拍挂，鼓励相关工作与社会资本方招标、评标等工作同时开展”。

国土资源部办公厅于2016年10月28日发布的《产业用地政策实施

工作指引》(国土资厅发〔2016〕38号)明确“下列情形可将通过竞争方式确定项目投资主体和用地者的环节合并实施:(一)采用政府和社会资本合作方式实施项目建设时,相关用地需要有偿使用的”。

上述规定无一例外地指出把确定PPP项目的社会资本方与确定用地者的环节合并实施,但在采购方式和采购条件上不尽相同,为便于表述,笔者把通过一个采购(出让)程序中确定PPP项目投资人以及所涉土地的使用权人统称为“PPP+土地一体化交易”。

当然,“PPP+土地一体化交易”的方式并非近年首创,比如,北京2008奥运项目“国家体育馆+奥运村”PPP项目,同样也是采用了“PPP+土地一体化交易(招标)”的方式。

鉴于目前关于“PPP+土地一体化交易”尚未出台实施细则,本文试图在当前的法律框架内,结合广东省某市印染环保综合处理中心PPP项目的操作实践,提出该类模式的操作建议,供行业主管部门和从业人员参考。

二、PPP项目土地使用的常见类型

实践中,PPP项目土地使用主要涉及以下几种类型:

(一)免费使用型,即政府方在合作期限内向项目公司提供免费使用的土地。该类型适用于列入《划拨用地目录》的项目,其优点是项目公司无须履行烦琐的土地招拍挂程序,不用额外支出土地费用;但缺点是由于该等土地性质往往是划拨且在政府方或其关联方名下,项目公司无法办理土地使用权证,进而难以(有的地区可以)将项目的报批手续办理在项目公司名下,项目公司在PPP项目中的权益只能通过PPP合同来保障,完全依赖于政府的信用。该类型项目在经营性PPP项目和非经营性PPP项目中均属常见。

(二)作价入股型,即政府方将土地使用权作价入股项目公司。该类型的规范操作为政府方或其指定的平台公司先行通过招拍挂获得国有土地使用权，再将该土地作价入股项目公司，其优点是项目公司获得的土地权属清晰，权益有保障；其缺点在于，第一，政府方用于出资的土地价值较大，社会资本方难以匹配相应体量的资金（财政部要求政府方的出资比例不得超过50%）。第二，即便资金匹配到位，未来合作期限届满社会资本方退出时由于土地增值，交易双方面临高昂的税负成本。第三，对政府方的资金要求较高，政府方需要先行付费通过招拍挂获得土地。

实践中，该类型还有一类欠规范的操作，即政府以划拨土地的使用权益作价入股项目公司，该做法无法办理土地产权变更手续，且面临划拨土地获得收益需补交土地出让金的风险。

（三）正常交易型，即项目公司通过招拍挂等合法程序正常获得土地使用权（包括出让与出租）。该类型可分为两种子类型，第一种为先后交易型，即政府方先行通过采购程序确定中标社会资本方，中标社会资本方成立项目公司后，项目公司通过招拍挂程序获得土地，该子类型的缺点是项目公司面临未能如期获得土地的风险；第二种即为本文重点讨论的"PPP+土地一体化交易"型。

当然，在PPP项目实践中还存在土地协议出让等方式，因为条件要求较高、适用范围较窄，在此暂不详述。

三、现有法律及实务框架下实施"PPP+土地一体化交易"面临的问题及解决思路

"PPP+土地一体化交易"涉及两种不同方向的交易，一种是采购，即政府方通过采购程序采购社会资本方的投资建设运营服务；另一种是出让，即政府方通过公开方式出让（或出租）项目所涉及的国有土地使用权。"PPP+土地一体化交易"是要把两种方向的交易整合到一个交易程序中，难度不能说不大。在实践中，将面临如下问题：

（一）交易标的的确定

对于哪些土地可以纳入“PPP+土地一体化交易”，实务中存在两种不同的理解。第一种观点认为，应当严格按照国土资源部办公厅《产业用地政策实施工作指引》的规定执行，只有产业用地才能纳入“PPP+土地一体化交易”，房地产开发用地不能纳入。第二种观点认为，除非国家明令禁止，只要“PPP+土地一体化交易”程序契合了《土地管理法》规定的招拍挂程序（主要是招标），不论什么性质的土地，都可以纳入其中，因为该等土地已经履行了《土地管理法》及相关法规规定的合法出让手续，北京2008奥运工程“国家体育馆+奥运村”PPP项目即为典型先例。笔者倾向于第二种观点。

（二）期限的匹配

该问题主要针对通过出租方式获得土地的PPP项目。根据《合同法》以及《规范国有土地租赁若干意见》（国土资发〔1999〕222号）的规定，土地的租赁期限不得超过20年。而PPP项目的合作期限有的达到了30年甚至更长，二者如何匹配是一个问题。实践中有的项目采用分时间段签署土地租赁合同的方式，笔者认为其本质违反了租赁期限的限制规定，将导致超期的合同无效。

笔者建议，对于合作期限超过20年的PPP项目，不宜采用土地租赁的方式。

（三）交易方式的选择

在交易方式的选择方面，国家发改委、财政部、国土资源部的规定不尽相同，值得玩味。

国家发改委在《传统基础设施领域实施政府和社会资本合作项目工作导则》中规定“如果项目建设用地涉及土地招拍挂，鼓励相关工作与社会资本方招标、评标等工作同时开展”，发改委该规定的指向很明显，即为招标。

财政部《关于联合公布第三批政府和社会资本合作示范项目》规定“可将通过竞争方式确定项目投资方和用地者的环节合并实施”，国土资源部办公厅《产业用地政策实施工作指引》遵循了财政部的说法。众所周知，竞争性方式除了招标外，还有竞争性谈判、竞争性磋商等。

关于“PPP+土地一体化交易”的方式，除了遵循上述规定外，还不能违反关于PPP项目采购和国有土地出让的有关规定。国家发改委在《基础设施和公用事业特许经营管理办法》中规定的PPP项目采购方式为招标、竞争性谈判；财政部在《政府和社会资本合作项目政府采购管理办法》规定了PPP项目的五种采购方式即公开招标、邀请招标、竞争性谈判、竞争性磋商、单一来源采购；国土资源部在《招标拍卖挂牌出让国有土地使用权规定》中规定了招标、拍卖、挂牌三种方式。笔者认为，按照最大公约数原则，招标为唯一选择。至于财政部与国土资源部列举的其他竞争方式，在国土资源部未出细则的情形下，操作难度更大。

因此，笔者建议采用招标方式，并且最好采用公开招标的方式。

（四）招标人的确定

鉴于国有土地使用权出让或出租的招标人为国土资源管理部门，PPP项目的招标人为实施机构，因此笔者建议，“PPP+土地一体化交易”的招标人由国土资源管理部门和PPP项目实施机构共同担任。

（五）资格预审程序

财政部《政府和社会资本合作项目政府采购管理办法》规定PPP项目采购应当实行资格预审；国土资源部《招标拍卖挂牌出让国有土地使用权规范（试行）》规定有资格审查程序。二者在程序操作方面不尽相同，土地投标的资格审查不要求评审委员会进行。笔者建议按照政府采购或工程招标的资格预审程序，组成评审委员会进行资格审查。

（六）招标公告的发布

工程招标、政府采购与土地招标各自有不同的交易平台，笔者建议在工程招标或政府采购平台（二者择一）、土地交易平台同时发布招标公告（资格预审公告），但是，土地交易平台较为特别，土地交易的招标公告有其固定的格式要求，并且只体现土地交易，具体如下：

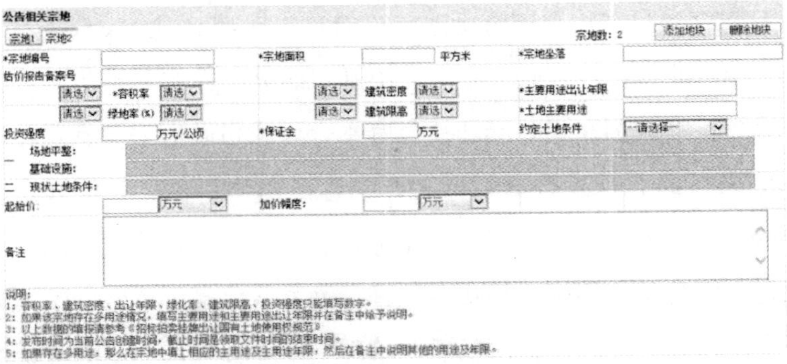

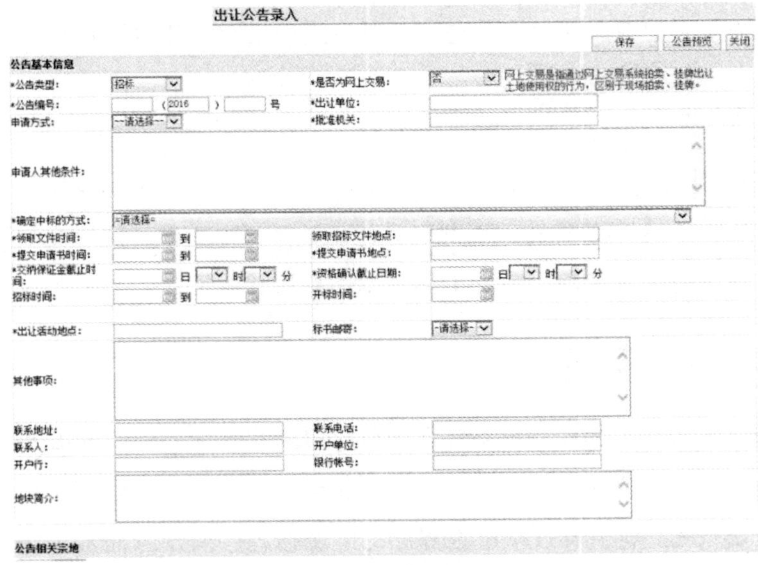

结合笔者实践，建议在土地出让公告的备注一栏对PPP的有关内容加以补充，并对土地与PPP的衔接进行说明。

（七）投标保证金的缴纳

根据政府采购法和招标投标法的规定，资格预审阶段不需要缴纳投标保证金；根据土地招拍挂有关的规定，申请人应在公告规定期限内交纳出让公告规定的投标保证金，并根据申请人类型，持相应文件向出让人提出竞投申请；若未按规定交纳保证金的，为无效申请。因此，在“PPP+ 土地一体化招标”项目中，建议在资格预审阶段要求潜在社会资本方交纳土地投标保证金。

（八）评分办法的确定

“PPP+ 土地一体化招标”既涉及土地的报价，又涉及 PPP 的报价，综合评分法应当为首选，在确定分值比重时，要合理考量 PPP 和土地项目占总项目的投资比重来确定分值，同时，在 PPP 分值中，还要考虑政府采购法对于各项打分细则的要求。

（九）关于标底的确定

标底不同于招标控制价，标底在开标前是保密的。在工程招标或政府采购活动中，通常会事先公开招标控制价，但结合到土地联合一体化招标，情况则不相同。《招标拍卖挂牌出让国有土地使用权规范（试行）》规定，土地招标出让的，应当同时确定标底；标底确定后，在出让活动结束之前应当保密，任何单位和个人不得泄露。

因此，笔者建议，在“PPP+ 土地一体化招标”活动中，应当事先设置土地标底，并且保密。至于是否另行设置 PPP 项目的招标控制价，结合具体情况而定。

（十）合同的签署

鉴于“PPP+ 土地一体化招标”项目存在实施机构和国土资源管理部门两个招标人，且存在两个性质完全不同的标的，建议采用分签合同的模式。即中标后，由实施机构与中标社会资本方签署PPP合同，由国土资源管理部门与中标社会资本方（或其设置的项目公司）签署国有土地出让合同。

四、结束语

基于各种原因，PPP项目的行政管理至今依然处于交叉状态，国土资源部虽然在PPP项目大规模推行两年之后首次就涉及的土地供应问题重磅发声，但各地依然缺乏细则指导。一方面，我们要防止借PPP之名圈地搞房地产开发，另一方面，我们也要用好土地政策，通过土地的合理利用促进PPP向健康方向发展，惠及民生。该文如能够给政策制定者、从业者提供有益参考，不胜荣幸。

北京市万商天勤律师事务所副主任、高级合伙人　张晓峰

PPP 项目特许经营权争议处理与预防

——结合近六年百份判决书分析

何为 PPP 项目特许经营权？《基础设施和公用事业特许经营办法》第三条规定："本办法所称基础设施和公用事业特许经营，是指政府采用竞争方式依法授权中华人民共和国境内外的法人或者其他组织，通过协议明确权利义务和风险分担，约定其在一定期限和范围内投资建设运营基础设施和公用事业并获得收益，提供公共产品或者公共服务。"可见，PPP 特许经营权需要具备以下要素：（1）发生领域为：基础设施和公用事业领域；（2）参与主体为政府方和社会资本方 / 企业；（3）特许经营权内容包含：承担设计、建设、运营、维护基础设施的大部分工作；（4）特许经营权的取得方式为：通过竞争方式取得，即排除行政审批、许可取得等情况下的特许经营权；（5）社会资本取得收益方式：包含使用者付费或政府付费两种收益来源；（6）特许经营不同于行政许可，行政许可能使企业取得某项经营资质，而特许经营将使某企业在特定区域一段时间内拥有经营权。

尽管如此，PPP 项目特许经营权内涵和外延等仍不清晰，在实务中极易引起争议。本文首先在《中国裁判文书网》输入关键词"特许经营"，期间为 2010 至 2016 年，得到 293 份判决书，删除与政府特许经营权无直接关系的，共得到 53 份判决书。这些判决书有关政府特许经营的争议焦点主要可以划分为授予主体、授予程序、收回程序、特许内容、特许效力、终止后果等六个方面，这六个方面涉及判决书份数如下表：

表1　特许经营权判决书分类表

争议分类	授予主体	授予程序	收回程序	特许内容	特许效力	终止后果
判决书份数	11	13	12	17	18	12
判决书占比	21%	25%	23%	32%	34%	23%

结合以上判决书及其中代表性判例，分析六个方面争议焦点如下：

一、特许经营授予主体：经县级以上政府授权才能取得特许经营权

行政许可的实施机构是具有相应职权的行政机关，特许经营权该由谁授予呢？我国法律法规并没有具体规定。有25%的判例涉及该问题中，代表判例如下：

【代表判例1】

北京A公司与B县住房和城乡建设局合同纠纷一案（〔2014〕萍民二终字第130号）

【争议焦点】特许经营协议在未经政府授权下是否有效？

【基本案情】B县住建局与A公司签订《B县管道燃气特许经营协议》，约定B县住建局在协议签订后10日内发放特许经营授权书，但B县住建局至一审庭审结束仍未给予A公司授权书。协议签订后，B县政府各职能部门为A公司办理了相关批准手续。

【法院观点】被上诉人作为市政公用事业的相应主管部门，其具有完全的行为能力，法律并未规定其作为一方主体与相对方签订《特许经营协议》需经过其他主体授权。而根据相关证据显示，在协议签订后，B县政府各职能部门为上诉人办理了相关批准手续，上诉人也进行了部分工程建设，B县政府也已以协调会等形式参与了相应纠纷的处理，对于该《B县

管道燃气特许经营协议》的签订，B县政府应为明知。另外，法律亦未规定《管道燃气特许经营协议》需要以“批准、登记”作为生效的前提条件，双方签订该协议亦不符合《中华人民共和国合同法》规定的合同效力待定的情形，上诉人与被上诉人签订的《B县管道燃气特许经营协议》应属有效。

【综合分析】根据《基础设施和公用事业特许经营办法》第十四条有关“县级以上人民政府应当授权有关部门或单位作为实施机构负责特许经营项目有关实施工作，并明确具体授权范围”规定，在2015年6月1日以后，特许经营实施机构只能由县级以上人民政府授权相关部门相应职权后方可履行相应职责。

二、授予程序：未经竞争性程序的授权无效

特许经营权授予未经过公开招标等竞争性程序选定社会资本方有效吗？是否存在例外的情况？有25%的判例涉及该问题中，代表判例如下：

【代表判例2】

A市住房和城乡建设局与B热力有限公司供热经营行政许可一案（〔2016〕吉06行终11号）

【争议焦点】A市住建局以行政批复方式授予B公司供热特许经营权是否有效？

【基本案情】2010年9月C公司取得城市供热经营企业许可证。该公司于2011年9月向A市发展和改革委员会提交《C公司集中供热工程可行性研究报告》，该报告说明热源厂建设方案，A市供热管理处原则上同意由C公司建设区域集中供热热源厂承担通沟、南环、西平台及东平台区域的集中供热任务。A市发展和改革委员会于2012年3月28日做出《关于C公司集中供热工程可行性研究报告的批复》，同意实施C公司集中供

热工程。东、西平台区域的楼盘系A市丰润置业有限公司开发建设，该公司系D公司的子公司。B公司已于2015年对东平台区域实施供热。至目前，西平台区域尚未开始供热。

【法院观点】本案被诉行政行为涉及供热特许经营权许可，属于上述法律和规章调整的范围，应当坚持公正、公开、公平的原则，依照法定程序，通过招标等公平竞争的方式实施许可。C公司系供热经营企业，为了对A市丰润置业有限公司开发建设的东、西平台区域楼盘实施供热，其提出集中供热工程建设项目可行性研究报告，A市发展和改革委员会于2012年3月28日批复立项。同年4月27日，C公司取得了A市规划局关于集中供热工程一次网建设用地规划许可证。C公司投入建设成本，进行了集中供热工程建设。在此情况下，A市住建局未采取公开招标择优的方式，于2013年2月6日以审批的方式将东、西平台区域供热特许经营权许可给B公司，违反法定程序，行政行为无效。

【代表判例3】

A燃气有限责任公司请求撤销B县人民政府赋予C公司B县管道燃气特许经营权的具体行政行为一案（〔2014〕百中行初字第1号）

【争议焦点】B县政府燃气特许经营权授予是否程序违法？

【基本案情】2009年3月1日B县人民政府通过招商引资与广州D管道燃气有限公司（以下简称“D公司”）签订《B县管道燃气特许经营协议》，D公司签订协议后因各种原因没有经营就终止了协议。D公司终止协议后，被告B县人民政府为了尽快推进B县管道燃气建设步伐，使B县群众尽快用上清洁能源，于2010年7月3日组成建设局、市政管理局、公安消防大队、财政局、发改委、招商局等多部门联合对C公司的燃气经营业务进行考察后，认为C公司有实力，更通过招商的方式，引进第三人C公司到B县经营管道燃气业务。

【法院观点】根据相关法律规定，B县政府有权就其行政区域范围内的城市管道燃气行业依法做出特许经营行政许可权。在2009年大多企业不愿到田阳投资经营燃气，政府为了普及本地燃气供应，多采用招商引资或给予一定优惠政策吸引天然气项目。为了尽快推进B县管道燃气建设步伐，使B县群众尽快用上清洁能源，2010年7月3日，B县人民政府组成建设局、市政管理局、公安消防大队、财政局、发改委、招商局等多部门联合对C公司的燃气经营业务进行考察后，认为C公司有实力，便通过招商的方式，引进C公司到B县经营管道燃气，B县人民政府依法与C公司签订《B县管道燃气特许经营协议》，并依法向社会进行了公示，因此，C公司取得B县管道燃气特许经营权是合法的。

【综合分析】尽管没有法律及行政法规规定，鉴于目前特许经营立法缺位，但基础设施及公用事业特许经营涉及重大公共利益，可以认定未经竞争性程序授予的特许经营权无效，但在竞争性程序选择上，可结合实际情况适用相对宽松的方式。

三、收回程序：未经听证不得收回

特许经营权授予系政府做出的行政行为，根据相关法律法规、政策及约定，政府方与社会资本签订PPP特许经营权协议，政府有解除合同的权利，那么，该解除权的行使是否需要与行政许可一样需要经过听证等必要程序呢？有23%的判例涉及该问题中，代表判例如下：

【代表判例4】

上诉人A公司、上诉人B公司因与上诉人C市人民政府、上诉人C市住房和城乡建设局（以下简称C市住建局）行政合同一案（〔2015〕新行终字第29号）

【争议焦点】关于政府单方发出《合同解除通知函》及《接管决定书》的合法性。

【基本案情】2004年4月14日，C市政府与A公司就天然气利用项目工程的投资建设签订了《C市天然气利用项目合同》。此后，A公司、B公司在天然气利用项目工程的建设和经营中，因资金、燃气供应、燃气费的收取等，与相关单位、个人发生纠纷，政府及有关部门为此进行协调解决，有的则发生了诉讼。2008年9月12日，C市政府向A公司、B公司送达《合同解除通知函》称：通知函送达之日起即发生法律效力，即产生合同解除的法律后果。同日，C市政府向C市建设局出具和市政函〔2008〕99号《关于同意接管A公司及其子公司B燃气有限责任公司在C市城市燃气供应运营业务的批复》。同日，C市建设局向A公司、B公司发出《接管通知书》，告知由C市建设局接管A公司、B公司在C市城市天然气供用气的经营业务，并告知有要求听证的权利。2008年9月18日，B公司向C市建设局提出听证申请，要求对其做出的接管通知依法举行听证会。并向C市政府出具《关于对的复函》，认为C市政府单方解除合同不符合法律规定，已严重违约，将随时追诉政府的违约责任。2008年9月23日，召开听证会。邵世杰在会上表达了不同意接管的意见。同日，C市建设局向A公司、B公司送达了《关于全面接管B公司在C市天然气供应经营权业务的决定书》（以下简称《接管决定书》）强行接管。

【法院观点】C市政府与A公司就C市天然气利用项目工程的投资建设签订的《C市天然气利用项目合同》，其性质属于政府特许经营协议，系C市政府在天然气开发利用领域，与A公司签订行政合同，授予其建设供气公共管网及其附属设施项目并提供公共产品的特许权。在特定条件下，行政主体对行政合同有单方面的变更或者解除权，有对相对人违反合同的制裁权，但其事实、法律依据以及程序皆应符合法律、法规的相关规定。解除特许经营协议、取消其特许经营权，属于对相对人的权益产生重大影响的行政处罚事项。C市政府在做出《合同解除通知函》之前，应当依法告知A公司与B公司违法的事实、适用的法律以及拟作出的行政处罚，听取A公司与B公司的陈述、申辩，并告知其有要求举行听证的权利，A 公司与 B 公司要求听证的，应当组织听证。C 市政府未履行告知义务，剥夺了相对人的申辩、陈述和举行听证的权利，其行为违反法定程序，构成违法。如上所述，作为行政合同，政府特许经营协议在当事人地位、合同内容、适用的法律规则等方面均不同于民事合同。在民事合同中，当事人一方依照合同法的相关规定，向另一方发出解除合同通知的行为当然不违法。但是在行政合同中，合法的行政行为不仅要有充分的事实和法律依据，而且要遵循法定的程序。……在行政行为的履行阶段上，终止特许经营协议属于特许经营项目接管的前置行政行为，是实施特许经营项目接管的前提条件。前置行政行为不合法，以其为依据的后续行政行为则不合法。本案中，C 市政府做出《合同解除通知函》的行政行为违法，则 C 市建设局做出《接管决定书》亦不合法。

【综合分析】特许经营属于行政行为，PPP 特许经营权撤销亦应当按照法律规定事先给予社会资本听证权，而不能像民事合同履行单方解除权程序时直接发函告知即可。

四、特许内容：范围按属地在先原则确定

特许经营权往往在授予时无法预计履约风险，例如在遇到政府职权或行政区划冲突？有 32% 的判例涉及该问题中，代表判例如下：

【代表判例 5】

A 新能燃气有限责任公司请求撤销 B 县人民政府赋予 C 公司 B 县管道燃气特许经营权的具体行政行为一案（〔2014〕百中行初字第 1 号）

【争议焦点】B 县政府授权范围与新山区管委会的授权范围相冲突以哪一范围为准？

【基本案情】2010 年 9 月 15 日，B 县人民政府根据建设部 2004 年颁布的《市政公用事业特许经营管理办法》第三条的规定，授权 B 县市政

管理局作为主管部门与原告C公司签订B县管道燃气《特许经营协议》。2010年12月6日，原告C公司在B县工商局注册成立D公司，至此，原告为B县行政区域管道燃气统一经营企业，《特许经营协议》约定：特许经营权行使地域范围为B县行政区域内。2011年1月21日，B县人民政府批复同意B县燃气利用专项规划。原告按照《特许经营协议》及B县燃气专项规划的要求在B县组织投资建设，进行管道建设等工作。

2009年12月28日，E市机构编制委员会根据E市委文件精神成立新山管委会，2010年2月3日，E市政府决定成立F公司，2010年12月30日，新山管委会与E市新能燃气有限责任公司就管道燃气入园经营签订了《合作框架协议》，2011年3月16日，新山管委做出《授权委托书》，授权F公司代表新山管委会与A公司签订《E市新山铝产业示范园管道燃气特许经营协议》。C公司以该协议侵权为由提起诉讼。

【法院观点】新山铝产业示范园位于B县行政管理区域内，属于B县人民政府的行政管辖范围，依照我国《燃气管理条例》第四条、第五条之规定应由B县人民政府市政管理局进行属地管理，被告B县人民政府在自己管辖的行政区域范围内，有权与C公司签订《B县管道燃气特许经营协议》，并授予C公司管道燃气特许经营权，被告依法授予C公司特许经营权不属于超越职权的行为。另外，被告B县人民政府授予C公司管道燃气特许经营权的时间是在2010年12月19日，而原告A公司当时还没有成立（原告A公司于2011年1月21日成立），被告B县人民政府授予C公司管道燃气特许经营权的时间早于原告A公司成立的时间和新山管委会于2011年3月18日授予其特许经营权的时间。新山管委会不顾C公司和田阳D公司已经取得B县辖区内管道燃气特许经营权的事实，又授权给新山开发投资公司与原告A公司签订了《E市新山铝产业示范园管道燃气特许经营协议》，该协议特许经营的辖区与C公司和D公司经营的辖区重叠。另外，根据《民政部关于行政区划调整变更审批程序和纪律的规定》的规定，行政区划调整变更是：县级以上行政区划单位的设立、撤销、隶属关系的变更、更名、区域界限的调整以及政府驻地的迁移等事项。上述调整有严格的审批程序，原告没有任何证据证明 B 县的行政区划已进行调整，因此原告主张被告未将 E 市新山铝产业示范园的管道燃气特许经营权排除在其赋予第三人 C 公司特许经营权范围之外属超于职权的行为，没有事实和法律依据。

【综合分析】特许经营权范围以当地政府就具有本辖区域为准；在两个特许经营权范围相冲突情况下，以在先的范围为准。

五、特许效力：未经约定不具有排他性

特许经营权授予是政府向社会资本支付的一种投资对价，其中最重要的便是独占性授权，那么政府是否有权进行排他性授权，特许经营权是否天然具有排他性？有 34% 的判例涉及该问题中，代表判例如下：

【代表判例 6】

A 市住房和城乡建设局与被申请人 B 公司确认合同效力纠纷一案（案号:〔2014〕渝高法民申字第 00029 号）

【争议焦点】政府是否有权授予排他性的特许经营权？

【法院观点】国务院《城镇燃气管理条例》第十五条规定，国家对燃气经营实行许可证制度。原建设部《市政公用事业特许经营管理办法》第二条规定："本法所称市政公用事业特许经营，是指政府按照有关法律、法规规定，通过市场竞争机制选择市政公用事业投资者或者经营者，明确其在一定期限和范围内经营某项市政公用事业产品或者提供某项服务的制度。城市供水、供气、供热等行业，依法实施特许经营的，适用本办法。"据此，国家对燃气经营实行许可证制度，燃气经营属于公用事业特许经营范畴。公用事业特许经营权不是简单地通过行政审批即可获得，而是政府通过市场竞争机制选择市政公用事业投资者或者经营者，然后通过

合同或者其他方式明确政府与获得特许权的企业之间的权利义务，政府作为协议的一方除了按照国家相关法律、法规、规章履行管理职责外，还要承担协议中约定的责任，获得特许权一方则需按照特许经营的区域、范围、期限从事经营。为避免重复建设和无序竞争，管道燃气经营实行区域性统一经营。本案争议合同涉及的天然气建设项目投资大、建设周期长、收益回报慢、安全运营风险大，为避免重复建设，便于规范管理，双方在涉案合同中明确约定“A市政府同意将经营权出让给乙方，独家经营天然气”。该独家经营权对A市政府来说，是获得投资所支付的对价，对B公司来说，是投资所获得的回报。

【综合分析】社会资本按照合同约定可取得排他性的特许经营权，该排他性是政府发展当地基础设施及公用事业支付的相应对价，并不违反法律强制性规定。

【代表判例7】

A公司等与B市人民政府及原审第三人B市滨海新区管理委员会等行政许可纠纷一案（〔2012〕琼行终字第4号）

【争议焦点】A公司所取得的特许经营权是否具有排他性?

【基本案情】2003年3月13日，B市政府向B市畅通城市管道燃气有限公司做出《关于开发建设B市管道燃气项目的批复》（以下简称“72号批复”），同意该公司在B市开发建设天然气管道燃气工程项目，确认总投资1.51亿港币。2010年9月10日，B市政府通过市政府常务会议，形成的14号《常务会议纪要》第17条决定：原则同意滨海新区管委会代表B市政府与D公司签订的《B市政府与C公司关于投资建设B滨海新区燃气管网供气工程协议》，A公司、A公司B市分公司认为B市政府的上述行政许可行为侵犯其在B市行政区域内排他性的燃气供气经营权和建设开发权及财产权，遂提起本案诉讼。

【法院观点】上诉人主张其在B市行政区域内具有排他性的燃气供应

经营权和建设开发权，主要证据是B市政府的“72号批复”“247号复函”和“187号批复”以及2003年3月18日B市建设局与上诉人签订的《开发B市管道燃气工程项目协议》等，但这些“批复”“复函”及《协议》均未明确上诉人在B市行政区域内具有排他性的燃气供气经营权和建设开发权。我国法律、法规等也并无特许经营权即为排他性经营权的规定。由此，上诉人主张其在B市行政区域内具有排他性的燃气供应经营权和建设开发权没有事实依据和法律依据。

B市政府有关同意原审第三人D公司投资建设滨海新区燃气管网供气工程的决定并未侵害上诉人的合法权益。

【综合分析】特许经营权并不天然具有排他性，社会资本获取PPP项目特许经营权时，只有PPP项目合同明确约定排他性，才具有排他性。

六、终止后果：政府应该全额补偿损失

政府违反特许经营权授予程序，将先前已授出的特许经营权再次授予第三方，该如何处理？有23%的判例涉及该问题中，代表判例如下：

【代表判例8】

广西A市C公司与被申请人B县人民政府、B县住房和城乡建设局及A市市政和园林管理局特许经营合同纠纷一案（〔2015〕行监字第2035号）

【争议焦点】后授权的单位的特许经营权因无效是否应该被撤销？

【基本案情】B县政府授权，B县建设局已与C公司于2010年4月23日签订了《B县管道燃气特许经营协议书》（以下简称《特许经营协议》）；在中间未发生任何撤销特许经营权情况下，B县政府与D公司于2013年2月25日签订《特许经营合同》，两份特许经营权地域及期限基本一致，C公司认为后授权行政行为侵权，提起诉讼，要求撤销后者特许经营权。

【法院观点】B县政府中止C公司的特许经营权，将该经营权授予D公司，系属擅自改变已生效的行政许可的行政行为，违反法定程序，亦损害了C公司的信赖利益，该行政行为违法；但是，被诉行政行为违法，并不必然撤销该行政行为。最高人民法院《关于执行〈中华人民共和国行政诉讼法〉若干问题的解释》（以下简称《若干解释》）第五十八条规定，被诉具体行政行为违法，但撤销该具体行政行为将会给国家利益或者公共利益造成重大损失的，人民法院应当做出确认被诉具体行政行为违法的判决，并责令被诉行政机关采取相应的补救措施；造成损害的，依法判决承担赔偿责任。本案中的D公司已经依据特许经营权完成了大量投入，建设已近完工，考虑到D公司更符合政府行政管理目的，更有利实现行政管理职能，维护公共利益。法院判决不撤销该行政行为，由行政机关基于合理弥补。

【综合分析】政府方擅自终止PPP项目特许经营权，由于公共利益需要，一旦已转由第三方行使，往往不会被撤销，而由政府赔偿社会资本因此造成的损失。

七、预防特许经营权争议应注意的问题

第一，特许经营权应该取得县级以上人民政府授权。根据《基础设施和公用事业特许经营办法》第十四条，特许经营权应由县级以上政府授予实施机构，实施机构转授予社会资本，才能保证合法性。

第二，特许经营权应该经过竞争性程序取得。依据《政府采购法》等规定，竞争性程序至少应包括公开招标、邀请招标、竞争性谈判、竞争性磋商。特许经营权只有通过竞争性程序取得，才能保证有效性。

第三，特许经营权除非经听证程序不得收回。如果政府未经听证程序擅自收回特许经营权，社会资本可以拒绝执行。

第四，特许经营权应该明确四至和期限，并与相关文件保持一致，避

免约而不明。

第五，特许经营权应该明确特许经营是否具有排他性，以及排他的范围和对象。

第六，社会资本不应轻易让渡特许经营权，否则一旦政府将该权利擅自转授第三人，通常难以得到保护，只能要求政府补偿因此造成的损失。

瀛和律师机构 PPP 中心主任、上海瀛东律师事务所权益

高级合伙人　汪金敏

瀛和律师机构 PPP 中心法务经理　杨阳

PPP 项目执行阶段的履约评价

PPP 项目的合作期限从 10 年到 30 年不等，其中可能包含了从立项、规划、设计到施工、运营和移交的全过程。在 PPP 项目漫长的生命周期中，一方面，需要适时判定政府方和中标社会资本方是否根据 PPP 项目合同的约定协同合作，充分行使权利和严格履行义务、发挥双方各自在项目中的优势，从而实现 PPP 项目的实施目的；另一方面，随着政策法规以及社会经济环境的变化，需要适时判断所签订的 PPP 项目合同是否符合当前政策法规和社会经济环境，是否存在 PPP 项目合同签订时未能充分预计或充分约定的问题和事项，以对 PPP 项目合同进行适当的补充和修订。

基于上述原因，特别在大量项目自 2015、2016 年相继落地并进入执行阶段后，PPP 项目执行阶段履约评价的研究和实施就变得愈发重要起来。本文旨从 PPP 项目执行阶段履约评价前的准备、履约评价的实施、履约评价的总结三个方面，结合我们曾参与的履约评价项目，对 PPP 项目执行阶段的履约评价进行实操解析。

一、评价前的准备

在着手实施评价前，需要做好充分的评价前准备。评价前准备分为以下几个方面：

（一）收集与 PPP 项目行业、性质相关的法规和政策

PPP 项目涵盖基础设施和公共服务的各个领域，如污水处理、垃圾处

理、园区开发、养老、收费公路等，每一个行业领域都有各自在投资、建设、运营方面不同的规范要求。如，污水处理项目除了出厂污水要达到设计和环保要求以外，处理污水所产生的污泥也必须达到一定的脱水率方可交由第三方处置；如，养老机构分为公益性养老机构和经营性养老机构，两者的设立、许可方式有所不同。因此在实施PPP项目执行阶段的履约评价前必须了解和掌握该项目的法律要求，包括国家层面、省级以及市县及当地的一些政策要求，作为评价的基础和依据。

（二）收集项目合同、协议、批文、许可等

如果说法规和政策是对某一个行业或领域PPP项目的规范要求，那么PPP项目合同、相关协议及项目批文、许可则是对一个具体的PPP项目的个性化要求，也是政府方、项目公司履约的最重要依据。因此收集这方面的资料和信息尤为重要，可能涉及的文件有：招标文件、投标文件、PPP项目合同、运营维护协议、资产（经营权）转让协议、立项申请及批文、规划许可、环评报告及批复、初设及批复、施工图设计及批复、用地许可、施工许可、收费许可、排污许可证等。

（三）收集项目公司设立、运营的相关文件

和项目公司设立、运营相关的文件可以帮助我们了解项目公司股东的构成、出资、股东变化情况、董事会及管理层的构成、管理制度、运行情况等，全面的掌握项目公司的管理和运作。可能涉及的文件有：营业执照、验资报告、工商调档资料、股东协议或章程及其补充协议、股东会决议、董事会决议、年度经营计划、财务报告、各类管理制度等。

（四）对政府方和项目公司进行现场调研、访谈

在进行调研和访谈前，需要将前三款收集的资料进行查阅和研究，就查阅中可能发现的问题以及关注点形成书面的访谈问卷。参与访谈的人员

包括政府中负责实施本项目的官员、项目公司的总经理等高管，也包括项目公司中层职员以及各个部门的一线职员，访谈问题应考虑到交叉印证，以保证问卷答案的逻辑性和完整性。

二、评价的实施

在完成第一阶段“评价前准备”工作的基础上，我们需要带着四个问题：“评价对象”“评价内容”“评价标准”“评价方法”进入到第二阶段“评价的实施”。为了解决这四个问题，我们根据经验总结出了表1帮助我们具体实施PPP项目执行阶段的履约评价。

表1 《PPP项目执行阶段的履约评价要点及评价表》

序号	履约主体	评价要点	原有合同条款	法律变更（如有）	现状	评价结果	核查的资料和信息

下面我们利用表1就如何解决以上四个问题进行详细说明。

（一）评价对象

表1中的“履约主体”即PPP项目的履约三体，就是我们履约评价的对象。PPP项目的履约主体包括PPP项目的政府方和项目公司（社会资本）：

1. 政府方

说到评价PPP项目的执行，很容易忽略对PPP项目政府方履约情况的评价，因为通常执行评价都是政府方发起的，侧重和强调对中标社会资本以及项目公司执行及履行的评价和评估。但是值得提醒的是，PPP项目是政府和社会资本协同合作的结果，如果仅关注社会资本的履约而忽略政府方的履约情况，将会降低社会资本履约的积极性，甚至阻碍社会资本发挥能动性、影响项目的效率。因此，在一个全面和完整的PPP项目执行阶段的履约评价体系中，应该同样着重体现对政府方履约的评价，只有政府方合法合规、依约办事，才能给社会资本提供一个公平、有序、健康的合作环境。

2. 项目公司（社会资本）

通常在PPP项目合同签约时，先由中标社会资本和政府方签订PPP项目合同，再由中标社会资本独资或与政府方出资代表合资成立项目公司，由项目公司与政府方重新签订PPP项目合同或签订补充协议承继中标社会资本在PPP项目合同项下的所有权利义务，因此项目公司通常是PPP项目中代替社会资本的实际履约主体，也是我们进行履约评价的对象。

但同时不能忽略的是，部分专属于中标社会资本的义务是无法转移给项目公司的，如对项目公司的出资义务、融资担保义务、遵守股权转让限制的义务等。因此，除主要对项目公司的履约进行评价以外，也不能在履约评价中忽略对应由中标社会资本履行义务进行的评价。

（二）评价内容

表1中的“评价要点”解决的是评价内容。评价要点的确认是整个评价中最核心和关键的环节，PPP项目涵盖基础设施和公共服务领域，涉及的行业类型纷繁复杂，每一个类型的PPP项目都有各自的规范要求和业务模式，因此不可能存在一个可以统一适用的要点体系，而是必须根据每一个项目的特点单独归纳和提炼评价要点。如根据不同的项目，需要考虑运营期内项目公司是否有义务进行再投资？投资的条件？如何投资？被授予特许经营权并带管网的供水、市政污水处理厂项目，会要求项目公司为履行普遍服务义务在合作期限和范围内根据供水、污水规划投资铺设供水和市政污水管网；而在信息化和智慧城市项目中，由于信息化设备更新重置周期短的特点，则必须在合作期限内几乎就全部初始投资资产进行1至2次的再投资；而在市政道路项目中则基本不涉及后期不断继续投资的情况。

在具体操作中，通常通过梳理PPP项目合同、投资协议、股东协议及章程等的具体条款逐条整理“评价要点”。

（三）评价标准

评价标准即为表1中的“原有合同条款”和“法律变更（如有）”。

通过梳理PPP项目合同、投资协议、股东协议及章程等的具体条款逐条整理出的“评价要点”所对应的“原有合同条款”，是“评价要点”的评价标准之一，并摘抄至表1的“原有合同条款”中，“原有合同条款”应包含PPP项目合同、投资协议、股东协议及章程等的所有补充协议或修订，确保协议和约定的完整性。

除梳理“原有合同条款”以外，由于PPP项目的合作周期较长，在此期间的法律变更通常会对PPP项目的执行产生重大影响。因此评价标准，除了要关注原有PPP项目合同的约定以外，还要关注具体PPP项目所在领域的现行法律、政策是否在原来的基础上有变化，这种变化可能是对原有规定的调整、取消，抑或是新增规定。无论是调整、取消或新增，都需要在表1中的“法律变更”中予以体现，以确保评价的完整性和合规性。

（四）评价方法

在整理完“评价要点”“原有合同条款”以及“法律变更”作为评价的内容和标准以后，我们需要知道履约主体真实的履约情况如何，即掌握“现状”。针对每一个“评价要点”，我们需要获取足够多的数据和信息以判断履约主体是否适当履约，这些数据和信息来自于项目公司签订的合同协议、获取的批文、运营管理记录、财务报表凭证、甚至与相关人员进行的访谈记录等等，任何一个可以证明履约主体是否适当履约的资料都必须记录在“核查的资料和信息”中，并根据“核查的资料和信息”的内容分析和总结出“现状”。最后将“现状”与“评价要点”“原有合同条款”以及“法律变更”进行比较以得出“评价结果”。“评价结果”则要对该项

“评价要点”是否被适当履约进行阐述，“评价结果”一旦得出，履约评价的初步成果已可显现。

值得注意的是，在“现状”的确认过程中要尽可能全方位地进行，即每一个要点要从多个层面加以印证，如采购一批设备要审核采购程序、采购合同、货款支付凭证、流水、设备清单以及实地核验设备等，形成一个网状的证据体系，提高可信性。

三、履约评价的总结

履约评价的最终目的并不是评价本身，而是督促各方合法依规的实施项目并针对“评价结果”提出合理化建议，因此在得出“评价结果”后履约评价还并未完成，而是需要基于“评价结果”提出合理和可行的意见和建议，而该部分才是履约评价的精华和难点。建议具体从以下几个方面着手：

（一）针对履约“评价结果”提出整改建议

根据“评价结果”，要针对未被适当履行的“评价要点”提出问题所在以及整改的建议，明确各履约主体整改的目标和方向。并且对未能履约的本质原因和症结进行分析，找出切实有效的解决方案。

以我们曾参与的一个特许经营供水项目的合同履约评价项目为例。评价结果显示问题如下：（1）管网改造投入不足；（2）出厂水水质及水压不达标风险高；（3）管网资料不完善；（4）管网调节能力不强；（5）产销差高于行业水平。虽然表现为几个完全不同方面的问题，但是仔细分析下来核心问题只有一个，就是管网改造投入严重不足，中心城区的管网老化严重，导致产销差（漏失率）居高不下，严重影响到供水水质和水压。而提供的解决方案除了要求项目公司加大管网改造的投资力度，从而降低漏失率提升供水水质和水压以外，政府方和项目公司也必须将因改造所增加投资成本的回报方式作为重要议题进行务实讨论和进一步约定，才能从根本上解决管网改造投入不足的问题。

（二）对PPP项目合同提出修约建议

一方面是针对原有PPP项目合同中未约定或约定不足的内容，根据一段时间的运营和执行情况提出具体的修约建议，对原合同加以完善便于后期的履约和执行。如在签订PPP项目合同时会附有事先由政府方编制的运营维护绩效考核指标，作为对项目公司在运营期内运营维护能力的考核标准，从而将考核结果与政府付费相关联，起到监督和督促项目公司提高运维能力的作用。但是由于本轮PPP项目中真正进入执行阶段的项目甚少，导致政府方在采购阶段所编制的运营维护绩效考核体系因缺乏相关数据和经验使得体系过于理想化或流于形式。因此在实施PPP项目执行阶段的履约评价时，可以根据该项目自身运营的经验和数据对绩效考核体系提出完善建议，增强绩效考核体系的操作性，进一步促使项目公司提高运维和履约能力。

另一方面是针对原合同由于法律变更或经济形式的变化导致不再合规或不再合理的内容进行调整。如随着不断提高标准的《污水综合排放标准》和《城镇污水处理厂污染物排放标准》等行业规范，以及各地政府要求城镇污水处理厂的排放标准从一级B提升至一级A等均对污水处理项目产生了实质性的影响，在这种情况下原合同项下约定的排放标准显然不再能满足法规政策以及政府的各项要求，且项目公司为了满足新的形势要求势必需要对项目进行提标改造。因此通过对PPP项目执行阶段的履约评价，可以有效梳理因这种变化导致的对项目公司的各种影响，从而系统地对原合同中不再适用、不再合规的内容进行统一调整，让合同“与时俱进”。

（三）对当地主管部门的管理和配套政策提出要求和建议

除了督促政府方和项目公司积极履约、完善现有PPP项目合同以外，为了更好地促使和配合项目公司实施 PPP 项目，还可以在履约评价的总结中建议当地主管部门加强行业管理以及出台必要的配套措施，为 PPP 项目履约创造更好的环境和条件。如针对供水项目而言，建议通过制定地方法规、规章等方式，对城市用水分类标准、用户用水性质的界定、企业运营评估、绩效考核、一户一表的推进、二次供水的管理规范、水质监测管理等方面进行规定，完善监管制度。

PPP 婚姻论已深入人心，很多业内人士不断呼吁在 2014 年开始的 PPP 盛世中我们太多的关注选什么样的新郎、婚前协议怎么签、婚礼如何举办，却极少真正关心政府和社会资本的婚后生活是否幸福、是否长久，当然这与近两年 PPP 项目多处于准备和采购阶段相关。然而，正如文首所说，在大批项目相继落地并进入执行阶段的今天，确保双方婚姻幸福和长久并最终实现项目“初心”的重要手段之一，一定是通过以履约评价为核心的执行评价对 PPP 项目的实施进行适时的回顾、反思、督促和更新。我们相信，以履约评价为核心的 PPP 执行评价体系的探索、建立和推广是下一阶段规范实施稳步推进 PPP 的重中之重和参与各方的主要抓手。

上海市锦天城律师事务所 合伙人律师 刘飞 朱宁馨

PPP 立法宜明确可转让的特许经营权可以质押

——兼评《最高人民法院指导案例 53 号》

一、特许经营权目前依法仍不属于可质押的权利

本文所论述特许经营权均指基础设施与公用事业领域政府授予的特许经营权。根据《基础设施与公用事业特许经营办法》规定，特许经营权是指获得政府授权，通过特许经营协议约定，取得在一定期限和范围内投资、建设、运营基础设施和公用事业，提供公共产品或者公共服务，并获得收益的权利。

特许经营权并未被《物权法》和《担保法》作为一项单独的可出质权利列明，而特许经营权迄今亦被其他法律和行政法规明确规定为可出质的权利，因而，特许经营权目前仍不属于可质押的权利。

二、《最高人民法院指导案例 53 号》对特许经营权质押纠纷的裁判要点及其存在的问题

虽然特许经营权依法不属于可质押的权利，但现实中大量存在特许经营权质押担保的案例和纠纷，此前各地法院的处理标准不一，存在较多问题。2015 年 11 月 19 日最高人民法院发布指导案例 53 号（即福建海

峡银行股份有限公司福州五一支行诉长乐亚新污水处理有限公司、福州市政工程有限公司金融借款合同纠纷案），为此类案件处理提供了指导性意见。

1.《最高人民法院指导案例 53 号》的裁判要点及其意义

（1）要点一：特许经营权的收益权可以质押，并可作为应收账款进行出质登记。

该指导案例将当事人明确约定的污水处理项目特许经营权质押，认定为实质上系污水处理项目特许经营权的收益权质押，并将污水处理项目特许经营权的收益权纳入应收账款，解决了污水处理项目特许经营权的收益权质押的合法性，间接认定了污水处理项目特许经营权质押的合法性。该认定在特许经营权仍不属于可质押的权利的情况下，不失为有效解决现实纠纷、合理保护各方权益的明智变通之选，在促进特许经营项目融资方面有积极意义。同时，该指导案例确认了特许经营权的收益权质押的效力，对整个 PPP 行业具有示范意义。

（2）要点二：特许经营权的收益权依其性质不宜折价、拍卖或变卖，质权人主张优先受偿权的，人民法院可以判令出质债权的债务人将收益权的应收账款优先支付质权人。

该指导案例在论述特许经营权的收益权质押的合法性后，指出特许经营项目的经营主体具有特定性，且收益权有一定负担，故特许经营权的收益权依其性质不宜折价、拍卖或变卖，质权人主张优先受偿权的，人民法院可以判令出质债权的债务人将收益权的应收账款优先支付质权人，但同时应为特许经营权人预留必要的合理费用以保证其项目正常运营。该认定确认了特许经营权的收益权有一定负担，与普通的应收账款不同，必须要在保留必要合理费用使项目能正常运转的前提下方可能实现收益权，较准确地反映了特许经营权收益权的特点，对维持项目的运转起到一定的保护作用。同时，通过该指导案例，明确了一种“新”的质权实现方式，即请求次债务人直接向质权人付款，无须通过拍卖和变卖。

2.《最高人民法院指导案例53号》裁判存在的问题

（1）将当事人明确约定的污水处理项目特许经营权质押，以“污水处理厂的运营和维护，属于经营者的义务，而其收益权，则属于经营者的权利。由于对污水处理厂的运营和维护，并不属于可转让的财产权利”为由，认定污水处理项目特许经营权质押，实质上系污水处理项目特许经营权的收益权质押。

首先，存在偷换概念问题，正如《基础设施与公用事业特许经营办法》的定义，特许经营权包含了一定期限和范围内投资建设、运营维护和获得收益的权利。特许经营权与特许经营权的收益权并不是同一概念，特许经营权包含了特许经营权的收益权。

其次，存在性质认定错误问题，项目的投资建设、运营维护虽然也是经营者的义务，但它更是特许经营者的独家的、排他性的权利，只有这种独家的、排他性的权利的存在才是收益权获得保障的基础。

第三，存在明显价值差异问题，虽然特许经营权的价值直接体现为收益权，但是边界条件基本同等的特许经营权在不同的经营者手中，最终产生的收益并不完全相同，甚至有天壤之别。特定项目特许经营权的价值可按项目边界条件及市场所有经营者的平均收益水平进行估值，而特定项目特许经营权的收益权只能基于项目边界条件和特定经营者的经营能力进行估值，两者可能存在较大差距。

（2）将污水处理项目特许经营权的收益权以“虽系将来金钱债权，但其行使期间及收益金额均可确定，其属于确定的财产权利”，以及“污水处理收益权与公路桥梁、公路隧道或者公路渡口等不动产收益权性质上相类似，符合《最高人民法院关于适用〈中华人民共和国担保法〉若干问题的解释》及有关政策规定”为由，认定依其性质亦可纳入“应收账款”范畴。

首先，存在认定事实有误问题，如前所述特定项目特许经营权收益金额，因不同经营者的经营管理水平不同可能呈现较大差别，因此并非“收益金额均可确定”。

其次，存在类比不当问题，污水处理项目特许经营权的收益权与公路等不动产收益权有本质不同，污水处理项目特许经营权的收益权虽然也有赖不动产作为基础，但污水处理项目特许经营权本身提供的是污水处理服务，项目特许经营权的收益是基于合格污水处理服务效果而取得相应的污水处理服务费，属于典型的政府采购服务，因而，其并非简单的基于不动产而取得的收费权。

（3）以“污水处理项目收益权属于将来金钱债权，质权人可请求法院判令其直接向出质人的债务人收取金钱并对该金钱行使优先受偿权，故无须采取折价或拍卖、变卖之方式。况且收益权均附有一定之负担，且其经营主体具有特定性”为由，得出污水项目特许经营权的收益权依其性质亦不宜折价、拍卖或变卖。

首先，存在推理不当问题，质权人可请求法院判令其直接向出质人的债务人收取金钱并对该金钱行使优先受偿权，并不意味质权人无权请求法院判令将质押权利折价或拍卖、变卖。而在质权人明确请求法院对质押权利折价或拍卖、变卖的情况，显然更不能推导出“无须采取折价或拍卖、变卖之方式”的结论。

其次，存在论证错误，“经营主体具有特定性”，无法得出污水处理项目特许经营权的收益权不宜折价、拍卖或变卖之结论。这里有两个错误，其一，特许经营项目经营主体的特定性，是对特许经营者履行特许经营义务而设定的，而作为被审判法官分离而出的“特许经营权的收益权”而言，是不需要特定性要求的，简而言之，“如果仅仅只是获得收益，为何要区分张三、李四、王五呢？”即“特许经营权主体的特定性”与“特许经营权的收益权主体的特定性”不是同一概念，这里只有论证“特许经营权的收益权主体是否有特定性”，才对论证“污水处理项目特许经营权的收益权是否宜折价、拍卖或变卖”有意义；其二，“经营主体具有特定性”不同于“经营主体具有唯一性”，有“特定性”并不意味就不宜“折价、拍卖或变卖”，依其“特定性”的要求，在继承原有特许经营权利义务的前提下，设置相应地资格条件，在合格经营主体中实施“折价、拍卖或变卖”不就行了吗？事实上，实践中这个问题特别突出，已有法院对此进行尝试，就是做出《最高人民法院指导案例53号》的一审法院——福州市中级人民法院，在2015年执行申请人缪某某与被执行人高某、福建明通环境工程科技有限公司、陈某某借款合同纠纷一案（〔2014〕榕民初字第1864号判决），即发出〔2015〕榕执字第918号执行裁决书和公函，通知闽侯县人民政府及闽侯县住房和城乡建设局，要求将被执行人福建明通环境工程科技有限公司名下位于福建省闽侯县南通镇福通路1号的BOT特许经营项目污水处理厂整体进行处置拍卖。

上述判决存在的问题致使现实中，特许经营权质押试点无以为继，特许经营权的收益权质押依《应收账款质押登记办法》仍然难以办理登记。特别是将“特许经营权质押认定为实质上是特许经营权的收益权质押”后，关于“特许经营权的收益权依其性质亦不宜折价、拍卖或变卖”的认定，导致实践中“问题特许经营权项目”难以更换合格经营人，表面上似乎是维护公共利益，实际上导致金融机构难以尽快收回呆账、原有经营人无心优化经营、项目经营受影响严重无法实现公共利益最大化、政府主管部门也难以实施有效监管。

三、特许经营权本身的可质押性及其比较优势

1. 特许经营权本身的可质押性

根据《物权法》《担保法》及有关规定，理论上一般认为，能够成为权利质押标的的权利须具有以下特征：财产权利、可让与性、可控性（质押登记）以及不属于法律法规禁止质押的对象。

基于特许经营权上的经营权、经营收益权或收费权，显然有财产权利，直接体现于每年的经营收益或收费收入、权利转让收入。《行政诉讼

法》第十二条第11项和最高人民法院《关于适用〈中华人民共和国行政诉讼法〉若干问题的解释》第十一条规定政府特许经营协议属于行政合同。尽管如此，理论上以及司法实践中，对此仍然争议不断，各级法院亦时常有与意见完全相左的判决。不论特许经营协议是行政性质合同还是民事性质合同，抑或是兼具民事和行政混合性质的合同，其特许经营权均是由政府针对特定企业授予的，一般不被允许在市场中自由转让。但是，一般也均非绝对禁止，在满足一定年限和受让人具有一定资格条件基础上，特许经营权经批准是允许转让的。因此，特许经营权具有一定的可让与性。特许经营权为确定的相关行政主管部门授予，具有可登记公示的天然条件，只要在履行登记公示手续后，质押权人完全可以控制该权利。目前，尚无相关法律、法规禁止特许经营权作为权利质押的对象。因此，特许经营权本身满足作为可质押性权利的所有要求。

2. 特许经营权质押与特许经营权的收益权质押的比较优势

（1）解决未来价值的不确定性问题：

特许经营权的收益权是“未来价值”，具体的付款金额（收费总额）、付款时间都还是未知数，且不同的经营主体可能产生不同的价值，尽管可以预测，但这种预测通常依据经验，准确性较差，可以说不能准确衡量，而且这种价值只能在未来实现，很难转化为“即时价值”，使得特许经营权的收益权质押几乎难以成为金融机构认可的“强担保”增信措施，金融机构仅依靠“特许经营权的收益权质押”很难规避风险，从而给项目公司融资带来困难；而特许经营权的价值可按项目边界条件及市场所有经营者的平均水平进行估值，属“即时价值”，具有相当的确定性，具有担保价值，可以成为金融机构认可的“强担保”，从而有利于项目公司融资。

（2）解决登记公示主体问题：

虽然《最高人民法院指导案例53号》将特许经营权的收益权等“将来金钱债权”纳入“应收账款”范畴，并明确应当在中国人民银行征信中心的应收账款质押登记公示系统进行出质登记，质权才能依法成立。但是，目前由于特许经营权的收益权不在《应收账款质押登记办法》登记的权利范围内，实践中，在许多地方仍难以在应收账款质押登记公示系统登记，使得质押权人的权利缺乏有效的法定登记作为保障。而特许经营权为确定的相关行政主管部门授予，具有可登记公示并排除重复质押的天然条件。

（3）解决的质权实现方式问题

我国《担保法》和《物权法》就质权的实现做出一般性的规定，即质权人在行使质权时，可与出质人协议以质押财产折价，或就拍卖、变卖质押财产所得的价款优先受偿。《最高人民法院指导案例53号》认定特许经营权的收益权依其性质不宜折价、拍卖或变卖，质权人主张优先受偿权的，人民法院可以判令出质债权的债务人将收益权的应收账款优先支付质权人。实际上是创设了一种“新”的质权实现方式，从另一方面来说，实际上也是违背了现有法律的有关规定。质押财产无法通过折价、拍卖、变卖来优先受偿，使得质押权人无法在较短时间内一次性收回债权，实质上背离了担保的重要功能，损害了质权人的合法权益。因此，《最高人民法院指导案例53号》对于特许经营权的收益权质权实现方式的判定不仅在理论上存在较大争议，在实践中也不利于保护质权人利益。而特许经营权完全可以在满足原《特许经营协议》约定的条件下，在合格的购买人中进行拍卖、变卖，实现质权的依法处置，保护质权人的合法权益。实际上，特许经营权在合格购买人中的依法拍卖、变卖完全符合现有法律法规关于以竞争性方式选择特许经营者的要求，通过依法公开的拍卖、变卖，不仅可以淘汰陷入困境的现有特许经营者，还可找到更有利于项目经营的合格经营者，不仅不会损害公共利益反而是更好地维护了公共利益。

四、解决之道及建议条文

虽然特许经营权目前仍不属于可质押的权利，但是特许经营权本身具有可质押性，且具有比特许经营权的收益权更好的质押优势，根据《物权法》第223条“法律、行政法规规定可以出质的其他财产权利可以出质”的规定，在拟出台的国务院PPP立法中明确规定特许经营权可以出质，从而实现特许经营权可质押，以促进PPP特许经营项目的融资和市场繁荣。

相关条文建议如下：依照《特许经营协议》可转让的特许经营权可以质押，特许经营权出质应当取得特许经营权授权方书面批准并在特许经营权授权方登记公示。特许经营权质权的实现，应当确保新的特许经营者满足原有资格要求并愿意承担原《特许经营协议》的全部义务。

福建海峡环保集团股份有限公司副总裁、总法律顾问　江河

政府方PPP项目合同管理体系运行模式探讨

一、引言

2014年以来，我国开始在基础设施、公共服务项目投资建设领域大力推广PPP模式，截至2016年11月30日，录入全国PPP综合信息平台项目库的项目已有10828个，入库项目金额总数达到129570.54亿元。可见，我国政府通过PPP项目的推进，在加快转变政府职能、建立投融资创新机制方面已取得重大的成就。但由于相关法制尚不健全、PPP模式尚在摸索，需要政府从实际出发，进一步加强PPP项目合同管理体制的运行。本文针对当前政府在PPP合同体系运行中容易出现的问题，提出政府方如何巩固以实施机构为核心的PPP项目合同管理体系，更好地提高PPP项目合同管理水平，从而体现政府对“契约精神”的落实，同时也减少日后发生“再谈判和提前终止”的现象。

二、当前PPP项目合同管理体系运行存在的问题

1. 混淆政府监管职能与实施机构合同管理责任

为确保社会资本的PPP项目服务水平及项目绩效达到政府对公共产品或公共服务的要求，政府需要在项目全生命周期对社会资本进行监管，并保障公众利益。在我国相继发布的PPP政策中，规范了政府各职能部

门的各类监管职责，也对政府实施机构的监管作了若干规定。但是，从全生命周期的项目管理理论出发，一个PPP项目从决策（识别）、准备、采购、执行（建设与运行）到移交等过程，需要作为政府被委托代理方的实施机构进行全面管理，而政府方则应适当将其他各职能部门对固定资产投资项目的监管职能与实施机构对项目管理的职能加以区分，除完善政府各职能部门整体监管外，更应凸显实施机构对PPP项目的核心管理，尤其是合同管理。政府职能部门监管的依据是法律、法规及相关政策，彼此监管内容的重点和范围有所不同，不仅对项目公司、项目绩效进行监管，也对实施机构的责任落实进行监管。因此，为突出政府对PPP项目的“契约精神”，有必要建立以实施机构为核心的合同管理体系，而政府其他职能部门监管作为外围进行监督。如此，才能合理解决政府方从宏观和微观方面不同的组织分工，同时可避免实施机构“既当裁判员，又当运动员”的现象。

2. 合同管理体系前后工作缺乏连贯性

根据当前的我国PPP政策，实施机构在项目识别、准备、采购过程中，组织实施方案编制及审核，包括对项目风险分配、合同文件编制、谈判与签订等工作。但根据实际情况，多数实施机构的工作在当地发改委或财政局组织下进行，实施机构人员只是起到中间协调作用，而缺乏自主性。当PPP咨询机构提供相关服务后，一般由实施机构传递文件、并转发相关机构意见，实施机构对项目有关的实施、合同内容等都不甚清楚，理解深度存在较大问题。并且，咨询机构一般很少将项目风险分配如何在合同中具体设置做进一步分析约定，导致实施机构对合同的理解存在偏差。一旦咨询机构任务完成或PPP合同签订后，实施机构就不知道该如何继续着手进行合同管理。由于前后管理体系缺少紧密衔接，导致PPP项目的合同管理体系无法按事先审批后的实施方案推进。此外，在实施方案中的监管方案重点一般在政府监管职能方面，而对如何进行合同管理提到较少，给实施机构合同管理工作的参考性较差，也会导致PPP项目合同管理在采购与实施过程之间出现断层。

3. 合同管理体系缺乏协调机制

PPP项目合同体系较传统项目复杂，不仅有政府实施机构与项目公司签订的PPP项目合同，而且包括项目公司自身的股东协议、承包合同及相关分包合同及项目公司的融资协议等，各合同之间关系紧密，条款内容互为引用，容易出现矛盾，尤其是PPP项目合同与股东协议之间的关系更难理顺。从PPP实践来看，绝大多数PPP项目需要成立项目公司，项目公司由社会资本（可能为联合体）与政府出资代表组成，社会资本中标后，一般先与实施机构签订PPP合作意向书或框架协议，待社会资本各股东及政府出资代表签署股东协议、制定公司章程、成立项目公司后，由项目公司与实施机构正式签订PPP项目合同。由于股东协议签订中，涉及政府出资代表、社会资本联合体各股东多方权责，其中股东之间的资本金出资安排、股权变更时限与受让人资格条件、重大事项的决策认定、董事会成员组成等都需在股东协议中约定，并与PPP项目合同的相关约定相吻合。由于股东协议与在PPP项目合同签订时间上有先后，并且参与谈判的人、谈判时间也可能不同，如合同管理体系缺乏协调机制，势必发生条款上的约定冲突，给项目后续执行带来不必要的阻力。

4. 合同管理体系中，实施机构人员PPP合同管理经验不足

在合同管理体系中，政府方实施机构在合同管理中主要任务是合作伙伴选择、签订合同、项目组织实施、监测与绩效评价、移交、验收、资产交割等，若中期发生提前终止条件，则负责接管、再谈判等工作。可见，实施机构合同管理任务比较艰巨，涉及项目整个全生命周期。但是，目前我国实施机构的PPP专业人员较少，普遍对PPP认识不足。或许，有些实施机构以往对于项目建设合同管理经验尚可，但PPP项目本身合作期长（还包括运营期），参与主体多、涉及面广、不同主体利益诉求差异性大，而PPP合同难以完全预见合作期内可能出现的各种情况，无法达成内容完备、设计周详的合同条款，需要实施机构内部的合同管理人员将合同事件

对 PPP 项目的综合效益及各利益相关方的自身效益作平衡，其难度非传统项目可比；另一方面，当前与 PPP 相关的法律、法规不完善，尤其对合同变更、争端处理等，没有较好的制度来指引实施机构对项目合同体系的合理运行，则更需要实施机构合同管理人员高水平的运作。因此，实施机构急需一批专注于合同体系建设与运行的专业人员，以提高政府方合同管理的水平，促进 PPP 项目的良性发展。

三、政府方 PPP 项目合同管理体系运行的健全模式

1. 政府方 PPP 合同管理体系的运行原则

与发展 PPP 项目的基本理念相同，政府方 PPP 合同管理体系运行首先需严格遵守“物有所值”原则，即在满足项目需求的前提下，促进 PPP 项目的整体效益、获得较传统项目更大的价值。根据此项原则，政府方应对每个项目合同事件的处理都考虑是否能够体现项目价值的优化；其次，在合同管理体系中，需坚持遵守“伙伴关系”原则，即强调合同当事人之间长期、稳定的合作关系，在市场机制下追求政府方与社会资本方目标的一致性，强调双方互动，有效平衡双方利益与冲突，力争达到“双赢”；第三，政府方合同管理体系应遵循“可持续性”原则，即在 PPP 项目的整体推进过程，利用合同管理手段（刚性管理与柔性协调双重机制），使 PPP 项目达到技术、经济、财政、风险控制等各方面可持续发展，避免项目提前终止或偏离项目需求，阻碍项目效益的最大发挥。

2. PPP 项目合同管理组织的建立

合同管理组织是合同管理目标能否顺利实施的保证措施。PPP 合同管理体系的运行，需从建立完善的以实施机构为核心的合同管理组织开始，必须在实施机构组织中设置专门的合同管理职能部门及相关人员，并对合同管理组织中人员进行职能分工。如计划、执行、检查、调整等各项合同管理职能，形成可运行、考核的职能分工表，并建立与之相适应的合同管

理制度与运行流程。同时，在政府方PPP项目合同管理组织与政府其他职能部门的监管组织相衔接，建立有效的协调机制，促进项目的整体合同管理体系的运行。由于当前我国实施机构对PPP模式并不熟悉，能够胜任的合同管理人员并不多，为解决这个问题，将PPP项目合同管理组织作为开放体，与其他利益相关者共谋，以加强政府方实施机构的合同管理组织，具体如下：

（1）由当地政府从其他职能部门或PPP领导小组中选取具有PPP经验或相关能力人员加入实施机构合同管理组，以增强实施机构合同管理能力；

（2）借助外力协助实施机构做好合同管理系列工作。这些外力可包括PPP项目的债权人（金融机构）、咨询机构（考虑咨询机构在实施过程中的服务及评估）及PPP各专业专家等。

（3）在合同管理组织中，应充分考虑社会资本的作用。除了合同约定外，实施机构合同管理组织应考虑与社会资本的主要人员（项目负责人、合同管理人员等）的信息对接与沟通机制，及时吸纳与反馈社会资本对合同管理体系运行的意见，促进组织间的稳定性和可持续性，也可在一定程度上降低组织间的交易成本，从而为政府方合同管理体系运行产生积极的影响。

3. 增强政府方PPP项目合同管理体系的关键措施

（1）编制合同管理方案

政府方PPP项目合同管理体系的运行是以合同管理方案为依据，合同管理方案为实施机构提供了合同管理重点和对策。实施机构建立合同管理组织时，应根据项目特点和政府对项目前期的准备情况制定初步合同管理方案。在PPP项目推进过程中，根据风险分配、实施方案、社会资本采购、合同谈判与签订的具体内容进行阶段性修订，同时注意与其他管理方案相融合，最终形成完整的合同管理方案，为实施及移交阶段的合同体系运行提供科学、正确的指导。为确保合同管理方案的可实施性和科学性，必要时可要求 PPP 咨询方协助制定。政府方 PPP 项目执行阶段的合同管理方案一般包括：PPP 项目合同系统及合同结构图、合同管理流程、变更与争端管理机制、关键事件应急机制、PPP 合同范围分析、合同条款清单（将合同进行解构与分析，分为条款内容、先决条件、涉及的风险分配、履约方式、核查方式等内容）、项目风险清单、文件清单、关键事件清单等。合同管理方案编制后，应及时提供给其他政府各职能部门征求意见，以获得各方支持。

（2）加强合同体系的协调管理机制建设

PPP 项目参与方众多，既有实施机构、其他政府部门，又有政府出资代表、金融机构、社会资本及组成的项目公司等参与。各参与方的活动按相应合同约定来实施，而各合同之间关系紧密，彼此间构成复杂的合同网络。在 PPP 项目准备、采购及执行过程中，有必要事先做出周密的计划和安排，加强合同体系的协调管理机制建设，确保 PPP 项目的顺利执行。合同体系的协调管理机制建设主要需注重以下几个方面：

1）在社会资本采购前，由实施机构组织相关政府部门、咨询机构等进行 PPP 合同、股东协议的起草工作，统一两者相关的权利和义务条款，并且将此作为招标文件一部分的同时，明确 PPP 项目资本结构的要求（注册资本数额、政府出资比例、出资方式和时间）、股权结构及锁定期要求、项目公司治理结构的基本要求、政府监管事项等，形成约定对等的合同刚性框架，促进各方的履约能力和合作关系。

2）在签订 PPP 合作意向书或框架协议后，实施机构、政府出资代表及社会资本可同时对股东协议和 PPP 项目合同进行谈判，发现两者存在的冲突可及时统一调整。

3）在社会资本与金融机构的融资协议谈判中，实施机构、政府出资代表应积极参与，配合社会资本解决前期可能忽略的问题，对涉及可能需对 PPP 合同条款调整的内容需斟酌，必要时请第三方服务机构协助讨论。

4）在执行过程中，项目公司与其他单位签订的合同，政府出资代表应参与谈判，并及时将合同信息反馈于实施机构及政府相关监管部门，便于政府方的监管和合作事项开展。

（3）建立实施机构的PPP合同管理信息平台

PPP项目周期长、相关利益者众多，在PPP合同体系管理过程中会产生大量的信息，需要及时整理和分析，做好信息传送、备案等工作。因此，为促进合同管理效率，实施机构需建立基于PPP项目的合同管理信息平台，用于组织信息前后的渗透工作，并基于信息平台建立一整套信息流程，以加快信息的收集、加工、存储、传递与反馈等。这些流程包括：信息类型、形式、代码、发出者、接受者、回馈者、信息日期及信息处理方式（确认、修正、存档、废除）等。实施机构的PPP合同管理信息平台与政府相关职能部门建立的PPP信息监管平台侧重点不同，主要用于项目管理（合同管理），当然该信息平台可与外围政府PPP监管平台联网，根据相关需求传送政府监管部门及公众所需的信息，便于全方位、全生命周期的信息化管理。实施机构的PPP合同管理信息平台记录、传递的信息主要包括PPP推进过程中的项目进度、项目质量与绩效、项目现金流及财务状况、合同文本、图纸及工程资料、会议纪要、关键事件记录、运营与维修记录等。

（4）灵活使用刚性管理与柔性协调的双重合同体系运行机制

PPP项目周期长，合同变更现象会十分普遍。具体表现在：工程内容变更，如项目边界条件变化、建设标准变化；合同主体变更；股权变更；合作期变更以及法律变更等。这些变更如何处理，对政府方合同管理是严峻的考验。每一个变更会产生新的风险，而这些风险如何分配，在原有合同中并不能完全做出相应约定。此外，PPP项目利益相关者众多，各方相互牵涉的利益分配较一般传统项目复杂，而目前法律、法规不健全，一般只能依靠完善的合同条款来约束，并对发生的风险作预先分配，但仅仅靠这些合同条款不一定能够控制住风险，还往往会导致再生风险，结果各方（尤其是政府方和社会资本）利益冲突加剧，造成再谈判和提前终止。

因此，实施机构需要灵活使用刚性管理与柔性协调的双重合同体系运行机制，促进 PPP 项目价值的发挥。一方面，实施机构应在合同中明确合同管理变更、争端处理及重大风险应急处理程序的条款，在合同体系运行过程中严格按照程序办事，及时评估、权衡各方利益，做出有利于 PPP 项目持续推进的决策；另一方面，实施机构应秉持合作精神，运用动态的绩效跟踪、协同管理手段，定期或不定期与社会资本联合开展 PPP 项目内部评价和信息交流，通过沟通、激励、信任等机制强化双方的积极应对风险、变更、冲突等事件，尽快形成彼此之间的利益再平衡。

四、结语

PPP 项目合同管理体系的运行是一个全周期、系统性、动态性的管理过程，需要良好的合同管理组织、合理的制度、科学的合同管理措施予以保障。当前存在的合同管理体系运行问题不容忽视，各地方政府应尽快根据自身特点进行完善，以便更好地促进 PPP 项目的顺利推进。

上海同济工程咨询有限公司　沈翔　韩光耀

part 04

第四篇　案例与实施

轨道交通 PPP 模式的问题分析及完善路径

引言

近年来，随着城市人口和经济快速增长以及公共政策措施的强力推动，中国城市轨道交通正在进入一个快速发展的新阶段。在国家土地、环境以及节能减排政策的引导下，城市土地开发利用将朝高密度集约化的方向发展。在这种指导方向下，适合大容量快速轨道交通建设的交通走廊将不断在城市中扩展与完善。中央和地方也意识到，一个规划合理的城市轨道交通系统可以成为集约化土地利用发展的中心纽带和引擎，并逐步推进轨道交通的规划建设。“十二五”期间，城市轨道交通通车里程达 3286 公里，累计已有 25 座城市的 112 条线路通车运行，较“十一五”末期通车里程 1430 公里增长了 1850 公里，增幅 130%。其中，地铁在 7 种城轨制式中仍占据绝对主导地位，占比高达 73.4%。2016 年作为“十三五”开局之年，与“十二五”开局之年即 2011 年新增线路长度 288 公里相比，增长 85.8%；与“十二五”收官之年即 2015 年新增线路长度 445 公里相比，增长 20.2%。其次，我国城市轨道交通呈现多种制式共同发展的趋势，根据中国城市轨道交通协会，地铁的通车里程数从 2014 年的 2361 公里增加到 2016 年的 3172 公里，与此同时，其他制式的通车里程也在增加，地铁虽说仍占据着轨道交通的主导地位，但是其影响与作用正在逐渐减弱，其他制式结构如现代有轨电车已开始凭借自身的特点优势得以迅速发展，据统计，截至2016年末，轻轨、有轨电车和市域快轨运营里程分别达到了233公里、183.77公里、412公里。

表1 2011–2016年城市轨道交通的发展

年份	运营线路长度（公里）	增长速率（%）	运营线路（条）	建成投运城市（个）
2011	1713	16.45	58	14
2012	2064	20.49	69	17
2013	2746	33.04	81	19
2014	3173	15.55	92	22
2015	3618	14.02	105	26
2016	4153	20.20	134	30

我国城市轨道交通运营里程、客流量及其增幅的逐年增加，一方面，对于投资体量巨大的轨道交通来说，这势必给政府财政带来不少压力。另一方面，客流量的大幅增加也给轨道交通运营带来了很大的挑战。为此，国家在轨道交通领域积极推行PPP模式，以期解决轨道交通的投融资、建设与运营问题，从近两年的实施情况来看，轨道交通领域PPP实施的效果较为明显，一定程度上缓解了政府的财政压力和运营专业化问题，但是也存在着一些亟待解决的问题。

一、轨道交通领域PPP的应用情况

（一）PPP模式对轨道交通的契合性

PPP模式有三大显著特征：伙伴关系、利益共享、风险共担。运用到城市轨道交通上，利用PPP模式，将使社会资本投入到城市轨道交通的建设、运营及商业地产的开发。对于中国城市轨道交通产业来说，引入PPP模式不仅缓解了政府的财政压力，更是中国城市轨道交通发展史上的一次历史性变革。

PPP模式是根据轨道交通准公共产品的经济特点，将其公益性与营利性区分开来并进行量化研究，由政府负责公益性部分的投资和承担与之对应的风险，通过政策制度的安排解决部分外部性问题。同时以营利性内容吸引多元化的社会投资，由社会投资者负责经营性部分的投资和承担与之对应的风险，通过建设前的竞争招标机制，建设后科学合理的风险分担和利益共享机制、规范的监管标准和规则，实现政资分开、政企分开。因此，PPP模式其表象是在轨道交通行业吸引社会资金，实质上是为了推动建立科学新型的政企关系，是为了解决轨道交通行业中存在的体制机制问题，培育和建立一个科学合理的制度基础。

表2　2016年全国轨道交通落地PPP项目（不完全统计）

序号	项目名称	模式	投资总额（亿元）	里程（km）	中标单位
1	芜湖市轨道交通1号线、2号线一期	BOT	146.33	46.76	中国中车股份有限公司联合体
2	西安市地铁临潼线（9号线）一期工程	BOT+EPC	149.88	25.14	中国中铁股份有限公司
3	乌鲁木齐市轨道交通2号线一期	BOT	162	19.35	中国铁建联合体
4	昆明轨道交通9号线	BOT+EPC	224	50.4	中国中车股份有限公司联合体
5	呼和浩特地铁2号线	BOT	208.66	27.27	中国中铁股份有限公司联合体
6	呼和浩特市城市轨道交通1号线一期工程	BOT	146.8	21.93	中国中铁股份有限公司联合体
7	大连地铁5号线	BOT	188.45	23.8	中国中铁股份有限公司（子公司）联合体
8	徐州市轨道交通2号线一期工程	BLMT+TOT	169.79	23.9	中国铁建联合体
9	重庆市轨道交通9号线一期工程	BOT+EPC	189	32	中国建筑联合体
10	青岛市红岛—胶南城际轨道交通二期工程	股权合作+BOT	140.24	40.21	中交集团
11	青岛地铁4号线	BOT	181.90	30.7	中国人寿资产管理有限公司

续表

序号	项目名称	模式	投资总额（亿元）	里程（km）	中标单位
12	南京地铁5号线	BOT+EPC	200	37.4	绿地集团联合体
13	三亚有轨电车示范线	BOT	14.695	8.37	中交联合体
14	合肥轨道交通2号线	AB包 TOT+BOT	173	27.76	合肥建琪城市建设发展合伙企业（有限合伙）和合肥城市轨道交通有限公司联合体

（二）存在的问题

虽然轨道交通成为我国PPP模式的推广重点，但仍面临三个主要问题：一是轨道交通项目的融资量大，且轨道交通是准公共产品，仅通过收费很难获得合理回报，因此而带来的财政缺口较大；二是轨道交通项目施工难，运营技术要求高，现阶段虽然社会资本类型较多，但是性质单一；三是在轨道交通的土地综合开发中，涉及土地的相关政策过于分散、不协调。为解决这些问题，各地需要有针对性地探索轨道交通PPP模式，以期实现轨道交通的良性发展。

二、轨道交通领域PPP存在的问题

（一）项目投资额较大，回报周期长，财政缺口较大

轨道交通项目投资体量巨大，交通造价和全生命周期成本高昂，其中就造价而言，地铁每公里达8亿至10亿元，有轨电车每公里1.3亿至2亿元；运维成本方面，国外一条轨道交通线30年的运营成本通常是其建造成本的2至6倍。再加上轨道交通兼具公益性质，定价机制严格，弥补投资成本都较难，更何况合理利润。所以，轨道交通PPP项目大多采用“使用者付费+可行性缺口补助”的回报机制，在“使用者付费”相对有限的情况下，一方面降低了社会资本的投资兴趣，另一方面也增加了政府方的

支付负担。

（二）社会资本性质单一，缺乏同时具备建运能力的社会资本

1. 社会资本的类型

现阶段参与城市轨道交通 PPP 项目的社会资本主要有以下几种类型：

a. 建筑施工企业，如中铁建、中国建筑等；

b. 机电设备集成系统企业，如中国电子科技集团公司第十四研究所、中国中车等；

c. 房地产企业，如绿地集团；

d. 运营企业，如香港地铁公司、北京轨道交通建设管理有限公司、南京地铁运营有限责任公司等。

虽然轨道交通 PPP 项目投资社会资本的类型较为丰富，但是结构相对单一，主要集中于央企和地方国企。这主要是因为轨道交通项目总投资规模、施工难度较大，需要企业拥有极强的投融资与建设能力，因此无论从资产规模、专业人员（建设施工领域）、资质技术等角度，央企及地方国有企业有着普通民营资本所不具备的优势。在实践中亦是如此，大规模的轨道交通建设，央企和地方国企成了参与的主要角色，并有组成联合体投资的趋势。如芜湖市轨道交通 1、2 号线一期、乌鲁木齐市轨道交通 2 号线一期、昆明轨道交通 9 号线等项目的中标社会资本是中国中车、中铁等央企为牵头单位的联合体。近年来，随着轨道交通市场化程度的提高，一些项目也有优秀外资企业的参与，例如港铁、威立雅等。另外，值得肯定的是，国有控股的运营公司、供应商，已开始逐步走出地域的限制，面向全国、面向资本市场进行混合所有制改革的探索，如申通地铁、新筑股份等。

截至目前，真正意义上的民营资本参与轨道交通 PPP 项目的投资是极为罕见的，2017 年 1 月 3 日签约的郑州市轨道交通 7 号线一期 PPP 项目，被认为是首单民营企业（本项目的社会资本方为中轨集团）签约城市轨道

交通项目，也是目前全国轨道交通领域单个项目投资额最大的PPP协议。这对民营资本参与投资轨道交通项目有极强的示范效应。

2. 不同性质社会资本的价值偏好不同

社会资本的价值偏好，通常取决于其优势领域，或其战略布局的方向。

央企和地方国企的优势首先体现在于融资能力，融资能力决定着企业的发展能力，企业的注册资本作为融资能力的大小直接影响因素，也就形成了这些企业无可取代的优势。其次，央企和地方国企以往的项目经验丰富，建设与设备供应能力极强，与普通企业相比形成了不可比拟的绝对优势，加上规模较大的国有企业转型相对困难，因此其价值偏好倾向于建设部分，更加看重建设环节，并通过建设、施工、设备供应等方面获取主要回报。大型的央企集团兼具较高的设计水平，也有一定的采购渠道，往往会将设计、施工、采购环节统筹考虑，也正是目前轨道交通PPP项目多采用EPC模式的原因之一。因此央企和地方国企参与轨道交通项目的核心目标是建设，获取建设施工利润，其非常关注建设部分的条件设置。由于运营能力有限，擅长建设投资的央企和地方国企也有意向与具备运营能力的社会资本组成联合体，如北京市新机场轨道线PPP项目即由中国铁建公司与北京市轨道交通运营管理有限公司等组成联合体投资。也有央企与具备专业能力的运营公司共同组建新的运营公司，以发挥整合资源优势，2017年1月，由温州市铁投集团联合中铁电气化局集团有限公司、中国铁路通信信号上海工程局集团有限公司两家央企合资设立中铁通轨道运营有限公司，主要经营铁路与轨道交通运营服务以及设备维修养护。

民营资本与外资企业主要擅长的是运营领域，以其市场化的管理方式，采用科学的方法合理控制运营成本，提升运营服务质量，并通过轨道交通内部或周边资源深度开发提升收入水平，间接地降低了社会成本，减轻了政府支出压力。因此其偏好于重视运营环节、价格调节机制完善合理的轨道交通项目。由于其自身规模较小，建设融资能力有限，因此往往考虑与央企或地方国企组成联合体（例如北京地铁 4 号线项目由港铁与首创组成联合体）或将建设部分拆分，这也是目前轨道交通 PPP 项目多采用 AB 资产包模式的原因之一。

（三）土地综合开发政策规范不明确、不协调

近两年，在港铁模式的影响下，各地也在探索以公共交通为导向进行综合开发的 TOD 模式，TOD 是城市与公交协同发展的空间模式，其包括“轨道 + 物业”“轨道 + 社区”“轨道 + 小镇”等多种空间方案。但不管实施哪种方案，土地都是其中的关键所在。在《国务院办公厅关于支持铁路建设实施土地综合开发的意见》（国办发〔2014〕37 号）中首次提出“支持新建铁路场站与土地综合开发项目统一联建”。《国家发展改革委关于加强城市轨道交通规划建设管理的通知》（发改基础〔2015〕49 号）也提出“创新投融资体制，实施轨道交通导向型土地综合开发，吸引社会资本通过特许经营等多种形式参与建设和运营”。尽管 TOD 有国家政策的支持，但都停留在宏观层面，在具体操作过程中涉及很多法律问题。

1. 土地成片开发的合法性问题

轨道交通项目的土地综合开发一般涉及较大规模的成片用地，但财金〔2016〕91 号文件明确指出，不得直接以 PPP 项目为单位打包或成片供应土地，应当依据区域控制性详细规划确定的各宗地范围、用途和规划建设条件，分别确定各宗地的供应方式。那这一规定对轨道交通项目的土地开发有无影响呢？笔者认为，首先，91 号文规定目的在于保障项目用地符合《关于进一步加强房地产用地和建设管理调控的通知》（国土资发〔2010〕151 号）提出的“不得将两宗以上地块捆绑出让”的要求。其次，在《中共中央国务院关于深化投融资体制改革的意见》中鼓励通过“连片开发”的形式开展政府和社会资本合作。这两个文件一个是规范土地使用权的获得；另一个是涉及土地使用权获得之后的开发问题，所以 91 号文对土地综合成片开发并无影响。

然而，成片开发虽然有政策支持，但并不是没有限制，2007年国土资源部就已经提出严控土地成片出让“进一步严格控制土地出让的地块面积”。在《国务院办公厅关于支持铁路建设实施土地综合开发的意见》（国办发〔2014〕37号）文中也明确限制了铁路场站的综合开发规模，即“扣除场站用地后，同一铁路建设项目的综合开发用地总量按单个场站平均规模不超过50公顷控制，少数场站综合开发用地规模不超过100公顷”。因此，轨道交通项目中的土地开发规模也是有限制的。

2. 土地供给方式的政策规范较为分散、甚至不协调

从我国目前土地政策来看，对于轨道交通的基建部分的用地采用划拨方式供给是非常明确的。但涉及场站商业开发所需的土地应有偿供给，土地有偿供给方式有招拍挂出让、协议出让、作价出资或入股等，在国办发〔2014〕37号文中明确提出“新建铁路场站地区综合开发用地采用市场化方式供应”，这也是内地城市不能照搬港铁的TOD运作模式的原因所在。但是已经出台的交通场站综合开发方面的政策文件，土地供给方式方面的规定较为分散。《国务院办公厅关于支持铁路建设实施土地综合开发的意见》（国办发〔2014〕37号）明确规定“利用铁路用地进行地上、地下空间开发的，在符合规划的前提下，可兼容一定比例其他功能，并可分层设立建设用地使用权。分层设立的建设用地使用权，符合《划拨用地目录》的，可按划拨方式办理用地手续；不符合《划拨用地目录》的，可按协议方式办理有偿用地手续”。在上海市出台的《关于推进本市轨道交通场站及周边土地综合开发利用的实施意见》（沪府办〔2016〕79号）中也提出“在完成土地储备形成‘净地’后，可以协议方式，将轨道交通场站综合用地使用权出让给综合开发主体”。而在《国土资源部办公厅关于印发〈产业用地政策实施工作指引〉的通知》（国土资厅发〔2016〕38号）中严格限制了土地协议出让的范围：对旧城区改建需异地搬迁改造的城区商品批发市场等流通业用地、工业用地，在收回原国有建设用地使用权后，经批准可以协议出让方式为原土地使用权人安排用地。另外，在2017年1

月 18 日国务院发布的《关于鼓励社会力量兴办教育促进民办教育健康发展的若干意见》也规定了“营利性民办学校按国家相应的政策供给土地。只有一个意向用地者，可按协议方式供给”。

深圳市则采取另一种方式——土地使用权作价出资。在《深圳市国有土地使用权作价出资暂行办法》（深府办函〔2013〕50 号）中首先确定国有土地使用权作价出资在市地铁集团有限公司、市机场（集团）有限公司、市特区建设发展集团有限公司先行先试。但是，深圳市政府的这一做法与相关规范文件的规定也不符，因为根据《国务院办公厅关于加强鲜活农产品流通体系建设的意见》（国办发〔2011〕59 号）、《关于加快发展公共租赁住房的指导意见》（建保〔2010〕87 号）和《关于全面放开养老服务市场提升养老服务质量的若干意见》（国办发〔2016〕91 号）的规定，现阶段仅政府投资建设不以营利为目的、具有公益性质的农产品批发市场和公共租赁住房两类项目用地，以及养老服务领域的 PPP 项目可以作价出资（入股）方式使用新供建设用地。而轨道交通项目并不在此范围内，所以在现行政策架构下，轨道交通项目的政府将国有土地使用权以作价出资的方式提供土地还有待解决合法性问题。

3. 项目投资者与土地使用权人合并选择的前提不明确

根据《国土资源部办公厅关于印发〈产业用地政策实施工作指引〉的通知》（国土资厅发〔2016〕38 号）的规定，通过招标方式确定新建铁路项目投资主体和土地综合开发权中标人可合并实施。这一内容在《国务院办公厅关于支持铁路建设实施土地综合开发的意见》（国办发〔2014〕37 号）中就已有规定。这两个政策文件对铁路项目投资人和土地综合开发权人合并选择实施的前提是采用招标方式，而在财金〔2016〕91 号文、国土资厅发〔2016〕38 号文和发改投资〔2016〕2231 号文中都鼓励对 PPP 项目的社会资本和项目土地使用权人的选择合并实施，那么，对于轨道交通 TOD 模式涉及的土地使用权人的选择是按 PPP 项目还是按铁路投资项目合并选择投资主体呢？这两者的区别在于，若是按铁路项目，则须通过招标方式选择社会资本和土地使用权人方可合并实施选择；若是按PPP项目，在国土资厅发〔2016〕38号文中并无严格限制社会资本的选择方式，而发改投资〔2016〕2231号文鼓励PPP项目涉及土地的招拍挂工作与社会资本方招标、评标等工作同时开展，从该文字面上来看，社会资本的选择方式也应是招标。

笔者认为，对于轨道交通项目场站综合开发所涉及土地使用权人与社会资本合并选择的前提应是采用招标方式，通过竞争方式确定土地使用者的方式有招拍挂，而选择社会资本的竞争方式有招标、竞争性磋商和竞争性谈判。而若将两个选择环节合并实施，只有招标方式可以满足土地出让和PPP项目采购两者的合法性。

三、轨道交通PPP的发展前景及其完善路径

（一）PPP模式在轨道交通领域的发展前景

根据发改委已经批复的城市轨道交通项目，以及各地的城市轨道交通建设规划，预计到2020年，我国城市轨道交通通车里程有望达到8500公里，比2015年末增长150%以上，“十三五”期间新增城市轨道交通通车里程更是比“十二五”期间的约1700公里增长200%以上。预计“十三五”期间，每年城市轨道交通投资额都将维持在3000亿元至3500亿元以上，甚至有望超4000亿元，“十三五”期间累计投资额有望超过2万亿元。

表3　2016年发改委批复主要城市轨道交通项目

城市	规划项目	估算总投资（亿元）	批复文号	规划总里程（公里）
南京市	城市轨道交通第二期建设规划调整方案（2016–2021年）	277.78	发改基础〔2016〕2331号	39.2

续表

城市	规划项目	估算总投资（亿元）	批复文号	规划总里程（公里）
厦门市	城市轨道交通第二期建设规划（2016–2022 年）	1000.92	发改基础〔2016〕2136 号	152.2
乌鲁木齐市	城市轨道交通第二期建设规划（2016–2021 年）	338.1	发改基础〔2016〕2137 号	41.8
包头市	城市轨道交通第一期建设规划（2016–2022 年）	305.52	发改基础〔2016〕1914 号	42.1
洛阳市	城市轨道交通第一期建设规划（2016–2020 年）	310.88	发改基础〔2016〕1814 号	41.3
绍兴市	城市轨道交通第一期建设规划（2016–2021 年）	291.63	发改基础〔2016〕1145 号	41.1
青岛市	城市轨道交通第二期建设规划调整方案（2013–2021 年）	1072.15	发改基础〔2016〕909 号	181.7
芜湖市	城市轨道交通一期建设规划（2016–2020 年）	161.33	发改基础〔2016〕311 号	46.9
西安市	城市轨道交通第二期建设规划调整方案（2013–2021 年）	388.73	发改基础〔2016〕283 号	65.1
成都市	成都市城市轨道交通第三期建设规划（2016–2020 年）	831.41	发改基础〔2016〕1493 号	124.2

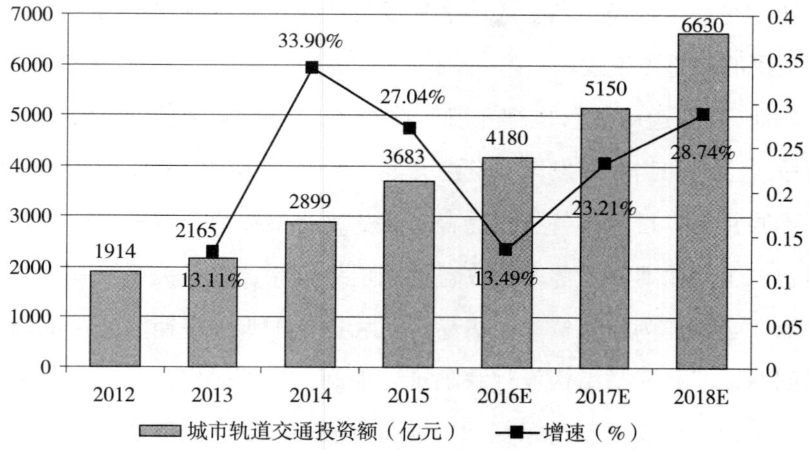

图 1　2012–2018 年全国城市轨道交通投资额与增速

面对未来几年如此规模的投资增量，轨道交通项目依托PPP模式来推进实施也是必然趋势。但是，通过上文对轨道交通PPP模式相关问题的分析，若最大化发挥PPP模式对轨道交通规划建设的推动作用，应从运营模式、运营企业培养及人才培养、土地配套制度等方面进一步完善。

（二）轨道交通PPP模式的完善路径

1. 合理选择运作模式

目前轨道交通PPP主要存在网运一体的BOT/TOT模式（若为存量项目，则采用“移交+运营+移交”的整体TOT模式。本文以BOT为例）、AB资产包模式（又称为“网运分离的‘A+B’模式”），以及包含OM的网运一体化BOT模式。每一种运作模式的选择都应结合项目的相关情况。

（1）网运一体的BOT/TOT模式

该模式的优势在于由项目公司作为PPP项目全生命周期的建设运营主体身份界定清晰；项目公司负责建设投资的内容，项下资产在移交前均归属于项目公司，可在不违背法律法规及合作协议的基础上进行抵押、质押等活动，为融资提供助力；政府授权项目公司特许经营权，项目公司对政府负责，双方权利义务基本能够实现统一，便于实际操作，如呼和浩特市城市轨道交通1号线一期、地铁2号线与乌鲁木齐市轨道交通2号线一期工程采用的都是该模式。

然而，“网运一体”也存在着一些难题。一是设计建设阶段、运营维护阶段、土地和物业开发以及资源开发对社会资本的资格要求较高，且分属于不同领域，目前具备这样综合实力的复合型社会资本较少；二是在建设运营、土地物业开发等方面收益关系层级较深，交易关系极其复杂，如果采取联合体作为社会资本，极易产生利益分配难以平衡、公司治理不稳定等问题；三是交易结构设计缺陷难以控制，统筹运作会造成价值传导关系链条过长，合作机制错综复杂，进而造成补贴设计偏离度过大，不利于政府与社会资本合作关系的管理、调解和控制，不能满足轨道交通项目公益服务的内在需求。因此，在现阶段缺乏兼具建运能力社会资本的情况下，选择网运一体的 BOT 模式还存在不少困难。

（2）包含 OM 的网运一体化 BOT 模式

鉴于目前城市轨道交通项目的社会资本绝大部分属于央企或者地方国企，其运营能力相对缺乏，建设能力却十分优秀。纵观城市轨道交通自身的客流量存在较大的不确定性，国内机构甚至国际著名客流预测机构都无法做到准确预估，因此运营期间存在较大风险。在此基础上，以央企、地方国企为代表的社会资本与专业运营公司相比，劣势较为明显，因此，在项目采用 BOT 一体化运作时，组成联合体利益又难以平衡的情况下，社会资本更倾向于将运营部分委托给专业运营公司，以实现轨道交通运营的专业化。

（3）AB 资产包模式（又称为“网运分离的‘A+B’模式”）

AB 资产包模式源自于北京地铁 4 号线，对项目采取分拆运作，即根据物理界面和投资平衡性拆分为两个工作包（资产包），A 部分通常为土建工程类的投资，由地方政府负责投资建设；B 部分通常为车辆设备类的投资。该模式的优势在于，项目可以在选择社会资本之前开工建设，满足部分地区（尤其是北方）对工期进度的要求。而通过建设内容的拆分，一方面使得社会资本更加专注于车辆设备的选型和运营工作，吸引一些专业的运营商参与项目的竞争，扩大了政府的可选择面。以某省会城市有轨电车示范线项目为例（合作周期暂定为 30 年），若采用整体 BOT 的模式，补贴单价（影子票价）测算为 9 元，短期平均每年需补贴 1.5 亿 -2 亿元；而采用 AB 资产包拆分模式，虽然政府初期对 A 部分进行了部分投入，但其支付的补贴单价不足 6 元左右，每年将为政府减小补贴约 0.5 亿 -1 亿元。而且 B 资产包中，有“使用者付费”的基础，一定程度上减轻了社会资本的融资压力。除此之外，昆明轨道交通 5 号线、合肥市轨道交通 2 号线等 PPP 项目都是采用该模式运作的。

但 AB 资产包的拆分，实际上也增大了两部分工作衔接的难度，特别是对双方权利义务的划分，以及互相承担的责任和风险，都难以准确定义。另外，土建部分由政府负责，同样会给政府财政带来不小的压力，如北京地铁4号线，总投资153亿元，政府需承担70%的土建部分，在客流量比较可观的情况下，政府还承担了70%的土建，那对于其他项目而言，这个比例势必会更高。因此，该模式宜与土地综合开发结合，用土地综合开发收益弥补项目建运成本，减轻政府财政压力。

2. 结合实际选择补贴方式

目前的补贴方式主要有影子票价补贴与车公里补贴两种，主要是根据实际运载量、运营里程数，结合项目投资规模、收益率、收益来源等进行财务测算后得出政府每年需支付给PPP项目公司的财政补贴区间。

◆ 影子票价补贴模式的基础公式如下：

政府补贴＝实际客流量 ×（约定平均人次票价收入水平－实际平均人次票价收入水平）+ 客流风险分担

◆ 车公里补贴模式的基础公式如下：

补贴额 = 约定车公里 × 约定车公里服务价格 – 基准客运收入 – 基准非票业务收入

影子票价补贴模式是国际与国内轨道交通类项目通用的补贴模式，该模式相对成熟。由于轨道交通的服务价格受到政府管制，尤其对有轨电车来说，票价采用通票制，低廉的票价完全无法支撑项目的正常运营。因此，政府可以建立以使用量为基础、名义价格与平衡价格差额为补贴标准的补贴方式，对社会资本进行补贴，即影子票价模式。其优势在于，与客流量挂钩，能够直接对项目公司的运营产生影响，引导项目公司通过全面提升管理服务，吸引客流，实现公共服务的最大化，即“对结果负责”。但影子票价受到客流量的影响较大，客流量难以准确预测，因此潜在风险较大（后续通过补偿机制可减小此处风险），对社会资本/项目公司的运营能力要求较高。

车公里补贴模式与影子票价模式类似，以运营里程数计算补贴，即将缺口部分与提供的可用性服务挂钩。它的优势在于，由于运营里程基本可控，全周期政府支出相对稳定，便于纳入中长期预算安排，同时客流变化对车公里补贴及收益率影响的敏感度较小，引导项目公司提供稳定可控的公共服务，即“对过程负责”。但由于影响车公里单价的因素较多，调整灵活性相对较差，落地项目少，实际运行情况尚待检验。

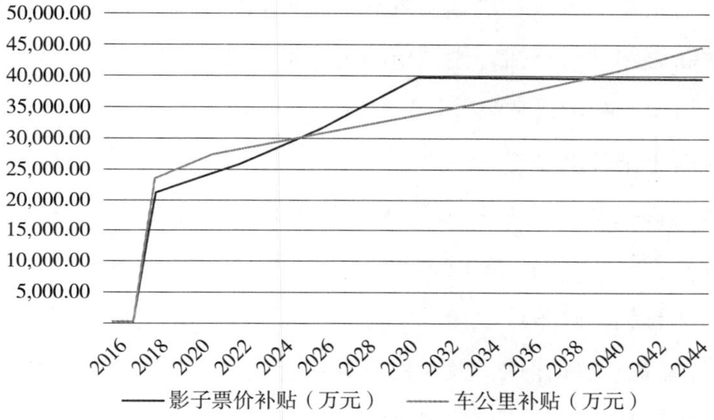

图 2　某项目采用影子票价和车公里模式的补贴对比

由于两种补贴模式均以社会资本（项目公司）的收益率为基础进行定价的，因此具体补贴数额并不会相差很多。目前深圳、北京等地多采用影子票价补贴的模式；而成都、乌鲁木齐等地开始探索尝试车公里的补贴模式。两种补贴模式并无绝对的优劣之分，可结合项目与城市的实际情况，同时设置合理的补偿机制，使风险能够在双方之间合理承担。

3. 运营企业的培育及人才的培养

随着港铁、威立雅等专业运营公司参与到城市轨道交通 PPP 项目中，各地政府也开始注重培育运营企业，纷纷成立了专业的运营公司，实现了政府下属专业平台公司向社会资本的身份转换，例如南京地铁运营有限责任公司参投福州市轨道交通 2 号线机电设备 PPP 项目、合肥城市轨道交通有限公司参投合肥市轨道交通 2 号线 PPP 项目等。另外，应保障民营企业公平参与项目竞争的权利，虽然财政部在财金〔2016〕90 号、财金

〔2016〕92号等文件中都提到要保证民营企业公平公正地参与到PPP项目的采购环节，但要实现真正的公平公正还需走很长的路。

轨道交通专业运营的核心在于专业领域的人才，运营人才的培养应坚持以行业需求为导向、以工学结合为切入点、以校企深度融合为基础、以技能培养为目标的原则，城市轨道交通运营企业进一步树立创新性现代城市轨道交通企业专业人才培训新观念，拓宽城市轨道交通运营企业人力资源培训的新思路和新举措，使城市轨道交通专业人才培养层次不断提高、专业人才结构不断优化和完善。

4. 完善土地配套制度

从目前涉及轨道交通领域的土地政策来看，需要将相关政策文件进行整合统一，例如在同一部政策或法律文件中列明可协议出让土地的具体情形，这样有利于政策或法律的实施。对于不同位阶的政策或法律文件，法律监督部门应发挥作用，及时发现、纠正或撤销低位阶的文件，即使是地方政府为正当之目的，创设土地相关制度，也应在现行法律制度或政策框架范围内，这样才能保证土地政策的协调统一。未来，轨道交通综合开发模式必然在轨道交通发展中扮演重要角色，国家应不断完善土地政策，各地区应提前谋划，做好综合开发规划和土地预控，为综合开发创造有利条件。

南京卓远资产管理有限公司　吴健　刘效清

铁路推进 PPP
顶层配套改革和市场化运作需双管齐下

2016 年底，国家发改委先后核准批复了杭绍台、杭温两条高速铁路，明确提出项目由浙江省按 PPP 模式运作，积极吸引民营企业等共同筹资建设。这是国内干线铁路特别是高速铁路首次尝试采用 PPP 模式，引起各界高度关注，铁路投融资改革也再次成为社会热点。本文以杭绍台高铁、杭温高铁为背景，系统分析了铁路项目的特点，总结了两个项目在推进 PPP 过程中面临的困难，并提出了破解难题的一些思考和建议。

一、铁路推行 PPP 的重要意义

铁路是国民经济大动脉和关键基础设施，铁路改革发展受到党中央、国务院的高度重视，也与广大人民群众息息相关。近年来，铁路运营规模不断扩大（见图 1 所示），2016 年我国铁路营业里程突破 12.4 万公里，其中高速铁路营业里程约 2.2 万公里，位居世界第一，铁路发展成绩举世瞩目。根据 2016 年 7 月发布的《中长期铁路网规划》，2020 年、2025 年铁路网规模将分别达到 15 万公里、17.5 万公里，其中高速铁路分别为 3 万公里、3.8 万公里，网络覆盖进一步扩大。

当前，银行贷款和发债仍是筹集铁路建设资金的主要手段，伴随路网规模不断扩大的背后，是铁路债务的快速增长。截至 2016 年 9 月，铁路总公司负债已达 4.3 万亿元，负债率 64.7%（见图 2 所示），沉重的债务负担已成为制约铁路持续健康发展的重要因素，解决好铁路建设投融资问题已显得十分关键，铁路建设不能再靠国家投资单打独斗，必须实现投资主体多元化，广泛吸引社会资本参与。长期以来，合资模式一直是铁路吸引社会资本的主要投融资模式，项目类型主要为煤运铁路等资源开发性线路（如朔黄铁路、呼准铁路），合资对象也主要是以煤炭等资源开发为主营业务的企业（如神华集团、伊泰集团）。此次在杭绍台高铁、杭温高铁首次尝试采用PPP模式是创新铁路投融资模式的一次重要探索，对深化铁路投融资体制改革、拓宽投融资渠道、促进铁路持续健康发展具有重要意义。

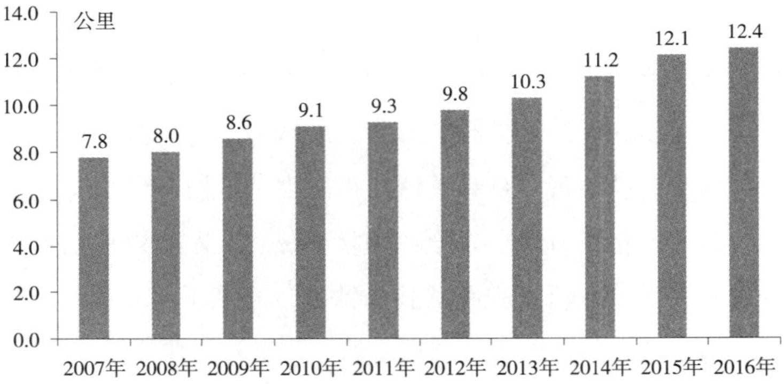

图 1　2007 年 -2016 年铁路运营里程增长情况

来源：历年铁道统计公报

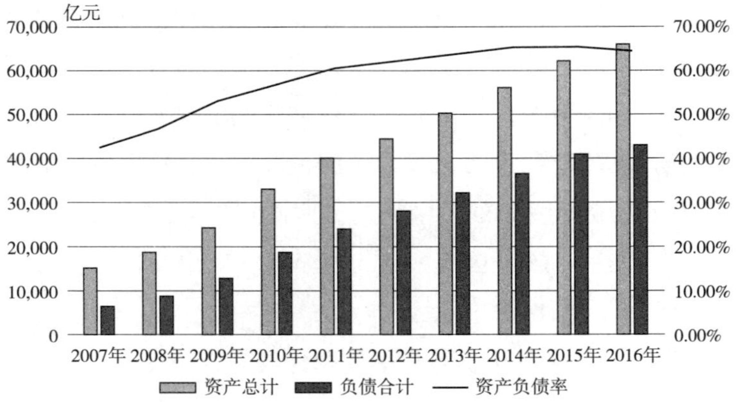

图 2　2007 年 -2016 年铁路总公司总资产及负债情况

数据来源：历年中国铁路总公司（原铁路部）审计报告

二、民营资本发起项目

社会资本是发起和推动杭绍台、杭温两条高速铁路的重要力量，并参与了项目规划、项目核准等各项前期工作，成为项目运作过程中的一大亮点。“十二五”是我国高速铁路大发展时期，高速铁路在带动地方经济发展、提高居民出行便利程度等方面的巨大作用日渐凸显，各地均积极争取建设高速铁路。与此同时，国家大力推动投融资体制改革，其中铁路是重点领域之一，积极鼓励社会资本全面进入铁路领域。为此，国务院先后出台《关于改革铁路投融资体制加快推进铁路建设的意见》（国发〔2013〕33号）、《关于创新重点领域投融资机制鼓励社会投资的指导意见》（国发〔2014〕60号），国家发展改革委出台《关于进一步鼓励和扩大社会资本投资建设铁路的实施意见》（发改基础〔2015〕1610号）。

在建设需求和国家政策的双重刺激下，部分社会资本将目光投向了高速铁路。浙江省地处我国经济最发达的长三角地区，社会资本特别是民营资本十分活跃。一些资金实力雄厚的民营企业结合自身发展战略，对投资高速铁路表现出了较强兴趣，积极发起并推动相关高铁项目。以横店集团为例，为加大横店影视城旅游资源的深度开发，联合正泰集团、森马集团等民营企业发起了杭温高铁项目，并多次组织项目规划论证，联合沿线地方政府积极推动项目纳入国家规划。为鼓励浙江省先行先试，国家发改委、国家铁路局等有关部门对杭绍台高铁、杭温高铁给予了大力支持，2015年12月两个项目均被列入社会资本投资铁路的首批示范项目，2016年7月项目纳入调整后的《中长期铁路网规划》，2016年12月两个项目先后获得国家发改委核准批复。

三、项目概况及特点

1. 项目概况

杭绍台高铁、杭温高铁是国家高速铁路网和长江三角洲地区城际轨道交通网的重要组成部分（见图3所示），是构建浙江省“1小时交通圈”的重要交通基础设施，对促进区域经济社会发展，带动沿线旅游资源开发具有积极作用。

杭绍台高铁杭州至绍兴段利用既有杭州至宁波高速铁路，新建绍兴至温岭段，全长269公里，其中新建线路224公里，设计行车速度350公里/小时，项目总投资448.9亿元，其中资本金占总投资的30%（约134.7亿元）。

杭温高铁杭州至义乌段利用既有沪昆高速铁路，新建义乌至温州段，全长318公里，其中新建线路201公里，设计行车速度350公里/小时，项目总投资390.1亿元，其中资本金占总投资的40%（约156亿元）。

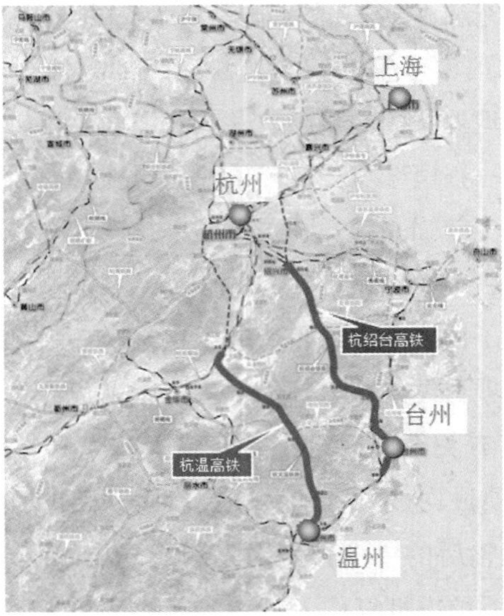

图3　杭绍台高铁、杭温高铁线路走向示意图

2. 项目特点

杭绍台高铁、杭温高铁两个项目有一些共同的特点，这些特点也正是铁路项目特别是高铁项目特点的集中体现。

一是投资规模较大，财务效益差。两个项目总投资均在400亿元左右，平均每正线公里约2亿元，运营初期和近期项目客票收入难以维持现金流平衡，处于亏损状态。以杭绍台高铁为例，项目全部投资税后财务内部收益率为1.72%，财务净现值为–70亿元，投资回收期26.7年，贷款偿还期30年，运营前18年均处于亏损状态，累计亏损167.6亿元，面临长期运营补亏压力。

二是存在大量跨线运输，路网依赖性强。从规划上而言，杭绍台高铁、杭温高铁是国家高速铁路网和长江三角洲地区城际轨道交通网的重要组成部分，并非独立运营的线路。从客流上而言，项目除承担沿线杭州、绍兴、台州、金华、温州等区内客流外，还大量承担华北、苏沪皖等地与浙东南、海西、粤东等地的跨区客流，动车组需要跨线运行至杭甬、甬台温、沪昆、宁杭、沪杭、京沪、商合杭等高速铁路。跨线运输需要路网中线路、站场、客运服务设施、运输和检修设备等资源开放共享，并在不同投资主体之间清算费用。

三是建设和运营技术复杂，运输安全责任重大。杭绍台高铁、杭温高铁均采用350公里/小时的高速铁路标准，技术含量高，系统复杂，建造精度要求高，高速运输安全的保障难度远远大于普速铁路，运输安全责任重大。高速铁路建设和维护质量不仅仅关乎运行舒适度，更直接关系高速状态下的运营安全，因此，高速铁路对建设、运营管理的要求大大提高。从目前来看，我国高速铁路均由铁路总公司负责建设和运营，其他机构均没有相关技术和经验。

四是竞争项目较多，市场需求风险较大。项目所在区域路网较发达，杭绍台高铁、杭温高铁建成之后，将与既有杭甬高铁—甬台温高铁通道、沪昆高铁—新金温铁路通道一并，在杭州至温州之间形成4条基本并行的快速铁路通道（见图4所示）。从路径上看，杭温高铁运输距离最短，分别较杭甬高铁—甬台温高铁通道、沪昆高铁—新金温铁路通道、杭绍台高铁缩短112公里、26公里、58公里，时间节约0.3～0.6小时，总体相差不大，存在分流竞争关系。再加之铁路采用图定运输方式，路径选择直接受列车排图影响，并非完全由项目自身掌控，进一步加大了项目客流风险。

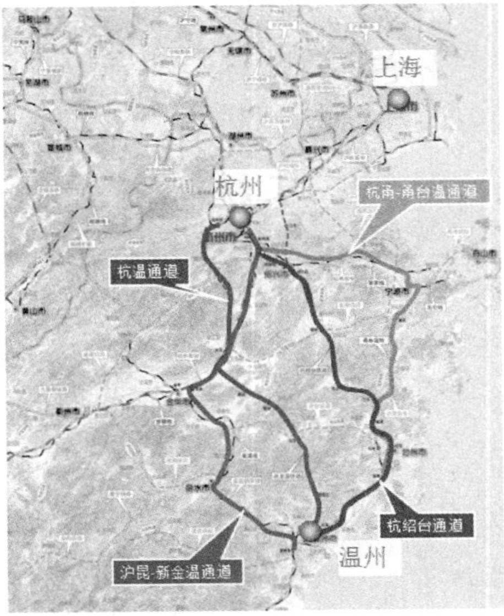

图4　区域平行竞争性高速铁路通道示意图

四、铁路推进PPP的难点

目前，杭绍台高铁、杭温高铁投融资框架方案已基本确定，按照民营资本控股、多元化投资、市场化运作的原则，采用特许经营的PPP模式，组建项目公司负责铁路建设和经营管理，盈利模式采用“使用者付费+政府可行性缺口补助”，具体实施方案仍在研究。

正如杭绍台高铁、杭温高铁反映出的铁路准公益属性，跨线运输、路网性强，技术含量高、安全保障难度大等行业特点，项目在深化投融资方案并付诸实践的过程中仍亟待破解以下几大难题：

一是如何处理好铁路总公司在项目中的角色。杭绍台高铁、杭温高铁作为路网一部分，不可避免与负责国家铁路网建设管理和运输调度指挥的铁路总公司发生关系，因此，浙江省和社会资本都希望铁路总公司出资参与项目建设。在传统的合资模式中，铁路总公司作为国家铁路建设管理的责任主体，行使国家出资责任并承担一定亏损补贴，其角色仍带有浓厚的“政府色彩”。PPP 模式中，铁路总公司是继续扮演国家出资人的角色，还是突出其企业角色，与其他社会资本一样享受同等权利和义务，并在特许经营期满后退出，仍需与国家有关部门和铁路总公司沟通确定。

二是如何落实全过程安全保障机制和安全责任主体。运输安全始终是铁路行业压倒一切的头等大事。根据《铁路安全管理条例》和《铁路建设工程质量监督管理规定》，国家铁路局及地区铁路监督管理局负责铁路建设工程质量和安全监督管理工作，而作为 PPP 项目，浙江省的实施机构和项目公司同样肩负监督管理的责任，各方如何共同构建分工明确、责任清晰、协调顺畅的监管体系还需摸索。实施机构和项目公司由于缺乏高速铁路建造和运营经验，如何尽快补齐短板面临考验。从确保运输安全的角度，高速铁路委托铁路总公司运营维护仍是最为安全和稳妥的方案，而委托界面不清晰、收费缺乏定价依据是以往社会资本投资铁路反映较突出的问题。高速铁路运营技术处于垄断状态，运营商选择没有竞争，因此，事先商定好委托范围和内容、委托费用、安全责任等重大事项显得更为重要。

三是如何量化跨线运输清算办法。目前，我国铁路清算规则沿袭了原铁道部 2005 年制定的《铁路运输进款清算办法》，负责路网清算业务的原铁道部资金清算中心在铁道部撤销后划归中国铁路总公司。社会资本普遍认为铁路清算规则不透明、清算办法复杂、清算机构缺乏独立性，无法保障合法权益和合理收入。杭绍台高铁、杭温高铁能否打开清算的“黑匣子”，将直接关系项目的顺利实施，而在现有铁路运营管理成本信息不对称的情况下，按照市场化原则量化线路使用、车站服务、售票服务、动车组技术作业、设施设备维护等跨线运输费用需要大量的协商和谈判。

四是如何协调好可行性缺口补助分摊方案。杭绍台高铁、杭温高铁均跨越多个地级行政区，根据城际铁路和轨道交通跨行政区项目的经验，财政补助资金分摊方案是省、市博弈焦点之一。根据铁路特点，各地分摊比例受境内线路长度、车站数量和规模、列车开行方案（如始发车数量、起讫点等）等多种因素影响，需研究建立科学合理的分摊模型，并在充分协商沟通的基础上得到各方正式认可，才能有效落实整个项目补亏资金。

五是如何统筹区域客流风险防范措施。区域内杭甬高铁—甬台温高铁通道、沪昆高铁—新金温铁路通道两个竞争性通道均为铁路总公司主导。在上述两个通道能力尚未饱和的情况下，说服铁路总公司放弃自身运量和利益，而增加杭绍台高铁、杭温高铁列车开行数量的难度较大。因此，一方面，项目公司需要精准分析跨线旅客出行需求，并与铁路总公司协商跨线列车开行方案，落实项目运输产品供给；另一方面，浙江省有关方面需联合铁路总公司深入研究区域内4个快速铁路通道的功能定位和运输分工，力争充分利用路网资源，合理安排通过列车开行方案。

五、继续推进铁路PPP的相关建议

杭绍台高铁、杭温高铁在推进PPP过程中面临的困难既有行业机制体制问题，又有项目操作层面的具体问题，既需要加快顶层配套改革，打破行业壁垒，又需要遵循市场化运作规律，完善项目投融资结构和相关法律体系文件。

第一，加强国家层面统筹协调。杭绍台高铁、杭温高铁是国家铁路投融资改革的重要试验田，对创新投融资模式，探索铁路改革经验均具有重要示范效应。由于项目触及铁路行业机制体制改革等深层矛盾，涉及国家铁路局、铁路总公司等国家机构，仅依靠地方政府推动项目的难度较大。建议成立国家层面的协调领导小组，协调各方共同研究破解PPP推进难题的举措。

第二，加快探索路权分配制度改革。线路使用权是铁路行业最核心的利益，也是各国铁路改革的重点。随着铁路投资主体多元化的推进，特别是一些干线铁路引入社会资本，为保证社会资本平等享有路权，建议国家相关部门牵头研究行政和商业兼顾的路权分配制度，并建立独立、透明的清算规则，推动引入第三方独立清算机制。

第三，建立适合高铁PPP项目的安全监管体系。考虑到高速铁路建设和运营的高风险性，且地方政府和社会资本缺乏相关经验，建议国家铁路监管部门将杭绍台高铁、杭温高铁作为重点监管项目，强化全过程监管。浙江省实施机构可以委托独立第三方专业机构协助监管，必要时可以增加公众参与度。项目公司应完善内部质量和安全管控机制和制度，通过引进人才或委托专业团队尽快形成建设管理能力。从运营安全前置的角度，建议运营单位提前介入，积极参与项目建设管理，以便及时发现并消除影响运输安全的质量隐患。

第四，积极培育铁路运输企业。目前，各地和社会资本参与铁路项目主要是资本投入的形式，不参与后续运营管理，并非真正将铁路运输作为主营业务。从长远来看，铁路发展不仅仅需要以资本运作为目的的投资，更需要专注铁路实业的企业，这样才能起到引入市场竞争，提高运输服务质量，增加运输产品供给的作用。建议以具备独立成网、独立运营条件的区域性城际铁路为突破口，培育一定数量的铁路运输企业，并出台相关政策引导和扶持企业发展壮大，为投资主体和运营商的选择营造市场竞争环境。

第五，保持合同谈判的定力和耐心。铁路第一次采用PPP模式，大量工作需要探索和创新。在短期内无法整体突破铁路机制体制障碍的情况，更应重视发挥契约的作用。除了投融资结构、盈利模式、风险分担机制等项目主合同内容需要进一步落实外，线路接轨、委托运营、列车开行方案、跨线运输清算等外部条件均应尽快以协议形式固化，力争最大限度明确项目各种边界条件和核心利益，以保障项目顺利实施和运营，切勿操之过急。

中国国际工程咨询公司　唐智伟

海绵城市建设与PPP模式的几点思考

——基于玉溪市的案例分析

自2012年“海绵城市”的概念被首次提出以来，海绵城市的建设进程不断加速。作为新型城镇化建设的一个重要环节，海绵城市在建设过程中，狭义上讲，要顺应新型城镇化建设的要求，与区域经济发展和产业布局紧密衔接，与资源环境承载能力相适应，把生态文明理念和原则全面融入建设过程中；广义上讲，还应坚持城乡互补、协调发展，带动农业现代化和新农村建设。在当前经济形势不景气，稳增长压力日趋增大，以及地方政府债务负担较重的背景下，“海绵城市”不再仅仅是“具有国际语境的城市水资源管理理念的中国化的表达”，在各级财政、政策性金融机构的信用背书下，“海绵城市”建设通过发挥其广泛的产业关联效应，为地方政府引入社会资本发展本地经济提供了一条行之有效的渠道。在科学合理的规划下，海绵城市建设本身作为供给侧结构性改革的重要一环，极有可能成为推动新型城镇化建设的重要抓手，催生较大的有效投资需求。

“海绵城市”是指城市能够像海绵一样，在适应环境变化和应对自然灾害等方面具有良好的“弹性”，下雨时吸水、蓄水、渗水、净水，需要时将蓄存的水“释放”并加以利用。

依据住建部估算，海绵城市建设投资约为每平方公里1亿元到1.5亿元。当前由于地方政府财力有限，PPP模式成为各地海绵城市项目的主要实施模式之一。PPP模式与海绵城市作为两个“新鲜事物”，如何能有机结合在一起，在结合的过程中又会出现哪些难点，一直是决策者和业界关注的热点问题。本文结合玉溪市海绵城市建设案例，分析 PPP 模式与海绵城市建设的要点、难点与对策。

一、海绵城市 PPP 项目实施要点

海绵城市因其自身的独特性，相比于其他 PPP 项目存在不少独特之处，概括来讲，实施要点主要包括建设运营模式的选择、PPP 操作模式的确定、建设期与运营期的确定等三个方面。

1. 建设运营模式的选择

根据住建部《海绵城市建设绩效评价与考核办法（试行）》，海绵城市建设绩效考核包括水生态、水环境、水资源、水安全、制度建设及执行情况、显示度等六个方面。从各类考核指标与工程路径的关系分析来看，水环境、水生态、水安全属于系统考核，尤其是水环境的考核，其实现路径与水生态、水资源与水安全考核指标实现路径相互关联且彼此影响。因而，海绵城市项目往往将区域内的回水分区构建成一个整体流域包，对项目的建设、运营按汇水分区管理和考核，并整体计算系统绩效，采用“系统推进 + 流域考核”建设运营模式，实现“连片效应”。

2.PPP 操作模式的确定

已有海绵城市项目中，PPP 操作模式主要有 DBFO（设计—建造—融资—运营）、BOT（建设—运营—移交）、ROT（改建—运营—移交）等。与其他 PPP 项目类似，海绵城市项目也由非经营性项目和经营性项目两大类组成。非经营性项目往往是海绵城市子项目中的主体，经营性项目虽然有一定的“使用者付费”机制，但是难以覆盖整个项目的投资成本。因而海绵城市 PPP 操作模式的选择需要综合考虑项目本身特性和各方利益诉求，做到“量体裁衣”。

以玉溪海绵城市试点为例。玉溪市海绵城市试点区总面积 20.9 平方公

里，占城市建成区面积比例的41%，其中老城区占整个试点区的69%。项目总投资48.73亿元。玉溪市海绵城市项目分为七大类：海绵型建筑与小区建设项目、海绵型道路与广场建设项目、海绵型公园与绿地设施建设项目、水系整治与生态修复建设项目、管网建设和内涝治理项目、防洪类项目、监测与管控能力建设项目。

玉溪市是目前30个国家级海绵城市试点城市之一。2016年11月，玉溪市海绵城市项目开始进入施工阶段。

在玉溪项目中，由于大部分子项目为公益类项目，项目收益主要来源为政府的付费或补贴，对项目的运营监督要求较为严格，因而采用了DBFO（设计—建设—融资—运营维护）操作模式。与BOT相比，DBFO模式更强调社会资本在前期的设计参与和对项目规划的参与，从而保障社会资本在经营性不足的项目上通过全过程的参与和合理设计规划，保障合理收益。

3. 建设期与运营期的确定

海绵城市项目包含诸多子项目，各子项目施工进度很难统一，有的子项目可能半年即可完工，有的则需要2到3年。有的海绵城市建设还包含农业用地，这又涉及农业用地产权梳理问题。因而，需在实施方案中明确约定建设期与运营期，处理不当，则会为项目实施环节的纠纷埋下伏笔。

在玉溪项目中，运营期以整体项目交工完成初步验收后开始计算。对于先行完工的子项目，可先行进入运营维护期，并在约定时期内整体交工验收。在交工验收前，视为试运营阶段，非经营性项目只按运营成本付费，不考虑可用性付费；交工验收后，政府支付可用性付费，并按绩效考核结果支付运维绩效付费。经营性项目，满足了向用户收取费用的客观条件时，试运营期间即可收费。

二、海绵城市项目的难点分析

将PPP模式运用到海绵城市的建设中，既是PPP模式在传统行业领域的应用，又是 PPP 模式与“项目系统”的结合，同时还是 PPP 模式与新型城市管理方式的结合。从已有项目实践来看，海绵城市 PPP 项目仍存在不少尚未完全解决的难题。

1.PPP 项目包边界的确定

PPP 作为海绵城市建设运用的主要模式，并不能涵盖海绵城市的全部项目类型。一般来讲，对于合作界面、产出要求、绩效指标及收益来源等四个边界条件清晰的子项目适于纳入 PPP 项目包，否则不宜采用 PPP 模式。然而，由于海绵城市不论是单个子项目还是项目整体，其产出均依赖于系统性效应的发挥，各子项目之间存在高度的内生性关联，这导致很难判断边界条件是否清晰。除此以外，对于海绵城市 PPP 项目包边界的确定还应考虑“激励相容”原则。

在玉溪市项目中，海绵建筑与小区中的住宅和商业类项目考虑其产权等因素，不纳入 PPP 项目包，新建的由开发商投资建设维护，改造的由政府投资，监管其后期运营与维护。但如何调动开发商的参与热情，仍是一个难题。各地为此纷纷尝试制定相关的奖补政策，但奖补的额度与方式又要依赖于对项目的绩效考核，而海绵城市的绩效考核目前也是一大难题。此外，能力建设类项目是政府为 PPP 按效付费提供依据的支撑，若纳入到 PPP 项目包中交由社会资本投资，则易引发社会资本“自己监督自己”的问题，与“激励相容”原则相悖；若交由政府投资，又会因检测设施与运维设施不配套，而导致检测效果不理想。在玉溪市项目中，“激励相容”原则占据主导地位，最终未将能力建设类项目纳入 PPP 项目包。

2. 运营成本的测算

海绵城市的子项目涉及的行业有建筑、道路、桥梁、水利工程、园林绿化等，运营维护成本的测算依赖于对各子项目运维成本的单独核算。在实际操作中，园林绿化以及道路的历史运维成本因运维周期不同，往往难以找到准确数据。在二、三线城市，由于历史数据存储不健全，进一步增加了数据收集的难度。除此之外，海绵城市类项目的运营维护需依据住建部新制定的海绵城市技术指标，这对于所有的海绵城市项目来讲，均属于初次尝试，即使搜集到园林绿化以及道路等的历史运维成本，参照意义仍值得商榷。同时，海绵城市目标效应的实现极易受地方气候、地形、水文特征等特殊因素的影响，这对于运营维护投入的要求也会不同。而运维成本测算的准确与否，直接关系到政府付费的多少以及社会资本的投资回报率。

在玉溪市项目中，运维成本的测算主要参照玉溪市及可比城市相关行业历史平均数据，并在考虑地方特色因素的基础上加以调整，同时设置了相对完善的灵活的调价机制。关于海绵城市成本测算这一难题，未来仍需要在海绵城市项目实践中逐步积累经验和数据。

3. 绩效考核方案的设定

绩效考核方案关乎海绵城市建设的成败。一份合格的绩效考核方案，应保证子项目与海绵项目系统的“激励相容”。由于海绵城市项目子项目数量多，内部联系复杂，而绩效的好坏又依赖于系统性产出，因而可以说海绵城市的绩效考核存在内生性的量化“模糊性”。

再以玉溪市项目为例，项目区域包含六大汇水分区（见图1），各分区水系流量不易，且又相互影响。该项目采用了“该项目效果考核＋整体效果考核”的综合绩效考核标准，努力避免出现单个项目全部合格，而全部项目整体不合格的情况。

目前来看，绩效考核方案从设计思路上，可遵循“由表及里”“点、线、面相结合”“一分货一分钱”的原则：

“由表及里”：考核海绵城市绩效最基本的标准就是要满足住建部《海绵城市建设绩效评价与考核指标（试行）》中关于水生态、水环境、水资源等指标的要求。在建设区域内设置相应的观测点，根据观测点的重要程度，设置不同的权重，检测六大基本指标，若项目无法满足整体表象指标，显然是失败的，政府方可拒绝付费。

“点、线、面相结合”：在重要的区域设立监测点（尤其针对水处理等子项目），不同的监测点组成检测线（针对流域），不同的检测线组成检测面（针对整个区域），同时对不同的监测点和不同检测层级的观测指标依据其对项目系统的重要性赋予相应的考核权重。

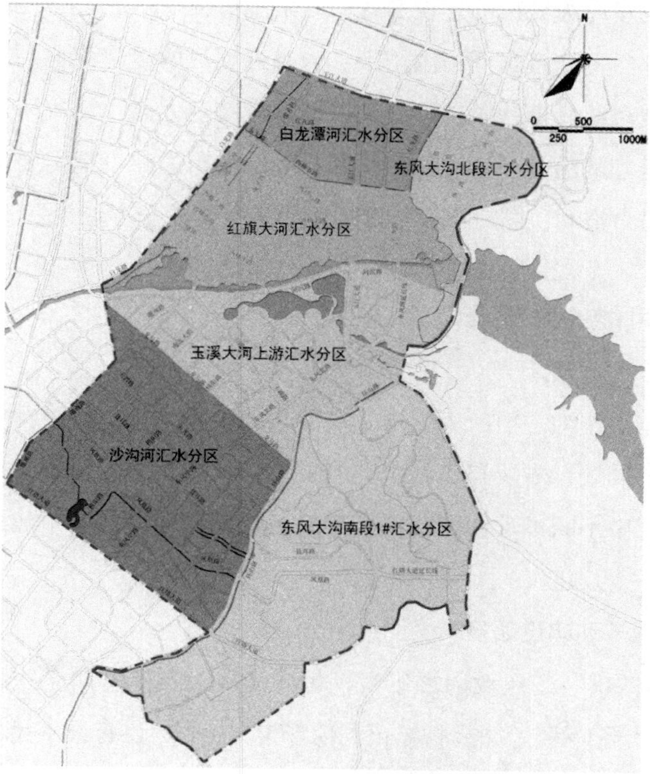

图1　玉溪市海绵城市建设六大汇水分区

“一分货一分钱”：绩效考核还应落脚在“绩效”二字。当项目检测的六大基本指标合格时，政府方应付基础费用；当项目各点、线、面检测指标表现优秀时，再支付绩效费用。

4. 地方特色的融合

由于我国幅员辽阔，海绵城市的建设呈现出很大的差异性。如何将地方特色与海绵城市 PPP 项目结合是促使项目从“优秀”到“卓越”的重要抓手。因而海绵城市 PPP 项目应充分借助本地山水林田湖等原始地形地貌达成建设目标，并借机推动城镇棚户区和城乡危房改造、老旧小区有机更新，探索发展本地旅游业新模式，开展乡村旅游、观光农业，探索城乡融合的新模式等。

但各地在海绵城市的建设实践中，由于海绵城市的子项目设计到众多政府主管部门，众口难调的困境下，为推进项目的尽快落地，实施机构往往一再缩减海绵城市的子项目类别以及地方特色元素，导致海绵城市未能充分发挥全部的潜能。针对这一问题，海绵城市的建设仍需要地方政府主要领导的强力推动，同时需要借助专业服务机构的全方位策划。

三、可能的对策及建议

海绵城市作为一项新生事物，在借助PPP模式推广的过程中，势必不断产生新的问题，需要在实践中充分发挥专业机构的专业优势，在对实际问题的研究中不断推动创新。关于PPP模式应用于海绵城市建设，主要有以下几点对策及建议：

1. 合理规划建设路径

“海绵城市”的建设内涵丰富，包含诸多类别不一的子项目，既有看得见的“面子工程”（如园林绿化、广场道路等），也有看不见的里子工程（地下管廊建设等）。利益相关方包括政府主管部门、社会资本方与群众。为顺利推动海绵城市的建设，建设路径的设计应努力做到利益相关方长期内的“收益最大化”和短期内的“收益平衡化”。短期内，优先实施能够解决当地棘手问题的子工程（如内涝治理工程），“面子工程”与“里子工程”相搭配，提高各方参与的积极性；长期内，注重经营性项目、准经营性项目与公益型项目的匹配，优化平衡建设运营方的资金流量表，同时带动地方经济的发展。

2. 做好顶层设计

海绵城市PPP项目要求由传统PPP项目的以“项目管理”为核心向

“系统集成管理”为核心转变，更加突出子项目间的系统关联性和项目包整体在区域经济发展的“正外部性”。由此，海绵型PPP项目要注重与区域经济发展规划相结合，成为地方经济稳增长、促增长的重要抓手。顶层设计还应突出地方特色，突出水文化，将摸不着的“软”理念，与海绵城市项目做多触点式的“硬”结合，“留得住绿水青山，系得住乡愁”。

3. 打造“联合舰队”

“海绵城市”作为系统集成度高、操作难度大、前后向关联复杂的系统工程，单一社会资本方往往较难满足项目要求。因而，“联合作战，抱团出击”的社会资本联合体将成为未来海绵城市的建设运营主体。由前文分析，一个理想的“联合体”中应包含设计单位、建设运营单位、融资单位和咨询单位，不仅全方位满足海绵城市的建设要求，提高效率，而且可以多角度契合各利益相关方的诉求（例如绩效考核方案的设定就需要咨询机构、设计单位与施工单位的密切配合）促使项目的快速落地。

4. 重视知识创新

“海绵城市”项目作为新型城镇化背景下的新生事物，一个突出的特点就是“新”，在全生命周期的各个环节均会产生很多无法参照历史经验的新问题。这就需要专业型、创新型的服务机构提供综合解决方案。因而，海绵城市的建设要重视知识的创新。从国家级试点城市的申报过程中不难发现，试点城市竞争的背后实际上是各城市申报方案中所体现的知识的竞争。因而，在海绵城市项目的建设、运营及管理的过程中，应更加注重引入具有丰富实践经验和创新能力的专业服务团队。

中国国际经济咨询有限公司PPP事业部执行总裁　陈义正

社会资本联合体参与PPP项目的实践分享

一、前言

为区别于传统的设计和施工联合体，本文所述“社会资本联合体”，特指以获取某PPP项目的实施权利为目的，由“投资、建设/运营维护”等社会资本组成的联合体。

PPP模式，我国官方定义为政府与社会资本合作，近些年得到了飞速发展，施工企业正面临前所未有的机遇与挑战：PPP模式要求施工企业需进一步提高对全产业链的资源整合能力，并尽快加强自身投融资能力以及相应行业的运营管理能力。

PPP模式下，政府方以公开招标等方式选择社会资本方，由中标社会资本方与政府出资代表共同设立项目公司，由项目公司负责PPP项目的投资、建设、运营、维护、移交。

目前市场上，各类社会资本方，拥有不同的资源。例如，资金、设计、施工、运营管理等。作为项目建设完工风险保障的施工企业，与各类金融机构、行业运营机构组成社会资本联合体，参与实施的PPP项目越来越多。

本文主要结合笔者工作实践，来简要分享一下社会资本联合体模式参与PPP项目推进过程中的一些体会。囿于笔者专业水平和视角的限制，存在不当之处，敬请批评指正。

二、社会资本联合体参与 PPP 项目的实践分享

1.“施工单位—投融资机构”联合体实践

2012 年，《关于制止地方政府违法违规融资行为的通知》（财预〔2012〕463 号）文发布实施前，中建一局与地方政府、中航信托股份有限公司（简称“中航信托”）共同创新实施了“施工单位—投融资机构”联合体参与山东某省级新区 BT 项目投标的模式，顺利实现了“施工单位联合体”到“施工单位—投融资机构联合体”的跨越，尤其是与中航信托的相关合作协议起草、谈判、签署以及投标过程磨合，为我司与投融资机构组建联合体推进后续 PPP 项目，提供了宝贵经验。

该项目总规模 51.08 亿元，工作内容为该省级新区核心区 5.2 平方公里的基础设施投资、建设。联合体各方在《合作协议》约定主要职责：中航信托负责项目投融资，中建一局负责施工总承包建设；依据股东协议及章程设立项目公司；依据招标文件约定，项目公司与市政府签订《BT 合同》、与中建一局签订《施工总承包合同》。

2. 安庆外环北路 PPP 项目实践

2014 年底，与中国对外经济贸易信托有限公司（简称“外贸信托”）参加安庆外环北路 PPP 项目投标，成功实践了“投资—建设”社会资本联合体的投标工作。

作为全国首例市政道路 PPP 项目，项目概况这里就不做赘述，主要说说与社会资本联合体相关的几个事情。

（1）艰难说服金融机构以联合体身份参与投标

当时的环境下，组建联合体参与投标对于金融机构来说，很难接受。金融机构普遍希望我方独立中标后，再介入。他们的理由很简单，金融机构风控很严，在项目没有上会立项前，不能用印（出具报名授权、签署联

合体协议、使用企业证照原件报名等）。

我们共同耗费了大量时间与精力，首先在PPP项目融资创新上艰难取得共识，而后又一起思考了中建一局单独中标后引入金融机构的合法性问题。

双方法务一致认为，如果中建一局单独中标后，在项目公司组建层面引入金融机构作为项目公司控股股东，并承担项目融投资责任，该种做法实质上是将经过公开选定程序所明确的融投资义务转移给未经过公开选定程序的金融机构，该金融机构的资质、资信能力均未获得政府方及第三方的考量，存在规避招标的嫌疑。金融机构的身份合法性存在很大风险。

双方内部风控沟通一致，并灵活地把联合体协议分成“报名”“资审”“投标”三个环节，逐步签署协议，成功推动了金融机构提前介入PPP项目，实际组成联合体参与到项目投标全过程。

（2）通过征询意见和市场测试，征得项目实施机构的同意

前期沟通过程中，明显发现政府方面从上到下都非常排斥联合体参与，理由同样简单：希望寻找到一家既具备投资能力，又具备施工、运营维护能力的社会资本来完成项目实施；如果社会资本联合体是两家及以上的话，管理难度会加大。

在征询意见和市场测试会议环节，我方就明确提出：为避免排斥潜在社会资本，请求允许社会资本联合体参与该项目竞标，通过更多社会资本竞争、提高效率。在现场市场测试会议期间，亦发表坚持联合体参与的意见，并最终得到了PPP咨询机构及项目实施机构的认可，相应修正了招标公告及资格预审条件。

（3）联合体关于融资的约定亦有创新

外贸信托的股权投资计划无须中建一局增信和展期流动性支持，这在当时也是非常有新意的：大部分金融机构坚持使用央企的信用；项目公司融资提前和国开行等机构深入沟通，获得中长期贷款意向，亦无须股东增信。

外贸信托考虑拟在项目已经产生持续稳定的现金收入、政府履行义务等前提下，以资产证券化、项目收益债、股权收益权转让等方式实现退出；并考虑设立城市基金，加大对安庆的基建投资。

最终，由于价格等多方面原因，联合体未能中标，但是通过投标实践，坚定了我们以社会资本联合体方式参与 PPP 项目的信心。

3. 河南开港大道 PPP 项目实践

开港大道是河南省开封市“十三五”十大基础设施重点工程，同时也是河南省列入 2016 年十大 PPP 签约项目之一，入选财政部第三批示范项目。该项目全长 57.3 公里，总投资 15.66 亿元。

2015年12月，中建一局与上海星景股权投资管理有限公司（简称“上海星景”）联合体中标河南开港大道 PPP 项目。目前项目公司资本金已全部到位，贷款已获得贷款行的批复，融资工作已全面完成，项目建设正在按照计划顺利进行。

项目的金融机构联合体为上海星景，其为复星集团旗下专业从事 PPP 投资的股权管理公司。项目融资方案为，联合体中标后，我们与上海星景在项目所在地设立有限合伙企业（基金公司），共同在项目公司中持股；项目贷款融资基于项目本身信用。在前期与政府融资方案洽谈阶段，联合体与政府方进行了充分和详细的沟通，就融资方案达成共识。同时，联合体对基金公司履行义务提供一定的保证措施。该项目的顺利实施，为社会资本联合体参与 PPP 项目后续实践积累了宝贵经验，这也成为目前基金管理公司参与 PPP 项目的普遍方式。

三、小结

1. 最新政策为社会资本联合体参与 PPP 提供了有力支持。

国家发展改革委《关于切实做好传统基础设施领域政府和社会资本合作有关工作的通知》（发改投资〔2016〕1744 号），在第九条“鼓励引导民间投资和外商投资”中，明确了“鼓励不同类型的民营企业、外资企业，通过组建联合体等方式共同参与PPP项目”。

《传统基础设施领域实施政府和社会资本合作项目工作导则》（发改投资〔2016〕2231号），在第十三条“社会资本方遴选”中，“鼓励社会资本方成立联合体投标”。

2. 如何提升政府及项目实施机构遴选社会资本联合体的能力，是亟须解决的一个课题。

客观来讲，对于PPP项目实施机构而言，如果允许社会资本组成联合体投标，则联合体成员的数量、联合体成员的资格条件设定（尤其是不同类型投资机构的资格条件）、投标保证金及履约保证金的缴纳主体、联合体投标协议条款约定、中标后项目合同的签署、项目实施过程中的各方争议解决等，各环节所涉及的法律关系较为复杂。较单一社会资本来说，联合体投标对项目实施机构的管理能力要求更高。

3. 如何通过合同约定使联合体保持项目全生命周期的稳定，共同完成基础设施和提供服务，也需要在立法层面和实践过程中重点考虑。

联合体成员在满足项目能够顺利实施的前提下，征得实施机构同意可选择合规的方式择机退出，将能更好鼓励不同风险偏好社会资本参与PPP项目的积极性。当然这些均需在项目前期阶段，各方进行详细沟通、谈判，达成一致后落实在相应的项目合同条款当中，便于后期实施阶段有据可依。

4. 社会资本方联合体成员间能否实现责任互不连带。

（1）根据《中华人民共和国招标投标法》第三十一条规定：联合体中标的，联合体各方应当共同与招标人签订合同，就中标项目向招标人承担连带责任。根据《中华人民共和国政府采购法》第二十四条规定：联合体各方应当共同与采购人签订采购合同，就采购合同约定的事项对采购人承担连带责任。

因此，如参与项目投标的社会资本方拟采用联合体模式，则联合体各成员之间必然承担对外连带责任。并且，其效力不受各方内部协议或与招标人、采购人签订的外部协议约定的影响。

（2）目前政府鼓励民营资本广泛参与到 PPP 项目当中。作为央企建筑企业，也希望与民营投资机构组成 PPP 社会资本联合体进行合作，共同拓展 PPP 项目市场。但事实上，我方存在被动承担项目投融资责任的风险，主要原因在于：（1）民营机构在资本市场发行金融产品并募集资金的能力与国有大型金融机构相比存在劣势，如无法有效实现资金募集，则我方将对外承担融投资义务；（2）民营机构抗风险能力及契约精神存在不足，如项目存续期内发生破产、停业、被吊销执照等事件，或因为其对项目本身盈利能力判断发生变化时，亦存在我方被动承担投融资连带责任的风险；（3）民营机构注册资本金额度较低，其法律责任承担能力有限，当我方代为履行项目投融资责任且发生额外资金成本损失，并希望依据内部联合体协议或合作协议追究其违约责任时，其并不具备足够的偿付能力。

建议能否根据风险分担的原则，基于前期各方对项目风险的认真分判和分担条件下，在 PPP 项目社会资本联合体各方实现责任互不连带，从而更好地释放国有企业与民营机构联合参与 PPP 项目的热情。

5. 尝试将运营机构作为联合体的一方共同参与 PPP 项目。

运营机构是稀缺资源，也是我们转型升级的方向。现阶段，投资、建设、运营应该是最好的 PPP 项目社会资本联合体搭建选择方式。

在传统市政道路、公路项目上，我们利用施工机械资源及项目管理经验，延伸拓展打造自身维护能力，来满足未来运营期的维护工作。在轨道交通领域，中国建筑成功联合深圳市地铁集团有限公司和深圳前海基础设施投资基金管理有限公司，顺利中标郑州市轨道交通 3 号线一期工程 PPP 项目。在水务、环保领域，我们积极尝试与行业领先的运营机构进行合作共同拓展 PPP 项目。如项目确需由政府方或政府指定机构进行运营，则现阶段建议在实践中依然采用项目公司选聘第三方运维企业并与之签订运营维护协议的模式。

中建一局集团第二建筑有限公司　唐琳

从北京兴延高速案例再解析 PPP 项目成功推进的几个关键环节

随着国家大力推进 PPP 模式，PPP 应用领域不断拓宽，项目操作流程不断优化，项目落地加速趋势明确，其规模之巨、速度之快令世人侧目。然而，大量的 PPP 项目仍鱼龙混杂，隐藏着巨大的潜在风险，总结和吸收 PPP 项目实践经验和教训、进一步完善 PPP 政策制度框架、发挥优质 PPP 项目的示范样板推广作用，仍是重中之重。在财政部和国家发展改革委推荐的系列 PPP 项目中，北京兴延高速 PPP 项目作为全国首例通过公开招标确定社会投资人的高速公路 PPP 项目，引起社会各界广泛关注，无论在模式设计、项目操作流程、项目实践效果等各方面都独树一帜。本文将结合项目咨询实践，从项目推进流程、项目模式设计、风险分担机制、合同核心条款（投资控制、项目退出、车流量变动）、项目招商机制等方面深度总结剖析其成功的关键，供咨询界、实践界参考。

一、项目基本情况

北京兴延高速公路位于京藏高速公路以西，呈南北走向，南起西北六环路双横立交，北至京藏高速营城子立交收费站以北，路线全长约 42.2 公里，最长隧道 5.7 公里，桥隧比超过 70%，项目总投资约 143 亿元。该项目不仅是解决北京西北交通瓶颈的重点工程，还是 2019 年延庆世园会和 2022 年世界冬奥会等重大活动的配套交通基础设施之一，更在进一步促进京津冀区域交通一体化、实现快速发展方面将发挥重大的带动和促进作用。

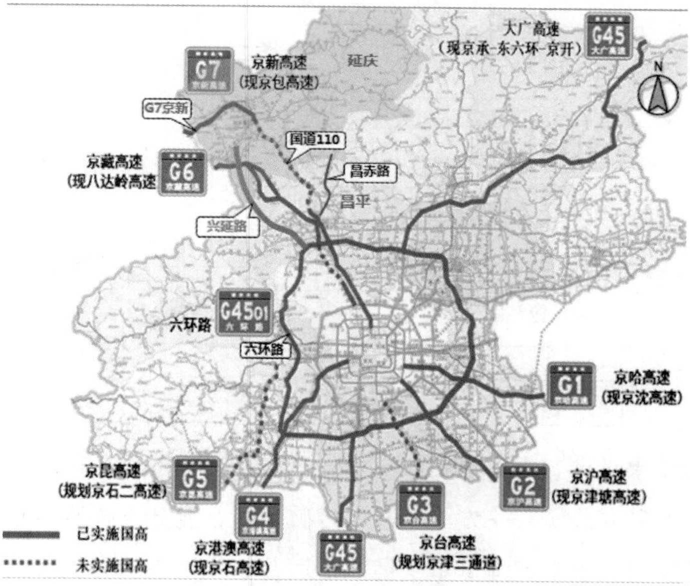

然而，该项目投融资及建设运营存在诸多难点：工程投资规模大、施工难度大、施工工期十分紧张、经营收入难以平衡建设运营成本。如果按照传统“政府资本金 + 债务性融资”的融资方式，当期的政府财政资金负担过重。北京市政府决定采取 PPP 模式实施兴延高速项目，以降低政府投资压力、合理分担项目风险、有效控制政府债务风险，并为北京市推广应用 PPP 模式、拓宽建设融资渠道，形成多元化、可持续的资金投入机制探索经验。

项目采用“BOT+ 可行性缺口补助”项目运作模式，北京市政府授权市交通委作为实施机关，市交通委通过公开招标的方式选择社会投资人。首发集团作为政府出资人代表，与社会投资人以 49 : 51 的股权比例共同成立项目公司。政府授予项目公司特许经营权，负责项目投资、建设、运营、维护兴延高速公路，期限届满移交政府。项目特许经营权内容包括高速公路收费权、沿线广告牌以及加油站经营权。

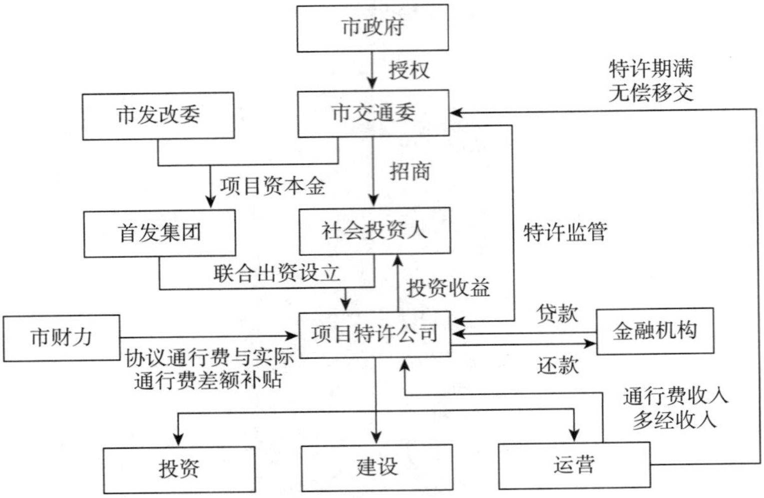

实践效果证明，北京兴延高速充分发挥了PPP模式的作用，效益显著，实现了多方共赢。一方面，通过打破垄断，充分发挥竞争机制作用，兴延高速仅建设成本就降低了9亿元，运营、维修等所有流程的成本均大幅下降，政府分担和风险大幅降低；同时，社会资本与政府方签订PPP合同收益权利得到有力保障，并运用其专业能力和创新能力，向内部创新挖潜在效益，从而获得长期稳定收益。

二、政府方规范有序推进项目流程是项目成功的基础保障

首先，北京兴延高速PPP项目在推进的过程中很好地结合了PPP操作流程与现行项目基本建设程序的衔接问题。项目是在已经开展了扎实的可研、初设等前期工作基础上，推进PPP模式的各项流程，正是在项目各项边界条件清晰的条件下，咨询工作才得以在项目模式设计调整和技术经济指标测算、确定政府方传统成本比较等方面可以进行充分研究论证工作，并为后续形成有效的竞争机制和合同控制机制奠定了基础。

其次，项目构建了高效的组织体制和协调联动机制。项目建立了由北京市政府主管交通的副秘书长挂帅招商工作领导小组，工作组由市交通委

牵头、首发集团协助实施，市发改委、市财政局、市重大办、市国资委、市政府法制办等相关部门配合。在项目实施方案、确定项目补助条件、政府方承受能力评估、招商文件确定、PPP 合同编制和谈判等关键环节及时协调解决问题和做出决策。

再次，有序推进项目准备、项目招商、项目实施等各流程环节。政府方聘请北京市工程咨询公司作为专业咨询机构为项目提供全过程支持，通过对项目运营成本、车流量预测和票价定价等方面的实证研究，建立了高速公路的项目寿命期现金流寿命模型，负责编制实施方案、编制招商文件，组织公开招标等相关事宜，保障了各推进环节相互衔接、呼应，确保招商机制、合同约定不走样。咨询机构的专业能力和经验积累是项目成功的基础支撑，更为重要的是，咨询公司所具备的公正立场是确保 PPP 合作关系长期稳定的重要保障。

三、创造市场化条件是 PPP 模式设计的关键

创造市场化条件是项目成功吸引社会投资人的关键。咨询工作针对本项目难以实现收益平衡的基本条件，以授予项目公司收取车辆通行费的特许经营权为基础，补充多项措施创造市场化条件：一是打捆授权高速公路沿线广告牌、加油站等多种经营性资源；二是在投资方面，政府方投资占到本项目总投资的 25%（仅占股权、不参与分红），降低社会资本投资平衡压力；三是在经营方面，设计了实际通行费标准与约定通行费标准之间收费收入差额的补贴机制，既创新可行性缺口补助方式，又有效保障招标阶段的有效竞争机制。

约定通行费票价标准设置合理的调整机制，即项目运营期间，当人工成本、材料成本、财务费用等因素发生一定幅度的变化时，协议通行费票价在基准年协议通行票价基础上，应相应调整，调整幅度要根据各调价因素对项目收益水平影响的敏感程度确定。

不同于以往PPP项目中成本推动型的价格调整机制，兴延高速中创新地运用了边际效率型的价格调整机制，更有利于保障投资人回报水平在合理区间。以往特许经营项目常采用成本推动型调价机制，使运营期价格处于不断提升，降低投资人持续提高管理水平、降低运营成本的积极性，长期来看政府方和社会整体利益受到侵蚀。采用边际效率型的调价机制，投资人的调价机制基于合理的回报预期以及全社会宏观经济指标的变动趋势，并且成本增加需要到达约定的风险边界才能触发调价，对投资人运营水平、成本控制能力提出更高要求，使项目的运营风险由具有更强应对能力的投资人来更多地承担。

四、充分实现核心风险的合理分担

北京兴延高速PPP项目在风险分担的机制方面在遵循PPP一般风险分配原则基础上，对影响本项目收益和利益的核心风险——车流量风险进行了合理分担。

一方面，避免社会方过分承担车流量不足风险，设置了保底车流量机制。通过财务测算科学合理地确定保底车流量，避免社会投资人承担过大风险，体现PPP模式风险共担的原则，提高项目对投资人的吸引力。

在前期的方案设计中，将保底车流量设置为80%，此时项目自有资金内部收益率接近于当时长期银行存款利率，基本能满足投资人投资机会成本的要求；在后期方案研究过程中，对保底车流量的比例在招标文件中作为加分项，鼓励社会投资人在80%的基础上降低保底车流量的比例，以降低政府兑现最低需求保险的风险。

另一方面，也避免车流量超出预期时，社会资本获得超额收益并由此损害公众利益。在政府方承担最低需求量风险的基础上，实施方案进一步设计了超额收益分成机制，避免社会投资人获得暴利，充分体现风险共担、收益共享原则。

即当实际车流大于可研文件预测车流时，政府与项目公司按照相关比例对超出预测车流部分的通行费收入进行分配，政府分成部分用于抵减当年运营补贴款。超额车流通行费分配比例如下：

序号	条件	对超额收入的分配比例 政府方：社会方
1	0% <超额车流≤ 20%	2：8
2	20% <超额车流≤ 40%	4：6
3	40% <超额车流≤ 80%	7：3
4	80% <超额车流	10：0

五、PPP 合同核心机制

PPP 项目合同是政府方和社会资本明确合作方式的法律性文件，是保障项目成功运营的核心要件。双方均需重视通过合同正确表达意愿、合理分配风险、妥善履行义务、有效主张权利。PPP 合同须对风险分担和利益分配需兼顾公平与效率，同时要预留调整和变更空间。

北京兴延高速 PPP 合同编制过程中，尤其注意以下几点：

其一，合同订立要在风险分担和利益分配方面兼顾公平与效率。首先，政府投资和社会投资比例分配体现了合作模式的公平性。一方面，该比例划分在确保项目作为公共产品的公益性的同时，吸引了社会资本，扩大了资金来源；另一方面，降低了投资风险，确保社会资本的经营自主权，进而达到双赢的目的。其次，在项目设计方案变更引起的投资变动的风险分担方面，在符合设计变更程序要求的前提下，由政府方提出设计变更引起的投资变动由政府方承担或收益，由社会方提出设计变更引起的投资变动由社会方承担或收益，通过投资控制机制的设计形成有效的约束激励机制。再者，在车流量风险的分担上，通过设置车流量保底机制以及超额车流量收入的分成机制，实现风险合理分担和利益贡献。

其二，合同订立要预留调整和变更空间。目前，我国 PPP 法律制度体系尚未完善，公用事业、交通设施等的定价机制均处于动态调整中，此外还存在其他不可预期的动态变化。由此，双方在合同订立时既要充分考虑项目全生命周期内的实际需求，保证合同内容的完整性和相对稳定性，也要合理设置关于合同条款变更（诸如期限变更、内容变更、投资变更等）的灵活调整机制、重新谈判触发机制及争端解决机制，为未来合同执行预留调整及变更空间。

其三，健全各方违约的制约机制，促进政府方与社会资本方遵循契约。在合同履行过程中，政府方和社会资本方均需遵循契约精神，而在PPP合同中对违约行为形成明确的约束机制，可以大大降低双方违约的动机、促进双方遵循契约。

社会方方面，设置了建设履约保证、移交期履约保证等机制，明确项目建设标准、运行标准，并详细列明各类各项违约行为及其违约责任，对其在项目全过程可能出现的违约行为形成有效的约束。

政府方方面，基于具有监管方和合作方的双重身份，其在合作中往往占据强势地位，针对合作中多环节均可能出现政府信用的状况，包括重大设计变更、商业配套大幅减少、政府方违约等，PPP合同对此引起的社会资本方的损失及政府方违约金进行了对等的约定。

六、充分发挥竞争机制、优中选优确定社会投资人

PPP招商是指在政府方基于PPP项目的合作需要，对社会资本方从投融资、设计、建造、运营、维护等方面进行全面、系统、客观的综合评价，以选择最合适的合作者参与PPP项目。

PPP招商三个关键环节即招商方式的确定、资格条件设定、竞争机制的确定。

在招商方式的确定方面，由于项目建设工期紧张的特点，本项目须社会投资人和施工企业的同时招商，因此采用公开招标的招商方式，并依据

《中华人民共和国招标投标法》《中华人民共和国招标投标法实施条例》《中华人民共和国政府采购法》《中华人民共和国政府采购法实施条例》，以及北京市相关规定，在国家、财政、发改、交通层面同时发布公告。本项目施工建设是招标中的重要内容，因此主要依据招投标法指导招标工作。

在资格条件设定方面，结合项目本身在项目工期、项目工程质量、项目投融资能力和项目运营水平等方面的目标要求，细化对社会资本方的资质条件、项目经验业绩、投融资能力等方面各项资格要求。

在招标竞争机制的设计方面，本项目评标办法采用双信封综合评估法，第一信封中对投标人的投融资能力、建设施工能力以及运营能力进行评审，第二信封的评审内容即为基准年约定通行费标准，第一信封评审得分前五名进入第二信封。通过这种评审方法，有效避免了投资人恶意低价中标，确保进入第二个信封评审的投标人为具有保障本项目顺利实施的施工组织管理能力，同时又能使约定通行费标准得到充分的竞争。同时，为避免投标方采用不平衡报价策略、恶意中标，对每一项关键指标（如建安费用、运营费用以及保底车流量）的权重根据财务模型的敏感性分析进行设定，保障更为公平合理的评审结果。

总之，一个成功的 PPP 项目不仅在方案框架和流程方面的合法合规保障，更体现在技术指标、风险机制、合同机制等各方面的深入、专业和细节的精雕细琢。

北京市工程咨询公司　田丽凤　黄文军

PPP项目财务收益评价指标及影响因素探析

自2014年国家大力推广PPP模式以来，我国的PPP市场已匆匆走过了三年时光，在这三年里PPP项目呈现井喷式增长。对于单一PPP项目来说，财务收益都是核心线索，项目从物有所值评价和财政承受能力论证，到方案过会、采购、谈判及合同签订都是围绕财务收益开展的，财务收益是政府和社会资本博弈的焦点。而PPP市场快速增长的背后，也充斥着各种无序与乱象，本文主要围绕PPP项目财务收益展开，通过对当前财务收益的评价指标的内涵、选取与应用情况以及相关影响因素进行分析和探讨，以期对今后PPP项目的规范化操作、政策完善、项目健康有效落地提供一些启示。

一、PPP项目财务收益评价指标——内部收益率

1. 项目内部收益率的分类比较

（1）项目投资内部收益率

项目投资现金流量表是融资前（不考虑资金来源）投资决策分析的主要工具，目的是要分析项目投资平衡与盈利能力、估算项目的融资需求。项目投资内部收益率是投资决策分析的主要指标，它不考虑资本的杠杆效应，反映的是未融资的情况下，项目自身的获利能力。

（2）项目资本金内部收益率

在融资需求得以确定的基础上，需要初步确定融资方案，并分析不同融资方案的资本金收益水平。项目资本金内部收益率基于项目资本金现金流量表计算，反映投资实体层次上的盈利能力。资本金内部收益率的判别基准是投资实体的最低可接受收益率，而最低可接受收益率与资金机会成本、投资实体风险偏好有关，一般可通过资本资产定价模型或税前债务资金成本加风险溢价法计算求得。

（3）股东投资内部收益率

股东投资内部收益率是基于股东投资的现金流量表计算的，反映的是投资者进行该项投资的实际获利水平，其并不能等同于项目资本金内部收益率。

2. 不同内部收益率在 PPP 项目中的应用

（1）近三年 PPP 项目采用的财务收益评价指标以及投资回报水平情况

对于“投资 + 建设 + 运营”型 PPP 项目，普遍采用内部收益率指标衡量 PPP 项目回报水平。根据案例调研，除轨道交通行业部分项目（北京地铁 4 号线、14 号线、16 号线）采用项目全投资（税后）内部收益率作为项目财务收益评价指标外，当前的 PPP 项目多数采用项目资本金内部收益率作为项目财务收益评价的主要指标；同时，从收益率水平看，2014 至 2015 年 PPP 项目资本金内部收益率普遍高于 8%，2016 年的 PPP 项目资本金内部收益率则多数介于 5% 至 7% 之间。

从调研统计情况来看，PPP 项目的投资回报水平近年来呈现递减的趋势，究其原因，除竞争日趋激烈外，是因为当前的 PPP 项目多是投资、建设、运营一体化的项目，社会资本既是施工方又是投资方，以工程利润去弥补较低的股权投资收益，只要其总体收益可接受，项目仍然是可以接受的。

（2）不同内部收益率指标应用选择探讨

当前 PPP 项目财务收益评价指标应用比较多的是项目资本金内部收益

率，笔者认为，随着PPP项目运作模式与交易结构的多样化处理，项目资本金内部收益率并不是对一切项目都最适用，具体指标选择还需要结合项目具体特点确定。以下将通过案例对三类内部收益率指标应用进行比较，以分析说明各指标的适用情形。

◆项目全投资收益率与项目资本金内部收益率比较

当项目收入与项目投入一定时，项目资本金比例越低，项目资本金的收益率越高，这是因为当项目投资内部收益率大于银行利率时，由于资金的杠杆效应，资本金内部收益率大于项目投资内部收益率，杠杆率越高，资本金内部收益率越高；反之，当项目投资内部收益率小于银行利率时，资本金内部收益率小于项目投资内部收益率，高杠杆意味着资本金收益率摊薄（具体见案例一说明）。

案例一：某PPP项目总投资85032万元（含建设期利息5329万元），合作期限15年，其中建设期3年，运营期12年；项目资本金占建设投资的30%，项目公司（SPV）的注册资金等于项目资本金，其中政府方出资30%，社会资本出资70%；假设债务融资利率按当前银行中长期贷款基准利率4.9%计算。

表1　不同融资结构下某项目投资收益水平

SPV年均收入（11855万元）	资本金比例为40%	资本金比例为30%	资本金比例为20%
1. 项目投资内部收益率	5.5%	5.5%	5.5%
2. 项目资本金内部收益率	7.2%	8.1%	9.5%

注：假设股东享有对可动用SPV富余资金的支配权。

从表1可以看出，当SPV年均收入为11855万元时，项目投资内部收益率为5.5%（高于银行贷款利率），项目资本比例为40%时，项目资本金内部收益率为7.2%；项目资本金比例为30%时，项目资本金内部收益率为8.1%；项目资本金比例为20%时，项目资本金内部收益率为9.5%。即项目投资内部收益率高于银行贷款利率时，项目资本金比例越低，项目资本金收益率越高。

当前 PPP 项目，普遍做法是在采购前就已确定资本金比例（这也是当前 PPP 项目多采用资本金内部收益率而非全投资内部收益率作为项目财务收益评价指标的一个重要原因），该处理办法有利于政府方合理控制项目财务风险，不利之处在于融资创新空间小，不便于充分发挥不同社会资本的融资及资本运作能力。笔者认为，更优的做法可以是政府确定一个合理的资本金比例范围，让社会资本在其范围内根据自身财务实力及融资条件自由决定资本金比例，该情形下适合用项目投资内部收益率作为项目财务收益评价指标，以屏蔽不同融资方案对定量投资竞争指标评比的影响。

需要注意的是当前 PPP 项目多数为投资额较大的基础设施建设类项目，随着经营时间的增加，通过折旧或摊销等方式沉积在 SPV 中的净现金流将大大增加。无论是项目全投资内部收益率还是项目资本金内部收益率，其特点都是以项目收入为计算起点，企业各期经营净现金流均被认为是股东整体权益的增加，考虑到资金的时间价值，如股东不能获得对可动用的富余资金进行其他操作的权利，项目资本金收益率是不能真实反映（高估）股东收益水平的（具体见表 2）。尤其在当前 PPP 项目资本金收益率已经普遍偏低的情形下，如股东不能获得对 SPV 富余资金的支配权，股东投资的内部收益率将会进一步走低。

表 2　股东是否享有对可动用富余资金的支配权对其收益水平的影响

SPV 年均收入（11855 万元）、资本金比例 30%	不享有	享有
1. 股东投资内部收益率（股东按股权比例参与收益分配）	5.6%	7.9%
2. 社会资本内部收益率（政府方仅放弃分红权）	7.5%	10.5%
3. 社会资本内部收益率（政府方放弃分红、本金回收等全部经济利益）	9.2%	13.4%

注：该测算引用案例一基础数据，即政府补贴总额相同。

通过上述测算结果可知，当项目年均收入为 11855 万元，资本金比例为 30% 时，项目投资内部收益率（5.5%）和资本金内部收益率（8.1%）是确定的。然而，股东是否享有对可动用富余资金（沉淀的折旧或摊销现金流）的支配权对股东自身的内部收益率是有较大影响的。就本案例而言，当股东享有对可动用富余资金的支配权时，在各股东按股权比例参与收益分配的情形下，股东投资内部收益率为7.9%；当政府方放弃分红权而不放弃其他收益的分配权时，社会资本内部收益率为10.5%；当政府方放弃全部收益分配时，社会资本内部收益率为13.4%。反之，如股东不能享有对可动用富余资金的支配权时，以上三类情形下社会资本内部收益率则分别降至5.6%、7.5%、9.2%。从以上计算结果来看，差别最小的按股权比例参与收益分配情形下的股东投资内部收益率亦相差超过2个百分点，可见股东享有对SPV富余资金进行支配权利的对股东收益影响的重要性，且项目的合作周期越长，该影响越明显。在当前项目投资/资本金内部收益率已偏低的情形下，允许股东享有对可动用富余资金支配权尤其重要。

◆ 项目资本金内部收益率与股东投资内部收益率的比较

伴随PPP实践创新，同股不同权的交易结构设计已经出现，单一的资本金收益率指标已经无法满足对社会资本实际收益的评价要求，因此以下进一步比较资本金内部收益率和不同合作条件下股东内部收益率的差异及内涵。

表3　某项目不同内部收益率计算结果

SPV年均收入（11855万元）	资本金比例为30%
1. 项目投资内部收益率（所得税后）	5.5%
2. 项目资本金内部收益率	8.1%
3. 股东投资内部收益率（股东按股权比例参与收益分配）	7.9%
4. 社会资本内部收益率（政府方仅放弃分红权）	10.5%
5. 社会资本内部收益率（政府方放弃分红、本金回收等全部经济利益）	13.4%

注1：该测算引用案例一基础数据，即政府补贴总额相同。

注2：假设股东享有对可动用富余资金的支配权。

从表3可以看出，当项目股东按出资比例参与收益分配时，因法定公积金提取、实际分配与可分配利润差异等因素的影响，股东投资内部收益率会略低于项目资本金内部收益率，此时资本金内部收益率基本可以反映股东投资收益水平。但是目前很大一部分PPP项目需要政府付费或进行可行性缺口补助，政府方基于投资支持或是减少运营期财政补贴的角度考虑，可能会选择放弃部分或全部收益分配权利，此时即出现同股不同权的情形。同股不同权时，由于资本金收益率已不能准确折射股东的投资收益水平，以表3的测算结果为例，资本金内部收益率为8.1%，而政府方部分放弃分红时社会资本内部收益率为10.5%，政府方放弃分红及其投资资本回收等要求时社会资本内部收益率为13.4%，各指标相差较大，此时需要根据项目具体情况测算相应情形下的股东投资内部收益率，以做出更加合理的政府补贴方案和评标办法。

二、PPP项目内部收益率的影响因素探析

项目内部收益率取决于项目净现金流，影响项目现金流的因素包括项目收入（包括总体收入规模及运营期内各年收入排列特征等）、成本费用（成本费用特征）、税收（包括税率、税收优惠政策等直接影响因素及项目资产确认方式、大修费的会计处理等影响税负的间接因素）以及其他相关因素。结合当前PPP实务，以下将重点探讨当前实务中容易出现问题和分歧的关键因素。

1. 政府补贴计算方式对项目内部收益率的影响

政府补贴的计算方式有多种，目前PPP项目中应用比较多的是等额本息法与财政部21号文公式（即《政府和社会资本合作项目财政承受能力论证指引》（财金〔2015〕21号）中提及的计算公式），以下通过两个项目案例来对两种付费计算方式进行比较。

（1）计算公式

◆ 财政部21号文公式（以政府付费模式的项目为例）

当年运营补贴支出数额＝

$$\frac{\text{项目全部建设成本}\times(1+\text{合理利润率})\times(1+\text{年度折现率})n}{\text{财政运营补贴周期（年）}}+$$

$$\text{年度运营成本}\times(1+\text{合理利润率})$$

n =1，2，3……，运营期限

◆ 等额本息方式（以政府付费模式的项目为例）

$$\text{年运营补贴}=\frac{\text{项目全部建设成本}\times(1+\text{合理利润率})\times\text{年度折现率}}{1-(1-\text{年度折现率})}$$

n= 运营期限

（2）计算结果分析

以下引用两个案例进行比较分析，其中，案例二通过给定年度折现率及合理利润率，计算财政部21号文公式与等额本息方式下的政府补贴金额及对应的内部收益率，进而对两种方式的特点进行比较。案例三表明，当前部分地方政府简单粗暴地以能搜集到的最长期限的当地政府债券收益率确定年度折现率，及主观确定合理利润率的行为是并不可取的。

案例二：

项目总投资632539万元，其中项目资本金为177133万元，项目债务融资为455406万元。项目合作期限15年，其中建设期3年，运营期12年，合理利润率取8%，年度折现率取4.6%，以下将分别计算两种付费方式下的政府付费金额及相关效益指标，并对结果进行分析。

21号文公式							
项目	年均	合计	4	5	6	7	8
政府补贴金额	84412	1012950	66779	69518	72384	75381	78515
项目	9	10	11	12	13	14	15
政府补贴金额	81794	85224	88812	92565	96490	100596	104891
项目资本金收益率	5.12%						
项目内部收益率（税后）	4.88%						
项目内部收益率（税前）	6.04%						

续表

等额本息方式							
项目	年均	合计	4	5	6	7	8
政府补贴金额	82579	990946	82579	82579	82579	82579	82579
项目	9	10	11	12	13	14	15
政府补贴金额	82579	82579	82579	82579	82579	82579	82579
项目资本金收益率	5.17%						
项目内部收益率（税后）	4.91%						
项目内部收益率（税前）	6.16%						

根据对以上计算结果进行对比，可以看出与21号公式计算方式相比，等额本息方式计算出的政府补贴总额（静态数）要低，这是因为二者的付费特点（等额本息方式在整个付费期间内是等额支付，而财政部公式是递增支付）和资金的时间价值所致。且，等额本息方式下内部收益率（包括全投资内部收益率和资本金内部收益率）要高于财政部公式计算下的内部收益率。故在确定年度折现率和合理利润率的情况下，社会资本的角度，无疑更愿意按等额本息方式接受支付，但政府总是希望前期支付的少一些，所以政府更愿意按财政部公式来支付。

案例三：

项目总投资119318万元，其中项目资本金为23864万元，项目债务融资为95454万元。项目合作期限23年，其中建设期3年，运营期20年。

假设情形一：合理利润率取6%，年度折现率取3.6%（3.6%为西部某城市地方政府债券收益率，上述取值皆为执行本项目时业主曾要求的取值），计算两种付费方式下的政府付费金额及相关效益指标如下表：

21号文公式								
项目	均值	合计	4	5	6	7	8	9
政府补贴	11451	229020	8016	8304	8603	8913	9234	9566
项目	10	11	12	13	14	15	16	17
政府补贴	9910	10267	10637	11020	11416	11827	12253	12694

续表

项目	18	19	20	21	22	23		
政府补贴	13151	13625	14115	14623	15150	15695		
资本金内部收益率	2.99%							
项目内部收益率（税后）	3.21%							
项目内部收益率（税前）	4.25%							
等额本息方式								
项目	均值	合计	4	5	6	7	8	9
政府补贴	10444	208876	10445	10445	10445	10445	10445	10445
项目	10	11	12	13	14	15	16	17
政府补贴	10445	10445	10445	10445	10445	10445	10445	10445
项目	18	19	20	21	22	23		
政府补贴	10445	10445	10445	10445	10445	10445		
资本金内部收益率	2%							
项目内部收益率（税后）	2.69%							
项目内部收益率（税前）	3.81%							

假设情形二：合理利润率取8%（在上述6%的基础上提高了2个百分点），年度折现率取4.6%（高于该地方政府债券收益率1个百分点），计算两种付费方式下的政府付费金额及相关效益指标如下表。

21号文公式								
项目	均值	合计	4	5	6	7	8	9
政府补贴	11762	235231	8233	8529	8836	9154	9484	9825
项目	10	11	12	13	14	15	16	17
政府补贴	10179	10546	10925	11319	11726	12148	12585	13039
项目	18	19	20	21	22	23		
政府补贴	13508	13994	14498	15020	15561	16121		
资本金内部收益率	3.45%							
项目内部收益率（税后）	3.40%							
项目内部收益率（税前）	4.48%							
等额本息方式								

续表

项目	均值	合计	4	5	6	7	8	9
政府补贴	11486	229718	11486	11486	11486	11486	11486	11486
项目	10	11	12	13	14	15	16	17
政府补贴	11486	11486	11486	11486	11486	11486	11486	11486
项目	18	19	20	21	22	23		
政府补贴	11486	11486	11486	11486	11486	11486		
资本金内部收益率	4.31%							
项目内部收益率（税后）	3.55%							
项目内部收益率（税前）	4.85%							

根据以上计算结果可知，当年度折现率取3.6%，合理利润率取6%时，等额本息方式下的内部收益率（包括全投资内部收益率和资本金内部收益率）要低于21号文公式，但是无论是21号文公式还是等额本息方式，其收益水平都是非常低的（资本金内部收益率不超过3%），是不符合现实需求的；当年度折现率取4.6%，合理利润率取8%时，等额本息方式下的内部收益率水平高于21号文公式下的内部收益率水平。

（3）分析结论

结合上述计算结果，分析结论如下：

①当年度折现率与合理利润率取值使得项目处在一个相对合理的收益区间时，等额本息方式下的内部收益率高于21号文公式下的内部收益率。

②21号文公式下的政府补贴是由少到多的，而一般来说项目合作期的支出是由多到少的，项目的资金流入与流出是不匹配的（项目资本金的比例越低，这种不匹配的程度越大），按21号文公式支付可能无法满足项目资金需求。

③从财务投资的角度来说，投资人对项目的考量最终是要看项目的收益水平的，而非由主观确定年度折现率和合理利润率。

2. 不同资产确认类型对项目内部收益率的影响

对于PPP项目不同运作方式下资产的确认方式，现在的会计政策缺乏支撑。而在将项目资产确认为金融资产、无形资产或固定资产等不同资产类型下，由于运营期年度资产摊销额度不同，导致所得税支出不同，从而影响SPV年度现金流、现金流净现值、内部收益率。

例如，某轨道交通项目总投资10亿元，包含土建工程、机电设备、车辆及其他费用。如按照固定资产确认，由于土建工程、机电设备、车辆等资产寿命各有差异，应进行分类折旧；按照金融资产确认，则做分期回收处理；按照无形资产确认，一般在PPP项目的运营期限内进行平均摊销。不同确认类型下的项目年度总成本会有差异，导致项目税负出现差异，两者叠加必然对收益率测算结果造成影响。

3. 大修费的会计处理方式对内部收益率的影响

大修工程属于局部改良更新，具有支出大、周期长的特点，采取不同的会计处理方式（资本化或费用化）对企业财务状况和税收将产生重大影响，通过税收进而影响内部收益率。

PPP项目中大修的处理也是缺乏准则参考的，需要结合会计人员的判断，且存在财务和税务差异。根据规定，对于有产权的项目，符合条件的大修费用计入固定资产，在以后年度按照寿命期折旧；无产权的情况下，大修计入当期费用或者剩余期限内摊销。根据PPP的交易结构，大修费用必须在剩余合作期内摊完，但税务规定上不一定支持这一种处理方法，实践中可能存在纳税调整风险。

相比于会计上的规定，税法上则有着较为明确的规定，《企业所得税法》实施条例第六十九条规定，修理支出达到取得固定资产时的计税基础50%以上且修理后固定资产的使用寿命延长2年以上的，作为长期待摊费用，按照规定摊销的，准予扣除。

4. 高企的隐性产业利润率对显性的财务收益率倒逼影响

财务测算通常是显性的财务投资收益率，PPP的参与方通常是产业链供应商，包括工程服务商、设备提供商、运营服务商等等，PPP投资带动产业发展是产业链投资人的初始投资动机，也是主要动机，而产业利润通常在实施方案的测算中不显现的。某些 PPP 项目因高企的产业隐形利润在支撑，使得当前的 PPP 实务中显性的财务投资收益（如项目的内部收益率）逐步走低，但仍然有众多社会资本追捧。

5. 税收因素对项目内部收益率的影响

目前，PPP 项目在涉税方面仍存在较多的政策盲点，例如政府可行性缺口补助是否征收增值税、政府补贴适用的增值税税率、留底税款如何处置等，不同处理都会对政府补贴和项目投资收益率造成重大影响。

◆ 政府补贴的征税问题

政府补贴是否征收增值税，《营业税改征增值税试点实施办法》未作出明确规定，实务中的做法，有部分项目是忽略税负的，而是将该风险直接约定为政府承担，也有基于谨慎性原则计算增值税的情形。至于税率，实务中有几种观点，一是将政府补贴作为政府购买服务，按一般服务业计算所得税；二是有观点认为政府补贴主要是针对建设投资的补贴应按建筑业税率计算增值税。笔者认为，从当前的政策导向以及 PPP 的内涵来看，政府对 SPV 运营期的补贴属于政府购买服务费，而 SPV 为政府提供的服务并不是简单的建筑服务，且从实践来看，SPV 也并不是直接的建筑服务提供者（虽然真正的施工方一般是 SPV 的社会资本股东），故将政府补贴按建筑业征收增值税是不合理的。此外，对于政府补贴的增值税税率，也不能一刀切地按一般服务业计算，需结合项目的主营业务税率考虑，如轨道交通行业的财政补贴，其税率应与票价收入的税率一致，即按交通运输业适用 11% 的税率。

◆ 留底税款如何处置

自 2016 年全面营改增以来，项目在建设期将产生一笔较高金额的增值税进项税，若在项目整个合作期内该笔进项税款未能抵扣完毕，从现有税收政策上来看留底税款是不能退税的，那么该如何处置，政策上相关事项也未作说明。例如，某教育类 PPP 项目，主要回报机制是政府付费，如果政府补贴不计税或者税负较低且 PPP 合作期不长，很可能出现增值税留底，而SPV是一个有期限的特殊目的公司，留底税收在项目前期未摊入成本作为政府补贴依据，合作期满后政府也不返回，则SPV的该项投入将没有回收路径，这会显然降低社会资本的投资收益。

◆ 移交阶段的征税问题

BOT/ROT项目通常的移交方式是，SPV将项目资产，包括但不限于有形资产、各类土地权利、能够移交的技术权利等一并由SPV移交给政府指定方。SPV在移交完成后解散，社会资本就此退出该PPP项目。从实务来看，如果资产产权属于政府，倾向于认为移交阶段不需要缴纳相关税费；如果资产权属归于SPV，由于涉及资产产权变更，进行资产移交可能会被税务部门要求缴纳相关税费，造成项目总体成本的增加。然而，从本质上来看，PPP项目资产移交是有别于一般的产权转让的，故政府应该出台相关针对性的税收支持政策，降低各方的税收风险预期。

对于TOT项目，存量项目在政府与社会资本设立的SPV之间进行了两次移交，且第一个“T”往往还伴随着一定的特许经营权转让收入，该收入是否属于应税收入、税率如何也是不明确的，在没有出台相关政策前，可能面临重复征税的问题。

三、相关政策与对策建议

综上问题，笔者认为为了在今后更加顺利的推进PPP，建议各级政府的PPP主管部门应该在以下方面重点关注和研究对策，不断完善PPP实施的配套政策，扫除政策盲点，降低各方预期风险，为PPP保驾护航。

1. 尽快完善财税配套政策，降低政策风险预期

PPP项目属于政府大力推行的政企合作模式，相比于常规经营项目而言，PPP项目是有其特殊性的，为更好地推进其发展，需尽快完善相关的财税配套政策，如明确不同PPP运作方式下项目资产的确认规则，允许SPV股东自由支配可支配的富余现金流（而不视为抽逃出资），或者运营

期不推行强制资本金制度，对政府补贴、资产移交（尤其是存量资产两次移交）的征税以及留底税款的处理等问题在政策层面予以明晰。

2. 合理选择收益率控制指标、保障融资创新和实施弹性

针对当前的 PPP 项目普遍倾向于固定项目资本结构的现象，为更好地发挥社会资本的融资和资本运作能力，建议允许项目有一个弹性的融资范围，让社会资本在范围内自由决定最优资本结构和融资模式。

3. 允许适合项目特征的多种补贴计价方式，谨慎选用 21 号文公式

财金〔2015〕21 号文提供了一种政府付费的计算方式。实际情况中付费多少依赖于各个合理利润率、折现率和补贴周期的设定，付费的合理与否应以项目投资收益率作为判断依据。而获得同样的财务收益，也可以采用其他付费方式，比如等额本息、根据属地财政实力不均衡支付（如合作期前几年多支付）等灵活的计付方式。PPP 项目是政府和社会资本的互相合作，双方可以通过协商采用何种计算方式来确定每年付款金额多少，只要双方互惠互利、合作共赢、收益合理，且彼此接受即可。

此外，通过财政部 21 号文公式计算政府补贴，会导致项目现金流入与流出不匹配，难以满足项目运营的实际需求，故不推荐作为实施方案编制之财务测算的应用公式，建议财政部门结合当期 PPP 项目的推进情况，实时做出修订。

4. 工程造价控制与财务投资收益率的合理制衡

现今，PPP 项目隐性的施工利润与显性的财务利润间的失衡进一步加剧，两类利润严重失衡容易对项目的运作和后期的融资产生不利影响，如较低财务投资收益下第三方财务投资人引入和平衡的难度加大，项目财务投资收益不足对后期的结构化融资不利，故在方案设计和采购阶段应采取适当措施控制工程造价，尽量保持施工利润与财务投资利润均衡，使两类利润水平都处于合理的区间内。

南京卓远资产管理有限公司 丁玉芳 杨卫青

PPP 项目社会资本选择若干问题再议

如何公平、公正、公开地选择社会资本，是政府和社会资本合作的重要环节，对促进社会资本公平竞争、政企长期平等履约、公众有序参与监督、降低投资建设成本和提高公共产品供给质量，都具有十分重要的意义。近年来，国内 PPP 热兴起，从中央到地方都高度重视，PPP 项目的储备与落地数量前所未有。然而，萝卜快了不洗泥，这其中也出现了一些新情况、新问题，特别是在社会资本选择及招标免除上，还存在不少问题亟待规范。

一、社会资本选择的法律依据问题

目前，国内 PPP 还没有一部专门的法律来规范。2004 年住建部出台的《市政公用事业特许经营管理办法》、2015 年六部委印发的《基础设施和公用事业特许经营管理办法》均未提及其制定的上位法依据。国家发改委 2014 年 2724 号文《关于开展政府和社会资本合作的指导意见》明确社会资本选择的法律依据为《招标投标法》《政府采购法》。财政部出台的 PPP 相关文件，包括《政府和社会资本合作项目政府采购管理办法》（财库〔2014〕215 号）、《政府和社会资本合作模式操作指南》（财金〔2014〕113 号），均明确其上位法依据为《政府采购法》等。那么，社会资本选择到底适用于哪一部法律，是《招标投标法》还是《政府采购法》，还得从这两部法律的适用范围说起。

1.《招标投标法》的适用范围。《招标投标法》第三条规定，在中华人民共和国境内进行下列工程建设项目包括项目的勘察、设计、施工、监理以及与工程建设有关的重要设备、材料等的采购，必须进行招标，包括：（1）大型基础设施、公用事业等关系社会公共利益、公众安全的项目；（2）全部或者部分使用国有资金投资或者国家融资的项目；（3）使用国际组织或者外国政府贷款、援助资金的项目。同时还明确《招标投标法》第三条所称工程建设项目，是指工程以及与工程建设有关的货物、服务。《工程建设项目招标范围和规模标准规定》，对须进行招标的工程建设项目的具体范围和规模标准做出了规定。

2.《政府采购法》的适用范围。《政府采购法》第二条明确，政府采购是指各级国家机关、事业单位和团体组织，使用财政性资金采购依法制定的集中采购目录以内的或者采购限额标准以上的货物、工程和服务的行为。《政府采购法实施条例》明确，政府采购法第二条所称财政性资金是指纳入预算管理的资金，以财政性资金作为还款来源的借贷资金，视同财政性资金。同时还明确，政府采购工程以及与工程建设有关的货物、服务，采用招标方式采购的，适用《中华人民共和国招标投标法》及其实施条例；采用其他方式采购的，适用政府采购法及其实施条例。

从上述两部法律的适用范围看，招标投标法及其实施条例主要是适用于与工程相关的勘察、设计、施工、监理以及与工程建设有关的重要设备、材料等的采购，既包括使用财政性资金、国有资金建设的工程（货物和服务），还包括民营企业建设的工程（例商品住宅、经济适用住房等）。而政府采购法及其实施条例则主要适用于国家机关、事业单位和团体组织，使用财政性资金（包括财政性资金作为还款来源的借贷资金）采购工程、货物或服务。因此，在工程领域及其相关的货物、服务，招标投标法的适用范围更大一些；而在非工程领域及其相关的货物、服务的选择，使用财政性资金的，则适用于政府采购法。

3.社会资本选择的法律依据再议。说到社会资本选择的法律依据上，那就首先要看他具有哪些特性。第一，社会资本选择不是招商。过去很多地方以招商的方式来选择基础设施特许经营者，这种做法有很多不良后果，包括政府优惠、承诺过多而没法兑现，社会资本获得暴利等。实际上二者有着本质区别，前者是强调相互选择，共担风险，后者则是强调政策优惠。第二，社会资本选择既不是选择工程施工，也不是选择与工程相关的货物或服务，更不是政府采购，而是政府选择一个投资运营主体为合作伙伴，承担原本由政府或政府平台公司负责的基础设施和公共服务的投资、建设和运营。第三，社会资本选择不是简单的融资方案选择，也不是用财政性资金还款的资金借贷。PPP不仅要解决基础设施融资问题，也是公共服务和产品供给侧改革的重要内容。因此，即使是政府付费的PPP，也不能将其看作为财政性资金作为还款来源的资金借贷关系。综上所述，不管社会资本的投资回报是否为政府付费，很显然社会资本的选择不在《招标投标法》的适用范围内，也不在《政府采购法》的适用范围内。

不过，在没有上位法明确的情况下，政府的部门规章也可以直接明确社会资本的选择方式。比如2015年发改委等六部委的25号令就可以明确，即可以通过招标、竞争性谈判等竞争方式选择社会资本（特许经营者）。

二、社会资本的选择方式问题

2015年六部委25号令明确通过招标、竞争性谈判等竞争方式选择特许经营者。国家发改委2014年2724号文明确，通过公开招标、邀请招标、竞争性谈判等多种方式，公平择优选择具有相应管理经验、专业能力、融资实力以及信用状况良好的社会资本作为合作伙伴。财政部2014年113号文明确社会资本的选择方式包括公开招标、竞争性谈判、邀请招标、竞争性磋商和单一来源采购等。尽管相关文件对社会资本选择方式的规定有所不同，但总结起来无非是两种，一种是招标方式，另一种是非招标方式。

为什么要将社会资本的选择方式分为招标和非招标两种呢？这与下文的“两标并一标”问题密切相关。那么，哪些属于招标方式，哪些属于非招标方式？《招标投标法》明确招标包括公开招标和邀请招标两种方式。财政部2013年74号令《政府采购非招标采购方式管理办法》规定，非招标采购方式主要是指竞争性谈判、单一来源采购和询价采购方式。因此，按照上面两部法律和规章，公开招标、邀请招标属于招标方式；竞争性谈判、竞争性磋商、询价采购和单一来源采购等，则属于非招标方式。

三、如何理解招标投标法实施条例“两标并一标”规定

《招标投标法实施条例》第九条规定，除招标投标法第六十六条规定的可以不进行招标的特殊情况外，已通过招标方式选定的特许经营项目投资人依法能够自行建设、生产或者提供的，可以不进行招标（俗称“两标并一标”）。如何理解这条规定，还得从招标投标法的立法本意说起。招标投标是指在货物、工程和服务的采购行为中，招标人通过事先公布的采购和要求，吸引众多的投标人按照同等条件进行平等竞争，按照规定程序并组织技术、经济和法律等方面专家对众多的投标人进行综合评审，从中择优选定项目的中标人的行为过程，这也是国际惯例。制定招标投标法的目的是为了公平、充分竞争，规范相关方的行为，降低工程造价，提高工程质量，最终是为了以较低的价格获得最优的货物、工程和服务。

招标投标法是1999年公布的，那时候基础设施特许经营还在探索中，因此该法中没有关于特许经营的规定。而招标投标法实施条例是2011年公布的，此时特许经营已在基础设施中得到广泛应用。笔者理解，该条例中关于特许经营中“两标并一标”的规定，是为了简化特许经营项目的实施流程，提高实施的效率。但“两标并一标”的适用还有几个前提：

一是要通过招标方式选择特许经营者。言外之意，通过非招标方式的

则不适用于该条例第九条的规定，比如通过竞争性谈判、竞争性磋商、询价采购、单一来源采购等。

二是投资人必须是依法能够自行建设、生产或者提供。也就是说，投资者具备相应的施工资质、设计资质或材料（设备）生产资质，且直接投资和建设（即为特许经营项目的业主）。

三是以项目公司作为业主进行投资建设，后续与工程相关的设计、施工和货物采购不能免除招标。如果特许经营者被选中后成立项目公司，由项目公司负责项目的投资建设，笔者认为不管项目公司的母公司是否是通过招标方式选择，也不管他是否具有相应的设计、施工和产品资质，后续的招标均不应该被免除，除非符合招标投标法免除招标的其他条件。因为新成立的项目公司，在那么短的时间内不可能具有相应的设计、勘察、施工等资质，因而也不可能具备自行建设、生产或者提供产品的能力，也就不符合条例第九条规定的要求。

有人会说，项目公司的母公司有相应资质和能力，且项目公司的核心团队是母公司选派的，项目公司就有相应的能力。笔者认为，项目公司和其母公司是通过资本控制联系在一起的，但在法律上还是两个公司，母公司具有的资质，子公司不一定就有。

四、社会资本与施工企业选择“两标并一标”问题

如何选择社会资本，近年来不少地方的做法是，前期通过竞争性磋商等非招标方式选择社会资本，且只要社会资本联合体中有企业具备相应的设计、施工资质，则直接由该施工企业负责施工，不再进行招标。而国家文件对此的规定也不一致。国家发改委2016年2231号文《传统基础设施领域实施政府和社会资本合作项目工作导则》明确，拟由社会资本方自行承担工程项目勘察、设计、施工、监理以及与工程建设有关的重要设备、材料等采购的，必须按照《招标投标法》的规定，通过招标方式选择社会

资本方。财政部2016年90号文《关于在公共服务领域深入推进政府和社会资本合作工作的通知》明确，对于涉及工程建设、设备采购或服务外包的PPP项目，已经依据政府采购法选定社会资本合作方的，合作方依法能够自行建设、生产或者提供服务的，按照《招标投标法实施条例》第九条规定，合作方可以不再进行招标。笔者认为，相关文件的规定有值得商榷的地方。

一是2231号文的相关内容还有另一层意思。实际上，拟由社会资本方承担工程项目勘察、设计、施工、监理，以及与工程建设有关的重要设备、材料等采购的，在社会资本选择上也可以采用非招标方式，只不过在后续的勘察、设计、施工、监理选择上，需要通过招标方式再选择有资质的企业来承担，包括社会资本自己如果有相关资质，也可以再来参与投标。

二是90号文的有关内容似乎曲解了《招标投标法实施条例》第九条规定的本意。该文件规定通过采购法选定社会资本合作方，并有相应资质和能力的，就可以不再进行招标。实际上采购法的采购方式包括公开招标、邀请招标等招标方式，也包括竞争性谈判、竞争性磋商、询价采购、单一来源采购等非招标方式。如果通过非招标方式选定社会资本合作方，显然不符合条例第九条规定。

三是要明确特许经营与PPP的关系，且为直接投资建设。条例第九条规定的是特许经营，而没有说PPP。因此PPP项目要“两标并一标”，必须要有规章文件明确特许经营与PPP是同一事物，且社会资本要直接承担投资建设，而不是成立项目公司。如果是成立新的项目公司负责投资建设，则不论前面是否招标，后面的勘察、设计和施工等应再进行招标。

因此，从《招标投标法实施条例》第九条规定本意看，从依法行政的角度看，各地PPP那些先磋商免除再招标的做法，不是“两标并一标”，而是连一标都没有了。这显然违反了《招标投标法》的有关规定，也违背了PPP所倡导的合法、守法精神，同时还有可能因为竞争不充分而导致

PPP项目建设成本偏高、滋生腐败等问题，必须尽快予以纠正。

五、有关对策建议

鉴于目前PPP社会资本选择缺乏法律依据，PPP“两标并一标”应用混乱。为规范操作，笔者提出如下建议，供业内参考。

一是建议尽快制定出台PPP领域高阶位法律法规，为PPP社会资本选择及规范操作提供法律依据。

二是建议严格执行《招标投标法实施条例》第九条规定。在该条例没有修改前，政府仍应依此法行政。建议要明确特许经营与PPP是同一事物，通过招标方式选定社会资本合作伙伴，社会资本具有相应的资质和能力，且直接投资建设（而不是成立项目公司）。只有具备这些条件，才具备符合《招标投标法实施条例》第九条规定，才可以实施“两标并一标”。

三是建议尽快对相关法律法规的有关内容进行修改。招标投标法及其实施条例、政府采购法及其实施条例的有关内容，有些已不适应PPP发展需要。比如，先磋商再免标的做法尽管不合法，但也有其部分合理性。因此，非常有必要结合各地的新做法、新诉求，对上述法律法规的相关内容进行修改完善，以更好地促进PPP发展。

上海弘鲲商务咨询有限公司　叶继涛

城市轨道交通PPP研究实践与发展

一、PPP概述

国际上，PPP模式代表性的定义来自联合国培训研究院、欧盟委员会、加拿大PPP国家委员会和美国PPP国家委员会等，可概括为公共部门、私营部门、合作、提供公共产品或公共服务、风险共担和利益共享等关键字。我国PPP定义为GSC（Government Social Caputal Cooperation）政府、社会资本、合作。

PPP核心包括三个方面：契约精神、风险共担、收益共享。按照国际上推动PPP模式的总体架构，英国、南非、澳大利亚、加拿大等国家的财政部门都专门设立了PPP管理机构，履行研究设计、项目储备、融资安排、招投标管理、争议协调等职责。

◆ 英国PPP中心简介

英国在PPP的实践方面走在世界前列，特别是自来水供应可成为典型案例，英国从400多年前就有了私人供水的历史，后来逐渐被国有化，到了20世纪80年代初又被民营化。从私营到国营再到私营，整整走了一个循回。英国PPP管理机构发展分为两个阶段：

第一阶段，财政部于1997年设立一个PPP工作组，负责PPP相关工作。英国对基础设施的PPP模式主要采取“私人融资倡议”（PFI，Private Finance Initiative），即政府通过与市场投资人签订合同，由市场投资人设计－建设－融资－运营－维护（DBFOM）基础设施，合同期一般在 15 至 30 年。合同结束后，市场投资人将基础设施无偿移交给政府。

第二阶段（2010 年后），财政部正式成立一个部门——基础设施建设局（IUK，Infrastructure UK），统一负责 PPP 管理工作。英国对 PFI 进行改革，推出 PF2，即由市场投资人设计－建设－融资－维护（DBFM）基础设施。与 PFI 的主要区别是，在 PF2 中市场投资人不再参与基础设施运营；同时，财政部对负责 PFI 事务相关机构进行了整合，成立了 IUK，统一负责 PPP 工作。

◆ 澳大利亚维多利亚州 PPP 中心简介

澳大利亚的 PPP 工作先在地方各州试行，其中维多利亚州的 PPP 规模最大、工作开展得最好。该州的 PPP 中心，即"维多利亚 PPP 合作中心"（Partnership Victoria）。

维多利亚州对 PPP 的定义是，由市场投资人提供资金，通过设计－建设－融资－运营－维护（DBFOM）、设计－建设－融资－运营（DBFO）和设计－建设－融资－维护（DBFM）等方式建造基础设施和提供相关服务。如果政府采购的服务不涉及基础设施建设，就不算作 PPP。维多利亚 PPP 合作中心设在州财政局。

◆ 南非 PPP 中心简介

南非 PPP 中心设在财政部下，于 2000 年成立。

南非政府对 PPP 的定义是，通过政府与市场投资人签订合同，由市场投资人进行建设运营基础设施，将项目全生命周期中的资金、技术和运营等方面的主要风险转移给市场投资人。①

PPP 项目主要分 3 类：

（1）市场投资人提供公共服务，由政府付费；

（2）市场投资人从政府获得特许经营权，由使用者付费；

（3）前两种的混合模式。

---

① 资料来源：国家财政部－政府和社会资本合作 PPP－调查研究

一些人认为，PPP 起源于欧洲，只是最近几年才被引进中国，其实并非如此。公私合作在我国已较早地存在于生活当中，只是没有总结出来并形成理论。我国的 PPP 实践可追溯到 1906 年 6 月开工的新宁铁路，它是我国内陆最南端的一条民营铁路。该线路由光绪皇帝于 1906 年正月 22 日签字批准立项，华侨新宁县人陈宜禧集资兴办，自广东省斗山之北街起，全长 109 公里，支线 28.5 公里，分三段施工，于 1913 年竣工运营。

我国真正形成具有现代意义的 PPP，以党的十六届三中全会为重要标志，会议通过的《关于完善社会主义市场经济体制若干问题的决定》明确指出：清理和修订限制非公有制经济发展的法律法规和政策，消除体制性障碍。放宽市场准入，允许非公有资本进入法律法规未禁入的基础设施、公用事业及其他行业和领域。这标志着民营资本可以全面进入基础设施和公用事业领域。法国威望迪集团以约 20 亿元人民币的价格，拍得浦东自来水厂 50% 的股权、50 年的经营权就是当时较为著名的 PPP 案例之一。

作为国际上公认的市场参与公共资源配置（公共产品或公共服务提供领域）的有效途径之一，在我国，PPP 被译作“政府与社会资本合作模式”。值得注意的是，目前规范文件并没有将合作方定义为私人部门，而是定义为“社会资本”，而我国很多商业化的企业是国有控股的，因此我国的 PPP 模式并没有排除国有企业这一参与主体。

二、城市轨道交通的技术经济特征

1. 大容量和快速疏散的乘客服务系统

城市轨道交通与常规道路交通系统不同的是其运载工具可编组运行，每列车可多达 10 至 12 辆车辆编组，而且由于轨道交通系统采用先进信号装置，列车运行速度高，编组辆数及行车间隔也可以根据需要调整，不但能满足高峰期大客流量需要，也能适应平峰期较小客流量需要，使系统能经济运行，实现快速、准时运输。

2. 安全、舒适性较高

城市轨道交通系统是具有专用行车道的全封闭或半封闭的交通系统，能为乘客提供更为安全的乘车条件，比其他交通工具的安全率高，有利于减少公共交通事故次数和伤亡人数。城市轨道交通系统在线路、轨道及车辆等方面采取减少冲击、降低振动等新技术，运行平稳，改善了乘车条件。

3. 有利于环境保护

城市轨道交通系统采用电气牵引，无空气污染、噪声较小。同时，由于该系统载客多，减少了汽车交通量，有利于改善环境。

4. 特殊的平纵断面设计

由于城轨线路有穿越城市建筑群和各种城市基础设施的需要，其平纵断面具有曲线半径小、纵断面变化大的特点。

5. 节约土地资源

城市土地、城市空间是城市资源的重要组成部分。城市轨道交通与地面道路交通方式相比，完成相同运量，前者占用土地面积仅为后者的 1/8 至 1/3，采用地下线路敷设方式，可以完全不占用地上土地资源，轨道交通具有节约土地资源的优势。

6. 社会公益性

城市轨道交通不同于一般的工业产品，其产品是人们空间的位移，在消费使用上具有非独占性和非排他性的特点，是为全社会提供的公益设施。轨道交通系统的发展能促进沿线及地区的发展，改善城市布局，改进城市生活质量，减少城市交通事故，对当地经济产生深远影响。

三、城市轨道交通采用 PPP 模式的可行性和创新点

1. 可行性

（1）政策层面

2003 年 10 月 11 日，十六届三中全会通过《关于完善社会主义市场经济体制若干问题的决定》允许非公有资本进入法律法规未禁入的基础设施、公用事业及其他行业和领域。

2013 年 11 月，十八届三中全会决定允许社会资本通过特许经营等方式参与城市基础设施投资和运营。

2014 年 9 月，财政部发布《关于推广运用政府和社会资本合作模式有关问题的通知》（财金〔2014〕76 号），通知强调指出“政府和社会资本合作模式是在基础设施及公共服务领域建立的一种长期合作关系”。并认为“政府部门负责基础设施及公共服务价格和质量监管，以保证公共利益最大化”。

2014 年 12 月，财政部批准成立了政府和社会资本合作（PPP）中心，并下发了首批 30 个 PPP 合作示范项目名单和操作指南。

2014 年 12 月，国家发展改革委发布《关于开展政府和社会资本合作的指导意见》（发改投资〔2014〕2724 号），“PPP 模式主要适用于政府负有提供责任又适宜市场化运作的公共服务、基础设施类项目”。

2015 年 4 月，经国务院常务会议审议通过后，国家发展改革委联合财政部等部门第 25 号令发布的《基础设施和公用事业特许经营管理办法》，指出“鼓励和引导社会资本参与基础设施和公用事业建设运营，提高公共服务质量和效率”。

2015 年 5 月，《国务院办公厅转发财政部发展改革委人民银行关于在公共服务领域推广政府和社会资本合作模式指导意见的通知》（国办发〔2015〕42 号）中明确提出“在能源、交通运输、水利、环境保护、农业、林业、科技、保障性安居工程、医疗、卫生、养老、教育、文化等公

共服务领域，广泛采用政府和社会资本合作模式”。

2016年7月，《中共中央 国务院关于深化投融资体制改革的意见》（中发〔2016〕18号）中明确“加快推进基础设施和公用事业等领域价格改革，完善市场决定价格机制”。

2016年8月，国家发改委《关于切实做好传统基础设施领域政府和社会资本合作有关工作的通知》，阐明国家发改委统筹负责基础设施领域的PPP推进工作。

2016年10月，财政部公布的《关于在公共服务领域深入推进政府和社会资本合作工作的通知》（下称《公共服务领域PPP工作通知》），明确财政部门统筹负责在公共服务领域的PPP改革工作。

（2）市场层面

为推广政府和社会资本合作模式，2014年5月，国家发改委建立了首个国家部委层面PPP项目库，向社会公开推介了1043个项目、总投资1.97万亿元。截至当年11月底，已签约项目329个，占推介项目数量的比例为31.5%。

从行业分布看，签约项目主要集中在市政设施、公共服务、交通设施等领域。329个项目中，污水、垃圾处理项目104个，占31.6%；供水、供热、燃气等项目61个，占18.5%；学校、医院、体育等项目41个，占12.5%；铁路、公路、港口等项目38个，占11.6%。从投资规模看，1亿元以下的项目65个，占签约项目的比例为19.7%；1亿至10亿元项目177个，占53.8%；10亿至50亿元项目58个，占17.6%；50亿元及以上项目29个，占8.9%。10亿元以下项目占73.5%，投资规模最大的为北京地铁16号线，项目总投资495亿元。

北京地铁16号线由北京城市快轨建设管理公司承建，其中北段已于2016年12月31日建成通车。

2016年国家发改委发布了第二批PPP推介项目，共计1488个项目、总投资2.26万亿元，涵盖农业、水利、交通设施、市政设施、公共服务、生态环境等多个领域。

结合国际 PPP 经验和我国近十多年的研究探索，目前，大力推广政府与社会资本合作 PPP，在政策和市场层面已具备了理论和实践基础，是可行的。

2. 创新点

（1）实现了社会资本对城市轨道交通领域的合理参与；

（2）从传统融资进入项目融资模式，拓宽了社会资本的投资渠道，有利于推动投资主体多元化，充分发挥市场配置资源的作用；

（3）是城市轨道交通产品设计、建设理念和运营服务模式体制、机制方面的创新；

（4）给城市轨道交通 PPP 顶层设计、制度设计和立法研究带来了新课题。

四、城市轨道交通 PPP 研究与实践

综合国际、国内相关文献资料，笔者认为，我国城市轨道交通 PPP 经历了三个发展阶段：（1）2003 年以前，开创和探索性阶段；典型案例：北京机场快轨工程。（2）2003–2014 年，试点发展阶段；典型案例：北京市轨道交通 4 号线工程；（3）2014 年至今，推广发展阶段；典型案例：北京市轨道交通 16 号线工程。

1. 2003 年以前，开创和探索性阶段

典型案例：北京机场快轨

根据北京市委、市政府的指示，2001 年 3 月起，东城区政府主持了北京市轨道交通首都机场线工程的前期工作，组织编制了机场线工程采用高速轮轨、磁悬浮、直线电机方案的预可行性研究报告。2001 年 5 月 31 日，

向市委、市政府做了全面汇报，市委、市政府批示成立项目公司（SPV公司），并确定了机场快轨项目作为北京申奥市政配套项目，采用社会化融资、特许经营模式建设和运营。

2001年7月6日，由东方文化经济发展集团有限公司和首都公路发展有限责任公司共同出资组建了奥运工程北京机场快轨PPP项目SPV公司——北京东直门机场快速轨道有限公司，负责机场快轨工程及沿线服务设施的建设、运营、管理工作。其中东方文化集团公司出资额占公司注册资本的51%，首发公司出资额占公司注册资本的49%。

2001年7月13日，快轨公司成立后第一个最重要的日子，在莫斯科申奥现场，北京代表团面向世界做陈述，“北京的交通状况正在发生很大的变化……磁悬浮把机场和市中心连接起来”“中国政府将信守在北京陈述报告中所作的所有承诺，并将尽一切努力帮助北京实现其承诺”……并在北京市交通线路图中突出显示了东直门至首都机场线工程线位。从那一天起，刚刚成立了几天的快轨公司，即在世界的瞩目和奥运的光环下，承担起了奥运工程建设的艰巨任务。

作为奥运工程北京机场快轨项目经理和快轨公司总工程师的朱玲教授级高级工程师，亲历了自2001年3月项目论证、2001年7月6日公司成立至2008年7月19日机场快轨建成运营的全过程工作，该工程前期工作以融资和建设方案论证两条主线既平行又相互交融、互为支持进行，建设方案论证为项目融资提供了技术支持，不同的融资方案为工程建设提供资金保障。

通过国际范围的融资方案比选、专家论证和设计方案征集，快轨公司就采用磁悬浮、直线电机、快速轮轨方案分别于2003年12月与香港地铁、2004年5月与日本伊藤忠，2004年与中铁建总、首都机场等二十多家企业进行项目融资谈判，并签署合作意向书。2004年4月北京市委、市政府召开专题会确定了“点对点”专线方案；2005年2月项目通过国家发改委立项评审，2005年3月快轨公司吸收社会资本，增资中铁电气化局、首都机场为公司股东，公司注册资本金由1亿元增加到5亿元，完成项目立项和公司第一次增资扩股任务。机场快轨于 2005 年 6 月控制性工程开工，2006 年 1 月全面开工建设。

2006 年 12 月，快轨公司第二次增资扩股，增加北京市基础设施投资有限公司投资为大股东，公司注册资本金为 26 亿元。

作为奥运会配套工程，快轨公司集各股东方企业文化优势和工程建设经验，圆满完成奥运工程的建设任务，机场快轨于 2008 年 7 月 19 日奥运会前开通试运营。在 2008 年北京奥运会和国庆黄金周期间，机场快轨制定了奥运运营技术保障方案，日开行列车 144 对，高峰日客运量达到 21833 人次，整体系统设备经受住了大客流考验。目前，列车最小追踪间隔时间提高至 10 分钟，高峰日客流接近 4 万人，为疏解北京市区至首都机场通路运输能力紧张状况起到了重要作用。

机场快轨实际运营情况：

客流增长：2008 年至今，机场线客流增长率维持在 20% 以上；超过机场吞吐量增长率；

分担比例：占机场总吞吐量的 15% 左右；

日均客流：现状稳定在 3 万人次左右；

高峰断面：平日维持在 1200–1400 人次 / 小时的水平；

客流波动：节假日、天气不良道路拥堵时，客流明显，十一期间甚至接近平日 2 倍。

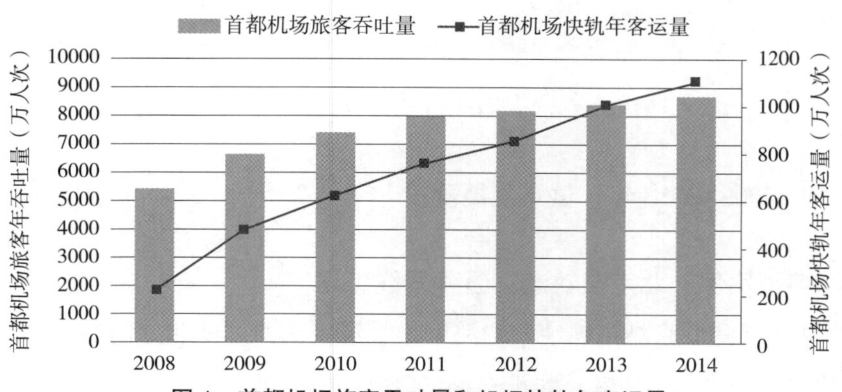

图 1　首都机场旅客吞吐量和机场快轨年客运量

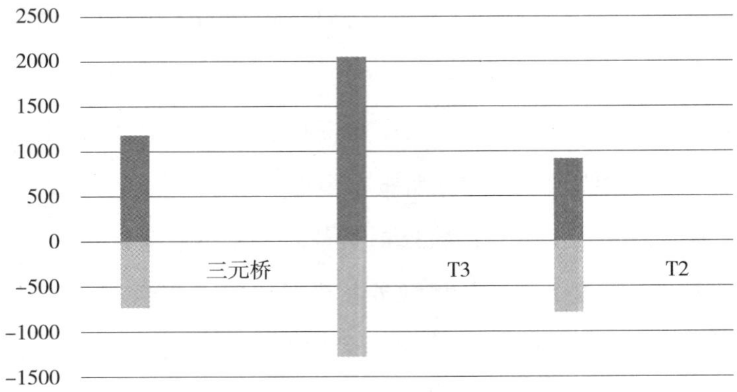

图 2　机场快轨高峰小时断面客流

行车间隔：高峰 8 分钟，平峰 10 分钟，高峰单向运能 1512 人（全座席）；

运行速度：列车实际最高运行速度 90 千米 / 小时，旅行速度 53 千米 / 小时；

运行时间：东直门至 T3 为 21 分钟、至 T2 为 35 分钟；T2 至东直门为 24 分钟；

列车运用：总配属车 10 列，平日上线 8 列，1 列在修、1 列备用。

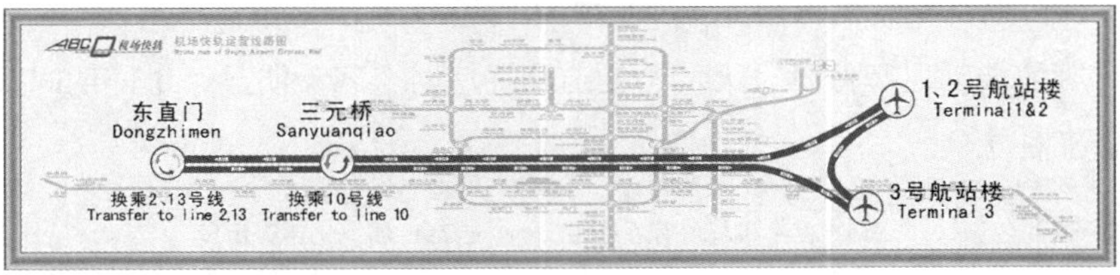

图 3　机场快轨

2. 2003-2013 年，试点发展阶段

典型案例：北京市轨道交通 4 号线工程

4 号线是北京城市轨道交通路网中贯通城区西部南北方向的一条交通干线。全长 28.18 公里，共设车站 24 座，可分别换乘地铁 1 号线（西单

站）、地铁 2 号线（西直门站、宣武门站）、地铁 6 号线（平安里站）、地铁 7 号线（菜市口站）、9 号线（国家图书馆站）、地铁 10 号线（海淀黄庄站、角门西站）、地铁 13 号线（西直门站）和地铁 14 号线（北京南站，2015 年底换乘）。按 PPP 模式融资建设，2004 年 8 月开工，总投资 153.8 亿元。

2003 年 11 月，快轨公司朱玲总工程师作为北京市轨道交通 PPP 项目的技术商务代表，随市政府代表团赴香港与香港地铁公司进行技术商务谈判，形成会议纪要。会议期间香港地铁公司给北京市政府写信表达了参加北京机场快轨和北京地铁四号线的融资建设的愿望。

2004 年香港地铁公司派人在北京市东城区西总部胡同 27 号，与快轨公司合署办公，历经半年的时间，从技术和商务层面全面研究投资建设运营北京市轨道交通线路相关事宜。

2004 年 12 月，香港地铁公司与北京市基础设施投资有限公司、北京首都创业集团有限公司签署了 4 号线投资、建设、运营合作的原则性协议，标志着 4 号线成为中国大陆城市轨道交通首个公私合营的线路。三个公司分别于次年 2 月 7 日与北京市政府和北京市轨道交通建设管理有限公司草签了 4 号线的特许经营协议和项目管理协议。

2005 年 11 月 8 日，合资的京港地铁有限公司成立。

2009 年 9 月 28 日，4 号线较预期提前半小时向公众开放载客运营。

2010 年 12 月 30 日，大兴线各站开始营业，地铁 4 号线和大兴线实现贯通运行。

3. 2013 年至今，推广发展阶段

典型案例：北京市轨道交通 16 号线工程

财政部财金〔2015〕109 号，关于公布第二批政府和社会资本合作示范项目的通知，北京市轨道交通十六号线和十四号线位列其中。

2015 年 12 月，在香港举行的“第十九届北京・香港经济合作研讨洽

谈会”会上，北京市交通委员会代表北京市政府与北京京港地铁有限公司（简称京港地铁）正式签署了《北京地铁十六号线项目特许协议》（简称《特许协议》）。按照《特许协议》，京港地铁采用PPP模式参与16号线的投资、建设和运营，并获得北京地铁16号线30年的运营权。

北京地铁16号线是一条南北向骨干线路，服务于海淀山后、三里河行政中心区、丰台火车站、丽泽商务区、丰台科技园区等重要城市功能区。地铁16号线工程北起自北清路北安河，南至宛平，穿海淀区、西城区、丰台区。线路全长约49.8公里，全部为地下线，共设车站29座，其中换乘车站13座，海淀区设北安河车辆段一座，丰台区设榆树庄停车场一处。是北京首条全线采用A型车8节编组的线路。

北京地铁16号线计划总投资474亿元人民币，分为A、B两个部分。A部分为土建工程，由政府出资并所有，建成后租赁给京港地铁使用；B部分为系统及设备，由京港地铁按PPP模式实行特许经营。京港地铁将在特许期内，负责16号线包括A和B部分在内的全部设施的维护及更新。

与此前投资建设不同的是，16号线首次在轨道交通项目中引入保险股权投资，资金规模和模式都开创国内之先。

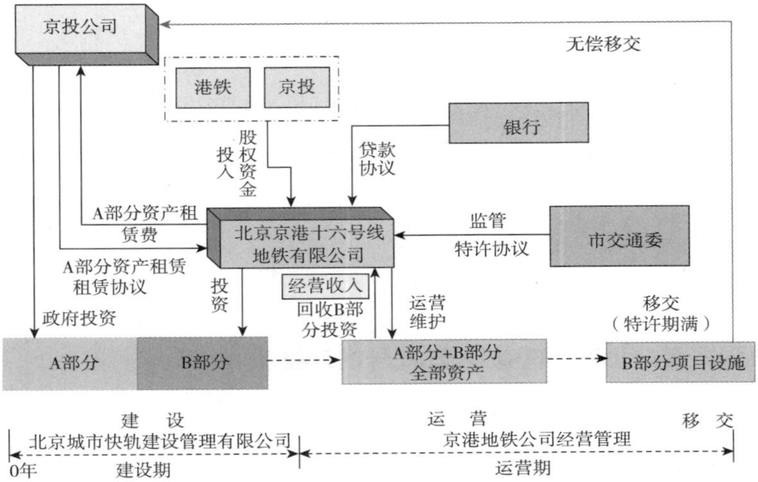

图4　北京地铁16号线工程PPP模式示意图

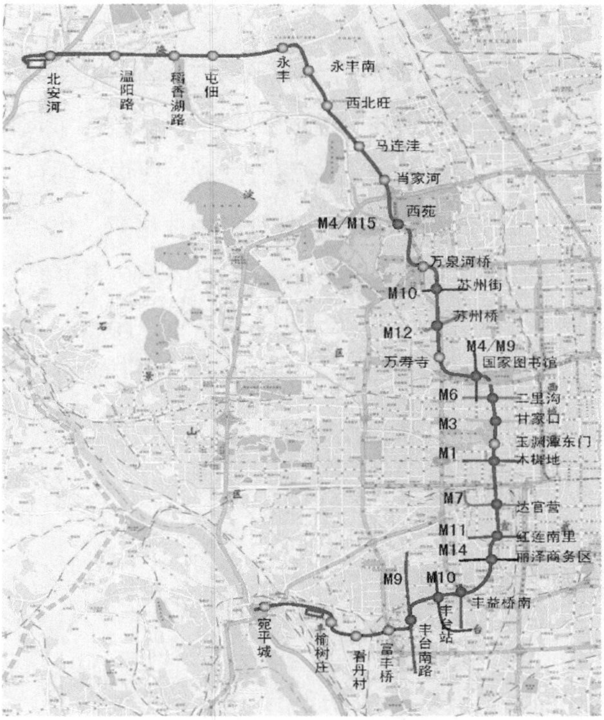

图 5　北京地铁 16 号线工程线路图

典型案例：北京新机场线工程

新机场轨道线位于北京南部三环以外区域，是北京市交通线网中连接中心城与新机场的轨道交通线路。线路全长 41.36 千米，其中地下线和 U 型槽 23.65 千米，高架和路基段 17.71 千米。局部线路与新机场高速采用共构方式布置。共设 3 座车站，1 座车辆段。项目总投资约 292.63 亿元，其中引入社会资本部分总投资约 173.61 亿元。采用 PPP 模式特许经营。项目特许期分为建设期和特许经营期，建设期：约 35 个月；特许经营期：从全线贯通试运营日起，期限为 30 年。

新机场轨道线按照建设内容划分为 A 和 B 两部分，A 部分投资额约为 119.02 亿元，约占项目总投资的 40.67%，主要包括新机场线前期工程、站前广场、草桥站（含城市航站楼）和新机场北航站楼站相关工程；B 部分为除A部分以外的建设内容，投资额约为173.61亿元，约占项目总投资的59.33%。主要包括新机场线B部分的前期专项工程、土建工程、装修工程、设备设施等。新机场轨道线A部分由新机场线公司负责投资、建设，B部分由通过招标方式选择的社会投资人投资、建设。项目公司与新机场线公司签订资产租赁协议，取得A部分资产的使用权。由通过招标确定的社会投资人或社会投资人联合体中的建筑企业依法负责B部分相应工程的建设施工，由监管单位负责B部分工程监督管理。项目公司负责新机场线全线的运营管理、维护维修、更新改造和追加投资。特许经营期结束时，项目公司将新机场轨道线（含AB部分）设施完好、无偿地移交给新机场线公司或市政府指定部门。

五、研究结论与展望

1. 研究结论

（1）自2001年7月9日，我国城市轨道交通领域第一个SPV公司——北京东直门机场快速轨道有限公司成立以来，我国城市轨道交通PPP经历了三个发展阶段：2003年以前的开创和探索性阶段；2003–2013年的试点发展阶段；2013年至今处于推广发展阶段。

（2）综合国际国内PPP理论和实践研究成果，城市轨道交通采用政府和社会资本合作PPP模式投资建设运营是可行的。

（3）城市轨道交通PPP实现了社会资本对城市轨道交通领域的合理参与，有利于推动投资主体多元化，充分发挥市场配置资源的作用。

（4）城市轨道交通PPP是城市轨道交通产品设计、建设理念和运营服务模式体制、机制方面的创新，为顶层设计、制度设计和立法研究带来了新课题。

（5）城市轨道交通PPP，有更广阔的推广和应用空间。

2. 展望

为支持和推动中央财政PPP示范项目加快实施进度，提高项目操作的规范性，保障项目实施质量。2015 年 12 月 17 日，财政部发布《关于实施政府和社会资本合作项目以奖代补政策的通知》，对中央财政 PPP 示范项目中的新建项目，财政部将在项目完成采购确定社会资本合作方后，按照项目投资规模给予一定奖励。

在国家发改委推出的第二批 PPP 项目库中，北京市推出的 4 个项目全部为城市轨道交通项目，即：

（1）轨道交通 3 号线一期，总投资 275 亿元，特许经营模式

（2）轨道交通 12 号线，总投资 324 亿元，特许经营模式

（3）轨道交通 17 号线，总投资 492 亿元，特许经营模式

（4）轨道交通机场线，总投资 275 亿元，特许经营模式

2017 年 1 月 23 日，财政部发布了《政府和社会资本合作（PPP）综合信息平台信息公开管理暂行办法》（财金〔2017〕1 号），为规范 PPP 项目运作，实现信息管理、提高公众参与度管理提供了平台，标志着 PPP 信息公开制度的全面落实。城市轨道交通作为 PPP 综合信息平台信息公开的重要的组成部分，为其可持续发展迎来了更多的机遇和挑战。

为推动我国 PPP 事业健康有序的发展，更好地发挥专家学者在 PPP 理论研究、政策制定、实践指导等方面的重要作用，国家发改委于 2016 年 11 月 8 日正式成立了 PPP 专家库，并于 2017 年 2 月 6 日，向社会公布专家库首批 343 人专家名单，为专家更好地服务政府及 PPP 领域各从业方提供理论技术和人才支持。

城市轨道交通 PPP，通过典型案例研究和示范项目的应用，必将引领和实现融资、建设、运营模式和机制的创新，优化资源配置，提高服务效率，有更广阔的推广和应用空间。

参考文献

[1] 王守清，刘云. 公私合作（PPP）和特许经营等相关概念. 环境界，2014. 25（1）：

18–25（2016年3月5日第一作者微博版）
[2] 财政部 - 政府和社会资本合作PPP- 调查研究。
[3] 中国铁道网。

重庆邮电大学经济管理学院　傅晓
北京城市快轨建设管理有限公司　朱玲

特色小镇项目的PPP边界条件与可持续发展

特色小镇项目具有广泛的带动作用，可成为促进城乡整合、形成区域经济发展的新增长点。三年来随着我国一系列PPP政策的推出，众多各式各样PPP示范项目的落地，起初认为难度颇高的地下综合管廊、海绵城市项目的PPP模式也日渐成熟，PPP模式下的特色小镇项目因其内涵和外延更加复杂，成了最后的PPP热点项目。

国家发改委于2016年为培育特色小镇曾出台鼓励政策和指导意见，近期在各地争相上项目的情况下又及时提出了四个红线："防止一哄而上、防止千镇一面、防止形象工程、防止政府大包大揽"。业务实践中反映出PPP参与各方的动机和目的和期望不尽相同，交易结构与PPP合同条款约定不甚明晰，投资方对项目盈利前景信心不足、缺乏有效市场竞争、地方政策不稳定等问题，欲解决这些问题首先需从明确PPP边界条件与落实可持续发展理念着手。

一、PPP边界条件与项目收益

特色小镇的建设内容中往往既包含公益性政府付费类PPP工程（如环境治理），同时也包含使用者付费经营性特许经营项目（如收费交通、旅游开发）。"公益性与商业性的边界在哪里？"是实践中需反复思考和争议的问题。对特色小镇项目进行总体规划、分步实施时，政府付费适合支持哪些建设内容就是个需首要解决的问题。比如在水系生态综合治理项目中，政府方和投资人共同制定综合生态治理方案，以BOT成功运作后可发挥综合环境效益、全面提升项目区域的商业价值、依托水系景观打造特色小镇，加上综合开发的历史文化和旅游产品，可望实现多方共赢，但政府方和社会资本方都希望对方在基础设施工程方面多出资。业内综合开发商成功策划运营的乌镇、古北水镇等项目虽不是按典型PPP模式，但很多经验值得思考。如果按PPP模式分析，以政府付费和可经营性为核心，可以把特色小镇的PPP边界条件分为三个层次：一是政府付费基础设施先行，二是可行性缺口补助促进准经营性项目发展，三是使用者付费特许经营项目。

基础设施的价值是通过运营所提供的公共服务体现的。有不少公益性基础设施项目的运营服务不直接对应使用者付费，项目产出成果面向公众，对政府财政资金而言其具有的外部社会效益并不直接计入该项目自身的内部财务收益。比如水利工程、生态综合治理、市政园林等。特色小镇中的采购分包往往跨行业、跨部门、跨区域，这类城乡统筹发展项目可以结合扶贫、生态治理主题，在传统政府投资范畴的世亚行贷款项目中较常见。在突出行业特征，比如特色产业，吸引社会资本投资并引入商业运营后，完全可以升级转化为特色小镇PPP项目。在三个层次中，PPP边界条件分析的难点在于准经营性项目，虽然有一定盈利空间但影响因素多、经营风险也大，政府方和社会资本方、金融机构对项目产生稳定收益都缺乏信心。

第一层次，公益性基础设施先行。基础设施不足和生态环境退化对经济发展的制约有广泛共识。俗话说要想富先修路，改革开放的成功经验和互联网共享理念同样适用于小镇经济，互联互通才能共享动力，地方特色的物产、农业、旅游、历史文化、人才等资源才能主动/被动发挥作用，在适当条件下形成新的吸引力中心，或分散大城市压力，协调供给侧与需求侧的结构性改革。很多城市发展过程都能看到特色小镇的影子，扬州、深圳、香港、佛罗伦萨、洛杉矶等这些数不尽数城市都曾是特定产品和文化的枢纽。

对于政府付费部分，社会资本希望政府方扩大投资规模以争取更大利润空间。政府方则希望基础设施拉动经济。基础设施首先能够带来当地居民生活的改善，适度超前扩展投资规模则要综合各种因素考虑，在立项、可研编制、市场推介、采购磋商过程反复研究中长期规划目标、财政能力、运营收益，交易结构等要素，并通过工程设计审查、工程监理与验收等环节控制总投资造价。

需求分析是确定投资边界条件的基础。投资规模最低限度是满足本地民生和改善生态环境的需求，然后逐级扩大到区域整合与可持续发展需求，相对于PPP语境下的可行性分析，包括行业规划要求、财政支付能力、本地环境和资源承载力（如水资源、能源结构）、人口、教育、消费水平、经济发展指标、项目用地、移民征地等本地特有的限制性和比较优势条件。PPP模式呼吁“升级版可研”，特别是加强运营与市场分析的相互关系。真实的需求分析和服务产品策划是特色小镇项目产生稳定现金流的前提。政府方可通过建立联合审批机制，要求设计单位、PPP咨询机构与各相关方人员多轮交流，系统化调研与访谈，不断加深对问题的理解并且逐步优化方案，实质性提升前期规划水平与实施方案质量，仅依靠办公室文献工作远远不够。特色小镇还需要运用系统化思维，比如解决交通问题，省级高速公路、通用航空小镇、轨道交通项目同步推进过程中就通盘考虑需求量测算、消费能力、同业竞争与协同关系。

第二层次，可行性缺口补助促进准经营性项目发展。根据地方特点，主动或被动选择特色产业适应发展需求。虽然经济学界存有争议，但各地自然禀赋不同、已形成集聚的产业一直受特定鼓励政策的促进或调整作用，比如通用航空产业、旅游文化产业等。在地方政府普遍促进旅游产业发展的背景下，按PPP模式支持特色小镇项目的公益性和商业性属性通常在工程内容、项目用地，服务产品等诸多方面重叠，需仔细订立PPP合同中的所有权和移交条款。在方案论证工程中，作为缺口补助的财政资金支持多少取决于项目的运营方案和收益预测。特色小镇和园区类项目天然具有多元复合和开放特征，公益性基础设施和商业设施的交叉重叠也给确定PPP边界带来了不少难点。

以2016年底签约落地的来宾园博园PPP为例，其运作模式为：PPP+EPC+RC+XOD；（RC为补偿资源；X指多元化产业导向）。前期策划过程中，政府方多次组织跨部门联席会议，从1.0版单纯的政府付费基础设施，拓展到2.0版经营性开发与资源补偿型PPP，投资人以使用者付费经营性收益反哺公益性基础设施的运营维护成本。从长期看，充分发挥本地优势条件、依托新支线机场、本地航校专业人才优势逐步建设通用航空小镇、培育3.0版的升级版园博园，同时持续开发民族特色旅游与养老地产。在该项目策划过程中，决策者始终不轻易否定或锁定各种选项。通过联席会议的机制，各部门借助咨询公司服务反复修改完善实施方案、循环复核PPP财务论证数据，调整相互关联的边界条件与项目产出。过程中持续跟踪国家发布的一系列PPP政策文件，包括2016年5月17日国务院印发《关于促进通用航空业发展的指导意见》、住建部5月20日印发《关于进一步推进工程总承包发展的若干意见》，住建部发改委7月1日发布的《关于开展特色小镇培育工作的通知》。该项目尝试在政府付费模式中引入经营性开发项目，升级为包含特许经营的复合PPP模式过程中，清晰的确定了边界条件，为培育特色小镇打下基础。

第三个层次，使用者付费特许经营项目。当处于人口众多、经济发展水平较高的地区的项目，有可预期的经营性收益时，政府授予投资人特许经营权，主要由投资人出资，发挥市场化、商业化开发。旅游地产类、主题乐园类项目较多，经营风险和收益波动主要由投资人承担，例如迪斯尼乐园类项目、法国埃菲尔铁塔、澳大利亚墨尔本会议中心项目等。这类项目需要有经验的投资人做总体规划设计和运营管理的综合运营服务商。受限于土地政策和采购程序，我国目前 PPP 模式下的特色小镇培育项目处于第二层和第三层之间的较多。

二、特色小镇的可持续发展理念

可持续发展的理念已得到人们广泛共识，很多因素不再赘述很多，例如注重人与自然和谐，保护自然资源、环境与生态承载能力、避免急功近利形成新的过剩产能、供给侧结构性改革相关议题，仅从 PPP 模式策划角度提出比较容易忽视的三点：人才、政策稳定性与区域协作。人才是发展各项事业的基础，培育 PPP 模式下的特色小镇需要时间，需要培养一批复合型专业人才，无论是金融、互联网服务、机器人、无人驾驶汽车制造、旅游、现代农业等都需要熟悉行业的多面手、创新型和专业型技术人才。PPP 项目策划阶段就需要调研既有人才资源、甚至把能力建设提到议事日程。政策稳定性也很重要，甚至人才流动也受其影响。有些地方政府的产业定位不清晰，社会资本投资人会担心政府换届、鼓励发展的产业政策不稳定而影响 PPP 项目的投资和 10–30 年的长期运营。最后，特色小镇要突出特色避免千镇一面，但每个小镇不是孤立的，项目实施后培育过程需要放在城乡统筹、产业布局与结构性改革需求、疏解大城市病、城市功能重新布局，以及我国推进新型城镇化发展的历史背景下，离不开区域协作，让我们希望 PPP 模式下的特色小镇项目成为促进可持续发展的纽带。

发改委财政部 PPP 双库专家、世行原采购官员、亚行注册顾问、
高级国际商务师、现任北京明树数据公司特聘顾问　焦军

PPP 项目公司股权分配对公司治理影响的研究

一、引言

PPP 顾名思义，就是公共部门（政府）与私营部门通过建立伙伴关系来提供基础设施产品/服务的一种运行机制。近年来，城市的急剧扩张带动了城市基础设施转型升级的客观需求，形成了对地方政府财政的极大考验，有限的财力使得地方政府承受了巨大的压力，在此背景下，引入社会资本参与公用基础设施建设，满足社会资本的投资需求，成为我国当前城市建设与发展的主流。因此，PPP 投融资模式逐渐成为新型建设管理模式的宠儿，然而，在 PPP 项目落地的过程中，SPV 的股权结构以及由此带来的管理权与控制权的纠纷，一直影响着 PPP 公司的运营效率，PPP 项目公司的综合治理与股权优化设计已经成为 PPP 在落地过程中必须解决的又一重要难题，直接关乎 PPP 项目未来的发展走向。

SPV 的设立是为了实现项目债务主体的有效转移，从而形成隔离，不影响参与主体的财务结构，避免项目发生违约时无限追索的发生机制。然而，在 PPP 项目的实际操作过程中，由于管理权与控制权的分离以及股权机制的不明确造成的 PPP 项目落地困难，主要体现在三个方面：一是 PPP 项目公司股权分配比例不明确，影响公司治理的有效进程，其次合同体系不完善，在PPP落地执行的过程中缺乏有效的契约精神作为强有力的支撑；三是项目公司内部缺乏有效的监督管理控制机制，SPV公司组成单位之间缺乏有机的黏结效应，PPP项目落地过程中决策周期长、各方意见不统一、管控机制不完善，在造成了利益输送的同时，也对PPP项目的运营效益产生了影响，进而影响到提供服务的质量。为了解决上述问题，本文将影响项目公司运行的组织管理理论与基于各方的项目契约理论出发，着力优化SPV公司在运营过程中的股权结构，创新性的对项目公司的运营治理提出指导性的意见，从而为SPV在项目寿命周期内的良性、健康发展提供支撑。

二、组织论与契约理论

组织论与契约理论是现代企业组织管理中应用较为广泛的两种理论，从目前的推广应用情况来看，两种理论在公司运营治理优化等方面都取得了良好的经济效益。而PPP作为近年来兴起的新兴投融资模式，其执行主体SPV不同于一般的公司，总体呈现出了项目公司参与主体多，参与单位之间权利义务不平衡的特点。但是从另一方面看，SPV又具有一般公司的基本属性，适用于一般公司的组织治理体制机制。从这个视角来看，适用于常规公司的组织理论与契约理论同样可以用来解决SPV公司目前在运营治理等方面存在的问题。但是需要注意的是，我们对于SPV进行股权结构优化以及公司治理绝不仅仅依靠上述理论，而是在上述已经广泛应用理论的基础上，有机结合SPV公司在运营过程中的特点及存在的问题进行综合的分析，从而得出影响SPV公司股权分配的因素，并在此基础上进行PPP项目公司综合治理机制的设计。

1. 契约理论在股权分配方面的发展与应用现状

契约理论是近30年来迅速发展的经济学分支之一，是研究在特定交易环境下来分析不同合同人之间的经济行为与结果，往往需要通过假定条件在一定程度上简化交易属性，建立模型来分析并得出理论观点。契约，英文为contract，又称合同、合约或协约，最初是一个法学的概念。契约理论大致可以分为完全契约理论和不完全契约理论（现代契约理论分类更细化）。完全契约理论对委托代理机制的设计建议人们引入激励制度促使代理人带来更高的经济效益；不完全契约理论则通过对契约无效性的分析强调了所有权的重要性，进而通过合理的产权配置提高经济效益。契约理论指出了契约关系中的两大难题：风险分配问题和利益分配问题，并提出了三个问题：①如何准确地评估各方在生产经营活动中的表现以进行合理的风险和收益的分配？②如何将这个评估机制清晰完整地在契约中表达出来？③当出现矛盾纠纷时，如何确保我们能够向第三方证明孰是孰非？

契约理论揭示了企业的控制权和所有权，并对经济学几个领域、政治学及法律等产生了重大影响，为人们提供了新的研究工具，可以研究哪些公司应该合并，债务和股权如何适当组合，以及学校或监狱等机构应该私有还是公立等问题。

基于契约关系而形成的各种各样的交易与组织维系着我们整个社会的正常运行，而PPP项目由于自身项目周期长、股权分散、风险难以把控等特点，更需要契约精神在股权方面进行综合的指导，从而降低SPV公司在后期运营过程中的违约风险，简化SPV公司的治理结构，促进PPP项目的有效落地。

2. 组织论在公司治理层面的发展与应用现状

现代组织管理理论是促进企业生产管理效率提升的重要工具。从组织理论的发展历史来看，最早对管理组织理论进行研究的是德国管理学大师马克思－韦伯，其提出的“理想的行政组织体系理论”，是对组织理论一次系统性的总结，虽然其在理论体系方面过于重视形式，忽略了在操作方面的实际困难，但这并不能抹杀其在组织管理方面的卓越贡献。在其后的数年间，管理学家们先后提出了经验主义的组织理论、权变理论派的组织理论以及近现代以来逐渐盛行的动态联盟管理理论等，这些理论的发展与不断完善，使得现代企业进行大规模、批量化的生产变成了可能，有效地促进了生产性企业在组织结构模式、分工及工作流程等方面的新问题的解决。但是目前在 SPV 组建的过程中，往往从一开始就缺乏从组织理论的角度对项目公司进行框架设计的思考，仍然认为 SPV 与传统的公司在组织架构上存在着其自身的特殊性。这种认识上的局限性在过去很长一段时间内限制着我国 PPP 项目 SPV 治理水平的有效提升。从当前组织管理理论的发展状况来看，以动态联盟（动态联盟）为首的组织管理理论发展迅猛，在提高组织工作效率、结构柔性、组织运行效益等方面效果显著。基于以上的论述与分析，在构建 SPV 治理结构的过程中，理应对动态联盟理论的相关知识进行充分的理解，从而保证整个治理流程在操作性、科学性等方面的满足实际需求。

三、PPP 项目公司全寿命期综合治理

PPP 项目公司由社会资本或者一个联合体出资设立，或由政府与社会资本共同出资组建，自主运营、自负盈亏的具有独立法人资格的经营实体，它同时具有项目与企业的特点。项目公司内部的主体首先基于同一个目标而形成利益集成体，那就是顺利完成项目、获取收益。根据组织论，目标就决定了项目公司的组织。社会资本追求自身利益的最大化，而代表社会公众的政府方则追求社会效益的最大化，项目公司内部并不是万众一心，需要契约理论帮助项目公司建立起一种契约精神（主要表现在完善的合同体系），使其更能凝聚成一个稳固的整体。

1. PPP 项目公司股权及控制权的关联影响

股东的权利通常简称为股东权或股权，是指股东基于其出资在法律上对公司所享有的权利。在 PPP 项目公司中，股东类型通常包括金融投资机构，具有法人资格的企业、政府部门、专业承包商、运营机构等。通常情

况下，由股东所组成的股东大会行使对项目公司的控制权，因此，股权从某种意义上说也可以说是对项目公司法人的控制权，取得了公司法人百分之百的股权，也就取得了对公司百分之百的控制权。项目公司控制权是指对一个公司的经营者或方针政策具有决定性的影响力，这种影响力可以决定公司董事会的选任，决定公司的财务和经营者管理活动，甚至决定该项目公司的整体运营趋势及资金回收期的长短。公司控制权从本质上讲，可看作是公司投资人对投入公司的物质资源和人力资源的集合管理与控制；从形式上讲，公司控制权是公司投资人各方利益冲突、均衡后的产物，即表现为公司内部的经营决策权、人事权、财务管理权、收益分配权等。

股东大会的控制权表现均采用多数决策原则，即决议必须由具有股权的股东代表表决权多数通过方为有效。除法律规定的特别决议之外，出席股东大会的代表二分之一以上表决权的股东通过才能使决议生效，这意味着股权比例对公司的控制权起着至关重要的作用，表现在公司的第一大股东往往拥有公司的实际控制权，影响公司的未来走势，是公司治理最主要的决策主体。

2. PPP项目公司股权结构模式及股权分配机制

PPP项目公司的股东属于向法人投资，承担的是有限责任，与普通公司相比，PPP项目公司是项目融资的唯一主体，有效隔离了社会资本与政府的投资风险。由于引入了多方面、不同性质的资本，使得项目公司成了一个庞大的复杂的联合利益整体，整体中部分所代表的利益又不尽相同，吸纳足够的股东入股、确定正确的股权结构是PPP项目顺利完成的前提。

PPP项目具有寿命周期长、资金需求量大、参与方复杂等特点，在不同阶段体现的利益诉求呈现出一种多元的结构。在融资阶段，项目公司主要目标是获取足够多的项目资金；在建设阶段，项目公司要确保基础设施的顺利建成；在运营阶段，项目公司需要想方设法地使项目能够回收到足够的资金。政府在整个项目生命周期中，应该给予项目足够的政策、服务、补贴等方面的支持。PPP项目有一个原则是专业的人做专业的事，有专家指出，第一大股东的更替对公司治理效果有积极的影响，有利于管理的专业化。基于契约理论，本文研究得出针对不同阶段的股权结构供参考：

（1）融资阶段：项目公司在融资阶段的任务是融资，因此应将金融机构纳入整个股权结构当中，并作为最大的股东使其拥有足够的公司控制权来发挥其专业能力，其他主要股东包括政府、承包商、保险公司等给予各个方面的支持。

（2）建设阶段：在建设阶段，应该充分发挥工程承包商在工程方面的经验、技术、管理等优势，确保工程建设的顺利完成，降低投资失败几率。在这个阶段，工程承包商应作为第一大股东对项目公司进行决策，主要股东包括政府、供应商、保险公司等辅以其他方面的项目支持。

（3）运营阶段：运营阶段是PPP项目回收成本、获取额外收益的阶段。此阶段往往持续时间较长，并且受到运营水平的影响，因此，将项目公司的控制权交予专业的运营商是确保项目盈利的关键。此阶段运营商作为项目公司第一大股东，政府、工程承包商、保险公司等机构作为主要股东予以政策、技术等方面的支持。

3. PPP项目公司管理体系结构设计

根据契约理论揭示的两大难题及三个问题，PPP项目的运营总结出了三个明显的特征：伙伴关系、利益共享和风险共担。

伙伴关系是就是要在PPP项目公司内部构建契约关系，使各个部门遵守契约精神，政府部门和私营部门以平等民事主体签订法律协议，双方的责任、义务、权益受到相关法律、法规的保护，最凸显的表现形式就是趋于完美的合同系统保障。

利益共享强调的是利益分配的公平性；PPP项目的盈利主要来源于政府补贴和特许经营期内的收入，本文为各股东的收益分配提出了三种模式：一是根据合同约定的价格一次性支付；二是依据财务评价得出的盈利按股权进行一次性支付；三是采取预先支付+项目完成后按实际盈利情况按股权进行分红。

伙伴关系意味着在利益共享的同时还需要承担相应的风险。在考虑项目公司风险共担时要本着最优对应、最佳分担的原则，尽可能使得每一个参与方承担其善于应对的风险，同时体现出PPP项目专业的人做专业的事这一主旨，使得项目整体风险最小化。

依据组织论所提供的组织模式并结合PPP项目公司的特点，构建了项目公司的整体饼状图来对公司各部分的职能控制进行分配，如图1所示：

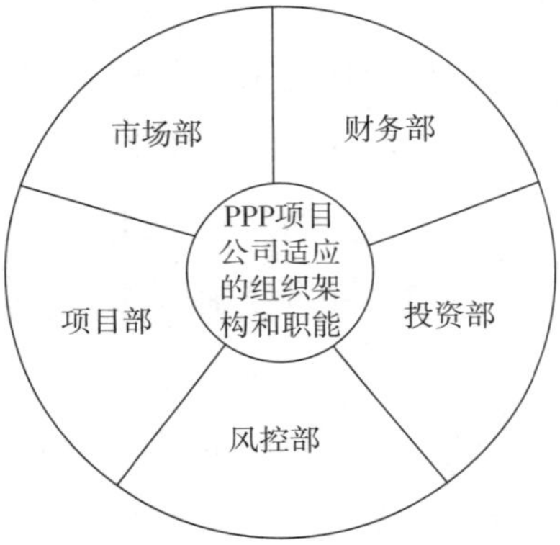

图1 PPP项目公司适应的组织架构和职能

（1）市场部主要负责和承担项目信息的收集跟踪、推进、调查、投标决标；组织评审工作；组织合同谈判及签约工作。

（2）财务部主要负责和承担项目财务分析评价、融资方案的制定及融资合同的谈判签署、资金的筹措及支付审核，对成本进行控制。

（3）投资部主要负责和承担项目的投融资管理及盈利性分析。

（4）风控部主要负责和承担项目的风险识别、分析、控制，合理分配风险。

（5）项目部主要负责项目的进度、质量控制及合同的履约管理。

项目公司内部各职能部门并不是独立存在各自运作的个体，而是需要相互配合、协同管理的统一整体，并直接对项目经理负责。

四、PPP 项目公司治理的对策及建议

PPP 项目公司的治理仅依靠股权结构和职能控制仍显不足，项目的内部环境和外部环境都对公司治理起着不可忽视的作用。对此，本文提出以下几点建议。

内部环境方面：

（1）根据项目的特点及所属地的政策环境，因地制宜地选择合适的股权结构。例如对核心技能和关键技术要求高的核心设备技术类项目就需要围绕设备供应商为主要股东进行股权分配。

（2）减少政府在项目公司中的控制权，发挥社会资本和各专业承包商的优势，使专业的人做专业的事，提高项目公司的管理、技术、运营的能力。政府由于其社会服务性质，并不擅长于以竞争为主导的市场，应该将项目的主要决策部分交于更加专业的社会资本方。

（3）在地方政府债务较重、资金不足的前提下，可以让政府以参股方式承担其部分风险。政府信用危机是 PPP 项目中一个重要的针对社会资本方的风险，为了保证风险分担的公平性，把政府纳入股权结构是一个必要的选择。

（4）完善合同体系，合理分配利益及风险。健全、有效的合同体系以及公平、且能惠及各方的合同条款是 PPP 项目顺利完成的重要前提。

外部环境方面：

（1）完善 PPP 模式的相关法律法规。PPP 模式引入我国以来已有二十余年，近几年对 PPP 模式的应用开始逐步走向系统化、成熟化，完全围绕 PPP 项目的法律法规的出台能够更好地解决项目各利益主体之间的冲突，形成有效的契约关系。

（2）减少政府对市场的干预，充分发挥社会主义市场机制的调节作用。政府制定出更有益于 PPP 模式的宏观政策，规范如不正当竞争等不良的市场行为。

五、总结

本文在基于组织论和契约理论研究的基础上，提出了PPP项目公司治理的基本原则和内容，指出了股权结构在公司治理中的重要地位。通过对以往文献及PPP项目实例的研究对股权结构进行深入、全面分析，设计了针对项目不同阶段特点的PPP项目股权结构，明确了项目公司的控制权，从而发挥专业的承包商的融资、技术、管理、运营等方面的优势，并充分体现了政府的项目支持者地位。通过学习研究组织论和契约理论，将二者与PPP项目公司治理结合起来，总结出项目公司的主要特点及职能管理图，有效地切割了项目公司各方面的职能控制，同时指出各职能部门之间的联系，减小了项目的内部风险。最后，总结PPP模式近几年在我国的发展历程及应用情况，从内部环境和外部环境方面综合考虑，提出了几点有益于PPP模式长期健康发展的意见。

参考文献

[1] 盛和太.PPP/BOT项目的资本结构选择研究[D].北京：清华大学管理科学与工程系，2013：8-11
[2] 杨俊杰.中外PPP项目案例详解及合作模式比较[M].北京：机械工业出版社，2017：30-32
[3] 任炜剑.PPP项目公司SPV股权结构优化研究[D].重庆：重庆大学建设管理与房地产学院，2015：4-8
[4] 申宽宽.基于产权结构和政府监管的PPP项目治理机制研究[D].天津：天津大学管理与研究学部，2012：34-39

北京交通大学经济管理学院　李清立
中冶建筑研究总院上海分院　顾天益
北京交通大学经济管理学院　吴维郎

公共基础设施项目 PPP 全寿命期绩效管理研究

一、绪论

PPP 顾名思义，就是指政府和社会资本合作，是公共基础设施中的一种项目融资模式。基础设施是国家正常发挥公共服务职能、进行社会化生产和居民安居乐业的基础保障，是人们赖以生存和发展的物质基础[1]。基础设施项目具有建设规模大，需要的建设资金多且存在一定的公益性的特点，所以资金成本的回收往往需要较长的时间。现如今，基础设施建设面临着巨大的资金缺口，传统的政府垄断建设模式已经无法满足基础设施建设的巨大需求，融资结构单一、政府财政困难已经成为制约基础设施建设的巨大阻碍。PPP 模式能够将私人资本引入到基础设施建设中，充分运用私营企业的资本和管理经验，以缓解政府财政不足、管理效率低下等问题。

项目绩效评价是衡量项目是否达到预期目标的关键步骤，进行科学有效的绩效评价能够正确引导 PPP 项目的实施，促使 PPP 项目建设和管理的不断改善。但是从目前实施的基础设施 PPP 项目来看，项目绩效的监控仍然处于无章可循的状态[2]。国内外对于基础设施建设 PPP 项目的绩效评价研究相对匮乏，比较有代表性的是：袁竞峰[3]通过文献调研和调查问卷的方式，从五个维度出发，构建了 48 个绩效指标，但并没有对指标的权重进行确定，胡华如[4]（2006）从过程、效益、影响、目标持续性这几个方面的后评价设计了13个指标，对项目的未来可持续性进行了评估；袁竞峰[5]等在以往的研究成果的基础上，运用结构方程模型对48个指标进行了分析，并识别出41个关键绩效指标。

由以上文献可知，现阶段研究方向主要集中于对单方面的评价体系或评价方法的研究，缺乏一定的系统性和全面性。基于以上分析，本文以国内外绩效管理理论为基础，以我国PPP政策管理制度为支撑，从全寿命周期的角度出发，着力设计一套与我国国情及PPP发展阶段相适应的绩效管理指标体系，在此基础上提出相应的考核评价方法和流程，从而促进PPP项目在实施过程中动态化的风险控制。

二、PPP绩效管理指标体系设计

1. PPP绩效管理指标体系设计的原则

（1）系统性原则

公共基础设施PPP项目涉及因素众多，参与方复杂，且持续时间长，所以指标体系的建立应该运用系统理论、绩效管理理论的思想，从整体上全面科学的把握其规律。评价指标体系不是一些指标的简单堆积和随意组合，而是按照确定的规则建立并反映体系运行状况的指标集合。各指标之间既相互独立，又存在内在的逻辑关系，是一个有机的整体。

（2）定量指标与定性指标相结合的原则

一个有效的PPP绩效管理指标体系，应当同时包含定量指标和定性指标。纯定性指标，会使评价者的主观判断无限放大，无法保证评价结果的公平性和公正性；而全部强调定量指标，也无法保证评价结果的科学和客观，因为有些特性是定量指标无法完全体现出来的。因此在进行指标设计时，应该做到定性与定量相结合的原则，以保证整体指标的科学和公正性。

（3）可操作性原则

绩效管理指标体系设计的目的是对项目进行评价考核，找出存在的不足，以提高项目实施的效果。所以 PPP 项目绩效管理指标体系评价数据的获取必须方便、可行。所规定的内容能够运用现有工具获得较为准确的结果，对于不可直接量化定性指标，应该能够具有可测性；不具有直接可测性的内容，应该通过可测的间接指标来测量。

2. PPP 绩效管理指标体系的设计

通过对大量的文献和绩效管理理论进行梳理，本文从全寿命周期的角度出发，按照 PPP 项目实施过程中经历的阶段划分，将公共基础设施 PPP 项目分为前期论证阶段、招投标阶段、建设阶段、运营阶段和移交阶段，从五个维度建立基于全寿命周期的 PPP 项目的指标体系，在五个维度下建立 27 个二级评价指标。具体指标体系如图 1 所示。

（1）前期论证阶段

项目进行前期论证是判断项目可行性的重要阶段。在项目前期论证中，项目相关方应该充分考虑项目的必要性和项目实行 PPP 模式的 VFM（物有所值）；同时要充分认识和理解当时的政策环境及经济环境，如政策的支持程度，国民经济的发展水平以及融资的难易程度等。发起人的 PPP 经验也是很重要的评价指标，有过类似的 PPP 项目实施经验能够减少很多不必要的麻烦。除此之外，社会公众的支持和配合也有利于项目的顺利实施[6]。

（2）项目准备阶段

项目准备阶段是为项目实施做好充分准备，项目准备阶段目的是选出社会资本方，并经过协商谈判，得到双方满意的结果。在进行私人资本方的选择时，应该选取合适的招标方式，私人资本综合的实力是否满足要求，以及融资结构的选择是否经济合理。在进行协商谈判时，应该就风险分担进行划分，即将风险分配最有能力的一方；确定是否有合理的价格机制和调价机制；特许经营年限要设置合理，既要满足私人资本方基本收益需求，又不能设置太长，损坏政府方的利益；当项目不能完全通过使用者付费收回成本时，应该制定合理的政府补贴金额，使项目能够顺利进行。

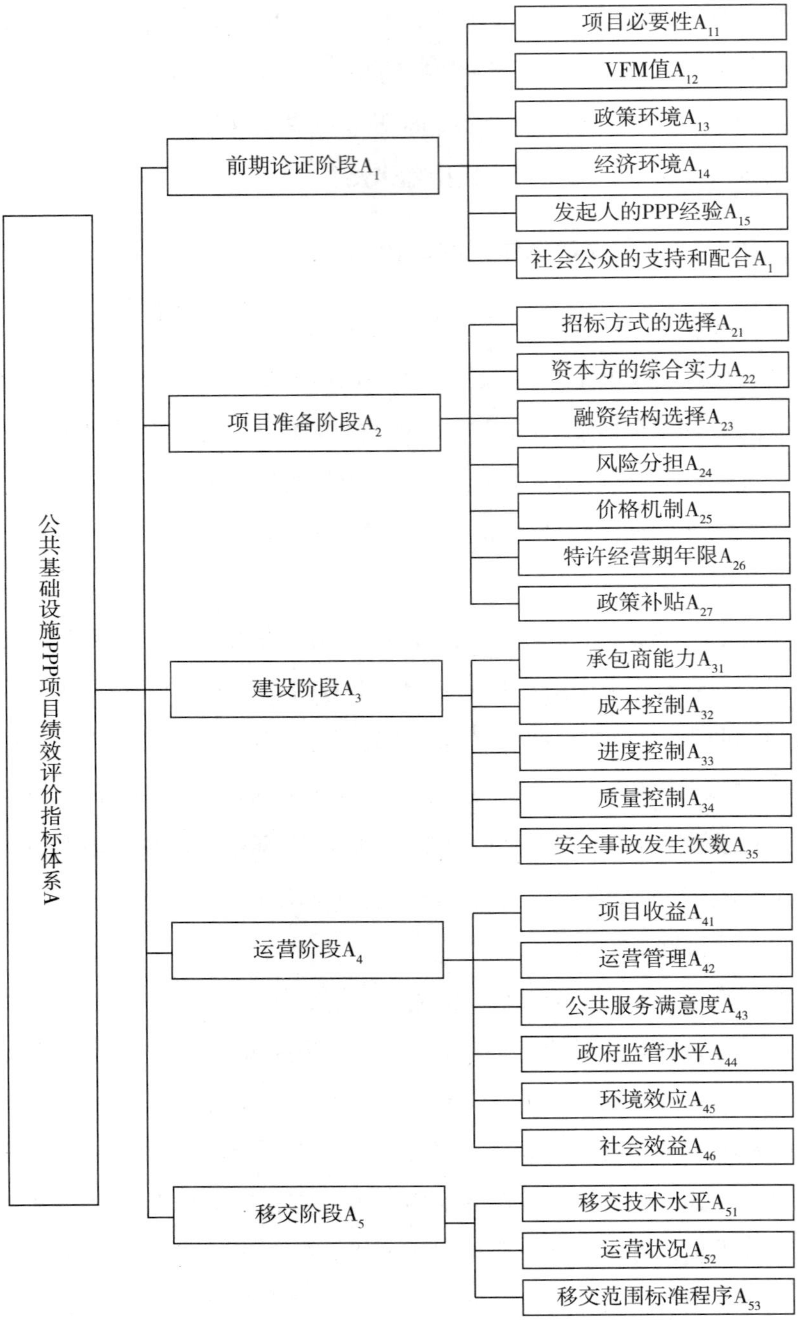

图1　公共基础设施PPP项目绩效评价指标体系

（3）建设阶段

建设阶段是将项目进行实体化的一个过程，建设阶段的好坏，直接影响运营阶段和移交阶段的实施。项目建设首先要选择承包商，因此承包商的综合实力能直接影响建设阶段的进行；在建设过程中，成本、时间和质量是无法分割的一部分。项目的建设期是资源的集中投入过程，此时，项目的成本控制、进度安排、质量与安全尤其需要得到关注。

（4）运营阶段

运营阶段是项目公司回收投资、获得合理收益的重要时期。衡量运营阶段的指标应该从项目公司和政府两个方面出发寻找。对于项目公司，一方面，项目的运营收益多少和运营管理的好坏是衡量项目绩效指标的重要标准；另一方面则是 PPP 项目所达到的产品质量，即公共服务满意度是否满足要求。对于政府方而言，政府监管是否到位，是否落实合理的监管程序，项目的环境效应和社会效益是否达到相应的要求。

（5）移交阶段

在特许经营期结束后，项目公司应该采用无偿或部分有偿的形式将项目转交给相关政府。项目移交时一定要保证项目移交时技术水平要达到移交的标准，运营能力要满足移交的最低要求，移交期间程序应当标准。

三、公共基础设施 PPP 项目绩效管理方法

1. 公共基础设施 PPP 项目绩效管理流程

PPP 项目历时较长，影响因素很多，为使得 PPP 项目实施顺利，达到各利益相关方的要求，需要对 PPP 项目绩效评价指标进行管理和评价，以确保实现动态的改善和及时改进，从而促进 PPP 项目最大限度的成功。

绩效评价是 PPP 项目管理的手段，评价的目的并不是简单地获得一个绩效水平的得分，最终目的是改进。鉴于 PPP 项目的周期长的特点，对 PPP 项目进行评价时，本文分阶段进行，在前期论证、项目准备、建设、

运营和移交每个阶段结束时对PPP项目进行评价，按照图1中绩效评价指标体系对每个阶段涉及的指标进行评价，绩效管理过程如图2所示。

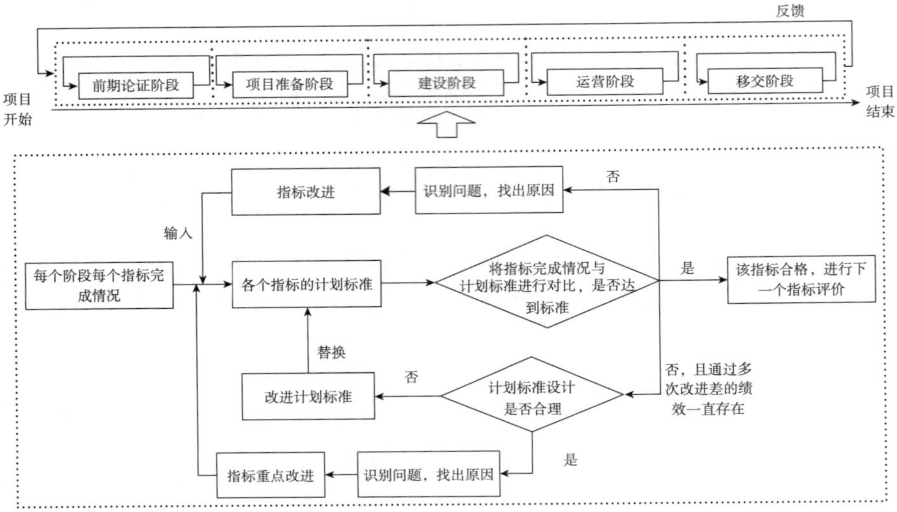

图2 公共基础设施PPP项目绩效评价流程及改进

首先，PPP项目公司组织相关的专家（专家组成员不可少于5人），对每个指标设计计划标准，即每个指标完成后需要达到的标准或者底线，本文中进行绩效评价主要作为管理的一种工具，所以绩效评价的标准是每个指标必须达到的底线。然后对每个指标的完成情况和计划标准进行对比，若达到计划标准，则判定该指标合格，进行下一个指标的评价；若该指标未达到计划标准，则通过故障树、鱼刺图等工具识别问题，找出出现低绩效的原因，根据原因有针对性地改进，改进完成后重新对该指标进行评价；若通过多次地循环改进，该指标的绩效一直未达到设定的标准，则PPP项目公司组织相关专家对计划标准设计的合理性进行评判，如果计划标准设计合理，则对该指标实施中存在的问题重新识别，重点关注其改进，如果计划标准设计不合理，则组织专家对该指标的计划标准重新设计，替换原来的标准，重新评价。

将每个阶段所涉及的指标按照图2的流程进行评价，然后将每个阶段的绩效评价结果反馈回各个阶段的前期，与计划目标进行对比，对每个阶段目标完成度进行评价和判定。当PPP项目移交阶段完成后，根据PPP项目前期规划中的目标进行整体的评价和判定，将评价结果反馈回项目前期。通过这样的循环评价和过程中指标的循环改进，达到PPP项目绩效水平的提升。

2. 公共基础设施PPP项目绩效评价辅助工具——构建信息化平台

随着信息化在建筑行业的影响力不断扩大，PPP项目公司将信息化手段应用于公共基础设施PPP项目绩效评价中能够促进绩效管理的规范化。本文以PPP项目公司为主体，为其设计了一台辅助绩效管理的信息化平台，如图3所示。本文构建的信息化平台由两个椭圆构成，组成内核和外围。

外围为图中大椭圆的外环部分，通过端口输入和获取关于项目的信息，操作人员包含PPP项目实施过程中涉及的政府、业主、设计、监理、施工、使用者等单位人员，将PPP项目从开始至结束期间的文件、资料、信息、工程记录、客户的反馈、满意程度、意见等通过端口或者邮件形式传入PPP项目公司，也可将PPP项目公司的决策、绩效评价结果、改进意见等从端口下载。

当与PPP项目相关的信息到达平台内核后，PPP项目公司的相关人员先对获得的信息进行识别，然后进行归类整理，如图3中所示，将所有的信息按照模块梳理，分为文档、过程追踪存储、邮件、PPP项目公司资料四个模块。其中文档模块包含PPP项目中涉及的所有文档信息，对其他三个模块的信息按照项目五个阶段进行梳理，每个阶段按照指标进行分类，对每个指标的相关信息汇总，作为之后绩效评价和管理的基础；过程追踪存储模块为PPP项目实施中所有端口上传文件的抓取端，暂时存储还未完成、未经处理的文档、资料、视屏、图片等；邮件模块是接受PPP相关人员或者外界社会人员发送的邮件存储模块；PPP项目公司资料模块包含PPP项目公司的基本信息、组织结构、人员构成、管理机制、奖惩措施、公司治理等信息。PPP项目公司组织相关人员进行信息整合，形成规范完整的文档模块，并以文档信息为主要依据，对PPP项目的绩效评价指标进行考核评价，对绩效评价结果进行分析，提出改进意见、整改决策等，通过端口回馈给相关人员，从而对PPP项目绩效低的指标进行改进，提高PPP项目的整体绩效水平。

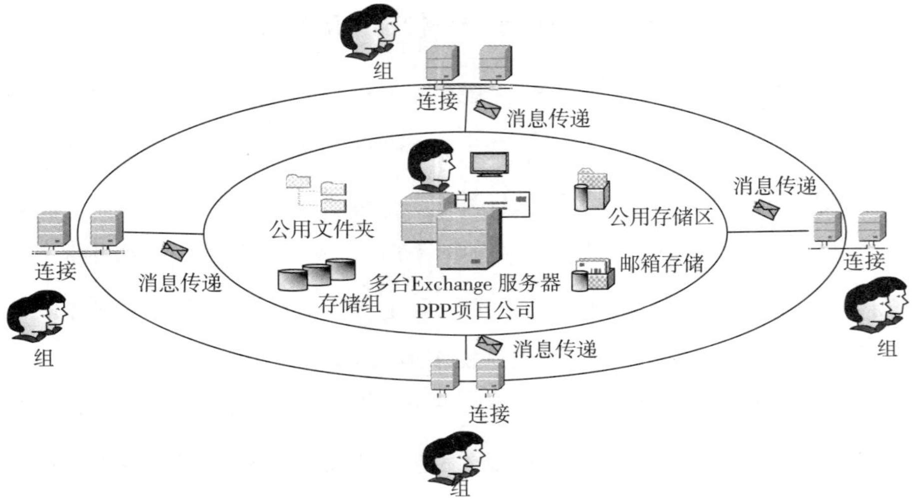

图3　PPP项目信息化平台示意图

四、政策建议

1. 完善绩效管理和评价的立法政策

合理合法的法律政策结构和安排，可以很好地推动和促进公共基础设施建设PPP项目绩效管理与评价的实施和发展，可以使绩效管理和评价有章可循、有法可依，它是绩效评价实施的保障。政府需完善“绩效管理”的法律法规，强化PPP项目绩效管理与评价的顶层设计，严格进行绩效管理，提升执法力度，实施规范管理。此外，应创设惩戒机制，将绩效与奖金相挂钩，这样能很好地督促项目相关方进行管理和改进，达到绩效管理和评价的真正目的。

2. 积极促进评价主体多元化

PPP 项目涉及的相关方众多，既包含政府机构和私人资本，也包含社会公众。因此 PPP 项目的绩效如何，不能单单只由政府或者私人资本单独来评价，而应该积极促进多个主体合作评价，使评价主体向着多元化的方向发展。例如在进行社会公众满意度指标评价时，不能只是政府进行评价，而应该完全交由社会公众进行评价。评价主体的多元化，具有科学性、客观性和公众性等特点，可以避免单个主体评价时所产生的许多弊端，从而保证了公共基础设施 PPP 项目绩效评价的顺利展开。

3. 建立相对一致的评价标准

正所谓无规矩不成方圆，评价任何事物的前提都要有一个标准。但是各级政府或相关单位进行绩效评价的时候，经常会出现评价标准不一的情况，这很容易导致评价结果存在不唯一性，使得结果没有信服度。所以，评价标准的统一性是公共基础设施 PPP 项目绩效评价的基本要求。各个利益相关方应该考虑如何建立一套统一的评价标准，使得评价过程中有一个唯一的尺度。

4. 成立相关的专业的评价机构

专业的人，做专业的事。成立专业的评价机构一方面能减轻政府工作重叠、评价效果不佳等情况；另一方面由于 PPP 项目绩效评价周期长、评价内容多，需要引入专业的评价机构，在不断学习和调查的基础上对项目进行绩效评价。专业的评价机构在评价标准和内容等方面应有极大地自主权，定期组织培训，熟悉评价流程与步骤，切实行驶对项目的监督和建议权。

五、结论

本文通过对大量文献的整理和梳理，从全寿命周期的角度出发，将公共基础设施PPP项目分为前期论证阶段、项目准备阶段、建设阶段、运营阶段和移交阶段五个维度，并在此基础上构建了27个二级指标，由此形成公共基础设施PPP项目的一般性绩效评价指标体系。针对指标体系，本文提出了相对科学的绩效管理和考核的方法和流程，设计了配套的信息化管理平台作为公共基础设施PPP项目绩效管理的辅助手段，并给出了一系列政策建议，帮助PPP项目公司进行全寿命期的绩效管理，提高PPP项目公司的风险控制水平，实现全寿命周期的管理规范化。

参考文献

[1] 陈少阳. PPP融资模式在基础设施建设中的应用研究[D]. 对外经济贸易大学，2015.

[2] 亓霞，柯永建，王守清. 基于案例的中国PPP项目的主要风险因素分析[J]. 中国软科学，2009，(05)：107-113.

[3] Yuan Jingfeng, Zeng Yajun, Miroslaw J. Skibniewski, Li Qiming. Selection of Performance Objectives and Key Performance Indicators in Public-Private Partnership Projects to Achieve Value for Money. Construction Management and Economics [J]. 2009. 27 (3): p. 253

[4] 胡华如. 城市基础设施PPP项目可持续性后评价研究[D]. 北京：清华大学，2006.

[5] 袁竞峰，Skibniewski Miroslaw J.，邓小鹏，季闯，李启明. 基础设施建设PPP项目关键绩效指标识别研究[J]. 重庆大学学报（社会科学版），2012，03：56-63.

[6] 王玉梅，严丹良. 基于平衡计分卡的PPP项目绩效评价体系研究[J]. 会计之友，2014，02：14-17.

中冶建筑研究总院上海分院　顾天益
北京交通大学经济管理学院　李清立
仁恒地产苏州有限公司　周福新

图书在版编目（CIP）数据

中国PPP专家论道：国家发展改革委PPP专家优秀论文集／=国家发展改革委投资司，清华大学PPP研究中心主编．--北京：经济日报出版社，2018.1

ISBN 978-7-5196-0239-0

Ⅰ．①中… Ⅱ．①国… ②清… Ⅲ．①政府投资-合作-社会资本-中国-文集 Ⅳ．①F832.48-53 ②F124.7-53

中国版本图书馆CIP数据核字（2017）第290863号

中国PPP专家论道——国家发展改革委PPP专家优秀论文集

作　　者	国家发展改革委投资司　清华大学PPP研究中心
责任编辑	肖小琴
责任校对	薛银涛
出版发行	经济日报出版社
社　　址	北京市西城区白纸坊东街2号A座综合楼710
邮政编码	100054
电　　话	010-63584556（编辑部）　63516959（发行部）
网　　址	www.edpbook.com.cn
E-mail	edpbook@126.com
经　　销	全国新华书店
印　　刷	中国电影出版社印刷厂
开　　本	710×1000 mm　1/16
印　　张	26.75
字　　数	370千字
版　　次	2018年3月第一版
印　　次	2018年3月第一次印刷
书　　号	ISBN 978-7-5196-0239-0
定　　价	88.00元

版权所有　盗版必究　印装有误　负责调换